厚德博學
經濟匡時

匡时 金融学系列

|第4版|

信托与租赁

叶伟春 编著

上海财经大学出版社

图书在版编目(CIP)数据

信托与租赁／叶伟春编著. —4 版. —上海：上海财经大学出版社,2019.10
(匡时·金融学系列)
ISBN 978-7-5642-3387-7/F·3387

Ⅰ.①信… Ⅱ.①叶… Ⅲ.①信托-高等学校-教材②租赁-高等学校-教材
Ⅳ.①F830.8②F721.9

中国版本图书馆 CIP 数据核字(2019)第 213831 号

责任编辑：江　玉
封面设计：张克瑶
版式设计：朱静怡

信托与租赁(第4版)

著　作　者：叶伟春　编著
出版发行：上海财经大学出版社有限公司
地　　址：上海市中山北一路 369 号(邮编 200083)
网　　址：http://www.sufep.com
经　　销：全国新华书店
印刷装订：上海华教印务有限公司
开　　本：787mm×1092mm　1/16
印　　张：30.25
字　　数：591 千字
版　　次：2019 年 10 月第 4 版
印　　次：2021 年 7 月第 3 次印刷
印　　数：61 001—66 000
定　　价：59.00 元

第4版前言

银行、保险、证券与信托租赁并称为金融业的四大分支。在我国金融市场上,银行业占据了主导地位,而信托租赁业的起步较晚,份额较小。1979年,荣毅仁先生创办了中国改革开放后的首家信托机构——中国国际信托投资公司。之后信托行业开始不断拓展,并成为资产管理市场上的一个重要力量,信托规模也从2003年的1 635亿元增长至2018年底的22.7万亿元,增长了140倍。

在40年的发展历程中,中国的信托业暴露出了不少问题,并历经了七次整顿。特别是2014年中国银行业监督管理委员会下发《关于信托公司风险监管的指导意见》以来,我国对信托业再次开展清理,对这一行业的监管进一步加强。

目前,我国资产管理市场的竞争日益加剧,信托公司与证券公司及证券公司子公司、保险资管公司、基金管理公司及基金管理公司子公司、期货公司及期货公司子公司、私募基金等资产管理机构同台竞技。特别是2018年资产管理新规出台,银行理财子公司的成立将成为资产管理市场的新生力量,银信合作关系将发生重大转变。而2014年3月,我国颁布新的《金融租赁公司管理办法》,金融租赁公司的数量开始显著增加,尤其是许多国际租赁巨头也抢滩中国的租赁市场。截至2018年6月末,外资租赁企业的数量已达到10 176家,占总数的95.9%,租赁市场竞争进一步加剧。这些变化都不断地冲击着我国的信托租赁业,促使各家经营机构的经营理念与业务模式发生重大变化。

这几年,信托租赁业所面临的外部环境增加了诸多不确定性:中国经济的下行压力增加了信托租赁业的宏观风险;利率市场化及人民币国际化的推进加大了信托租赁公司面临的市场风险;金融去杠杆以及对影子银行监管的加强又使得信托租赁业的政策性风险增加;国际贸易战加大了国际信托与租赁业务的风险……

信托租赁业近年来的快速发展所引发的管理滞后又埋下了金融风险的隐患。近几年信托产品的兑付问题不断爆发:2012年信托行业出现问题的信托项目涉及金额约200亿元;2014年有近20款信托产品发生兑付危机;而2018年第二季度信托行业的风险项目高达773个,风险资产规模达到了1 913.03亿元,为2015年以来最高。同时,我国的租赁合同纠纷案件也呈快速增长的态势,融资租赁相关案件在2013年发生8 529件,2014年增至12 340件,2017年则接近2万件。

信托租赁业的风险事件引发了监管层与公众对其系统性风险的担忧。2018年，监管当局出台了资产管理新规，着力于统一资产管理市场的规范管理，打破资产管理产品的刚性兑付，这都对信托业产生了巨大的影响。根据中国信托业协会的统计，我国信托业信托资产规模在2013年第二季度的同比增速曾高达70.72%，之后出现了大幅下降，2016年第二季度触及历史低点4.28%。之后，随着供给侧改革的不断推进，信托资产规模同比增速出现了一定回升，到2017年末达到26.25万亿元。但2018年以来信托资产规模逐季收缩，年底则下降到了22.7万亿元，这说明当前的信托业发展面临巨大的挑战。

信托租赁业对一国的经济有着重要作用，但从总体上讲，我国的信托租赁业资产与国民经济的规模还不匹配。目前，我国信托资产占GDP的比重还较低，2018年也就25%左右。在租赁市场上，尽管我国的融资租赁市场渗透率由2007年的0.17%提高至2017年底的7.33%左右，但与欧美等发达国家的融资租赁行业15%～30%的渗透率相比大大偏低。这都说明信托租赁业在我国还存在很大的发展潜力。

为了更好地促进信托租赁业的规范发展与业务创新，我国这几年也出台了一系列监管政策。2014年1月，全国银行业监管工作会议强调信托业务要回归信托主业，运用净资本管理约束信贷类业务，不开展非标资金池业务，并要及时披露产品信息。2014年4月初，中国银行业监督管理委员会出台《关于信托公司风险监管的指导意见》(99号文)，明确要健全信托项目的风险责任制。该文件被信托业界称为"史上最全面"的信托公司风险监管文件。之后，《进一步加强信托公司风险监管工作的意见》(58号文，2016年3月)、《信托公司监管评级办法》(2017年1月)、《关于规范银信类业务的通知》(55号文，2017年12月)、《关于规范金融机构资产管理业务的指导意见》(简称资管新规，2018年4月27日)、《信托部关于加强规范资产管理业务过渡期内信托监管工作的通知》(2018年8月17日)等文件相继发布。2018年9月19日，中国信托业协会组织制定《信托公司受托责任尽职指引》，进一步明确了信托公司在信托业务流程中的相应职责。在租赁方面，中国银行业监督管理委员会于2014年3月17日正式发布新的《金融租赁公司管理办法》，从准入条件、业务范围、经营规则和监督管理等六个方面加强管理；2015年9月1日，国务院办公厅下发《关于促进金融租赁行业健康发展的指导意见》，从八个方面提出了发展金融租赁行业的具体措施；2018年5月14日，商务部发布《商务部办公厅关于融资租赁公司、商业保理公司和典当行管理职责调整有关事宜的通知》，将制定融资租赁公司经营和监管规则的职责划给中国银行保险监督管理委员会。

这些法规、制度与政策的出台有力地约束了信托公司与租赁公司的经营活动，推动了信托与租赁机构完善风险控制体系，必将促进中国的信托租赁业进入新的发展阶段。

正是基于此，原先的教材已不能适应新的形势。另外，作者在这几年的教学实践中也积累了新的教学经验，收集了新的资料，故对原书第三版进行再一次修订，并以此纪念我国信托业改革40周年。

本次修订主要体现在以下几个方面：

一是紧密结合信托租赁业的发展现状，更新了相关数据，力争引用最新的资料。如对于中国信托产品数量、信托机构的状况、基金业的规模与份额、信托公司与租赁机构的业务与经营状况等，笔者都进行了数据的更新，以便让读者更好地了解我国信托与租赁业的最新动态。

二是深入梳理了信托租赁业监管政策的变迁。近几年政策调整较为频繁，及时了解行业的规范十分重要。笔者借鉴国际以及我国有关监管部门对信托、租赁行业所颁布的主要政策与法规，将相关内容在有关章节中进行了补充，使本书的内容能更好地体现新的监管要求。

三是更新了有关案例。由于近年信托租赁业务的创新层出不穷，为了使读者更全面地了解最新的业务，本书补充与调整了相关的案例，增加了最新的信托业务，对家族信托、消费信托、土地流转信托、房地产投资信托（REITs）、艺术品信托等信托业务及信托租赁业风险管理的最新案例都进行了深入分析。

本次修订由叶伟春负责总体规划、结构设计与终稿的汇总、整理工作。各章节修订的基本分工为：叶伟春（第一章至第三章、第四章部分、第五章部分、第十二章部分），郑中良和郑震涛（第四章部分），吴县名（第五章部分），曾晓敏（第六章至第九章），石智坤（第十章至第十一章、第十二章部分、第十三章）。另外，本次修订工作也得到上海财经大学及上海财经大学金融学院有关领导以及出版社江玉编辑的热情帮助，并获得2019年度上海财经大学本科课程与教材建设项目的支持，在此一并表示感谢！

当然，由于信托租赁业发展及各种政策变化较快，作者的水平也有限，本书写作难免还会存在各种疏漏与差错，希望读者不吝指正。

为方便教师的教学，本版用书还配备了相关课件，需要者请与作者本人联系（电子邮箱 williamn1973@139.com）或者登录上海财经大学出版社网站"下载专区"。

叶伟春

2019年6月于上海财经大学

第3版前言

作为金融业的一个分支,信托租赁在一国经济中发挥着重要作用。但该行业在中国的发展道路却十分曲折,改革开放以来的三十多年时间里历经了六次整顿,直到2009年之后,中国信托业才取得了长足的发展。截至2013年底,全行业管理的信托资产规模达到10.91万亿元人民币,创历史新高,与2008年底的1.2万亿元相比,五年时间里增长了近10倍。与此同时,我国的融资租赁合同余额也从2005年的323亿元大幅攀升至2013年的2.1万亿元,且近五年来保持了平均每年100%以上的增幅。毋庸置疑,信托租赁业成为我国近年来增长最快的金融部门。

然而,我国的信托租赁业在高速发展的同时,也暴露出了不少问题:

一是信托业务的增速有所放缓。2013年,信托行业的信托资产规模同比增速为46%,比2009年的65.57%下降了近20个百分点,首次结束了自2009年以来连续4年超过50%的年增长率。

二是信托产品兑付问题逐步凸显。2012年信托行业到期清算时出现问题的信托项目大约有200亿元,2013年又有十多起信托项目风险事件曝光,这引发了监管层与公众对信托业系统性风险的担忧。

三是资管市场的竞争加剧使信托租赁业的优势下降。2012年下半年以来,资管"新政"不断出台,证券公司、保险公司、基金子公司等其他资产管理机构相继推出资管业务,对信托业造成了冲击;许多国际租赁巨头已抢滩中国租赁市场,境内的外资租赁公司、银行系租赁公司也纷纷增资扩股,资管市场竞争进一步加剧。

四是信托租赁业资产与国民经济规模的比率还不协调。目前,中国信托资产占GDP的比重还较低,2013年也就19%左右;而与欧美等发达国家的融资租赁行业15%~30%的租赁设备渗透率相比,我国只有5%不到。这都说明我国的信托租赁业还与其在国民经济中应发挥的作用不匹配。

五是信托租赁业发展的外部环境不确定性增加。中国经济的下行压力增加了信托租赁业务的宏观风险,利率市场化的推进加大了信托租赁公司面临的市场风险……

站在信托租赁业发展的十字街头,我们需要冷静地思考信托租赁业的未来,这将有助于这一行业的进一步规范与壮大。

为了控制信托公司与租赁公司的风险,促进中国信托租赁业的发展与业务创新,

2010年4月银监会下发了修订后的《信托公司监管评级与分类监管指引》,对信托公司进行分类考核与综合评级;2010年9月,中国银监会发布《信托公司净资本管理办法》,将信托公司可管理的信托资产规模与净资本直接挂钩;2011年,银监会发布《关于印发信托公司净资本计算标准有关事项的通知》《中国银监会非银部关于做好信托公司净资本监管、银信合作业务转表及信托产品营销等有关事项的通知》等规则细化资本管理。另外,2012年8月31日出台的《关于信托产品开户与结算有关问题的通知》准许信托公司开立证券账户,为信托公司大规模发行证券投资信托提供了条件;2013年6月1日,修订后的《中华人民共和国证券投资基金法》开始施行。同时,针对信托业管理存在的问题,2014年1月,银监会召开的全国银行业监管工作会议强调信托业务要回归信托主业、运用净资本管理约束信贷类业务、不开展非标资金池业务,并要及时披露产品信息。在租赁方面,商务部2011年提出《关于"十二五"期间促进融资租赁业发展的指导意见》,2012年开始,银监会和商务部致力于对金融租赁公司和外资租赁公司两个管理办法进行修订,并于2014年3月17日正式发布《金融租赁公司管理办法》,从准入条件、业务范围、经营规则和监督管理等6个方面予以完善,引导多种所有制资本进入金融租赁行业,推动商业银行设立金融租赁公司试点的进程。

这些法规、制度与政策将有力地约束信托公司与租赁公司的经营活动,推动信托租赁机构建立完善的内部风险预警和控制机制,促进中国信托租赁业进入新的发展阶段。

正是基于这些背景,原来的教材已不能适应新的形势。另外,作者在这几年的教学实践中也积累了新的教学经验,收集了新的资料,故对原书第二版进行再一次修订。

这次修订主要体现在以下几个方面:

一是结合信托租赁业的最新现状,国际上以及国家有关监管部门对信托、租赁行业所颁布的政策与法规,将相关内容在有关章节中进行了补充,使本书内容能更好地适应新的形势。

二是更新了有关的案例。由于近年来信托租赁业务的创新层出不穷,为了使读者更全面地了解最新的业务,本书调整了相关的案例,增加了如家族信托、艺术品信托、基础产业信托、房地产投资信托等信托业务。

三是更新了相关数据,对文章中出现的一些数据引用力争用最新的资料。比如,中国信托产品的数量、中国信托机构的资产状况、我国基金业的规模与份额、有关信托公司与租赁机构的业务与经营状况等,笔者都对其进行了数据的修订,以便读者更好地了解我国信托与租赁业的动态。

本次修订由叶伟春负责总体规划、结构设计以及资料规范、整理工作,各章节修订的基本分工为:叶伟春,第一至第三章、第十至第十一章;朱一枝,第四至第六章;许庆,第七至第九章;邢哲,第十章、第十一章和第十三章;钱晓丽,第十二章。另外,本次修订工作也得到了上海财经大学金融学院有关领导以及出版社李宇彤编辑的大力支持与热情帮助,在此一并表示感谢!

由于作者水平有限,写作中难免存在各种疏漏与差错,希望读者不吝指正。

为方便教师教学,本版用书还配备了相关课件,需要者请与作者本人联系(作者的邮箱为:williamn1973@139.com)。

叶伟春
2014 年 12 月于上海财经大学

第 2 版前言

金融业分为银行、证券、保险与信托租赁四大分支。作为金融的一个重要分支,信托租赁业在一国经济中发挥着重要作用。这几年,中国信托业也取得了长足的发展。据统计,截至 2010 年 9 月底,全行业管理的信托资产规模超过 29 570 亿元,五年时间里增长了近十倍。

但是信托租赁业目前仍是中国金融业几个组成部分中较为薄弱的部分。据统计,截至 2009 年底,银行、保险、公募基金、信托所管理资产规模占比依次为 89.95%、4.64%、3.06% 和 2.35%。而 2008 年中国的租赁业务交易额在 1 400 亿元人民币,租赁渗透率仅为 3% 左右。因此,中国信托租赁业与中国经济的发展规模还很不匹配。

同时,在中国,信托业的发展是金融业几个分支中最为曲折的,在经过了五次大规模的整顿后,2006 年开始了第六次整顿,一直持续到目前。

为了加强对信托机构业务活动的管理,2008 年以后,一系列关于信托机构业务操作的具体法规相继出台,如中国银监会颁布的《银行与信托公司业务合作指引》、《信托公司开展私募股权投资业务指引》(2008 年 7 月)、《信托公司证券投资信托业务操作指引》(2009 年 1 月 23 日)等,它们对信托机构的正常经营起到了重要的指导作用。

而为了控制信托公司的风险,促进中国信托业的发展与业务创新,2010 年 9 月,中国银监会发布《信托公司净资本管理办法》,要求信托公司的净资本不得低于 2 亿元、不得低于各项风险资本之和的 100%、不得低于净资产的 40%。它将信托公司可管理的信托资产规模与净资本直接挂钩,有力地约束了信托公司的净资本,推动信托公司建立并完善内部风险预警和风险控制机制,并将使中国的信托业进入新的成长时期。

正是由于这些法律法规的出台对信托业的经营活动产生了重大影响,原来的教材已不能适应新的形势。另外,作者在这几年的教学实践中也积累了新的教学经验,收集了新的资料,故需要对原书进行一次较大的修订。

这次修订主要包括以下几个方面的改进:

一是调整了部分章节结构。由于信托的构成要素内容较多,故可以单独列章,将原来第二章第三节"信托的构成要素"改为第三章,并将有关的要素内容进行了适当调整。

二是结合了信托租赁方面的最新的法律法规。由于这几年国家关于信托租赁方面不断地进行法律法规的修订,出台新的规定,如《信托公司私人股权投资信托业务操作指引》《关于加强信托公司房地产、证券业务监管有关问题的通知》《银行与信托公司业务合作指引》《信托公司证券投资信托业务操作指引》《关于加强信托公司房地产信托业务监管有关问题的通知》《信托公司净资本管理办法》《中国银监会办公厅关于信托公司房地产信托业务风险提示的通知》等,中国银监会也于2009年3月修订了《信托公司集合资金信托计划管理办法》,作者将这些法律法规的相关内容都在相关章节中进行了补充和修订,使本书内容能更好地适应新的管理规定。

三是更新了数据,对文章中出现的一些实例与数据引用力争用最新的资料,如对中国信托产品数量、中国信托机构的资产状况、我国基金业的规模与份额、有关信托公司的业务与经营状况等的数据都进行了修订,以便读者更好地了解我国信托与租赁业的现状。

四是增加了各章的"练习与思考"。为了方便读者对有关内容的学习与掌握,本书在各章末尾都加入了练习,主要分为"名词解释""简答题"和"思考题"三种类型。"名词解释"回顾一章中的重要概念;"简答题"帮助读者对一章中的几个主要知识点的内容进行复习;而思考题则是更高层次的运用,启发读者对信托租赁业内的一些现象作进一步的思考。

本次修订主要由叶伟春完成。由于作者水平有限,书中难免存在各种疏漏与差错,希望读者不吝指正。

为了方便教师教学,再版时还配备了课件,需要者请与本人联系或登录上海财经大学出版社网站"下载专区"。本人的联系方式是:E-mail:williamn1973@yahoo.com.cn。

叶伟春
2011年于上海财经大学

第1版前言

信托租赁业是金融的一个重要分支,在经济中发挥着重要作用。现代信托租赁业务起源于西方国家,20世纪初才被引入中国,尽管历史不长,但变故较多,发展曲折。到目前为止,国家已对信托业进行了六次整顿,其中从1998年起的第五次整顿是新中国成立以来最大规模的信托整合,本着"信托为本、分业经营、规模经营、分类处置"的整顿原则展开,2001年办理重新登记的信托投资公司数量已减少到50多家(而在整顿之前有239家)。2002年7月18日,上海爱建信托公司推出了"上海外环隧道项目建设信托计划",成为信托业第五次清理整顿结束后中国信托业推出的第一个信托产品,短短几天内就被投资者抢购一空。此后,各大信托公司纷纷推出自己的信托产品,中国信托业得到较快的发展。根据用益工作室的不完全统计,2006年各信托公司共发行信托产品545个,募集资金总额594.1亿元人民币。但信托公司作为主营业务收入的信托业务收入占比仍然较低,还无法支撑信托公司的利润。2005年披露年报的46家信托投资公司总收入中,信托业务占比的平均值只有38.60%,信托本业被大部分信托公司"边缘化"了。2007年,以新两规的颁布为标志揭开了第六次整顿的序幕,这次整顿贯彻了"分类监管,扶优限劣"的思想,再次引发了信托租赁业的整合。

从中国金融业的发展史可以看出,信托租赁业是中国金融业中较为薄弱的分支。2002年以来,全国信托资产占银行存款的比重一直在2.5%左右,而美国1970年的信托财产总计已占全部商业银行总资产的57.1%。2005年中国的租赁业务交易额在42.5亿美元左右,排名全球第二十三位,租赁渗透率仅为1.3%,而发达工业国家的市场渗透率基本在10%以上,美国一直保持在30%左右,可以看出中国信托租赁业与国外还有很大的差距。

那么,信托租赁机构到底应如何定位?它们应该做哪些业务?如何加强对信托机构的管理?这都是信托研究者与实务界应该回答的现实问题。

可喜的是,这几年中国信托业的法制化进程在不断加快。2001年10月1日,《中华人民共和国信托法》开始实施,为信托行业提供了一个基本大法。2001年1月10日,中国人民银行颁布并实施了《信托投资公司管理办法》,2007年,银监会再次下发新的《信托公司管理办法》,并于2007年3月1日起施行。新的《信托公司管理办法》中明确了信托投资公司可以经营资金信托、财产信托、投资基金等投资银行业务、代理、咨询等。在我国,资金信托可以说是信托机构最主要的业务,新的《信托公司集合资金信托计划管理办法》也于2007年3月1日起施行。

2007年1月22日,中国银行业监督管理委员会发布了《信托公司治理指引》(以下简称《指引》),自2007年3月1日起施行,要求各信托公司根据公司实际情况和《指引》的要求,于2007年12月31日前修订公司章程,这必然有利于完善信托公司治理,加强风险控制,保障信托公司股东、受益人及其他利益相关者的合法权益。

2000年7月,中国人民银行颁布《金融租赁公司管理办法》,2007年3月1日起又施行新的《金融租赁公司管理办法》,同时,《中华人民共和国融资租赁法》也列入全国人大"十五"立法规划。这些都会对中国租赁业的规范管理创造一个新的环境。

本书紧紧抓住这些法律与法规,结合国外信托租赁机构开展的各项业务与中国国情,分析中国信托租赁业当前可以开展的各项业务。

2004年的"金新信托事件"暴露出信托业的深层次问题(如制度建设、信托公司规范运作、投资者风险意识等),发人深省,所以引发了信托业的第六次整顿。这使我们更觉得加强信托租赁业管理的重要性。本书也就信托租赁机构的组织、业务、财务方面的管理进行介绍,并讨论租赁机构的资金管理、租赁合同管理、风险管理与税收管理等。

本书作者长期从事信托与租赁课程的教学工作,在教学过程中积累了丰富的资料与经验。作者立足于国内外信托业的发展,向读者介绍信托业的基本理论与法律法规,使读者能全面了解信托租赁业的概貌,并掌握信托租赁经营机构的管理要点。本教材具有较高的学术价值与较强的实用性,突出表现在以下三大方面:

第一,本书写作时遵循由理论到实务的原则。在总体安排上将信托机构的业务分为两大块:信托与租赁,分别对其进行介绍。介绍时先从一些基本概念入手,详细讨论国内外信托机构从事的各类信托租赁业务,在写作安排上由浅入深,由面到点,使读者容易理解与接受。

第二,紧密结合中国最近的实际情况。本书写作总体上根据中国信托业第五次整顿后的法律法规中所规定的信托业务展开,全面分析了中国信托租赁机构的业务。同时借鉴国际经验,并将信托租赁业发展的历史与现状有机结合。

第三,本书在写作过程中注意理论分析与实例介绍的搭配。在介绍信托租赁业务的过程中突破了其他教材的纯理论介绍的局限,结合中国2002年来信托领域出现的创新业务进行分析,使读者可以更为形象地了解信托的业务运作。

本书立足于全面系统地介绍中国的信托业务及管理,以为中国的信托租赁业的发展尽一份绵薄之力。全书由叶伟春负责规划并撰写大部分章节,沙晨悦编写第十一章,最后由叶伟春进行总纂与定稿。本书可以作为大学金融学与相关专业本科生的教材,也可以为金融理论与实务工作者提供参考。

本书在写作过程中参阅了大量资料与研究成果，并得到上海财经大学金融学院领导及上海财经大学出版社徐超编辑的大力支持，在此表示衷心感谢！

由于编者水平有限，写作中难免存在各种疏漏与差错，希望同行、专家与读者指正。

叶伟春
2007 年 11 月

目 录

第 4 版前言 / 1

第 3 版前言 / 1

第 2 版前言 / 1

第 1 版前言 / 1

第一编　信托原理

第一章　信托概述 / 3
第一节　信托的概念与本质 / 3
第二节　信托的产生与在国外的发展 / 8
第三节　中国信托业的发展 / 17
第四节　信托的职能 / 31
本章小结 / 40
练习与思考 / 41

第二章　信托的种类与特点 / 42
第一节　信托的种类 / 42
第二节　信托的特点 / 53
本章小结 / 58
练习与思考 / 58

第三章　信托的构成要素 / 60
第一节　信托行为 / 60

第二节　信托关系　/ 66
第三节　其他信托要素　/ 73
本章小结　/ 80
练习与思考　/ 81

第二编　信托业务

第四章　个人信托业务　/ 85
第一节　个人信托业务概述　/ 85
第二节　生前信托　/ 88
第三节　身后信托　/ 95
第四节　我国的个人信托业务创新　/ 108
本章小结　/ 125
练习与思考　/ 126

第五章　法人信托业务　/ 127
第一节　法人信托业务概述　/ 127
第二节　证券发行信托　/ 129
第三节　商务管理信托　/ 134
第四节　动产信托　/ 140
第五节　雇员受益信托　/ 145
第六节　基础产业信托　/ 156
本章小结　/ 159
练习与思考　/ 160

第六章　通用信托业务　/ 161
第一节　通用信托业务概述　/ 161
第二节　公益信托　/ 162
第三节　不动产信托　/ 180
第四节　其他通用信托　/ 192
本章小结　/ 197
练习与思考　/ 198

第七章 投资银行业务 / 199
第一节 投资基金 / 199
第二节 兼并与收购 / 218
第三节 其他投资银行业务 / 228
本章小结 / 239
练习与思考 / 239

第八章 其他信托业务 / 241
第一节 代理业务 / 241
第二节 咨询业务 / 250
第三节 担保业务 / 255
本章小结 / 260
练习与思考 / 260

第三编 信托管理

第九章 信托机构的管理 / 265
第一节 信托机构管理概述 / 265
第二节 信托机构的组织管理 / 277
第三节 信托机构的业务管理 / 289
第四节 信托机构的财务管理 / 299
本章小结 / 309
练习与思考 / 309

第四编 租赁管理

第十章 租赁概述 / 313
第一节 租赁的概念与特点 / 313
第二节 租赁的产生与发展 / 318
第三节 租赁的种类 / 337
第四节 现代租赁的功能 / 347
本章小结 / 350
练习与思考 / 351

第十一章　租金管理　/ 352

第一节　租金的构成　/ 352

第二节　租金的计算　/ 354

第三节　租金的影响因素　/ 367

本章小结　/ 372

练习与思考　/ 372

第十二章　租赁会计　/ 373

第一节　租赁会计概述　/ 373

第二节　承租人的会计处理　/ 384

第三节　出租人的会计处理　/ 398

本章小结　/ 406

练习与思考　/ 407

第十三章　租赁机构管理　/ 408

第一节　租赁资金管理　/ 408

第二节　租赁合同管理　/ 419

第三节　租赁风险管理　/ 435

第四节　租赁税收管理　/ 448

本章小结　/ 458

练习与思考　/ 459

参考文献　/ 460

第一编

信 托 原 理

第一章 信托概述

信托在经济中发挥了巨大的作用,而研究信托的内涵及其发展过程、探讨信托的职能是掌握与利用信托的前提。本章主要阐述信托的基本概念,介绍信托在西方发达国家及我国的发展过程,并对信托的基本职能进行分析。

第一节 信托的概念与本质

信托自13世纪在英国诞生以来,到目前已经历了几个世纪。在此期间,信托业务不断扩大,内容也不断丰富,从而出现了多样化的信托概念,但是,不管如何,其"受人之托,代人理财"的实质始终没有发生改变。

一、信托的概念

(一)信托的含义

从广义上讲,信托是指在信任基础上的委托行为,它涉及社会、法律与经济等方面,但狭义的信托仅限于经济范畴。不同国家的信托法对于信托的具体规定又有所不同。

1923年1月1日起施行的日本《信托法》第一条第(1)款规定:"本法所称信托,是指将财产权转移或为其他处分,使他人依照一定的目的管理或处分财产。"

1961年12月30日颁布并施行的韩国《信托法》第一条第二款规定:"本法所称信托,是指设定信托人(委托人)与接受信托人(受托人)间基于特别信任关系,委托人将特定财产转移或为其他处分给受托人,使受托人为一定人(受益人)的利益或为特定的目的管理或处分该财产的法律关系。"

2001年10月1日起施行的《中华人民共和国信托法》第二条规定:"本法所称信托,是指委托人基于对受托人的信任,将其财产权委托给受托人,由受托人按委托人的意愿以自己的名义,为受益人的利益或者特定目的,进行管理或者处分的行为。"

由此可见,不管各国信托法如何规定,信托都是一种受人之托、代人理财的财产管理制度,是委托人在对受托人信任的基础上,将其财产委托给受托人进行管理或者处分,以实现受益人(可能是委托人本身,也可能是他人)的利益或者特定目的。

信托财产的运用分为管理与处分两种方式。管理又包括保存、利用和改造。保存是要维持财产的现状;利用是通过运用信托财产取得收益;改造是使信托财产的使用价值产生变化。处分则会涉及信托财产本身的变化,比如将信托财产出售、将原来的证券财产变卖,转为现金等活动。

(二)信托设立的原因

信托是随着商品货币关系的发展而不断发展的,它在现代社会得到了广泛的运用,人们之所以要设立信托,主要原因有以下两个:

1. 委托人没有能力管理财产

财产的管理需要一定的专业知识。有些人通过辛辛苦苦的工作积累了一笔财富,但他可能只知道怎么赚钱,而对如何利用财富实现保值与增值则一窍不通。当然,他可以将财产存于银行,但银行存款的收益却非常低。如果通过信托方式委托信托机构进行财产的运用,由专业人士来管理与处分财产,则可以获得较高的回报。借助专业人士提高资产收益是信托设立的一个重要原因。

2. 委托人没有精力管理财产

金融市场瞬息万变,一不留神可能就会丧失投资机会。有些人的工作性质比较特殊,非常忙碌,无法整天关注金融市场的变化,当投资资产的价格发生较大波动时可能就会遭受损失;如果利用信托业务,就可以由专业人员及时买卖财产,更好地把握投资机会,实现财富的增值。

二、信托的本质

信托的本质是"受人之托,代人理财",这种本质具体表现为以下几个方面:

(一)信托的前提是财产权

信托财产是信托业务的中心,财产权是信托行为成立的前提。信托财产的委托人必须是该项财产的所有者,要对信托财产拥有绝对的支配权,并要具有能够转让财产的所有权。只有这样,受托人才能接受这项财产的信托,取得法律上的地位,信托行为才能真正成立,受托人也才能代委托人进行管理或处分,为受益人谋取利益。

根据英美法系的有关规定,信托业务中的信托财产权可分为两种:一种是受托人对信托财产的权利,称为"普通法上的所有权"(或称为名义上的所有权);另一种是受益人享有的权利,称为"衡平法上的所有权"(或称为利益所有权)。也就是说,信托财产具有"双重所有权"。

大陆法系国家奉行的是一物一权的原则,法律上并没有双重所有权的规定,因此,受益人的权利被称为"受益权",其所享有的利益称为"信托利益"。

尽管两大法系在权利的称谓上存在差异,但都体现了"所有权与受益权相分离"这一最基本理念。

(二)信托的基础是信任

作为一种社会信用活动,信托业务中始终贯穿着信任关系。委托人之所以会把自己的财产交给受托人代为管理,是建立在委托人对受托人充分信任的基础上,这种信任关系是信托业务得以存续的基本条件。委托人提出委托,由受托人同意,接受委托而成立信托关系,在之后的业务处理中受托人也必须尊重委托人对自己的信任,严格按照委托人的意图和合同约定实施信托行为,而不能自说自话,辜负了委托人的信任。

(三)信托的目的是为了受益人的利益

信托目的是委托人设定信托的出发点,也是检验受托人是否完成信托事务的标志。在信托关系建立时,委托人一般要设立信托目的,而该目的必然指向受益人的利益。也就是说,受托人在对信托财产进行管理时,要时刻以受益人的利益最大化为己任,约束自己的行为,不能作出有损于受益人利益的行为,更不能利用信托财产为自己或第三者谋利益。

(四)信托收益按实际收益计算

信托关系是在委托人信任的基础上,由受托人代为管理或处分信托财产的经济活动,受托人应尽职为受益人谋利。但信托业务也是有风险的,这表现为信托损益要按实际原则进行计算。如果受托人按合同规定处理,并恪守职责,对于资金运用所发生的亏损应由委托人自己承担。当然,如果委托人或受益人有证据证明受托人未尽职守或存在重大疏忽,则由此带来的损失应由受托人负责赔偿。

(五)信托体现的是多边信用关系

信托业务体现的是一种多边信用关系。一般来说,一项信托业务至少要涉及委托人、受托人和受益人这三方当事人,它们围绕信托财产形成了信托行为的多边关系。其中,作为信托财产的最初所有者——委托人是信托行为的起点;受托人则接受委托人的信托财产,通过信托业务进行运用,以满足委托人的要求,使受益人获得相应的利益,并实现信托目的;受益人在信托关系中扮演了实际利益获得者的角色,是信托行为的终点。

当然,在这种围绕信托财产的管理、处分和受益而产生的一系列经济活动中,各方之间都存在相互信任的关系,而这种多边信用关系的建立,必须根据法定的形式,将各方关系人的条件、权利和义务加以明确。

【案例 1-1】　　　　　信托产品刚性兑付的打破[①]

2000年以来,随着"一法两规"(《信托法》与《信托投资公司管理办法》《信托投资公司资金信托管理暂行办法》)的正式颁布,中国信托业走向一个新的阶段,各家信托公司相继推出了许多新的信托产品。但一些信托公司在推出信托产品时,为吸引客户,往往通过各种方式暗示提供保底收益率,信托行业也尽力维持信托产品的刚性兑付。在2007—2011年的5年间,信托产品的收益明显高于同业却从未发生风险事件,从而使有些投资者形成了"信托零风险"的惯性思维。

在2013年9月举办的信托业高峰论坛上发布的《2013中国信托业年度报告》提出:潜在的刚性兑付对信托业的进一步健康发展形成了一定的威胁,导致信托公司开展个人投资者的集合信托项目时有了更多顾虑。

刚性兑付使得信托产品成为一个"低风险、高收益"的金融工具,违背了市场经济规律,加剧了道德风险,也酝酿了巨大的系统性金融风险。2013年以后,多个信托项目陷入兑付危机:2013年有超过10个、2014年有近20个信托产品发生兑付危机,2015年第四季度末信托全行业风险项目金额有973亿元。根据中国信托业协会的统计,自2016年第四季度以来信托风险项目个数更是连续增加,到2018年第二季度末达到了773个。

2018年4月27日,中国人民银行、中国银行保险监督管理委员会、中国证券监督管理委员会、国家外汇管理局联合下发《关于规范金融机构资产管理业务的指导意见》(银发〔2018〕106号,简称资管新规),严格禁止管理人的任何保本保收益安排,以打破刚兑。

[案例分析]

一些投资者存在"信托产品会有刚性兑付"的认识。原因是信托公司不愿意打破刚性兑付的"传统",毕竟"信托机构完全是靠自己在挣名声,一旦有产品不兑付,客户信任就很难再建立"。因此,在以前,即使融资方资金链断裂而无法到期兑付,一些信托公司也首先会保全资产并在后续处置资产,如果时间算不准或是拖得比较久,就先挪用信托公司的资金垫付,即便是最终无法收回本金,也宁愿用资本金冲销,不到万不得已不会违约。

但事实上,信托机构的刚性兑付是个伪命题。在法理上,信托本是"受人之托、代人理财"的金融服务,信托机构只是投资者资金的受托人,只有受托投资的责任,并没

[①] 《信托业10万亿背后的财富魔方》,《上海证券报》2013年5月31日;《至少6家信托公司传出兑付危机 打破刚兑再受热议》,《北京商报》2018年2月18日。

有保证兑付的义务。

2001年1月10日颁布的《信托投资公司管理办法》第三十二条第三款与2007年2月14日新颁布的《信托公司管理办法》第三十四条第三款均规定，信托投资公司经营信托业务，不得有"承诺信托财产不受损失或者保证最低收益"的行为。2002年7月18日起施行的《信托投资公司资金信托管理暂行办法》第四条也规定，信托投资公司办理资金信托业务时应遵守"不得承诺信托资金不受损失，也不得承诺信托资金的最低收益"等规定。

部分信托投资公司在办理信托业务时仍以补充协议或口头承诺的方式向信托当事人承诺信托财产本金不受损失或者保证最低收益，但最终还是让客户遭受了损失。例如，经审计，2001年至2004年2月间，庆泰公司在投资信托业务中给客户和公司造成的损失达8.85亿多元。因此，这些信托违规事件造成了极坏的社会影响。

针对这种现象，2004年12月6日，中国银行业监督管理委员会下发《严禁信托投资公司信托业务承诺保底的通知》，其中规定"严禁信托投资公司以信托合同、补充协议或其他任何方式向信托当事人承诺信托财产本金不受损失或者保证最低收益。信托投资公司应当在其营业场所显著位置对不得承诺保底的有关规定进行公示，并在签订信托合同时，以书面形式向当事人申明上述内容；信托投资公司在推介信托产品或办理信托业务时，不得暗示或者误导信托当事人信托财产不受损失或者保证最低收益"。

2014年，中国银行业监督管理委员会发布《中国银监会办公厅关于信托公司风险监管的指导意见》（银监办发〔2014〕99号），再次明确信托公司"受人之托、代人理财"的功能定位，培育"卖者尽责、买者自负"的信托文化。该指导意见提出要加强投资者风险教育，增强投资者"买者自负"意识，在信托公司履职尽责的前提下自行承担风险损失。

2018年，"打破刚兑"首次被正式写入监管文件，4月出台的资管新规中规定："金融机构开展资产管理业务时不得承诺保本保收益。出现兑付困难时，金融机构不得以任何形式垫资兑付。""金融机构不得为资产管理产品投资的非标准化债权类资产或者股权类资产提供任何直接或间接、显性或隐性的担保、回购等代为承担风险的承诺。"

同时，该文件也对刚性兑付的认定进行了明确：

"经金融管理部门认定，存在以下行为的视为刚性兑付：

（一）资产管理产品的发行人或者管理人违反真实公允确定净值原则，对产品进行保本保收益。

（二）采取滚动发行等方式，使得资产管理产品的本金、收益、风险在不同投资者之间发生转移,实现产品保本保收益。

(三)资产管理产品不能如期兑付或者兑付困难时,发行或者管理该产品的金融机构自行筹集资金偿付或者委托其他机构代为偿付。

(四)金融管理部门认定的其他情形。"

由此可见,刚性兑付的打破是规范信托行业的一个重要举措。

第二节 信托的产生与在国外的发展

信托有着非常悠久的历史,它是随着私有制的出现而产生的,2 000多年前的古埃及就有了原始的信托行为。但现代信托则起源于英国,19世纪后在西方国家得到较快发展,20世纪70年代以来,西方发达国家的信托业务不断创新,并呈现出综合化、国际化的趋势。

一、信托的产生

信托根植于私有制的土壤,与维护私有财产特别是遗产的继承与管理关系密切。

(一)原始的信托行为

当人类的劳动力还只能生产维持其本身生命的物质财富,新增加的财富归氏族公有的时候,并无遗产继承与财产保存等问题的发生。只有出现了私有制,财富变为归个别家庭所有时,人们才开始关注对私有财产的占有和维护,不仅在活着的时候占有它,而且还要考虑身后对财产的处理和安排,这样,才产生立遗嘱以分配与管理财产的需要,信托业务也随之出现。

随着商业的发展,在公元5世纪左右,欧洲一些国家出现了专门从事代客买卖和办理其他事务并收取一定佣金的专门组织。中国汉代也出现了为他人洽谈牲畜交易的"驵侩",唐宋也设有"柜房",这些都可以看作是贸易信托的雏形。

当然,这一时期的信托完全是一种无偿的民事信托,并不具有经济上的意义,也没有成为一种有目的的事业来经营,而且信托财产主要是实物与土地,比较单一。

(二)现代信托的产生

现代意义上的信托业则是以英国的尤斯制度为雏形逐步发展起来的,真正定型则是双重尤斯制度的推出。

1. 尤斯制

在公元13世纪前后的英国封建社会中,宗教信仰特别浓厚,人们普遍信奉宗教。

当时的基督教义宣扬信徒"活着要多捐献,死后才可以升入天堂"。于是,教徒自愿在死后把遗产(主要是土地)赠给教会,于是教会就占有了越来越多的土地。按当时英国法律规定,教会的土地是免税的,这样,英国王室的土地税征收就发生了困难,从而严重损害了封建君主和诸侯的利益。于是英王亨利三世于13世纪初颁布了《没收条例》,规定凡以土地让与教会者,必须经过君主的允许,否则就要予以没收。但在当时的英国,许多法官也是教徒,为了帮助教会摆脱《没收条例》所带来的不利处境,他们参照《罗马法》的信托遗赠制度,创造了尤斯(USE)制度。该制度的具体内容是:凡要以土地贡献给教会者,不作直接的让渡,而是先赠送给第三者,并表明其赠送目的是为了维护教会的利益,第三者必须将从土地上所取得的收益转交给教会,使后者实际享受土地的利益,达到了教徒要多捐献的目的。其运作流程如图1-1所示。

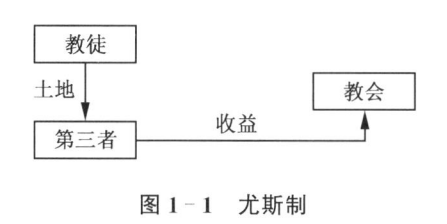

图 1-1　尤斯制

后来这种制度也被运用到逃避一般的土地没收和财产的继承方面,信托财产也扩大到其他不动产与动产等。

2. 双重尤斯制

尤斯制的推出大大触犯了封建君主的利益,因此,封建君主极力反对尤斯制。英国君主亨利八世继位后,为了保障其统治者的利益,于公元1535年颁布了一个新的《尤斯条例》。该条例规定:土地的受益人,同时也是法定的土地所有人,即名义上掌握土地所有权的人并不享有使用权和收益权等任何其他权利,那么实际享有使用权和收益权的人就被认为取得了普通法上规定的所有权,应照章课税。这个新条例的颁布对已实行了200余年的尤斯制产生一次极大的震动,并促使了双重尤斯(Double USE)制的形成。

双重尤斯制可说是"尤斯上的尤斯",其操作过程如图1-2所示。土地持有者(即教徒本人)先把土地转让给儿女,转让的目的仍然是为宗教团体的利益,这是第一个"尤斯"。然后由儿女把土地再转让给第三者(一般是土地持有者的亲密朋友)进行使用,其收益归儿女,这是第二个"尤斯"。在双重尤斯中,教徒的儿女是第一受托人,第三者是第二受托人。在第二个"尤斯"中,儿女是第二个受益人,儿女转让土地是为儿女自身的收益,则不能认为教会取得普通法法定的土地所有权,不适用于新的《尤斯条例》,官府不能没收土地。

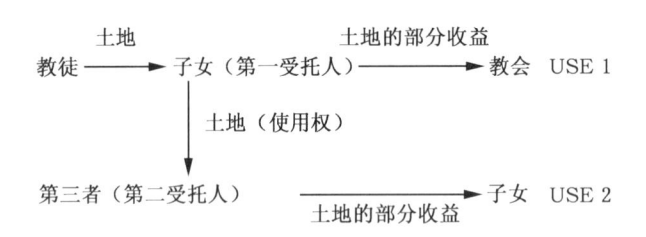

```
       土地              土地的部分收益
教徒 ──→ 子女（第一受托人）──────────→ 教会  USE 1
           │
           │土地（使用权）
           ↓
        第三者（第二受托人）──────────→ 子女  USE 2
                        土地的部分收益
```

图 1-2 双重尤斯制

多数对信托起源进行研究的学者认为，现代信托实际上起源于英国 16 世纪的双重尤斯制度，因为它体现了现代信托结构的完善。后来，随着英国封建制度衰落及资产阶级革命的成功，17 世纪，尤斯制终于为"衡平法"法院所承认，到 19 世纪逐渐形成了近代较为完善的民事信托制度。

二、信托业在各国的发展状况

英国尤斯制与双重尤斯制揭开了现代信托的发展序幕，19 世纪后，西方主要国家先后都确立了信托制度。

（一）信托业在英国的发展

英国是最早开展信托业的国家，英国在 19 世纪中叶完成了工业革命，商品经济得到快速发展，交易活动更加频繁，客观上需要有专业性、稳定性的受托人有效地管理和处理财产，这就为信托事业的发展提供了有利条件。从受托主体来看，英国信托业的发展贯穿"个人→官选个人→法人"这一主线。其发展经历了以下几个阶段：

1. 非营利性的个人信托时期（13—19 世纪中期）

英国早期主要开展由个人承办的个人信托，以公益事务和私人财产事务的处理为主要业务。随着英国商品经济的发展，社会中出现一些特殊需要，如单身妇人、孤儿的财产管理，遗嘱的执行和管理遗产以及资助公益事业的财产管理等，因此，人们就推举一些社会地位比较高和值得信赖的人士（如律师、牧师等）充当受托人管理财产。

但是，这种个人信托在管理和运用财产的时候往往会出现一些纠纷，造成委托财产的损失。于是 1893 年，英国政府颁布了《受托人条例》，开始对个人充当受托人开办信托业务进行管理。1896 年，英国政府又公布了《官选受托人条例》，并于 1897 年出台《官选受托人条例施行细则》，规定法院可以选任受托人，由此个人信托业务得到进一步的规范。

2. 有偿的法人信托时期（19 世纪末—20 世纪初）

信托制度在英国真正确立的标志是信托机构的成立。1886 年，伦敦出现了第一家办理信托业务的信托机构——伦敦信托安全保险有限公司，这是英国最早开展法人受托的机构。1888年,保证信托公社成立。1903年,皇家保险公司设立信托部。1906年,英国颁布《官立信托局条例》和《官立信托局收费章程》。1908年,作为政府信托机构的官立信托局成立,实行以法人身份依靠国家经费来受理信托业务,例如,管理1 000英镑以下的小额信托财产、保管有价证券及重要文件、办理遗嘱或契约委托事项、管理罪犯的财产等。这个信托机构虽然也收取一定的费用,但不单纯以谋取利润为目的,而且其受托业务的范围十分狭窄。

3. 营利阶段(20世纪20年代以后)

1925年,英国颁布《法人受托人条例》,真正确立了由法人办理的以营利为目的的商业性信托。由于英国在工业革命后的生产发展迅猛,社会上出现了大批富人,他们产生了对财产管理和运用的多种需求,于是伦敦出现了私营信托公司,这些机构完全以营利为目的。当时比较有名气的两家私营信托公司包括伦敦受托、遗嘱执行和证券保险公司及伦敦法律保证信托协会。这些私营信托机构扩大了信托业的经营范围,开办个人信托业务以及信用保险和保证业务。

2001年2月1日,《2000年受托人法》生效,它对1925年《法人受托人条例》中关于受托人的权利、义务作了进一步的修改,对受托人的权利规定得更加宽泛,有利于受托人更好地行使管理信托财产使之保值增值的职责。

2012年,英国颁布《金融服务法案》(Financial Services Act 2012),规定了金融行为监管局(FCA)的责任,明确了基金管理人如何申请基金认可审批、哪些机构可作为适格的基金托管人等问题。

根据信托实践,英国还颁布了大量的信托特别法:1954年《公益信托确认法》、1957年《公共受托人报酬法》、1958年《信托变更法》、1961年《受托人投资法》、1968年《地方当局共同投资信托法》、1971年《国家信托法》、1972年《公益受托人社团法》、1987年《信托承认法》、2000年《金融服务与市场法案》(FSMA 2000)、2001年《开放式公司型投资基金条例》(OEIC Regulations)、2008年1月《对冲基金标准管理委员会标准》、2013年《关于实施另类投资基金管理人指令的指导意见》、2014年《关于另类投资基金管理人报酬的指导意见》等。

4. 英国信托业的现状与特点

虽然信托业务制度在英国最早得到确立,信托的思想在英国也根深蒂固,但是由于一些传统习惯和历史的原因致使信托业务在英国没有得到进一步的迅速发展,其信托业务反而不如美国与日本等国家发达。

目前,英国金融信托业仍以个人受托为主,业务量占全部信托业务的80%以上,信托的内容多是民事信托和公益信托,信托标的物以房屋、土地等不动产为主。因此,英国所建立的信托业务制度也可以说是民事信托业务制度。

英国的法人受托业务则主要由银行和保险公司兼营，专营比例较小。在银行的信托业务中，几大商业银行（如国民威斯敏斯特银行、巴克莱银行和劳埃德银行）则集中了全部法人信托资产的90%。另外，保险公司也兼营一部分信托业务。

除民事信托和公益信托外，英国的证券投资信托也不断发展。作为一种很有活力的储蓄与投资形式，信托已广为人们所欢迎。英国较常采用的是"养老基金信托""投资信托"和"单位信托"。现在养老基金已成为英国证券市场上的主要投资者。投资信托公司则为小额投资者分散投资提供了可能。1932年，英国成立了"投资信托公司协会"作为投资信托公司的自律性组织，到1994年8月，这个联合会已有292个成员，管理着价值380亿英镑的资产。单位信托是一种开放式的共同投资工具。1959年，英国成立"单位信托和投资基金协会"作为单位信托的行业性自律组织。截至1997年底，英国有单位信托基金管理公司154家，管理单位信托基金近1 600个，管理资产超过1 500亿英镑；而投资信托公司有570多家，管理资产580亿英镑。[①] 截至2012年末，英国基金业管理的资产规模为9 388亿美元，在全球排名第七位。其中：排名第一的开放式养老基金占比为47%；公司型基金OEIC占比达到35%；封闭式基金的主流是投资信托基金，在英国基金总资产和总数中的占比分别为3.42%和5%；单位信托基金的资产规模达到了2 773亿美元，数量为529只，占比分别为13.48%和10%。[②]

2013年7月，英国推出获授权认可的契约型基金（Authorized Contractual Scheme，ACS）。2014年6月，第一个ACS基金设立，可以给投资者带来集合化投资和节税的双重利益。

在英国，不同组织形式的基金必须遵守不同的法律。公司型基金（OEIC）须遵从《公司法（2006）》和《OEIC条例（2001）》；契约型基金（ACS）须遵从英国的合同法及《ACS条例（2013）》；信托型基金（AUT）则须遵从英国的信托法。

受机构客户委托而管理的基金（包括保险基金、养老基金、地方政府和慈善基金）一直占主导地位，占英国管理基金的大约2/3（64%）。英国投资管理协会2014年的数据表明，养老基金依然是各类基金中规模最大者（占36%），保险基金次之（占20%）。

根据美国投资公司协会（ICI）的统计数据，截至2018年第一季度末，英国的基金（含FOF）有2 960只，资产净值为1.920万亿美元。[③]

[①] 《海外基金业发展历史》，和讯网，2004年5月13日。
[②] 格上私募圈：《英国公募、私募发展历程、现状、经验及教训》，2016年10月13日。
[③] 美国投资公司协会（ICI）：《2018美国投资公司发展报告》（2018 Investment Company Fact Book），2018年5月。

(二)信托业在美国的发展

美国的信托是从英国引进的,但美国并没有囿于原有的观念,而是创造性地运用公司组织的形式广泛地经营信托业,从而成为全球信托业最发达的国家。

美国信托业的发展可以分为以下几个阶段:

1. 保险公司兼营信托业

18世纪末至19世纪初,美国建立起资本主义生产关系,股份公司的大量创立使股票、债券等有价证券大量发行,这就需要有专门机构来办理集资、经营和代理各种有价证券业务。这一时期美国逐渐成立了一些兼营信托与保险业务的公司,如1818年成立的麻省医疗人寿保险公司、1822年成立的农业火险及放款公司(被认为是美国信托业的鼻祖,1836年改为"纽约农业放款信托公司")及纽约人寿保险信托公司、宾夕法尼亚州立人寿保险公司、基拉人寿保险信托公司等。

2. 专营信托机构的建立

1853年,在纽约成立了美国历史上第一家专门的信托公司——美国联邦信托公司,它的信托业务比兼营信托业的保险机构有了进一步的扩大和深化,在美国信托业发展史上具有十分重要的意义。之后,多家专业的信托公司相继建立。

1865年美国内战结束后,国内开始进行经济建设。为了适应战后重建的需要,政府放松了对信托公司的管制,允许信托公司兼营银行业。这大大扩展了信托公司的业务经营范围,信托公司的数量剧增,它们积极参与资金筹集,承购铁路、矿山公司发行的债券,然后出售给民众,促使有价证券的发行、管理与买卖等业务逐步取代实物而成为信托的主要业务。随着金融信托业务的不断扩大,许多保险公司逐渐放弃保险业务而专门从事信托业务,兼营银行业务的信托公司也大量增加。

3. 信托业的发展与创新阶段

随着商品经济的进一步发展,信用工具也得到更广泛的运用,银行资本与工业资本的融合,大大提高了金融业在整个国民经济中的地位。为了适应金融业的竞争,1913年《联邦储备银行法》准许国民银行兼营信托业,后来各州也相继修改州法律,陆续同意州银行兼营信托业务,商业银行兼营的信托业务有了较快的增长,也促进了信托业的不断壮大。

第二次世界大战后,美国政府加大了国家干预调节经济的力度,美国资本市场急速扩大,有价证券的发行量不断上升,信托投资业务也大规模发展。这开拓了信托业的发展空间,也促使信托创新不断涌现,如公司债券信托、企业偿付性利润分配信托、退休和养老基金信托以及职工持股信托等,信托资产的规模迅速扩大。在美国银行中,1970年的信托财产为2 885亿美元,至1980年增长1倍,为5 712亿美元,其占商业银行总资产的比例也由 41.3% 上升至 57.1%[1]，金融信托业务已在美国商业银行业务中占据了重要地位。

4. 美国信托业的特点与现状

从美国的信托业发展中可以看出，其信托业务从民办机构起步，很少有英国"官办信托局"等公营机构。美国又是世界上最早采用法人信托的国家，从个人受托转变为法人受托，承办以营利为目的的商务信托，美国要比英国早。目前，美国的个人信托与法人信托齐头并进，并随着经济形势的变化出现交替变化，当经济发展不景气时，个人信托业务会超过法人信托的业务量，但在经济回升时法人信托又会迅速发展。总体来说，个人信托约占 70%，机构信托只占 30%。1999 年，美国信托公司管理的个人资产为 596 亿美元，主要为个人投资者提供管理国内和国际证券投资、固定收益和其他投资，例如非上市股票和不动产、投资咨询、信托、财务和不动产规划以及私人银行服务。而机构信托业务则是指为机构提供包括投资管理、公司信托、针对公司的经纪和特别信托服务、捐赠、基金会、养老金计划等。此外，机构信托还包括提供公司雇员持股计划、咨询和信托服务。1999 年，美国信托公司为其机构客户管理约 265 亿美元的资产，其中约有 120 亿美元与公司的特别信托服务相关[2]。

如今在美国，信托观念已深入人心，美国也成为当今世界信托业最发达的国家。美国金融信托业务发展中的一个显著特点是普遍开展有价证券信托业务。各信托机构都办理证券信托业务，既为证券发行人服务，也为证券购买人或持有人服务。信托资产中，证券业务占比极高，比如在 1990 年全美信托财产中，仅普通股股票投资占比就达 48%，企业债券占比 21%，国债和地方政府债券占比 18%，其他信托财产占比 13% 左右。而近年来，共同基金的发展进一步推动了信托财产的增加，2012 年末，美国的共同基金有 8 752 只，资产达 13 万亿美元，占全球共同基金资产的 48.4%。[3] 到 2017 年底，美国的基金规模为 24.9 万亿美元，占全球的 50.5%。过去十年中，美国共同基金(不含 ETF)净流入 2 300 亿美元。2000 年以来，美国拥有共同基金的家庭比例保持相对稳定，截至 2017 年底，共有约 1 亿个人投资者、5 620 万家庭持有共同基金，占美国家庭总数的 44.5%，他们通过直接或间接的养老计划持有 90% 的共同基金总资产。[4]

---

[1] 马亚明：《发达国家信托业发展及其对我国的借鉴和启示》，信托网，2002 年 8 月 8 日。
[2] 黄文莉：《中国信托业：回归主业还差三步》，《上海证券报》2002 年 8 月 28 日。
[3] National XXX。
[4] 美国投资公司协会(ICI)：《2018 美国投资公司发展报告》(*2018 Investment Company Fact Book*)，2018 年 5 月。

（三）信托业在日本的发展

日本的信托制度是从美国引进的，但日本却成为信托业发展最快、信托立法最完善的国家。

1. 起步阶段

在日本，信托制度的诞生不是建立在制度需求充分发育的基础之上，而是源于明治维新后全面学习西方的浪潮，以一种突发的制度供给方式建立起来的。19世纪末，经济界的头面人物认识到用信托作为筹资手段对发展重工业是必要的，于是就极力要求引进美国类型的信托制度。1900年，日本从美国引进信托业务，制定了《兴业银行法》，正式允许兴业银行经营"地方债券、公司债券及股票等信托业务"。1902年，日本兴业银行成立，成为日本第一家专业信托公司，首次开办了信托业务，信托业在日本开始发展起来。

为了解决工业化过程中资金缺乏的问题，信托迅速转化为一种资金筹集工具。1905年，日本制定《担保公司债信托法》。1906年，日本第一家专业信托公司——东京信托株式会社设立。此后，信托机构如雨后春笋般出现，如福岛信托公司（1906）、横滨信托公司（1906）、神户信托公司（1907）、大阪市的关西信托公司（1912）和济生信托公司（1912）等。到1911年，已有134家信托公司成立，而到1921年，则发展到488家，信托业务也发展到30多个品种。[①]

2. 法制化阶段

第一次世界大战结束后，欧、美各国的经济衰退波及日本，日本经济转入萧条时期，金融业也受到不小冲击，日本信托业暴露出在发展初期所形成的各种弊端，许多信托公司纷纷破产。

为保护民众利益，日本政府对信托行业进行整顿，于1922年颁布了经营信托业务必须遵循的《信托法》和监督信托业经营的《信托业法》。这两个法律成为信托界的基本法，使日本信托业务进入有法可依的新时期，也保证了以后信托业的健康发展。之后，经过信托业的整顿，信托公司的数目由1921年的400多家锐减到1928年的36家。整顿后的信托公司资本雄厚，信誉良好，其业务量迅速攀升，经营的信托财产由1924年的1亿日元猛增到1936年的22亿日元。[②]

为了适应战争需要，1937年，日本两次对信托业进行整顿，并于1943年颁布《关于普通银行兼营信托业务的法律》，允许商业银行经营信托业务。

第二次世界大战结束后，日本经济处于瘫痪状态，信托业务也随之急剧减少。为

---

① 马亚明：《发达国家信托业发展及其对我国的借鉴和启示》，信托网，2002年8月8日。
② 马亚明：《发达国家信托业发展及其对我国的借鉴和启示》，信托网，2002年8月8日。

了发挥信托的筹资作用,1947年信托公司改组成为信托银行。

3. 分业经营阶段

20世纪50年代,日本经济由战后恢复时期转入增长时期,信托业得到重新发展。由于战时的信托体制已不能适应经济形势发展的需要,大藏省于1953年提出长期金融与短期金融分离的方针,确定商业银行为短期金融机构,信托银行为长期金融机构,原来兼营信托业务的商业银行不再经营信托业务。经过这一整顿,大量资金不足的小公司被淘汰了,信托业务主要集中到三井、三菱、住友、安田、东洋、日本和中央7家信托银行手中。从20世纪70年代后半期开始,信托的融资功能和财务管理功能得到充分发挥,日本的信托业在金融领域中的地位逐步上升,信托银行占主要金融机构的资金比例由1960年的8.4%上升到1989年的18.55%。[1]

4. 混业经营阶段

20世纪90年代,日本开始了大幅度的金融改革,由于实行了混业经营金融管理体制,日本的各大信托银行也都不得不与其他金融机构一起走向了合并重组之路,如1999年排名第三的三井信托与排名第六的中央信托合并,2000年4月三菱信托、日本信托和东京三菱银行决定实行联合经营。在日本,信托不断创新,业务品种不断增多,大量基于日本国情的信托业务(如年金信托、财产形成信托、住宅贷款债券信托、公益信托、特定赠与信托、财产奖金信托等)不断推出,信托财产已经扩大到货币、有价证券、不动产以及股权、债权等,其中"金钱信托"成为日本信托业的一大特色业务。截至2001年3月31日,日本共有50家金融机构经营信托业务。这些金融机构包括30家信托银行、1家城市银行和19家地方银行。有184家地方银行的1 559个分支机构加入到信托银行的代理协议中。截至同期,信托银行持有的基金总额达到1 906 370亿日元,占日本银行资金总额的25.5%。[2] 截至2015年底,日本信托资产的总额达到849.64万亿日元。其中:金钱信托340.69万亿日元,占全部信托财产的比例超过40%;非金钱信托总额达到508.95万亿日元,占比为59.9%。[3] 近几年,日本的投资信托发展迅猛。根据美国投资公司协会(ICI)的数据统计,截至2018年第一季度末,日本的基金(含FOF)有11 815只,资产净值为1.867万亿美元。[4]

日本信托业的一大特点表现为它的信托立法最完善。在日本,除了有《信托法》(2006年修订)和《信托业法》(2004年修订)、《兼营法》等基本法律规范约束信托业外,

---

[1] 马亚明:《发达国家信托业发展及其对我国的借鉴和启示》,信托网,2002年8月8日。
[2] 《中国信托研究》2002年7月30日。
[3] 数据来自日本信托协会。
[4] 美国投资公司协会(ICI):《2018美国投资公司发展报告》(*2018 Investment Company Fact Book*),2018年5月。

还根据不同信托业务种类设立了各种信托特别法,如《贷款信托法》《证券投资信托法》和《抵押公司债券信托法》等。许多新设立的信托业务大多依据相关法律而创办,如年金信托中的退休信托、福利养老金信托便是分别以修订的《法人税法》和《福利养老金保险法》而设立的,财产形成信托则依据《继承税法》修订案而创设。这种健全的法律制度为信托机构的健康经营提供了有力的保障。

第三节 中国信托业的发展

中国在几千年前就有了信托业的萌芽。在汉代产生了替人说合牲畜交易的"驵侩",以后历代均有此类机构。南北朝时,由于战乱,许多富商和官宦将金银财宝交给僧尼保管并委托其放高利贷。唐代有柜坊,内设"僦柜",相当于我们现代的保险箱。明清时期产生"牙行""行店""行纪"等,为买卖双方评定价格、撮合交易,从中抽取佣金。这些活动都蕴含了信托业务的雏形,但中国的现代信托业却是从国外传入的,其发展道路也比较曲折。

一、旧中国的信托业

(一)"民国"时期(20世纪初)的信托业

辛亥革命爆发后,信托业务传入中国,但最初创办信托机构的是外国人。1913年日本人创办大连取所信托株式会社,1914年美国人在上海设立普益信托公司,并在美国使馆登记注册。之后,外国人在我国各地又设立了20多家信托公司。

1917年,上海商业储蓄银行设立保管部(1922年改为信托部),内设40多只木质保管箱,后又添置钢质保险箱200只,出租给客户做保管贵重物品之用,代保管业务的开办正式揭开了中国人独立经营金融信托的序幕。1918年,浙江兴业银行正式开办出租保管箱业务。1919年12月,聚兴诚银行上海分行成立了信托部,经营运输、仓库、报关和代客买卖有价证券业务。这是我国最早经营信托业务的三家金融机构,尽管都是由银行内部设立的信托部兼营信托业务,但标志着中国现代信托业的开始。

1921年,中国历史上第一家标明为"信托公司"的企业——中国商业信托公司在上海成立。此后的数年之内,先后有十余家信托公司成立。

旧中国信托业的发展很不稳定,一旦金融动荡便会有许多信托机构倒闭,其中最为著名的是1921年爆发的"信交风潮"。

【案例 1-2】 "信交风潮"

第一次世界大战之后,中国市场上游资大量涌入了信托业和证券业。1918年中国第一家股票交易所在北平正式成立。1919年9月成立上海证券物品交易所,1920年将上海股票商业公会改组为上海华商证券交易所。上海证券物品交易所在成立后的不到半年内就获利50万元。丰厚的利润诱发了游资投机的狂热,出现了争设信托机构和交易所的狂潮。到1920年夏秋之际,全国形形色色的交易所达140家。1921年,"中国商业信托公司"在上海成立。此后,不到40天,又有上海运驳、大中华、中央、中华、中外、中易、通易、神州、上海和华盛等11家信托公司成立。它们与交易所相互勾结,主要从事股票等证券的投机买卖。

1921年底,市场银根收紧,股价暴跌,许多交易所关门,信托公司也大量破产,这就是所谓的"信交风潮"。危机过后,幸存下来的信托公司仅有中央和通易两家。

[案例分析]

"信交风潮"的出现不是偶然的,而是由当时的特殊经济背景所决定的。

第一次世界大战期间,各帝国主义列强忙于欧洲战争,暂时放松了对中国经济的侵略,中国大量输出的军需物资为中国民族资本的发展提供了机会,国内出现短暂的"繁荣"景象。但第一次世界大战结束后,列强势力又纷纷回到中国市场,民族工商业也转入萧条,游资大量充斥,必然要寻找出路,客观上会导致信托业和证券业的过度膨胀。

交易所和信托公司虽大量设立,但却缺乏管理。12家信托机构的注册总资本超过当时全国银行的资本总额,达到8 100万元,但实收资本并不多,如最具影响的中央信托公司,其实收资本仅为额定资本的1/4。它们的组织机构不健全,所从事的业务也具有较大的投机性,与交易所相互利用,交易所以其发行的股票向信托公司作抵押借款,而信托公司又以交易所发行的股票作为交易对象,这种投机活动必然会加大证券泡沫。

由于缺乏坚实的经济基础,一旦投机真相被识破,银行和钱庄便会抽紧银根,停止贷款。这又导致从银行借款进行股票投机的人告贷无门,信托公司本身资金有限,周转不灵,股票价格会下挫。许多投机者又被迫大量抛售股票,促使股价进一步狂跌,最终引发了交易所与信托公司大量破产。"信交风潮"之后,旧中国民营信托业的发展第一次进入低潮。

可见,在市场经济不发达的旧中国,信托业的发展缺乏坚实的社会与经济基础,发展畸形,脱离了真正的信托业务而建立在投机之上,这注定了它们必然会遭受挫折的结果。

(二)国民党时期(1928—1947年)的信托业

20世纪三四十年代,中国的信托业呈现民办信托机构与官办信托机构并存的局面。

从1928年起,以上海为中心的私营信托业开始恢复。1928年,上海重新兴起开办信托公司的热潮,其中新增设9家,加上由天津设于上海的久安信托公司,连同原来"幸存"下来的中央与通易两家公司,共12家,资本总额达到1 043.6万元。① 各银行也先后设立信托部,如上海商业储蓄银行、浙江兴业银行、江苏银行、四明银行、中国实业银行、中国通商银行、中南银行、大陆银行、新华信托储蓄银行与聚兴诚银行等。另外,还有具有信托性质的房地产公司45家。但当时私营信托机构大多集中在少数经济比较发达的城市,上海成为信托业的中心,而其他城市的信托机构数量较少。

在私营信托业稳定的基础上,旧中国的官办信托业产生了。1933年10月,第一家地方性的专营的官办信托机构——上海市兴业信托社成立。1935年10月,中央信托局成立,其资本实力雄厚,经营业务种类齐全,并享有政府赋予的特权,从而成为旧中国最大的官办信托机构。此外,"四行"也下设信托部,经营信托业务。

1937年抗日战争爆发后,信托业在全国范围内有了新的发展。上海新增设30多家信托公司,新成立10多家银行信托部,原"久安"与"中二"等信托公司更名为信托银行。战争期间,沿海许多银行和信托公司纷纷内迁,一些原来没有信托机构的西南、西北地区也相继设立信托公司。②

抗日战争胜利后,国民政府着手整顿金融机构,于是,信托公司数量大大减少。到1947年10月,信托公司经过清理整顿后,全国共保留15家,资本总额为91 500万元。其中,上海总资本为86 000万元,占全国总资本额的94%。1948年,全国信托公司有14家,上海占13家,其中包括中央信托局、通易、中一、上海、通汇等。③ 许多银行均设有信托部,兼营信托业务。但由于连年内战和国民党政府制造的恶性通货膨胀,信托业务难以开展,大多从事投机买卖。

二、中华人民共和国成立后的信托业

中华人民共和国成立之后,政府对原有的信托机构进行了改造,自20世纪80年

---

① 《中国信托业的起源和发展》,中华理财网,http://www.12818.com/licai/tzlc/trust/200504/771.html。
② 《中国信托业的起源和发展》,中华理财网,http://www.12818.com/licai/tzlc/trust/200504/771.html。
③ 《中国信托业的起源和发展》,中华理财网,http://www.12818.com/licai/tzlc/trust/200504/771.html。

代以来经过几次整顿,信托业步入一个新的发展时期。

(一)改造阶段(1949 年—50 年代中期)

由于旧中国的信托业包括官办信托业和民办信托业两大部分,政府对两者分别实行了不同的政策:没收官僚金融信托业与赎买民办信托业,逐步将其改造成社会主义的信托业。

首先,对国民党政府的官办信托业,包括中央信托局及其在各地的分支机构采取没收政策,由人民政府接管;对"四行"与中央合作金库和各省市地方银行附设的信托部,则随同对官僚资本银行的接管,进行改组和改造。

其次,对民族资本主义信托业采取了赎买政策。中华人民共和国成立后,政府限制私营银行、钱庄在信托业中的活动,以减少投机,于 1950 年后对信托业进行清理,并于 1952 年底完成了对资本主义金融业的社会主义改造,组建统一的公私合营银行。民营信托业都成为公私合营银行的一部分。

在对旧中国信托业进行接管和改造的同时,新中国也开始试办金融信托业。1949 年 11 月 1 日,中国人民银行上海分行在改造旧中国银行和旧交通银行信托部的基础上成立信托部。1951 年 6 月,天津市地方集资成立公私合营的"天津市投资公司"。1955 年 3 月,广东省华侨投资公司成立,揭开了广东信托业的新开端。此外,北京、武汉等地也曾成立过信托机构,办理信托业务。

(二)中断及恢复时期(20 世纪 50 年代后期—1981 年)

进入 20 世纪 50 年代中期,中国实行集中统一的经济政策,逐步推行和建立起一套高度统一的国民经济计划管理体制。财政、经济、物资、资金都统一调度,信用高度集中于国家银行,其他金融机构的职能退化了,信托也失去了赖以生存的客观条件。与此同时,原有的信托一直与投机有着千丝万缕的联系,人们认为这会干扰当时的中国经济建设,从主观上也产生了一定的排斥。因此,信托公司和银行信托部的业务大量收缩,到 50 年代后期则停止。

1978 年底中共十一届三中全会的胜利召开,揭开了中国社会主义建设新时期的序幕。原来高度集中统一的银行信用已远远不能满足经济发展的需要,为了拓宽资金融通的渠道,各种形式的信托机构开始筹建。1979 年 6 月,在邓小平等同志的支持下,国务院正式批准了荣毅仁提议的中国国际信托投资公司方案。同年 10 月 1 日,中信公司正式在北京宣告成立,开办费为 50 万元,注册资本为 2 亿元。1979 年 10 月,中国银行总行在北京也成立了信托咨询部。1980 年 6 月,中国人民银行恢复了信托业务。

1980 年 9 月 9 日,中国人民银行向全国除西藏自治区以外的所有省、自治区、直辖市下达了《中国人民银行关于积极开办信托业务的通知》,分析了积极开办信托业务的必要性,提出了开办信托业务的原则以及信托机构的设置与管理等方面的内容。根据这一指示,经济比较发达的城市于1981年纷纷试办信托业。到1981年底,全国已有21个省、自治区、直辖市开办了信托业务,中国人民银行和各专业银行也都开办了信托业务。这样,停办了近30年的信托业得到了迅速恢复。

(三)整顿阶段(1982年以后)

由于我国金融市场与金融制度的不完善,许多信托机构经营带有盲目性,故中国的信托业在"发展、违规和整顿"中经历了七个轮回。

1. 第一次整顿(1982—1983年)

随着1981年信托投资公司的大量设立,加上银行办的信托机构,使信托业过度膨胀。据统计,到1982年底,全国各类信托机构有620多家。其中:中国人民银行有信托部186家;中国人民建设银行有266家;中国农业银行有20多家;中国银行有96家;地方办的有50多家信托公司。它们业务混乱,超越信托业务范围,变相从事银行信贷,与银行争抢资金,信托贷款在基建投资中占到较大比重,导致长、短期资金混用,加剧了固定资产投资规模的膨胀。

为了加强对信托业务的管理以及控制基建投资,1982年4月10日,国务院发出《关于整顿国内信托投资业务和加强更新改造资金管理的通知》,对我国信托业进行第一次整顿。通知要求"除国务院批准和国务院授权单位批准的投资信托公司以外,各地区、各部门都不得办理信托投资业务","今后信托投资业务(除财政拨付的少量技措贷款基金外),一律由人民银行或人民银行指定的专业银行办理。经批准举办的信托投资业务,其全部资金活动都要统一纳入国家信贷计划和固定资产投资计划,进行综合平衡"。这样,在全国范围内进行了一次信托业的行业清理。

1983年1月3日,中国人民银行颁布了《关于人民银行办理信托业务的若干规定》,明确了"金融信托主要办理委托、代理、租赁、咨询业务,固定资产贷款以后由信贷部门办理"。这个文件在信托业恢复以来第一次明确了国内信托业的经营方针、业务范围、资金来源和计划管理等问题,具有重要的意义。

2. 第二次整顿(1985—1986年)

1984年6月,中国人民银行召开"全国支持技术改造信贷、信托会议"和"全国银行改革座谈会"。会议充分肯定了信托业在经济发展中的重要作用,提出"信托是金融业的轻骑兵,也是金融百货公司,更侧重于金融市场调节","凡是有利于引进外资、引进先进技术,有利于发展生产、搞活经济的各种信托业务都可以办理"。这些政策第一次充分肯定了信托公司的混业经营模式。

在这一思想的引导下,信托公司业务又迅速增长,通过各种名义的贷款和投资不断助长了固定资产投资膨胀与消费基金猛增,造成金融与物资平衡失控的局面。于是,1985年国务院发出《关于进一步加强银行贷款检查工作的通知》,要求银行停止办理信托贷款和信托业务,已办业务应加以清理。中国人民银行于1986年4月26日颁布《金融信托投资机构管理暂行规定》,进一步明确了信托业的性质、作用、业务范围与经营方向,使信托业被纳入法制管理的轨道。这次整顿的重点在于清理信托业务,其他业务未受多大影响,信托业整体上仍在继续发展之中。

3. 第三次整顿(1988—1992年)

1988年,"价格闯关""再造企业的微观制度基础""国际大循环"等各种经济理论不断推出,中国各地尤其是沿海地区经济发展势头旺盛,出现了投资饥饿症。大家对信托业的作用也越来越重视,设立信托机构的积极性也越来越高。到1988年底,全国信托投资机构数量达到上千家,其中经中国人民银行正式批准的有745家。它们开办委托、代理、租赁、投资、担保、证券、咨询和房地产等多种信托业务。同时,各专业银行为回避中国人民银行对信贷规模的控制,通过各种形式和渠道向信托公司转移资金,信托公司的资产规模快速膨胀。这就导致固定资产投资居高不下,出现严重的经济过热现象,加剧了社会总供给和总需求的失衡。

为此,国务院将清理整顿金融信托机构作为控制货币、稳定金融的重要措施。1988年8月12日,中国人民银行发出《关于暂停审批设立各类非银行金融机构的紧急通知》,8月29日又发出补充通知。同年10月3日,中共中央和国务院发出《关于清理整顿公司的决定》,指出整顿的重点是1986年下半年以后成立的公司,特别是其中综合性、金融性和流通领域的公司,中国人民银行负责统一组织检查、监督和验收,由此开始了对信托投资公司的第三次整顿。1989年9月22日,国务院发布《关于进一步清理整顿金融性公司的通知》。1990年3月27日,中国人民银行下发了《关于金融性公司撤并留的政策意见》和《关于金融性公司撤并留有关问题的通知》两个文件。

这次整顿基本上解决了信托机构发展过多过滥、违章经营和管理混乱等问题,我国信托机构数量由1988年底的1 000多家减少到1990年的377家,其中全国性的信托机构有9家,地方198家,专业银行暂不撤销的有170家。

4. 第四次整顿(1993—1996年)

经过三次清理整顿,中国信托业仍然存在许多问题,特别是银行和信托的关系没有彻底理顺,在经济过热时就会暴露无遗。

1992年,中国掀起了新一轮改革开放热潮,经济再次出现过热势头,沿海部分地区出现房地产热,新兴的股票市场狂热。许多信托机构与银行联手,违规拆借,利用拆借资金炒房地产、炒股票,绕开信贷规模发放贷款,导致金融秩序混乱。

为了制止这一现象,中国人民银行陆续推出了一系列整顿政策。这次整顿的持续时间较长,措施强硬,力度也很大。1993年7月9日,中国人民银行发出通知,要求信托投资公司的设立须取得中国人民银行核发的"经营金融业务许可证",1994 年 1 月颁布《金融信托投资机构资产负债比例管理暂行办法》和《信贷资金管理办法》,进一步将信托机构的经营管理纳入法制轨道,表明中国人民银行对信托业的监管力度不断加大。

同时,1995 年 7 月出台的《中华人民共和国商业银行法》以法律的形式确立了银行与信托分业经营的原则。与此相对应,国务院于 1995 年 5 月 25 日批准《中国人民银行关于中国工商银行等四家银行与所属信托投资公司脱钩的意见》,脱钩工作于 1996 年结束,从而在资金来源上限制了信托投资机构扩大贷款规模。

5. 第五次整顿(1999—2002 年)

1999 年 3 月,国务院下发国发第 12 号文,宣布中国信托业的第五次清理整顿开始。中国人民银行对信托业进行了历时最长也最为彻底的一次整顿。这次整顿的原则是"信托为本、分业经营、规模经营、分类处置",信托公司的存款与结算业务被叫停,证券经纪与承销业务被剥离,信托经营机构得到进一步清理。

中国人民银行对 2000 年的 239 家信托公司根据不同的性质进行处理。一是撤销银行体系内部的四家总行开办的中央级信托投资公司;二是国家部委主办的信托公司除中煤信托获得保留外,其他都先后被撤销;三是大型企业集团或行业性公司主办的信托投资公司被改组为企业集团财务公司;四是对地方或主管部门开办的信托公司进行合并或撤销,要求单独保留或合并保留的信托公司的资本要超过 3 亿元并有充足的偿债能力。通过上述措施,对原有的信托公司进行洗牌。2001 年开始办理信托投资公司重新登记,信托公司的数量从整顿前的 239 家减少到 50 多家。

同时,信托业也加快了法制化进程。2001 年 1 月 10 日中国人民银行颁布《信托投资公司管理办法》,2001 年 10 月 1 日《中华人民共和国信托法》开始实施,2002 年 7 月 18 日中国人民银行颁布的《信托投资公司资金信托管理暂行办法》正式实施,为信托业的发展提供了法律上的保障。

到 2002 年上半年第五次整顿结束后,信托公司逐渐回归本业,成为"受人之托,代人理财"的金融机构。

然而,自 2002 年以来,重新登记后的信托公司仍然暴露出一些问题。2004 年初,青海庆泰信托恶炒桂林旅游;2004 年 7 月 2 日,"金新乳品信托"到期没有实现兑付;2004 年 12 月,四川衡平信托"恒发债券投资信托计划"到期,面临兑付危机……这些现象引发了投资者对信托业的诸多质疑。

当然,信托业监管部门也看到了这一现象,它们开始致力于对信托公司加强规范治理。2004 年,我国推出了十多项与信托业相关的制度,为我国信托业的制度化建设搭建了基本框架。2005 年,信托公司信息披露制度出台,并在当年 4 月底完成了首批

35 家信托公司的信息披露工作。2006 年 1 月 6 日,中国银行业监督管理委员会颁布《关于调整信托投资公司非现场监管报表体系的通知》。2006 年,公开信息披露的信托公司增加到 49 家。

6. 第六次整顿(2006—2011 年)

为了进一步贯彻"分类监管,扶优限劣"的思想,中国银行业监督管理委员会于 2006 年 8 月 17 日以银监发〔2006〕65 号文的形式下发了《关于信托投资公司开展集合资金信托业务创新试点有关问题的通知》,并于 2007 年相继下发《信托公司管理办法》《信托公司集合资金信托计划管理办法》与《关于信托公司过渡期有关问题的通知》,这被视为"第六次整顿"的开始。

根据中国银行业监督管理委员会的要求,凡能够按照新办法开展业务的信托公司,应当于新办法颁布后的 3 年过渡期内清理固有投资,申请换发新的金融牌照。它们要向中国银行业监督管理委员会提出变更公司名称和业务范围等事项的申请,在申请书中应附业务调整方案,包括固有业务调整方案、投资者结构调整方案等。申请书经中国银行业监督管理委员会属地监管局进行初审,报中国银行业监督管理委员会审查批准后可以换发新的金融许可证。2007 年 3 月下旬,华宝信托第一个提出换领新的金融许可证的申请并获得批准。继华宝信托之后,中海、衡平两家信托公司于同年 7 月 3 日与 7 月 5 日分别获发新的金融牌照。截至 2008 年底,已有 42 家公司获得新牌照。

对已换领新的金融许可证的信托公司,中国银行业监督管理委员会鼓励其优先开展资产管理类业务、私人股权投资信托、产业投资信托、资产证券化、受托境外理财等创新业务,不再受 200 份信托合同的限制,可以申请跨区域经营等。这样可以使它们获得许多新的机会,更好地开展专业理财与其他信托业务。

2006 年,时任中国银行业监督管理委员会主席的刘明康表示要逐步对信托公司进行评级和分类。2010 年 4 月 1 日下发的《信托公司监管评级与分类监管指引》(修订)将评级体系分为公司治理、内部控制、合规管理、资产管理和盈利能力五个大的考核指标,将信托公司的评级结果分为六个级别,其中,得分在 90 分以上的为 1 级,而得分在 50 分以下的为 6 级。对于综合评级为前两级的信托公司,监管层将在新业务开展方面给予优先支持;而对于综合评级为 5 级的信托公司,监管层可限制或暂停其业务;对于综合评级为 6 级的公司,要及时制定和启动应急处置预案,安排重组。

随着中国信托业的发展与信托公司业务的调整和创新,客观上需要建立一个有效的信托业务风险监管体系。2010 年 9 月,中国银行业监督管理委员会发布《信托公司净资本管理办法》,要求信托公司净资本不得低于 2 亿元,不得低于各项风险资本之和的 100%,不得低于净资产的 40%。它将信托公司可管理的信托资产规模与净资本直接挂钩,有利于控制信托公司的总体风险,推动信托公司建立并完善内部风险预警和风险控制机制。为满足监管要求,促进业务发展,许多信托公司进行了增资扩股。如2011年1月,经纬纺机宣布将对中融信托增资8.2亿元,使其注册资本达14亿元;华电集团和各股东对华鑫国际信托增资,使其注册资本由3.2亿元增至12亿元;重庆信托也宣布将注册资本由16.3373亿元增至24.3873亿元。2012年11月,东莞信托增资14亿元;2012年12月,中融信托注册资本增加1.25亿元至16亿元;大连华信信托于2012年底也将注册资本金由20.57亿元增至30亿元,并于2013年10月再次增至33亿元。2013年全年,共有15家信托公司进行了增资,规模合计82.42亿元。另据不完全统计,2014年前4个月,已经有安信信托、兴业信托、渤海信托、国投信托、山东信托等公司启动了增资扩股计划。

7. 第七次整顿(2014—2019年)

随着2012年以来信托业的快速发展,暴露出信托机构业务的混乱与管理的滞后,为风险埋下了隐患,信托产品的兑付问题不断暴发:2012年信托行业到期清算时出现问题的信托项目大约有200亿元,2014年则有近20款信托产品发生兑付危机。于是,以2014年中国银行业监督管理委员会下发《关于信托公司风险监管的指导意见》(银监发〔2014〕99号,简称99号文)为起点,我国对信托业再次开展整顿。

这一轮整顿主要以加强风险监管为核心。2014年4月初,中国银行业监督管理委员会出台《关于信托公司风险监管的指导意见》(99号文),被信托业界称为"史上最全面"的信托公司风险监管文件。该指导意见明确了要健全信托项目风险责任制,建立市场化的风险处置机制,有效防范信托业风险。2016年3月,中国银行业监督管理委员会发布《进一步加强信托公司风险监管工作的意见》(银监办发〔2016〕58号,简称58号文),从资产质量管理、重点领域风控、实质化解信托项目风险、资金池清理、结构化配资杠杆比例控制、加强监管联动等多方面明确加强风险监管的政策措施。2017年1月,中国银行业监督管理委员会下发《信托公司监管评级办法》,明确了定量和定性两部分监管评级要素。2018年9月19日,由中国信托业协会组织制定的《信托公司受托责任尽职指引》正式发布,进一步明确了信托公司在信托业务流程中的相应职责。

当然,为了引导信托业的业务规范,中国银行业监督管理委员会也出台了一系列关于信托业务方面的文件。2017年12月,中国银行业监督管理委员会发布《关于规范银信类业务的通知》(银监发〔2017〕55号,简称55号文),对银信类业务定义及银信通道业务定义进行明确,并对银信类业务中商业银行和信托公司的行为进行规范。2018年4月27日,中国人民银行、中国银行保险监督管理委员会、中国证券监督管理委员会及国家外汇管理局联合发布《关于规范金融机构资产管理业务的指导意见》(简称资管新规);同年8月17日,中国银行保险监督管理委员会信托监督管理部下发了《信托部关于加强规范资产管理业务过渡期内信托监管工作的通知》(信托函〔2018〕37号,简称37号文),对信托行业实施资管新规的细则进行了明确,落实资管新规出台后对于信托业务的相关实施细则要求。

另外,为了给信托业创造一个更好的环境,2014年12月10日,中国银行业监督管理委员会出台《信托业保障基金管理办法》(银监发〔2014〕50号),要求建立信托业保障基金,以维护保护信托当事人的合法权益。2017年8月25日,中国银行业监督管理委员会颁布了《信托登记管理办法》(银监发〔2017〕47号),自9月1日起生效,它奠定了我国信托登记的制度基础。

这一轮整顿立足于监管的强化,为促进我国信托业的经营规范与业务发展创造了条件。

三、我国信托业的现状

2002年6月,中国人民银行第五次整顿工作结束后,经过重新登记的信托公司开始陆续推出新的信托产品。2007年修改后的《信托公司管理办法》和《信托公司集合资金信托计划管理办法》出台后,换领了新金融许可证的信托公司更是在资产管理等创新业务上不断拓展,凭着自身的优势在金融市场上发挥了积极的作用,成为金融业的重要分支,信托规模也从2003年的1 635亿元增长至2018年9月底的23.14万亿元,增长了140倍。[①] 近几年中国信托业的规模变化如表1-1和表1-2所示。

表1-1　　　　　　　　　　　中国信托产品的规模

时间	发行信托产品(个)	筹集的资金总额(亿元)
2002年下半年	31	40
2005年	454	488
2010年	8 090	22 468
2015年	19 396	65 373
2016年	20 974	95 464
2017年	24 849	121 137
2018年6月	8 324	35 132

资料来源:李扬主编,《中国金融发展报告2006》,社会科学文献出版社2006年8月版;中国银行保险监督管理委员会及中国信托业协会统计数据。

---

① 中国信托业协会统计数据,2018年。

表 1-2　　　　　　　　　　　中国信托机构的规模

时间	数量(家)	管理的信托资产(亿元)
2003 年	57	1 635
2005 年	59	2 259
2010 年	59	30 405
2015 年	68	163 036
2016 年	68	202 186
2017 年	68	262 453
2018 年 6 月	68	242 684

资料来源：中国信托业协会统计数据。

近几年，中国信托业的发展也遇到了许多问题，主要表现在以下几个方面：

(1)信托业面临的外部环境不确定性大大增加。当前，中国经济出现下行压力，2016—2018 年我国的国内生产总值(GDP)增长速度大大放缓，2018 年 GDP 增速仅为 6.6%，较 2017 年的 6.8%回落 0.2 个百分点，创 28 年新低[1]，这增加了信托业的宏观风险；2015 年 10 月，中国取消存款利率管制，利率市场化基本完成，利率水平受市场供求的变化而发生波动，信托机构面临的利率风险加大；2011—2014 年"一带一路"倡议提出后，人民币的国际化进程推进加快，2015—2016 年的汇率制度改革结束了人民币单边升值的局面，人民币汇率的波动幅度增加，这些都加大了信托公司所面临的汇率风险；金融去杠杆以及对影子银行监管的加强又增加了信托业的政策性风险……这些因素都加大了对信托业的挑战。

(2)我国资产管理市场的竞争日益加剧。当前，我国的证券公司及证券公司子公司、保险资产管理公司、基金管理公司及子公司、期货公司及子公司、私募基金等资产管理机构都与信托公司同台竞技。特别是 2018 年我国出台了资管新规，银行理财子公司成立并将成为资管市场的新生力量，银信合作关系将发生重大转变。这些机构都在一定程度上抢占了部分信托市场份额。

(3)近几年信托产品的兑付问题不断暴发。信托租赁业近年来的快速发展所带来的管理滞后与经营环境的恶化，埋下了金融风险的隐患。2012 年信托业到期清算时出现问题的信托项目大约有 200 亿元，2014 年有近 20 款信托产品发生兑付危机。而 2018 年第二季度信托行业的风险项目高达 773 个，风险资产规模达到了 1 913.03 亿元，为 2015 年以来最高。

(4)信托业的增速有所放缓。根据中国信托业协会的统计数据，我国信托业信托

---

[1] 数据来源于国家统计局。

资产规模在2013年第二季度的同比增速曾高达70.72%,之后出现了大幅下降,2016年第二季度触及历史低点4.28%。之后,随着供给侧改革不断推进,信托资产规模同比增速出现了一定回升,到2017年末全国68家信托公司管理的信托资产规模达26.25万亿元(平均每家信托公司3 859.60亿元)。但2018年监管当局出台了资管新规,统一资管市场的规范管理,又影响到信托业的发展,2018年以来信托资产的规模逐季收缩,到2018年第三季度末,整个信托行业管理的资产余额又下降到23.14万亿元。[①]

由于信托业对一国经济有着重要的作用,从总体上讲,我国的信托业资产与国民经济规模的比率还不协调,信托资产占GDP的比重还较低,2017年也就30%左右,因而信托业的发展潜力还是十分巨大的。

可以相信,在各方的不懈努力下,信托机构的经营必将走上更加规范的道路,中国的信托业也必然会散发出新的光彩。

● 中国信托业大事记

1979年10月4日,中国改革开放的第一家信托投资公司——中国国际信托投资公司经国务院批准成立。

1982年4月10日,国务院发出《关于整顿国内信托投资业务和加强更新改造资金管理的通》,对我国信托业进行第一次整顿。

1985年,国务院要求银行停止办理信托贷款和信托业务,已办业务应加以清理,这是我国信托业的第二次整顿。

1986年4月26日,中国人民银行颁布《金融信托投资机构管理暂行规定》。

1988年10月,中国人民银行根据国务院关于清理整顿公司的8号文件精神,开始了信托投资公司的第三次整顿。

1989年9月22日,国务院发布《关于进一步清理整顿金融性公司的通知》,由中国人民银行负责统一组织检查、监督和验收。

1993年7月9日,中国人民银行发出通知,要求包括信托投资公司在内的金融机构的筹备和设立,均须由中国人民银行批准和核发"经营金融业务许可证",第四次整顿开始。

1994年1月,中国人民银行发布《金融信托投资机构资产负债比例管理暂行办法》。

1995年5月25日,国务院批准《中国人民银行关于中国工商银行等四家银行与

[①] 中国信托业协会统计数据,2019年。

所属信托投资公司脱钩的意见》,脱钩工作于 1996 年结束。

1999 年 3 月,国务院下发国发第 12 号文,宣布中国信托业的第五次清理整顿开始。

1999 年 4 月 27 日,财政部发布关于《信托投资公司清产核资资产评估和损失冲销的规定》。

2001 年 4 月 28 日,第九届全国人民代表大会常务委员会第二十一次会议通过《中华人民共和国信托法》,2001 年 10 月 1 日开始实施。

2001 年,开始办理信托投资公司重新登记,信托公司的数量大量减少。

2001 年 1 月 10 日,《信托投资公司管理办法》开始实施,2002 年 5 月进行了修订。

2002 年 7 月 18 日,中国人民银行颁布的《信托投资公司资金信托管理暂行办法》正式实施,为信托业的发展提供了法律上的保障。

2002 年 7 月 18 日,上海爱建信托公司推出了"上海外环隧道项目建设信托计划"。

2004 年 7 月 2 日,"金新乳品信托"到期没有实现兑付。

2005 年 4 月,首批 35 家信托投资公司披露信息。

2005 年 5 月,中国信托业协会正式成立。

2006 年 8 月 17 日,中国银行业监督管理委员会下发了《关于信托投资公司开展集合资金信托业务创新试点有关问题的通知》。

2007 年 1 月,中国银行业监督管理委员会发布《信托公司治理指引》《信托公司集合资金信托计划管理办法》与《信托公司管理办法》,自 2007 年 3 月 1 日起施行。

2007 年 3 月下旬,华宝信托第一个提出换领新的金融许可证的申请并获得批准。

2008 年 7 月,中国银行业监督管理委员会出台《信托公司私人股权投资信托业务操作指引》,为信托公司 PE 投资界定了门槛,允许信托公司以固有资金参与私人股权投资信托计划。

2008 年 10 月 28 日,中国银行业监督管理委员会发布《关于加强信托公司房地产、证券业务监管有关问题的通知》,对房地产类信托产品加强监管。

2008 年 12 月 3 日,国务院召开常务会议,研究部署金融促进经济发展的政策措施,专门指出"通过并购贷款、房地产信托投资基金、股权投资基金和规范发展民间融资等多种形式,拓宽企业融资渠道"。

2008 年 12 月 23 日,中国银行业监督管理委员会印发《银行与信托公司业务合作指引》,促进两者的合作以及金融产品的创新。

2008 年底 2009 年初,信托公司登记工作重新启动,中国银行业监督管理委员会出台《关于 13 家历史遗留问题信托公司重新登记内部操作指引》,加快推动问题信托公司的债权债务清理及重新登记工作。

2009年1月23日,中国银行业监督管理委员会发布《信托公司证券投资信托业务操作指引》,进一步规范了证券类信托投资业务行为;中国信托业协会组织制定了《信托公司证券投资信托业务自律公约》。

2009年3月,中国银行业监督管理委员会修订了《信托公司集合资金信托计划管理办法》。

2010年2月,中国银行业监督管理委员会出台《关于加强信托公司房地产信托业务监管有关问题的通知》,对信托计划投资的项目有了严格要求,进一步收紧房地产的信托融资渠道。

2010年9月,中国银行业监督管理委员会出台《信托公司净资本管理办法》。

2010年11月12日,中国银行业监督管理委员会颁布《关于信托公司房地产信托业务风险提示的通知》,对信托公司房地产信托业务进行风险提示,要求对房地产信托业务进行合规性自查和核查。

2011年1月13日,中国银行业监督管理委员会发布《关于进一步规范银信理财合作业务的通知》,进一步防范银信理财合作业务的风险。

2011年1月27日,中国银行业监督管理委员会下发《关于印发信托公司净资本计算标准有关事项的通知》,对《信托公司净资本管理办法》细化操作。

2011年6月16日,中国银行业监督管理委员会下发《非银部关于做好信托公司净资本监管、银信合作业务转表及信托产品营销等有关事项的通知》。

2011年6月27日,中国银行业监督管理委员会发布《信托公司参与股指期货交易业务指引》(银监发〔2011〕70号),规范信托公司参与股指期货交易行为。

2012年8月31日,中国证券登记结算有限责任公司发布《关于信托产品开户与结算有关问题的通知》,准许信托公司开立证券账户。

2012年12月28日,第十一届全国人民代表大会常务委员会第三十次会议修订通过《中华人民共和国证券投资基金法》,自2013年6月1日开始施行。

2014年4月,中国银行业监督管理委员会出台《关于信托公司风险监管的指导意见》(99号文)。

2014年12月10日,中国银行业监督管理委员会发布《信托业保障基金管理办法》,要求建立信托业保障基金,以维护保护信托当事人合法权益。

2015年2月25日,中国银行业监督管理委员会发布《关于做好信托业保障基金筹集和管理等有关具体事项的通知》(银监办发〔2015〕32号)具体落实信托业保障基金的筹集与管理等有关工作。

2015年4月29日,中国银行业监督管理委员会颁布《信托公司行政许可事项实施办法》。

2016年3月18日,中国银行业监督管理委员会下发《进一步加强信托公司风险监管工作的意见》(58号文),从多方面明确加强风险监管的政策措施。

2017年1月,《信托公司监管评级办法》明确了定量和定性两部分监管评级要素,监管评级结果与信托公司允许从事的业务类型直接挂钩。

2017年8月25日,中国银行业监督管理委员会颁布《信托登记管理办法》(银监发〔2017〕47号),自9月1日起生效。

2017年12月22日,中国银行业监督管理委员会发布《关于规范银信类业务的通知》(55号文),对银信类业务定义及银信通道业务定义进行了明确,并对银信类业务中各方的行为进行了规范。

2018年4月27日,中国人民银行、中国银行保险监督管理委员会、中国证券监督管理委员会及国家外汇管理局联合发布《关于规范金融机构资产管理业务的指导意见》(简称资管新规)。

2018年8月17日,中国银行保险监督管理委员会信托监督管理部下发了《信托部关于加强规范资产管理业务过渡期内信托监管工作的通知》(37号文),对信托行业实施资管新规的细则进行了明确。

2018年9月19日,由中国信托业协会组织制定的《信托公司受托责任尽职指引》正式发布,进一步明确了信托公司在信托业务流程中的相应职责,促进了信托业务操作的规范性。

第四节 信托的职能

作为金融的一个重要分支,信托在现代经济中发挥了极其重要的作用,它的职能是其他金融业务所不能代替的。一般来说,信托的职能主要包括财务管理、财富传承、资金融通、社会投资、沟通协调与社会福利等。当然,信托职能的发挥也需要一定的条件,研究这些条件,有利于更好地利用信托,促进社会的协调与发展。

一、信托的职能

(一)财务管理

信托的本质是"受人之托,代人理财",而这正好体现了信托的财务管理职能,也是信托最基本的职能。

所谓"财务管理职能",也称为"财产事务管理"或"社会理财职能",是指受托人接受委托人的委托,为后者经营管理或处分财产的职能。

信托机构作为理财专家,接受客户的委托,代为管理其委托财产,并在信托结束后将财产交付给指定的受益人。在财产管理中信托机构可以提供专业服务,实现委托人无力实现的经济效果,这便是财务管理职能的充分体现。

当然,在信托业务中,受托人经营信托财产的目的是为了受益人的利益,受托人不能借此为自己谋利益。因此,受托人管理和处理信托财产必须服从于信托的目的,其活动也要受到信托合同的约束,受托人不能按自己的需要,随意利用信托财产。而且,信托财产运用所产生的收益要归于受益人,受托人只能收取手续费。与之相应的,受托人只要在符合信托契约规定的情况下经营信托财产,即使发生亏损也可以不承担责任。

目前,包括我国在内的许多国家,银行与证券经营机构也可以开展理财业务,发挥财务管理职能。但信托公司作为一种专业的机构,在理财方面有着独特的优势(见案例1-3的分析),其财务管理职能的内容十分丰富,与各种金融业务都有着千丝万缕的联系,具有理财的灵活性,随着我国市场经济的不断发展,信托的财务管理职能将会有更大的空间。

【案例1-3】 资管市场竞争激烈,信托理财优势何在?[①]

随着人们生活越来越富裕,"家有万贯"者越来越多。为了解决远期消费的"后顾之忧",让钱生钱,实现个人收益最大化,理财产品也出现了多元化趋势。

在信托领域,国内首个真正意义上的、规范的集合信托理财产品是2002年7月18日爱建信托推出的"上海外环隧道项目资金信托计划"。2002年下半年以来,个人信托产品开始热销。

2003年以来,商业银行大力推广外汇理财业务。2004年7月,光大银行上海分行率先推出人民币理财产品。2004年9月,中国银行业监督管理委员会正式批准商业银行开展人民币理财业务。2018年4月27日,中国人民银行、中国银行保险监督管理委员会、中国证券监督管理委员会及国家外汇管理局联合发布的《关于规范金融机构资产管理业务的指导意见》(资管新规)正式落地;同年9月28日,中国银行保险监督管理委员会发布《商业银行理财业务监督管理办法》;同年12月,中国银行保险监督管理委员会出台配套文件《商业银行理财子公司管理办法》,银行理财子公司将成为资管市场的新生力量。

---

① 成都理财投资展网站,http://www.chuguo.cn/news/exhibit/2006licai/index.html;李刚、李峰立:《分业经营环境下个人理财业务的发展》,《上海证券报》2005年7月5日。

基金在理财业务上起步较早且专业性强,目前已经形成了较大业务规模,能够投资于除期货、外汇外的大部分国内金融产品。2003年以来,开放式基金规模迅速扩大。2012年9月26日,中国证券监督管理委员会发布《基金管理公司特定客户资产管理业务试点办法》,全面放开基金管理公司资产管理业务,允许其设立子公司,开展"专项资产管理计划"。同年10月29日,中国证券监督管理委员会颁布《证券投资基金管理公司子公司管理暂行规定》,从法律上明确界定了基金子公司的运作。当年11月16日,首批公募机构拿到了成立子公司的批文,之后各家公募基金纷纷筹办基金子公司开展专项资产管理业务,实现非标、通道业务等非传统投资业务的对接。

在对证券公司理财业务进行规范后,一批试点公司获得了合规开展理财业务的资格。2005年4月9日,中信证券刊登了集合资产管理计划获批的公告,证券公司的集合理财业务在经过规范后重新启动。2007年12月28日,中国证券监督管理委员会公布《证券公司设立子公司试行规定》(2012年10月11日修订),允许证券公司子公司办理资产管理业务。2012年10月18日,中国证券监督管理委员会发布《证券公司客户资产管理业务管理办法》,放开单一客户的定向资产管理业务与特定客户的专项资产管理业务。

作为较早进入个人理财市场的金融主体,20世纪90年代初,保险公司便开发了具有理财功能的保险产品,主要以分红险的形式进行个人理财业务的推广。自2003年7月起,保险公司相继设立保险资产管理公司,以开展资产管理业务。2012年10月12日,中国保险监督管理委员会发布《关于保险资产管理公司有关事项的通知》,扩大了保险资管的运作方式和投资范围,保险资产管理公司可受托经营关联保险机构、非关联保险机构的保险资金业务以及业外第三方非保险资金等业务。截至2017年末,我国已有综合性保险资产管理公司24家,设立资产管理(香港)子公司11家。[1] 另外,我国还有私募基金也在开展资产管理业务。

目前,我国资管业务竞争激烈。

普益标准的数据显示,2018年末,419家商业银行(不包括外资银行)存续109 178款理财产品,存续规模估计为30.71万亿元,同比增长6.32%。[2]

---

[1] 中国保险资产管理业协会:《中国保险资产管理业发展报告(2018)》,2018年8月15日。
[2] 普益标准:《银行理财能力排名报告(2018年4季度)》,2019年2月2日。

中国基金业协会统计数据显示,2018年末,基金管理公司及其子公司、证券公司及其子公司、期货公司及其子公司、私募基金管理机构资产管理业务总规模约50.5万亿元。其中:公募基金管理机构管理的公募基金5 629只,规模约13.0万亿元;私募资产管理计划规模总计约24.9万亿元,包括证券公司及其子公司资产管理规模13.4万亿元(含证券公司私募子公司私募基金)、基金管理公司资产管理规模6.0万亿元(含养老金)、基金子公司资产管理规模5.3万亿元、期货公司及其子公司资产管理规模1 249亿元;在协会已登记的私募基金管理人24 448家,管理私募基金74 642只,规模12.8万亿元,此外,累计在协会备案的证券公司、基金子公司资产支持专项计划1 792只,发行规模约2.6万亿元。截至2018年12月底,保险资管业累计发起设立各类债权、股权投资计划1 056项,合计备案(注册)规模25 301.40亿元。[1]

成都市于2005年7月、2006年8月相继举办了两届投资理财展,2011年12月与2012年4月又举办了中国(成都)国际投资理财展览会,展出了各大商业银行及一些信托、证券、保险公司推出的理财产品,2015年5月29—31日举办了2015成都金融理财博览会,2017年11月24—26日在中国西部国际博览城(成都)举办了首届天府金融博览会,以金融服务实体经济、助推西部金融中心建设为根本出发点,全面展示了四川的金融业。

另外,广州与上海也推出了系列理财博览会,满足投资者的投融资需求。2018年12月14—16日,上海举办第十六届上海理财博览会,作为金融行业的年度盛会与上海市民的理财嘉年华,其展出规模、参展人数、现场活动的丰富性、社会影响力在目前国内金融理财展会中都是名列前茅的。2019年2月,第22届广州理财博览会在广交会展馆举办,成为广州市民投资理财的大餐与颇具影响力的专业投资金融理财盛会。

[案例分析]

我国金融业实行分业经营,不同的理财机构有自身的优势与劣势,有不同的客户定位、理财品种定位和盈利模式。但信托产品在理财方面有着其他产品无法比拟的独特优势,主要表现在以下方面:

第一,信托类理财产品的投资组合范围广。当前我国对银行、保险、证券实行的是分业经营、分业监管的制度,三者之间还有着严格的政策约束。而信托机构的业务范

---

[1] 中国保险报网,2019年2月1日。

围却较为广泛,受托财产不受限制,目前信托公司是唯一可以跨越货币市场、证券市场和实业市场的金融机构,投资标的广泛。

第二,信托类理财产品具有较大的灵活性。信托受益人的范围不限,信托公司可以根据客户的喜好和特性,量身定做非标准产品,通过专家理财,最大限度地满足委托人的要求。

第三,信托类理财产品具有独特的安全性设计。信托合同把委托人、受托人和受益人的权利和义务、责任和风险进行了严格分离。

第四,收益率相对较高。据统计,2018年成立的集合信托产品的平均预期收益率为7.93%,较2017年上升1.15个百分点,且平均预期收益率在全年保持稳步上行。[①] 这远高于商业银行人民币理财产品3%～5%的收益率。

表1-3对各种理财产品的安全性与收益性作了一个比较。

表1-3　　　　　　　　　　　　　　理财产品比较

经营机构	理财产品种类	安全性	收益性
信托公司	信托产品	★★★	★★★
商业银行	外汇理财	★★	★★★
	人民币理财产品	★★★	★★
基金公司	基金产品	★★★	★★★
证券公司	集合理财业务	★★	★★★★
保险公司	投资型保险	★★★	★

资料来源:《七种理财武器大比拼 安全性、收益性信托俱佳》,中诚信托投资公司信托论坛,2005年12月17日。

(二)财富传承

信托除了能帮助投资者实现财务管理,还能让其财富在不同人之间进行代际传承,延伸对财富的管理。

一些创业者辛辛苦苦工作一生创建了企业,积累了财富,但如何实现后人的顺利交接班以传承财富是一个令人十分头疼的问题:一旦处理不当,企业可能被亏光;另外,也有后代子女不愿意接班的情况。因此,传承好家族事业的需求变得越来越迫切,而信托在这一方面就大有可为。在英美国家,传统上多运用"隔代信托"和"累积信托"等来确保财产在家族之间的代代相传,而家族信托则可以通过提供避税、保密、资产保值增值等方面的服务,以推动家族事业与产业的延续,成为家族传承的一个重要工具。

[①] 用益金融信托研究院研报,2019年。

2016 年以来,我国的金融机构纷纷介入家族信托业务,来满足客户的财富传承需求。

(三)资金融通

资金融通职能是指信托具有筹集资金和融通资金的作用。

随着市场经济的发展、货币流通量的扩大,人们在消费之余积累的剩余资金日益增加,企业在生产过程中沉淀的间歇资金也越来越多,这些资金都有待于挖掘。我国传统的融资手段比较单一,主要依靠银行吸收储蓄来积累资金,这是远远不够的。信托作为一项金融业务,也可以发挥筹集资金的作用,为投资项目开辟新的融资渠道。例如,信托可以利用其经营方式灵活的优势,吸收劳动保险机构的劳保基金、各种学会和科研机构的基金以及各主管部门自主支配的委托基金,有效地加以利用,满足委托单位的要求。另外,信托还可以利用代理发行股票与债券、代理收付等手段,筹集社会闲散资金。同时,信托的最大优势在于灵活多样性,信托机构可以针对具体投资项目和业主的要求,灵活设计融资结构,如股权融资、信托贷款、项目融资等,既可以融入长期资金,也可以引入阶段性资金,满足不同经济关系和不同经济利益主体的多种需求,实现资金的有效配置,支持社会再生产,促进市场经济发展。

(四)社会投资

这是指信托机构运用信托业务手段参与社会投资的功能。

世界上大部分国家的信托机构都可以开办投资业务,我国也不例外。自 20 世纪 80 年代恢复信托业务以来,各家信托公司就开办了投资业务,这从原来大多数信托机构命名为"信托投资公司"就可以看出。当然,根据 2007 年 3 月 1 日起实施的《信托公司管理办法》,信托机构的名称都改为"信托公司"。

信托的社会投资职能的表现也是十分灵活多样的。

在我国经济体制转型过程中,信托可以支持企业(特别是国有企业改制),以便建立产权明晰的现代企业制度。面对企业改制,信托投资业务可以实现政企分开、明确产权出资人,并且可以改善股权结构。一些信托公司开发的股权投资信托业务,在职工持股、期权设计、股份化改造中获得了相当程度的社会认同。

同时,信托机构对参加经济联合的企业单位,根据需要给予投资性贷款与资金支持,用于企业资金周转。另外,信托机构也可以在投资中提供一揽子金融服务,架构委托人、受托人、受益人、投资项目的多边信用关系。

(五)沟通与协调

这是指通过信托业务处理和协调交易主体间经济关系,为之提供信任与咨询事务的功能。由于这一职能不存在所有权转移的问题,因此与前三种功能有所区别。

在现代经济生活中,信息存在诸多的不对称性,交易主体的机会主义行为倾向增加了交易费用。为了降低交易成本,弱化交易对手的机会主义行为,交易主体通常要了解与之有关的经济信息,包括经济政策、交易对方的资信及经营能力与付款能力、项目的可行性、市场价格、利率、汇率等。而信托业务具有多边的经济关系,受托人作为委托人与受益人的中介,可以发挥横向纽带的作用。另外,信托机构通过其业务活动而充当"担保人""见证人""咨询人""中介人",加强了经济联系和沟通,为交易主体提供经济信息和经济保障,促使经营各方建立相互信任的关系。

信托的沟通与协调职能大大优化了资源配置,促进了地区之间的物资和资金交流,加速了企业资金周转与商品流通,也推进了跨国经济技术协作。

(六)社会福利

这是指信托业可以增进职工的福利、为社会公益事业提供服务的功能。

目前,多数国家和地区已建立了多元化的社会保障体系。其中,养老金制度是一种基本的社会保障制度,如何运用归集的养老金,信托可以起到积极的作用,养老金信托成为许多国家的选择。当然,在欧美、日本等国家中,社保体系的主要支柱并不是社会养老保险,而是企业年金制度。企业年金的运作方式也多采用"信托模式",也就是以独立财产制度来运作企业年金,这符合资金运作要求长期安全、稳定回报率的特性。因此,在 2005 年,我国劳动保障部对企业年金管理也决定采用"信托模式"。通过年金信托可以提高资金运用效果,更好地保障职工的福利。

另外,随着经济的发展和社会文明程度的提高,越来越多的人热心于学术、科研、教育、慈善、宗教等公益事业,纷纷捐款,但他们对捐助或募集的资金缺乏管理经验,而又希望所热心支持的公益事业能持续下去,信托机构便可以发挥作用。信托机构通过公益信托业务为欲捐款或资助社会公益事业的委托人提供服务,借助信托机构的专业运作能力及信托监察制度,实现其特定的目的。

二、信托业职能发挥的条件

(一)培育整个社会的信托意识是发挥信托职能的基础

信托作为一种财产管理制度,它的存在有赖于人们的现代投资意识。只有人们深刻地认识到应该让钱生钱,实现个人收益最大化,才会借助于信托,因此,理财意识的培养是十分重要的。

在发达国家,理财观念根深蒂固,这是发达国家信托业发达的一个重要原因。随着经济的发展,人们的收入与财富出现了大幅增加,而信用关系的持续发展促使人们寻求信托机构来更好地实现财富的保值与增值,这也大大增加了信托市场的业务量。信托机构竞争的加剧又迫使其更好地提升管理水平、吸引客户。这种由整个社会的信托意识所推动的信托市场便会进入一种良性循环,信托机构的职能也可以得到更好的发挥。

而我国 20 世纪 80—90 年代信托业的大起大落使得信托业的信用跌入低谷，严重影响了信托业的发展，信托职能也不可能很好地发挥。经过第六次整顿，我国重塑信托形象，同时还要重视信托理财的宣传，以转变个人理财观念，使得社会公众对信托理念、信托机制、信托产品有更多的了解和认识。例如，举办各种形式、各个层次的以"信托法"、信托业为主题的研讨会与座谈会，开设以理财与信托产品介绍为内容的培训班，通过新闻舆论加大对信托业的宣传报道力度，这样才能不断提高全民的信托意识，为信托职能的发挥打下良好的基础。

（二）提升信托机构的管理水平是发挥信托职能的根本保证

信托机构作为信托业的经营者，是信托产品的提供者，能否向客户提供满意的服务关系到信托业的兴衰。

目前在西方发达国家，信托公司的信誉度、理财能力、内部管理水平都得到社会公众的极大认可，因此信托业务极为普遍，信托业所吸收的资金已远远超过银行、保险、证券等其他金融行业。

但在我国，信托业存在较大的风险，主要表现在信托机构的资产质量差、资产负债结构与期限不匹配，以及由此产生的支付困难和财务亏损，这都在很大程度上影响到其职能的正常发挥。

形成这些风险的原因多与信托投资公司的管理水平低下有关。一部分信托机构长期以来缺乏长远战略规划，没有建立完善的公司治理结构和有效的内部控制系统，导致内部管理混乱，经营盲目，背负了大量债务，损失了巨额资产。第五次整顿时虽然化解了大部分风险，但终因损失较大，仍遗留一些支付风险。从这两年来看，信托行业的风险又有所增加。

信托公司法人治理结构、内部控制、风险管理水平、人员素质等方面存在的问题，使得当前的信托离专家管理他人财产的要求尚有一定差距，这些都亟须采取有力措施加以解决。

（三）加快信托业人才的培育是发挥信托职能的关键

21 世纪的竞争是人才的竞争，信托业也是以人才资源为核心资源的行业，也具有知识含量高、知识更新快，对从业人员的基本素质和基本技能有严格要求的特点。

信托业整顿的不断推进，各项信托法律法规的颁布和实施，一方面给信托业的发展带来新的机遇，另一方面也提高了信托行业对人力资源的依赖程度。

搞好人才培训，提高信托从业人员的素质，强化信托从业人员的管理是实现信托业可持续发展，增强信托机构核心竞争力的重要保障。信托机构应该建立起高素质的具备良好心理素质的职业经理队伍、掌握投资技巧并熟悉投资对象的理财专家队伍、能全方位运用最前沿的金融工具开发信托产品的研发与创新队伍、具有先进理念与高超技巧的营销队伍。

2007年5月,信托业协会决定建立和完善信托业优秀人才信息资料动态数据库,广泛收集各类信托优秀人才信息,通过完善信托业人力资源系统建设,造就素质优良、勇于创新的信托人才队伍,提升信托业人力资源的整体水平。

2014年5月,信托行业协会又下发关于《信托从业人员资格认证管理办法》的征求意见稿,信托从业人员的资格管理被提上议事日程。

(四)完善的外部环境可以为信托业的职能发挥提供有力的支持

作为一种金融活动,信托的发展受制于客观环境,特别是金融市场环境和监管环境。

1. 金融市场环境

信托业的活动领域包括实业与金融,它可以向企业开展投融资业务,但也有赖于金融市场的健康发展。

证券市场作为信托业重点投资的市场之一,为信托职能的发挥提供了一个舞台。西方许多国家的信托业是从证券业务起步的,而信托机构的大部分业务也集中在各种有价证券的管理和应用上。目前我国正在积极促进证券市场的壮大,证券投资方兴未艾,因而这种改革将推动信托公司证券投资业务的发展。当然,货币市场的发达程度也会关系到信托的发展,例如我国规定信托投资公司可以参与同业拆借、购买有关的金融票据。

可见,完善的金融市场与丰富的金融产品必然有利于信托机构更好地进行资产配置,降低风险。

2. 监管环境

信托机构的自律对于信托职能的发挥固然重要,但加强监管也是不可或缺的。

我国长期以来形成的许多问题首先要从完善信托法律法规制度着手解决,法律法规制度建设的落后,会在很大程度上制约信托业的发展。

2001年以来,以一法两规(《中华人民共和国信托法》《信托投资公司管理办法》和《信托投资公司资金信托业务管理暂行办法》)的颁布实施为标志,中国信托业基本结束了长达三年的"盘整"格局,走出低谷,步入规范运行的轨道。2002年5月9日,中国人民银行根据《中华人民共和国信托法》和《中华人民共和国中国人民银行法》等法律和国务院有关规定,再次对《信托投资公司管理办法》进行修订。

2007年1月,中国银行业监督管理委员会再次颁布修改后的《信托公司管理办法》和《信托公司集合资金信托计划管理办法》,于2007年3月1日开始实施,其目的就是要推动信托投资公司真正转变为"受人之托,代人理财"的专业化机构,促进信托投资公司根据市场需要和自身实际进行业务调整和创新,使信托投资公司发展成为风险可控、守法合规、创新不断,具有核心竞争力的专业化金融机构。

2010年4月,中国银行业监督管理委员会下发修订后的《信托公司监管评级与分类监管指引》,对信托公司进行分类考核与综合评级;2010年9月,中国银行业监督管理委员会发布《信托公司净资本管理办法》,将信托公司可管理的信托资产规模与净资本直接挂钩;2011年,中国银行业监督管理委员会发布《关于印发信托公司净资本计算标准有关事项的通知》《中国银监会非银部关于做好信托公司净资本监管、银信合作业务转表及信托产品营销等有关事项的通知》等规则,细化资本管理。

2014年4月,中国银行业监督管理委员会出台《关于信托公司风险监管的指导意见》,加强信托公司的风险监管;2014年12月,中国银行业监督管理委员会发布《信托业保障基金管理办法》,要求建立信托业保障基金;2016年3月,中国银行业监督管理委员会下发《进一步加强信托公司风险监管工作的意见》,从多方面明确加强风险监管的政策措施;2017年1月,《信托公司监管评级办法》明确了监管评级要素;2017年12月,中国银行业监督管理委员会发布《关于规范银信类业务的通知》,对银信类业务进行规范;2018年4月,《关于规范金融机构资产管理业务的指导意见》(资管新规)正式出台;2018年8月,中国银行保险监督管理委员会信托部下发《信托部关于加强规范资产管理业务过渡期内信托监管工作的通知》,明确了信托行业实施资管新规的细则。

另外,作为行业自律协会,中国信托业协会也可以积极参与信托市场的规范化监管工作,引导会员加强内控制度建设与自我管理,防范信托市场风险。

只有外部监管环境健全了,信托机构才能有一个规范与高效的运行氛围,才能更好地发挥信托业的各项职能。

本章小结

信托是一种代人理财的财产管理制度,是委托人在对受托人信任的基础上,将其财产委托给受托人进行管理或者处分,以实现受益人(可能是委托人本人,也可能是他人)的利益或者特定目的。信托的本质表现在以财产权为前提、以信任为基础、以受益人的利益为目的、按实际收益计算、体现多边信用关系这五个方面。

信托植根于私有制的土壤。人类很早就有了原始的信托行为,而现代信托则是以英国的尤斯制度为雏形的,真正定型则是双重尤斯制度,之后,信托业在各国得到了应用与发展。目前,信托业比较发达的是美国、日本与英国等国家。

20世纪初,现代信托业从国外传入中国,其发展道路十分曲折。旧中国信托业的发展很不稳定,信托业务难以开展,信托机构大多从事投机买卖。中华人民共和国成立后,政府对原有的信托机构进行了改造,到20世纪50年代后期则停止了。1978年后,中国信托业又获得了新生,但由于中国金融市场与金融制度的不完善,信托机构盲目经营,导致了中国信托业的七次整顿。《中华人民共和国信托法》《信托公司管理办法》《信托公司集合资金信托计划管理办法》《信托公司净资本管理办法》《关于信托公司风险监管的指导意见》和《关于规范金融机构资产管理业务的指导意见》(资管新规)等的施行将会更好地引导信托机构走上规范经营的道路。

信托的职能主要包括财务管理、财富传承、资金融通、社会投资、沟通协调与社会福利等,许多职能是其他金融业务所不能替代的。在现代社会中,信托将会发挥越来越大的作用。

练习与思考

【名词解释】
信托　尤斯(Use)制度　双重尤斯制度　刚性兑付　资管新规　信托的财务管理职能　信托的财富传承职能　信托的资金融通职能

【简答题】
1. 什么是信托?为什么要引入这一业务?
2. 简要说明信托的本质。
3. 为什么说双重尤斯制度是信托的真正定型?
4. 简要说明美国信托业的特点。
5. 简要说明信托的基本职能。

【思考题】
1. 请结合实际,谈谈国外的信托业发展对中国有何借鉴意义。
2. 中国的信托业在发展过程中为什么要进行多次整顿?
3. 你认为当前中国的信托业存在哪些问题?

第二章 信托的种类与特点

现代信托自13世纪在英国诞生以来,信托业务也随着各国的经济发展和金融改革而不断拓展,内容日益丰富。但与其他金融业务相比,信托还是具有鲜明的特征。本章主要对信托业务的基本种类进行介绍,分析信托业务的特点,并讨论信托的构成要素,为具体的信托业务研究奠定基础。

第一节 信托的种类

信托公司经营的业务是多种多样的,在不同的业务中信托机构扮演的角色也有所不同,研究基本的信托业务种类有助于我们更好地了解信托。

一、信托业务的种类

按照不同的划分标准,信托业务可以分为不同的种类。

(一)按信托性质划分

信托按性质不同可分为信托类业务与代理类业务。

1. 信托类业务

信托类业务是信托财产的所有者为实现其指定人或自己的利益,将信托财产转交给受托人,要求其按信托目的代为管理或妥善处理。这种信托要求信托财产发生转移,并要求受托人对信托财产进行独立管理,受托人得到的处理权限与承担的风险较大。

2. 代理类业务

代理类业务是委托人按既定的信托目的,授权受托人代为办理一定的经济事务。委托人一般不向信托机构转移信托财产的所有权,对信托机构授予的权限较小。信托机构一般只办理有关手续,不负责纠纷处理,不承担垫款责任,故而风险也较小。

在我国,中国人民银行2014年10月16日发布《信托业务分类及编码》,区分了主动管理信托和被动管理信托。主动管理信托是"信托机构在信托财产管理和运用中发挥主导性作用、承担积极管理职责的信托业务","信托机构在履行管理职责中,自主聘任投资顾问等代为处理相关信托事务的,仍可划分为主动管理";被动管理信托则是"信托机构根据委托人或其指定的人的指示,对信托财产进行管理、运用和处分、不承担积极管理职责的信托业务"。

（二）按信托目的划分

信托按目的不同可分为民事信托与商事信托,以及介于两者之间的民事商事通用信托。

1. 民事信托

民事信托是受托人不以营利为目的而承办的信托,也称为非营业信托。在这类信托业务中,受托人大多办理的是与个人财产有关的各种事务,如财产管理、执行遗嘱、代理买卖、代为保管等。

在英国最早产生的便是民事信托,当时是基于社会生活的需要,为了安全而稳妥地转移和管理财产而设立了信托关系,目前民事信托在英国仍然得到广泛的运用。民事信托一般涉及民法、婚姻法、经济法、劳动法、继承法和其他民事法律。这类信托出于自发的需要,完全基于信誉,承办者一般不收取报酬。

2. 商事信托

商事信托是受托人以营利为目的而承办的信托,也称为营业信托。这类信托业务以商法为依据建立信托关系,受托人按商业的原则办理信托,通过经营信托业务以获得盈利。

美国是世界上最早完成从民事信托向商事信托转变的国家,在19世纪便大量开展了以营利为目的的商事信托业务;而英国直到1925年颁布了《法人受托人条例》,才真正确立了商事信托制度。

3. 民事商事通用信托

当然,在商事信托与民事信托之间也没有严格的界限,两者存在很多密切的联系,有些信托事项两者可以通用,既可以划分为商事信托类,也可划分为民事信托类。例如,"担保公司债信托"业务便具有这样的特点。发行公司债券属于商法规范的范畴,而把抵押财产交给受托人又涉及民法中有关保证的内容,所以它可被称为民事商事通用信托。当然,在具体区分时,我们可以根据设定信托的动机来区分它到底应归于哪一类：如果设定该信托的动机是为了保证债券的发行目的,可以看作是商事信托;如果设定信托的动机偏重于抵押品的安全,则可以归为民事信托。

（三）按信托关系发生的基础划分

信托按信托关系发生的基础不同可分为自由信托与法定信托。

1. 自由信托

自由信托也称为任意信托,是指信托当事人依照信托法规,按自己的意愿通过自由协商设立的信托。自由信托不受外力干预,是信托业务中最为普遍的一种。

自由信托又分为契约信托和遗嘱信托。契约信托是通过委托人和受托人签订契约而设立的;遗嘱信托是按照个人遗嘱而设立的。由于各方当事人的自由意思表示都被订立在文件中,自由信托也被称为"明示信托"。

2. 法定信托

法定信托是由司法机关依其权力指派而确定信托关系建立起来的信托。这种信托的成立,一般是缺少信托关系形成的明白表示或有明确的法律规定。

法定信托又分为鉴定信托和强制信托。鉴定信托是当无明确的信托文件作为信托关系形成的依据时,由司法机关对信托财产或经济事务以及信托关系进行鉴定认可,推测当事人的意思从而建立起的信托。强制信托则是由司法机关按照法律政策的规定强制性建立的信托。它不考虑信托关系人的意愿,而由司法机关依公平、公正的原则,用法律上强制的解释权强制建立。这种信托的意义在于免除用不正当手段谋取他人财产。例如,在欺诈、错误、不行为等情况下,不法人员取得他人财产,法院为保护原受益人的利益,强制取得受托权力,代原产权人掌管财产而为原受益人谋利。

(四)按委托人的性质划分

信托按委托人不同可分为个人信托、法人信托与通用信托。

1. 个人信托

委托人为个人的信托称为个人信托。它又分为生前信托和身后信托。生前信托是委托人在世时要求受托人为其办理有关的信托业务,信托契约限于委托人在世时有效;身后信托则是受托人办理委托人身后的有关信托事项(如执行遗嘱、管理遗产等),信托契约只在委托人去世后生效。

2. 法人信托

委托人不是某个人,而是单位或公司等具备资格的法人,它们委托受托人开展的信托业务被称为法人信托。

3. 通用信托

信托业务既可以由个人委托信托机构办理,也可以由企业作为委托人的信托称为通用信托。比如,公益信托、不动产信托与投资信托等。

(五)按信托受益对象划分

信托按受益对象不同可分为私益信托与公益信托。

1. 私益信托

私益信托是指委托人为了特定人(自己或指定受益人)的利益而设立的信托,其受益人是具体指定的,一般为自己、亲属、朋友或者其他特定个人。例如,某人将财产转移给受托人,委托其代为管理,并在信托合同中指定将收益交付其子女作生活和上学之用,由于该信托的受益人只限于所指定的子女,故为一私益信托。

2. 公益信托

公益信托是指委托人为学校、慈善、宗教及其他社会公共利益设立的信托。公益信托设定的目的不是为特定受益人谋利,而是为促进社会公共的利益,故而受益人是社会公众中符合规定条件的人,是不特定的。例如,某委托人将财产权转交于某信托机构代为管理,以其收益为奖金,奖励那些对人类社会科技发展作出突出贡献者,这种信托便属于公益信托,它以推进社会福利为目的。

(六)按受益人是否是委托人本人划分

按照委托人与受益人关系的不同,信托可分为自益信托与他益信托。

1. 自益信托

自益信托是委托人为自己的利益而设立的信托。在这种信托业务中,委托人与受益人是同一个人,委托人以自己为唯一受益人。自益信托只能是私益信托。

2. 他益信托

委托人为了他人的利益而设立的信托为他益信托。他益信托的委托人与受益人是相分离的,委托人设定信托的目的是为第三者的收益。被指定的第三者可以表示同意也可以拒绝接受,有时亦可采取默认方式。

某些信托业务同时兼有自益与他益性质。比如委托人把信托财产托付受托人经营,在信托文件中规定:若干年内运用信托财产所得的收益归委托人作为自身每年的生活费开支;在一定年限后,信托财产就归于第三者。这种信托就将自益信托和他益信托融于一体了。

(七)按信托的标的划分

按照信托的标的不同,信托可分为资金信托、实物财产信托、债权信托与经济事务信托。

1. 资金信托

资金信托也称为金钱信托,是指委托人基于对信托机构的信任,将自己合法拥有的资金委托给信托机构进行管理与处分的信托业务。它以货币资金作为标的,如单位资金信托、公益资金信托、劳保基金信托、个人特约信托等。

资金信托一般又分为投资性资金信托、融资性资金信托和混合型信托业务。投资性信托业务不设有预期收益率,主要包括证券投资、非公开市场金融产品投资和非上市公司股权投资等;融资性信托业务的主要特征是设有预期收益率,一般包括但不限于信托贷款、受让信贷或票据资产、股权投资附加回购或回购选择权、股票质押融资、以融资为目的的财产与财产权信托(准资产证券化)、各类收益权信托和已开展的非标资金池等业务;混合型信托业务是同时包括投资类和融资类的业务,但信托公司在计算风险资本时要按照融资类和投资类业务风险系数分别计算风险资本。[①]

资金信托在日本特别发达,被称为"金钱的信托"(见案例 2-1)。

2. 实物财产信托

实物财产信托是指委托人将自己拥有的实物财产(动产或不动产)作为信托标的,委托给信托投资公司按照约定的条件和目的进行管理或者处分的信托业务。其中,动产是指原材料、设备、物资、交通工具等可以移动或移动后性质不发生较大变化的财产,不动产是指厂房、仓库和土地等不能随便移动或移动后性质会有较大改变的财产。

3. 债权信托

债权信托是一种以债权凭证为信托标的的信托业务。例如,企业委托受托人代为收取或支付款项、代收人寿保险公司理赔款等。

4. 经济事务管理信托

经济事务管理信托是以委托凭证为标的而建立的信托业务,委托人交付资金或财产给信托公司,指令信托公司为完成信托目的而从事事务性管理的信托业务。由于信托公司在过程中既不负责募集资金、也不负责资金运用,只是做账户监管、结算以及清算等事务性工作,一般收费较低。例如,委托设计融资解决方案、财务顾问、代理应收应付款项、代理存款、专利转让、代理会计事务等,都是事务信托。另外,信托公司的通道业务往往被统计在"事务管理类"项下。

资金信托与财产信托是传统的信托资产管理类业务,随着 2018 年 4 月资管新规的出台,对此类业务的监管将加强。而 2018 年 8 月的 37 号文则提出对"事务管理类信托业务要区别对待",以及"支持信托公司开展符合监管要求、资金投向实体经济的事务管理类信托业务",可以预期经济事务管理类信托会有更大的发展空间。

【案例 2-1】　　　　　日本的"金钱的信托"

在日本,资金信托业务尤其发达,这些以资金作为信托财产的信托业务有一个特殊的名字——金钱的信托。它又分为金钱信托和金钱以外的金钱的信托(简称金外信托)。其中,金钱信托的信托财产在交付和归还时都是资金形态;而金外信托是指交付时的信托财产是资金,但在信托期满时归还的不是作为本金的金钱,而是受托人把用最初接受的金钱本金投资运用获得的财产交付给收益人,比如职工持股信托、黄金信托等均属此类。

[①] 中国银行业监督管理委员会《关于调整信托公司净资本计算标准有关事项的通知(征求意见稿)》,2014年4月;中国银行业监督管理委员会《关于印发信托公司净资本计算标准有关事项的通知》(银监发〔2011〕11号)。

> 金钱的信托按使用方法和目的又可分为特定金钱信托、指定金钱信托和非指定金钱信托。特定金钱信托是指委托人在交付信托资金时,详细指定了信托资金的使用办法,受托人只能按照委托人的指定来办理信托业务。在指定金钱信托中,委托人仅指定信托资金运用方法和标的物的种类,概括地指出运用范围,至于如何具体运用则由受托人负责决定。非指定金钱信托是先不必约定金钱运用的方法,全部由信托机构负责,但信托财产的运用限制在法律规定的范围内,不得随意投资。
>
> 目前,日本的信托业务主要由信托银行开展,经营的金钱的信托具体包括金钱信托、年金信托、财产形成给付信托、贷款信托、投资信托以及金钱信托外之金钱信托六种类型的业务。

[案例分析]

在日本,"金钱的信托"比较盛行,占到信托财产的较大比例,而且相对稳定。例如1997年底,日本信托银行受托的信托财产总额达231万亿日元,其中金钱信托就占到30%以上;截至2001年3月31日,信托资产的总余额达到344.88万亿日元,其中金钱信托总额为99.5万亿日元,占到28.7%。2015年底,日本信托业信托资产中金钱信托总额达到340.69万亿日元,占全部信托财产的比例超过40%,具体构成见表2-1。

表2-1 2015年底日本的金钱信托余额及占比

信托大类	信托小类	余额(亿日元)	占全部信托财产的比例(%)
金钱的信托	金钱信托	1 605 494	18.9
	年金信托	382 528	4.5
	财产形成给付信托	361	0
	贷款信托	323	0
	投资信托	1 247 646	14.7
	金钱信托外之金钱信托	170 537	2
小计		3 406 889	40.1
非金钱信托		5 089 516	59.9
合计		8 496 405	100

资料来源:日本信托协会数据。

资金信托之所以开展得如此广泛,完全与日本金融、经济制度相关。日本信托虽从美国引进,但由于国情不同,日美之间的信托业务也存在较大差异。美国企业主要从证券市场发行股票筹集资金,因而美国的信托财产主要用于证券投资;而日本的企业主要依靠银行贷款,因此,资金信托取得了迅速发展。

此外,日本经济起步较晚,国土又狭小,可利用的信托土地较少,而日本的家族观念较强,一般不愿意委托他人代管财产。正是根据本国的这些情况,日本一开始就大力发展金钱的信托,信托财产大多是长期稳定的金钱,而不是如英美的土地信托和证券信托。经过多年的发展与创新,日本的资金信托业务形成了范围广、种类多、方式灵活、经营活跃的特点。

但是自2008年金融危机之后,日本流动化信托的投资者数量下降,金钱信托余额有所减少,人们纷纷转向了证券投资信托。2012年12月21日,日本最大的房地产投资信托公司普洛斯在东京交易所交易,房地产信托投资也成为日本信托的一大热点。

(八)按信托是否跨国划分

信托按业务是否跨国可分为国内信托与国际信托两大类。

1. 国内信托

国内信托是指信托关系人及信托行为都在国内进行的信托。

2. 国际信托

信托关系人及信托行为跨越国界的信托称为国际信托。自改革开放以来,我国的金融信托投资机构采用信托方式,以吸收和运用外资、引进国外先进技术和设备为目的广泛开展国际信托业务。

(九)按信托资金的处分方式划分

按信托资金的处分方式不同,信托可分为单一信托与集合资金信托。

1. 单一信托

单一信托是指信托机构接受单个委托人委托,依据委托人确定的管理方式单独管理和运用信托资金的行为。这种信托对于每个委托人的财产,从受托到运用都是个别进行的,所以可以较好地贯彻账户不同、运用效益也不相同的收益分配原则。它对于单个投资者的投资额要求相当高。由于单个投资者实力雄厚,一般被认为有实力和判断力为信托行为承担后果,对单一信托的监管要求较低。单一信托对于委托人之外的其他人没有信息披露义务,但必须按委托人指明的用途使用资金。

2. 集合资金信托

集合资金信托是指信托机构接受两个或两个以上委托人委托,依据委托人确定的管理方式或由信托投资公司代为确定的管理方式管理和运用信托资金。信托机构把许多委托人的信托资金集中起来加以运用,然后将实现的收益根据各人的信托金额比例分给受益人。2002年后我国各大信托公司相继推出了大量的集合资金信托。

【案例 2-2】　　　　集合资金信托政策的重大转变[①]

2002年7月发布的《信托投资公司资金信托管理暂行办法》第六条明确规定:"信托投资公司集合管理、运用、处分信托资金时,接受委托人的资金信托合同不得超过200份(含200份),每份合同金额不得低于人民币5万元(含5万元)。"

2007年1月23日中国银行业监督管理委员会公布的自2007年3月1日起施行的《信托公司集合资金信托计划管理办法》则取消了每个信托计划200份的上限要求,这是对信托计划监管的一次重大变革。

2009年,中国银行业监督管理委员会再次修改《信托公司集合资金信托计划管理办法》,将其中"单个信托计划的自然人人数不得超过50人,合格的机构投资者数量不受限制"调整为"单个信托计划的自然人人数不得超过50人,但单笔委托金额在300万元以上的自然人投资者和合格的机构投资者数量不受限制"。

2018年4月27日,《关于规范金融机构资产管理业务的指导意见》(资管新规)正式发布。其中第四条规定:"资产管理产品按照募集方式的不同,分为公募产品和私募产品。"第十条规定:"公募产品主要投资标准化债权类资产以及上市交易的股票,除法律法规和金融管理部门另有规定外,不得投资未上市企业股权。公募产品可以投资商品及金融衍生品,但应当符合法律法规以及金融管理部门的相关规定。私募产品的投资范围由合同约定,可以投资债权类资产、上市或挂牌交易的股票、未上市企业股权(含债转股)和受(收)益权以及符合法律法规规定的其他资产,并严格遵守投资者适当性管理要求。鼓励充分运用私募产品支持市场化、法治化债转股。"

因此,根据资管新规第四条以及第十条的规定,只要资金投向符合公募产品的要求,集合资金信托产品就可以以公募方式发行。

[案例分析]

集合资金计划一般属于高风险、高收益的投资,特别是向固定资产项目投资,一般具有建设周期长、项目大、风险大、收益相对比较高的特点。当时,考虑到信托的"私募"性质,《信托投资公司资金信托管理暂行办法》规定了"资金信托合同不得超过200份(含200份)",对信托投资公司提出了相应的约束条件。因为从国际上看,即使在美国,对于私募的要求也非常严格,只有拥有至少500万美元资产的个人或机构才有资格参加,且人数限制在100人以内。

---

① 管百海:《新规框架下集合资金信托管理办法应相应修订》,《金融时报》,转引自中国金融新闻网,2018年10月15日。

另外，为了把信托产品的募集对象限定在特定的群体，即机构投资者和自然人中的高端客户，规定了加入集合资金计划者的门槛。同时，又不排斥有风险意识的小投资人加入集合资金计划，从我国的国情出发，当时规定"每份合同最低金额为人民币5万元"。

但自2002年信托产品大量推出以来，业内人士普遍认为，200份合同上限成为影响信托公司信托计划规模和困扰产品销售的"瓶颈"之一，因为这一限制使得信托产品中每个信托合同的信托金额最低都在30万元或50万元以上，这把大多数普通投资者挡在了门外。

同时，200份合同限制也使得信托计划的规模难以做大，由于信托企业发行项目不论大小，其投入的固定成本是一样的，例如，1亿元的筹资额是盈亏平衡点，几千万元的信托产品所收取的信托佣金有时连成本开支都不够。

因此，信托业早就向监管部门提出取消这一限制的要求。2007年《信托公司集合资金信托计划管理办法》取消了每个信托计划200份的上限，充分体现了监管当局对这一要求的响应，有利于信托业的健康发展。

然而，新办法也在另一方面提高了委托人的门槛，如规定在一个信托计划中，自然人投资者不能超过50人，而作为合格投资者，委托人需要符合以下三个条件之一：

(1)投资一个信托计划的最低金额不少于100万元人民币的自然人、法人或者依法成立的其他组织。

(2)个人或家庭金融资产总计在其认购时超过100万元人民币，且能提供相关财产证明的自然人。

(3)个人收入在最近三年内每年收入超过20万元人民币或者夫妻双方合计收入在最近三年内每年收入超过30万元人民币，且能提供相关收入证明的自然人。

2009年的修订使得单笔委托金额在300万元以上的自然人投资者和合格的机构投资者数量不再受到"单个信托计划的自然人人数不得超过50人"的限制。

2018年的资管新规对于信托产品来说又是一次解放。在新规出台之前，信托产品只能以私募方式发行，因为根据《信托公司集合资金信托计划管理办法》第八条第二款规定：信托公司推介信托计划时，不得进行公开宣传。而银行、券商则能以公募和私募两种方式发行资管产品，从而有一定的不公平性。在大资管行业统一监管下，信托产品也应能以公募方式发行，这样可以使信托公司与其他金融机构在同一条件下竞争，必然有利于信托产品的扩展。

但是，资管新规在投资者的数量上要求按照证券法执行，根据《中华人民共和国证券法》第十条规定，私募产品的投资者数量不能超过200人（包括合格的机构投资者在内）。可见，对于合格投资者标准和数量的规定，两个文件存在冲突，需要尽快进行统一，方能使资管新规尽快地用于指导信托公司信托产品的发行。

二、我国目前信托业务分类

2001年1月10日,中国人民银行颁布《信托投资公司管理办法》,对信托机构的业务进行了规定。中国银行业监督管理委员会于2007年1月24日下发新的《信托公司管理办法》,并于2007年3月1日起施行。新办法第三章明确了信托公司的经营范围。

第十六条规定:"信托公司可以申请经营下列部分或者全部本外币业务:(一)资金信托;(二)动产信托;(三)不动产信托;(四)有价证券信托;(五)其他财产或财产权信托;(六)作为投资基金或者基金管理公司的发起人从事投资基金业务;(七)经营企业资产的重组、购并及项目融资、公司理财、财务顾问等业务;(八)受托经营国务院有关部门批准的证券承销业务;(九)办理居间、咨询、资信调查等业务;(十)代保管及保管箱业务;(十一)法律法规规定或中国银行业监督管理委员会批准的其他业务。"

第十七条规定:"信托公司可以根据《中华人民共和国信托法》等法律法规的有关规定开展公益信托活动。"

由此可见,我国信托机构目前办理的信托业务按内容大体分为四大类:资金信托业务、财产信托业务、投行业务与其他类业务。财产信托又包括动产信托、不动产信托、有价证券信托与其他财产或财产权信托;投行业务包括投资基金、并购重组、公司理财、证券承销等业务;其他类业务主要有代理、咨询、担保、公益信托等业务。

【案例 2-3】　　我国信托业务分类的新发展

近几年,我国信托业务规模快速扩张也引发了一些问题。关于2013—2014年的几起重大信托产品兑付危机事件,由于缺乏相关判定标准,信托公司与相关渠道方之间就是否为"通道业务"产生纠纷,因而有必要明确信托机构在这些业务中承担的责任。

2014年10月16日发布的金融行业标准《信托业务分类及编码》区分了主动管理信托和被动管理信托;2017年4月中旬,中国银行业监督管理委员会下发两个文件,明确了信托主动与被动管理业务的划分标准。

2016年,中国银行业监督管理委员会领导在信托业年会上首次提出"八大业务分类",具体包括债权信托、股权信托、标品信托、同业信托、财产信托、资产证券化信托、公益信托及事务信托。2017年4月中旬,中国银行业监督管理委员会下发《信托业务监管分类试点工作实施方案》(信托函〔2017〕29号)以及《信托业务监管分类说明》(试行),启动八大业务分类试点改革,确定了外贸信托、安信信托、中建投信托等10家信托公司为试点单位,对现有信托业务进行分类试点。2017年9月,举办了信托公司八大业务试点的交流会。

八大信托业务的定义如下：

(1)债权信托：把资金借给对方，约定到期和收益的产品，就是融资类信托。目前占比70%左右。突出风险是信用风险。

(2)股权信托：投资于非上市的各类企业法人和经济主体的股权类产品。主要风险是所投公司的成长性风险，盈利点是股权增值与分红。

(3)标品信托：标准化产品一般是可分割、公开市场流通的有价证券，包括国债、期货、股票、金融衍生品等。主要风险是市场风险，盈利点则是价差、投资收益。

(4)同业信托：资金来源和运用都在同业里，主要包括通道、过桥、出表等。监管层认为，同业非标产品(包括拆借、短融、理财、资管计划等)都可以归为此类，信托公司可以做。

(5)财产信托：将非资金信托的财产委托给信托公司，信托公司帮助委托人进行管理运用、处分，实现保值增值。此类业务就是信托公司"受人之托、代人理财"的本源，但目前信托公司这方面做得很不够。

(6)资产证券化信托：目前信贷资产证券化业务只有信托可以做 SPV，是信托可以宣示主权的业务。

(7)公益信托、慈善信托：公益信托比慈善信托范围大一些，但慈善信托法律体系较为完备，《中华人民共和国慈善法》第一次把信托公司作为单独的法律主体写进法律。公益信托与慈善信托是造福人类的事情，这块业务的风险主要是资金的挪用和占用。

(8)事务信托：所有事务性代理业务，包括融资解决方案、财务顾问、代理应收应付款项、代理存款等，都是事务信托。这类业务需要专业队伍，防止欺诈发生。

2018年2月，在近一年分类试点的基础上，监管部门起草了《信托公司信托业务监管分类指引(试行)》，在部分信托公司中征求意见。试点后的新指引共分九类，即在此前提出的八项业务分类的基础上，增加产权信托，择时将在全行业推广。

[案例分析]

在我国，随着2012年以来信托公司的规模不断扩大，金融产品创新不断推进，信托业务跨行业渗透和产品结构多样化加大，出现了诸多的风险事件，特别是一些信托产品违约。因此，有必要梳理信托公司开展的主要业务，厘清这些业务的潜在风险。

中国银行业监督管理委员会及时启动信托业务分类的调整。2016—2017年，中国银行业监督管理委员会进行八大业务分类试点改革,区分了债权信托、股权信托、标品信托、同业信托、财产信托、资产证券化信托、公益信托及事务信托等。八大信托业务的分类是以防范风险为基本出发点,在具体的分类标准上是以信托投向为主,同时考虑信托目的、信托财产类型、信托资金来源(委托人性质)、信托资金投向与运用方式、信托公司管理方式等不同标准。

八大类信托业务分类的内在逻辑关系见图2-1。

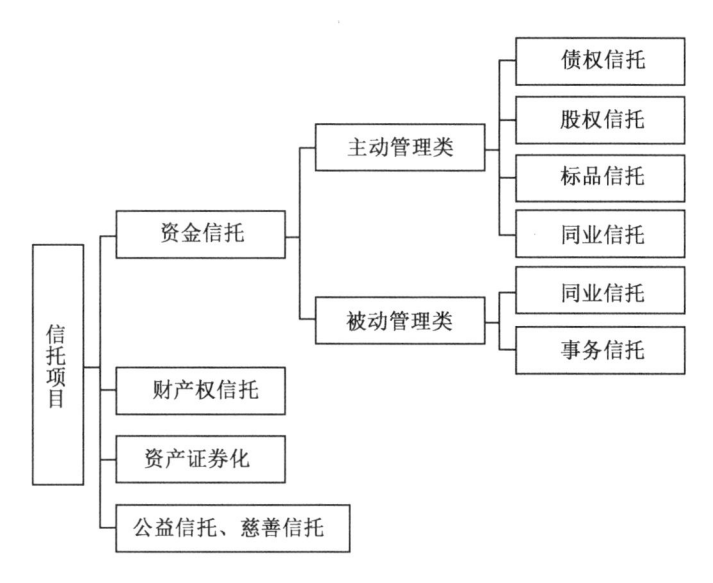

图2-1 八大类信托业务分类的逻辑关系

此次明确划分标准对信托业来说是件好事:第一,有利于按照新的业务判定标准,明确信托公司责权,有利于信托公司的风险控制和管理;第二,有利于信托公司与交易对手进行谈判,对信托公司开展被动管理型业务也是利好;第三,也有利于监管机构按照统一的划分标准清晰准确地判定信托公司是否履职尽责,方便监管。

第二节 信托的特点

信托作为一种金融活动与经济行为,有着自己的鲜明特点。研究信托业务的基本特点,并与其他经济活动加以比较与区分,是深入了解信托的基本要求。

一、信托的基本特点

(一)信托是一种由他人进行财产管理、运用或处分的财产管理制度

信托活动中,委托人将其财产交由受托人管理,受托人获得财产的法律上的所有权,有权对财产进行一定的管理与处分,而受益人则享有财产的收益权,这充分体现了一种财产管理方式。

当然,信托这种财产管理制度必然以信任为基础。如果委托人和受益人对受托人不信任,受托人不能忠诚地为委托人和受益人履行管理财产的职责,则信托活动难以开展,即使已经发生这种行为,但是互不信任或带有欺骗性的活动,仍然不能被确认为是法律上的信托行为。

另外,作为一种财产管理制度,信托一经设立又具有相当的稳定性。信托财产的管理不受各种情况变化的影响,具有一定的延续性,这样才能有效地维护受益人的利益。

(二)信托具有融通长期资金的特征

信托活动是随着市场经济的发展而不断发展的,目前,信托也明显地表现出融通资金的特点。与银行信用、商业信用类似,信托作为一种独立的信用方式,可以为社会资金的余缺提供调剂的来源,因此,对于一些缺乏资金的企业或部门来说,也可以借助信托实现融资。

信托这种信用关系主要表现为长期的资金融通,并且是一种直接的信用形式。委托人的信托财产多为较长期可以运用的资金或财产,通过受托人转移给社会上缺乏资金的主体使用。当然,在信托关系中,委托人是信托的意旨主体,受托人只不过按照委托人的意愿开展活动,因此,信托体现了委托人向社会经济主体的直接授信,是一种融通长期资金的直接信用形式。

(三)信托方式的灵活性

与其他信用活动相比,信托具有很强的灵活性。这种灵活性主要表现为以下五个方面:第一,信托的委托人范围非常广泛,可以是个人,也可以是企业或社会团体。第二,信托财产的形式多样,可以是有形的,也可以是无形的,只要委托人拥有这种财产的产权,可以计算价值,且不与法律相抵触,都可以采用信托的方式委托受托人进行管理。第三,信托目的多样。委托人可以有着不同的信托目的,可以要求监护,可以仅仅保护自己的财产,也可以以财产增值为目的。第四,设计灵活。当事人可通过信托文件进行灵活多变的设计,实现多样化的利益分配要求。第五,运用方式灵活。信托业务既可以投资,也可以贷款;信托财产既可以出租,也可以出售;信托机构既可以同客户建立信托关系,又可以建立代理关系。

(四)信托服务的多样性

正是因为信托方式具有广泛性与灵活性,信托机构才能够根据经济形势的变化不断推出新的信托业务,以适应社会各方面的需要。信托机构作为受托人,它的经营活动是十分重要的,它贯穿于执行信托契约的整个过程,关系到委托人的信托目的能否实现和受益人能否获利。信托机构为社会提供了多样化的服务,包括信托投资和贷款、租赁、证券发行、财务管理、并购、代理业务、经济咨询等,既为企业服务,又为个人服务,既为公益服务,也为私益服务,对经济的发展起到了积极的推动作用。

(五)信托收益与风险的他主性

信托业务的具体操作是由受托人进行,但信托的意旨主体却是委托人,受托人要按照委托人的意图对受托财产进行管理和处理,获得的收益也要归受益人所有,因此,损益要按实际的结果核算。受托人只要不违背信托合同,忠实地履行了自己的义务,且不存在自身过失的情况下,对信托业务产生的损失不承担任何责任,并有权依据信托协议向委托人或受益人收取处理该项信托业务的报酬。

由此可见,信托财产的损益与受托人无必然的直接关系,信托收益和风险的承担主体不是受托人,而是受益人。

二、信托与其他一些经济活动的区别

为了更好地了解信托,有必要将信托与其他一些基本的经济金融活动进行对比。

(一)信托与银行信贷的区别

信托和银行信贷都是一种信用方式,同属信用范畴,但两者有很大的区别,不能混淆。它们之间的区别主要表现在以下几个方面:

1. 起源与本质不同

信托起源于遗嘱的执行,其本质是"受人之托,代人理财",由受托人接受委托,代委托人管理与处分信托财产,为他人谋利;而银行信贷则起源于货币兑换业务,是一种以偿还与付息为条件的资金借贷活动。

2. 所体现的经济关系不同

信托作为一种为他人进行的财产管理制度,涉及受托人、委托人和受益人三个当事人,体现的是多边的信用关系;而银行信贷作为一种资金融通活动,主要体现的是银行与存款人或银行和贷款人之间的双边信用关系。

3. 基本职能不同

信托最基本的职能是财务管理职能,是受托人在忠诚的前提下对信托财产的管理与处分,实现受益人的利益最大化;而银行信贷最基本的职能则是融通资金,银行作为信用中介,通过负债业务来筹集资金,再通过贷款等业务来调剂社会资金的余缺。

4. 业务范围不同

信托的业务对象多种多样,可以是资金形态也可以是实物财产,其业务方式也灵活多样,除了包括信托存、贷款外,还有投资、投行等许多其他业务;而银行信贷的主要业务是吸收存款和发放贷款,聚集社会闲置资金并转给需求者运用,以融通资金,银行的业务对象一般以资金为主。

5. 融资方式不同

信托机构作为受托人代替委托人进行资金的管理与处分,但必须要按委托人的意旨办事,因此体现了委托人向社会经济主体的直接授信,是直接金融;而银行则作为信用中介,起间接金融作用,在存款人与借款人之间搭起一座桥梁。

6. 收益分配不同

信托的收益是按照实际运用的效果来计算的,对信托财产的管理与运用,所获得的收益均归受益人所有,受托人按协议规定收取手续费和佣金,不直接获得经营信托财产所产生的收益;而银行信贷则按规定的利率计算利息,银行获得经营存、贷款的利差,存款人只能按事先约定的利率获得利息。

7. 承担的风险不同

信托的经营风险由委托人或受益人承担,受托人不保证信托本金不受损失和最低收益,只要受托人尽职,按委托人的意图管理信托财产,不管信托财产发生了盈利还是亏损,受益人均不能向受托人索赔;而在银行信贷中,银行自主地发放贷款,其行为不受存款人与借款人意旨的强求,因而整个信贷的风险完全由银行承担。

8. 清算方式不同

信托财产具有独立性和连续性,它不同于受托人的自有财产,一旦信托机构因经营不善而终止时,信托财产不属于清算财产,而要交由新的受托人承接继续管理,以保护信托财产免受损失;而银行存款是银行的负债,银行贷款是银行的资产,一旦银行破产,存、贷款等业务所涉及的财产则要作为破产财产,统一参与清算。

(二)信托与债的区别

企业在需要资金时可以通过举债或发行债券来融资,也可以借助信托来获得资金。那么这两种融资方式有何不同呢?

1. 当事人关系不同

信托作为一种特殊的经营活动,涉及委托人、受托人与受益人三方的关系;而债则主要涉及债权人与债务人,是两者之间的双边关系。

2. 体现的关系不同

信托业务中所体现的是信任关系,委托人对受托人充分信任,这种信任关系是信托业务得以存续的基本条件;而在债这一经济活动中,双方所体现的是债权债务的关系：我借你的钱，到期归还。

3. 对特定财产的权利不同

信托财产在运用上要保持独立性，受益人对特定的信托财产拥有要求权，在破产时也优先受偿；而在债这一关系中，债权人仅有债务请求权，而不拥有对特定财产的要求权，在债务人破产清算时，债权人无优先权。

4. 收益不同

信托业务中的收益率是不确定的，财产运用的收益都归受益人；而在债这一方式中，一般在合同中或债券的票面上会标明固定的利率，有固定回报，资金运用的收益均归债务人，债权人只收回本金与利息。

（三）信托与委托、代理的区别

信托、委托和代理是三种较为常见的财产管理制度。委托是指一方（受托人）以另一方（委托人）的名义处理他所受托的事物，而受托人代为从事活动的后果由委托人承担；代理是指一方（代理人）以他方（被代理人）的名义，在授权范围内与第三者进行活动的法律行为，这种行为的法律后果直接由被代理人承担。他们都是以当事人之间的相互依赖关系为基础而成立的制度。但信托与委托、代理还是有一定区别的，主要表现在以下方面：

1. 当事人之间的关系不同

信托是一种多边的信用关系，从法律上讲，信托的当事人一般包括委托人、受托人与受益人三方；而委托、代理的当事人仅为委托人（或被代理人）和受托人（或代理人）双方，是一种双边关系。

2. 成立的条件不同

信托财产是信托的中心，在设立信托时委托人必须要有确定的、合法的信托财产，否则就不能建立信托关系；而委托与代理关系的建立却不一定要有财产，有时在没有确定财产的情况下，委托、代理关系也可以成立。

3. 财产的占有权不同

在信托业务程中，委托人要将信托财产的所有权转移给受托人，由后者代为管理与处分，也就是说，信托财产的所有权必然会发生转移；但委托、代理业务就不一样了，财产的所有权始终掌握在委托人或被代理人手中，并不发生所有权的转移。因此，信托的当事人之间的信赖关系比委托和代理更为紧密。

4. 财产的性质不同

信托财产具有独立性，它与委托人、受托人或者受益人的自身财产相区别，委托人、受托人或者受益人的债权人都不得对信托财产主张权利；但是在委托、代理关系中，让受托人（代理人）进行管理或处分的财产仍属于委托人的自有财产，委托人的债权人仍可以对该财产主张权利。

5. 受托人掌握的权限不同

信托的受托人依据信托文件对信托财产进行管理与处分,有较充分的自主权,委托人一般不进行干预,受托人只受信托契约约束与法律、行政上的监督;而在委托、代理关系中,受托人(或代理人)的行为则严格受到委托人(或被代理人)的限制,委托人可以随时向代理人发出指示,甚至改变主意,受托人或代理人必须服从,而代理人的权限也仅以被代理人的授权为限。

6. 稳定性不同

信托关系一成立,除非信托契约中规定的条件或法律规定的情况出现,信托契约是不能解除的,即使委托人或受托人死亡,信托也将继续存在,因而有较大的稳定性;而委托代理合同比较容易解除,被代理人可随意撤回代理关系,并因代理人或被代理人任何一方的死亡、宣告死亡和法人消灭而终止。

本章小结

按照不同的划分标准,信托业务可以分为不同的种类。如按性质,可划分为信托类业务与代理类业务;按目的,可划分为民事信托、商事信托及民事商事通用信托;按信托关系发生的基础,可划分为自由信托与法定信托;按委托人不同,可划分为个人信托、法人信托与通用信托;按受益对象,可划分为私益信托与公益信托;按照委托人与受托人的关系,可划分为自益信托与他益信托;按照信托的标的不同,可划分为资金信托、实物财产信托、债权信托与经济事务信托;按业务是否跨国,可划分为国内信托与国际信托;按信托资金的处分方式,可划分为单一信托与集合资金信托。我国于2017后进行了信托八大业务分类试点改革,区分了债权信托、股权信托、标品信托、同业信托、财产信托、资产证券化信托、公益信托及事务信托等。

信托的基本特点表现为:它是一种由他人进行财产管理、运用或处分的财产管理制度,具有融通长期资金的特征,与其他的信用活动相比具有很强的灵活性、服务的多样性、信托收益与风险的他主性等。

信托与银行信贷、债、委托、代理等经济活动存在着较大的区别。特别是信托和银行信贷都是信用方式,同属信用范畴,但两者在本质、所体现的经济关系、基本职能、业务范围、融资方式、收益分配、风险承担、清算方式等方面不同。信托与债的区别主要表现为当事人关系不同、体现的关系不同、对特定财产的权利不同及收益不同。

练习与思考

【名词解释】

民事信托　商事信托　自由信托　法定信托　个人信托　法人信托　通用信托　私益信托
公益信托　自益信托　他益信托　单一信托　集合资金信托　经济事务管理信托　标品信托

同业信托

【简答题】

1. 信托按照标的不同可分为哪些种类?
2. 简要说明信托的基本特点。
3. 信托与银行信贷之间存在什么区别?
4. 信托与债之间存在什么区别?

【思考题】

1. 我国的信托机构可以从事哪些种类的信托业务?
2. 请结合实际,举例说明信托的灵活性表现在哪些方面。

第三章 信托的构成要素

作为一种经济活动,信托的设立也需要一定的要件。一般来说,信托主要包括信托行为、信托关系、信托目的、信托财产与信托报酬五大构成要素。当然,在特定情况下也会发生信托撤销或结束等活动。一般地,各国的信托法都会对信托法律关系的各个要素进行基本的规范。

第一节 信托行为

一、信托行为的含义与形式

(一)信托行为的含义

信托是依照一定的目的,将财产委托他人代为管理和处分的活动。信托行为是合法设定信托而发生的法律行为。通过信托行为,各方当事人之间可以建立起信托关系,确定各方的权利与义务。从法律上看,信托行为包括两层含义:一是物权行为,即做出转让财产权或作其他处理的行为;二是债权行为,即让他人(受托人)按一定的目的与要求进行财产管理。

(二)信托行为的形式

信托行为的发生必须由委托人和受托人进行约定,要以一定的信托约定为依据,这种信托约定可以有以下几种形式:

1. 信托合同(信托契约)

委托人和受托人之间签署书面信托合同作为信托关系的证明,这是最常用的形式。在合同中双方约定信托目的、信托财产的范围与数量、信托关系方的地位、各方的权限和责任、信托业务处理手续和方法、信托财产转交的方法、信托关系存在的期限以及其他相关内容。

2. 个人遗嘱

个人遗嘱不同于其他信托合同,是由委托人个人单方面作出的,体现的是委托人的意思表示,适用于遗嘱信托。在遗嘱中要确定遗嘱执行人、财产的具体处置及其他相关事项。如果遗嘱指定的受托人不同意接管,可由法院另行指定受托人。

3. 法院命令

在法定信托中,法院可以按法律的有关规定颁布命令确立信托关系。此种信托行为由法院裁决,并有赖于法律的权力强制建立。

4. 协议章程

委托人与受托人也可以协议章程的形式确立信托关系。

5. 信托宣言

在英美法系中还有一种信托约定的形式——信托宣言,即由财产所有人自己发表宣言,对外宣布自某时起以自己为委托人与受托人,管理自己的某项财产,专为某受益人谋利益。这种以信托宣言为依据确立的信托称为宣言信托。有的国家(如美国)规定动产宣言信托可以采用任何形式,而不动产宣言信托必须采用法律规定的形式。

委托人和受托人作出信托约定时,主要采用书面形式,口头形式的约定比较少见。《中华人民共和国信托法》(以下简称《信托法》)第八条规定:"设立信托,应当采取书面形式。书面形式包括信托合同、遗嘱或者法律、行政法规规定的其他书面文件等。采取信托合同形式设立信托的,信托合同签订时,信托成立。采取其他书面形式设立信托的,受托人承诺信托时,信托成立。"

(三)信托行为有效的条件

信托行为要取得法律上的效力,还必须具备一定的条件。

1. 真实的意思表示

信托当事人的真实意思表示是确认信托行为成立的一个基本条件。在作出信托约定时,当事人的意思表示必须是真实的,即委托人真正愿意委托他人管理信托财产,受托人主观上也愿意接受委托,双方不是在强迫或欺骗的情况下发生信托行为。

2. 以信任为基础

信托行为建立在各方相互信任的基础之上,如果缺乏信任,各方之间就无法达成信托关系。

3. 特定的合法目的

确认信托行为的成立,应该有一定的目的。该目的可以是财产的增值,也可以是保存财产不致受损,或者财产的处分等,但必须合法。没有一定的目的,信托行为的产生就失去依据,无法存在。

4. 以财产为中心

信托财产是信托行为中最为重要的一个要素。信托当事人之间的关系是围绕信托财产展开的,委托人要达到某种目的,就得把信托财产的产权移转到受托方,由后者按照一定的目的进行管理或处分。如果没有以财产为中心,信托行为不会产生。

二、信托文件

信托合同是信托行为中最为常见的一种文件,各国信托法对于合同的内容都有一定的具体要求,比如我国《信托法》第九条就明确规定:"设立信托,其书面文件应当载明下列事项:(一)信托目的;(二)委托人、受托人的姓名或者名称、住所;(三)受益人或者受益人范围;(四)信托财产的范围、种类及状况;(五)受益人取得信托利益的形式、方法。除前款所列事项外,可以载明信托期限、信托财产的管理方法、受托人的报酬、新受托人的选任方式、信托终止事由等事项。"

各方当事人在签订合同时应写明有关事项的处理,以便更好地确定各方的权利与义务,避免到时发生不必要的麻烦。

在信托合同签订之前,信托公司一般通过信托计划向潜在客户推介集合资金信托产品,信托计划的作用及法律性质类似于公司发行股票时公开刊登的招股说明书。各信托公司推出的信托产品,多以信托计划与信托合同共同构成信托产品的法律文件。信托计划应视为信托合同的组成部分,两者共同构成一个整体合同,没有体现在信托合同中而体现在信托计划中的内容,同样具有法律效力,应视为信托合同的补充部分。

【案例3-1】　　　　上海外环隧道项目资金信托计划

上海外环隧道项目资金信托计划(第　期)

上海爱建信托投资有限责任公司

根据《中华人民共和国信托法》《信托投资公司管理办法》以及其他有关法律、法规,上海爱建信托投资有限责任公司(简称爱建信托)发挥自身的专业理财能力和丰富的投资运作经验,结合上海外环隧道建设项目的实际情况,设计了风险较低、收益稳定的信托品种,为满足投资者进行集合投资、获取稳定收益的需求,经认真调查研究与充分准备,制定本信托计划。

一、信托计划名称

上海外环隧道项目资金信托计划(第　期)(简称信托计划)。

二、信托计划目的

爱建信托将多个指定管理资金信托的信托资金聚集起来,形成具有一定投资规模和实力的资金组合,以资本金形式投资于上海外环隧道建设发展有限公司(简称外环隧道项目公司),用于上海外环隧道建设项目(简称外环隧道项目)的建设与营运。

三、信托计划规模

信托计划项下的信托合同不超过200份(包括200份)。

四、信托计划的期限

信托计划期限为三年,自信托计划成立之日起计算。

五、加入信托计划的条件

(一)委托人资格

中国境内具有完全民事行为能力的自然人、法人或者依法成立的其他组织。

(二)资金合法性要求

委托人保证委托给爱建信托的资金是其合法所有的可支配财产。

(三)资金要求

加入信托计划的资金应当是人民币。单笔资金金额最低为人民币5万元(包括5万元),并可按人民币1万元的整数倍增加。

(四)受益人要求

受益人和委托人为同一人。

六、信托计划的成立

推介期结束,信托计划成立。

信托计划成立前的资金利息按中国人民银行同期活期存款利率计算,并在信托计划终止后由爱建信托一次性支付。

七、信托计划资金的运用

爱建信托集合运用信托计划资金,并以资本金形式投入外环隧道项目公司(简称信托计划资金的出资),由外环隧道项目公司用于外环隧道项目建设,同时,信托计划期间的出资收益可存放于银行,或用于购买国债。

信托计划资金的出资以受让外环隧道项目公司原有股东出资和追加出资的方式进行。

信托计划项下的信托财产(简称信托计划财产)可以按公平市场价格或根据委托人和受益人的特别授权与爱建信托的固有财产及爱建信托管理的其他信托财产进行交易。

八、信托计划资金出资的处分

信托计划资金的出资以受让外环隧道项目公司原股东出资的方式进行,以原股东出资时的历史成本计价,在本信托计划终止时,由外环隧道项目公司根据原股东与新股东的出资及时间按以下公式计算并分配利润:

1. 年平均分配率＝累计可供分配利润÷(加权平均实收资本×原、新股东出资天数总和÷365天)

2. 加权平均实收资本＝(原股东出资额×原股东出资天数＋新股东出资额×新股东出资天数)÷原、新股东出资天数总和

3. 股东分配额＝股东出资额×年平均分配率×股东出资天数÷365天

(略)

九、信托计划的管理

(一)管理方式

信托计划财产由爱建信托集合运用。

各信托的委托人和受益人对信托财产,按信托资金占信托计划资金的比例,在信托计划中享有权利、承担义务。

爱建信托为信托计划设立信托计划账户。不同委托人的信托资金分别记账。

(二)内部管理机构(略)

十、信托计划风险揭示及防范

(一)信托计划风险揭示

1. 投资对象和投资项目的风险

(1)外环隧道项目公司的经营状况受多种因素的影响,如管理能力、财务状况、市场前景、人员素质、项目设计施工总承包单位施工进度风险等,影响其盈利能力。

(2)由于市场、技术、自然状况等各种原因导致外环隧道项目收入未能达到预期水平。

2. 法律与政策风险

因国家政策,如财政政策、货币政策、税收政策、行业政策、地区发展政策等发生变化,导致市场波动,影响信托收益。

3. 市场风险

随着经济运行的周期性变化,市场对外环隧道项目建设所需的机器、设备、建筑材料、劳动力、技术等的供求会相应变化,影响信托计划的收益。

金融市场利率的波动会导致市场价格和收益率的变动,可能影响着外环隧道项目的融资成本和利润。

除上述风险外,市场风险还包括通货膨胀风险、证券市场交易风险、货币市场交易风险等。

4. 管理风险

在信托计划资金的管理运用过程中,可能发生资金运用部门、资金托管部门因所获取的信息不全或存在误差,对经济形势等判断有误,或处理信托事务过程中的工作失误,影响信托计划资金运作收益水平。

5. 其他风险

战争、动乱、自然灾害等不可抗力因素的出现,可能导致信托财产损失。

(二)信托计划风险防范措施

1. 规范化管理制度(略)

2. 人事管理制度(略)

3. 信息披露制度(略)

4. 外环隧道项目的风险控制

(1)爱建信托以受托人身份作为外环隧道项目公司的绝对控股股东,全面控制公司的决策与经营管理;外环隧道项目公司以项目投资人的身份要求上海市人民政府授权明确招商人上海市市政工程管理局的法律主体地位,确保其作为合同签约方的合法性,以及明确今后财政补贴到外环隧道项目公司的具体程序,并通过规范的公司治理结构、科学的组织体系进行项目管理。

(2)建设风险的控制。通过设计、施工总承包合同控制工程造价、质量和工期,通过建设期建设管理总承包合同控制动拆迁等各项前期费用;向大众保险公司和中国太平洋保险公司投保建筑工程一切险与财产险;上海黄浦江大桥建设有限公司承包项目建设期和运营期管理职能。

(3)运营风险的控制。通过运营总承包合同控制运营成本。在与上海市人民政府订立的专营权合同中约定:每年计提400万元大修资金,用于对运营期工程大修,节余归上海市人民政府,不足部分由上海市人民政府用财政资金补贴;另提取逐年递增的养护费用,约定非项目公司原因超额时,上海市人民政府予以补偿。

(4)利率风险的控制。外环隧道项目公司从运营期开始每年可得到与上海市人民政府约定的按项目投资余额9.8%的补贴,该补贴率与长期贷款利率变化同步调整。在现行长期贷款利率水平下,扣除运营费用及信托财产承担的费用,预计信托计划资金可获得5%的年平均收益率。

十一、信托计划的信息披露(略)

十二、信托计划的终止与清算(略)

十三、信托计划的税务处理

> 信托计划期限内所涉及的税务问题,按国家的有关法律、法规与政策办理。对于法律、法规或政策没有明文规定的信托行为的税务问题,按照政府部门的相关规定办理。
>
> 十四、信托计划执行经理情况简介(略)

[案例分析]

上海外环隧道项目资金信托计划是2001年全国信托业第五次整顿后推出的第一个集合资金信托项目,它开创了国内运用信托投融资的新渠道。

该信托由上海爱建信托公司设立,信托期为3年,中国工商银行上海分行代理收付信托资金。爱建信托作为信托资金的受托人,通过受让上海外环隧道建设发展有限公司股权和对其增资,以获取上海外环隧道建设发展有限公司的分红,向受益人支付信托收益。

该信托的创新之处在于:

(1)以公用基础设施作为集合资金信托产品的投资领域,投资上海基础设施、分享经济发展成果。

(2)信托机构与地方政府紧密合作,开创了运用政府信用及优惠政策有效实施信托投融资的先河。

(3)率先在信托项目设计中引入信用评级概念。

(4)该信托产品的巧妙设计使投资者风险得到锁定。

(5)该信托产品还在信托计划中首创设计了持续营销的概念——在该信托机构的下一个信托计划中,上一个信托计划的委托人享有优先加入权。

(6)该信托产品的投资回报率比一般银行存款和债券要高。

(7)该信托产品拥有良好的流通性。

正是由于上述创新的存在,产品一经推出,备受欢迎,原本计划1个月的销售期,推出刚5天,上海市民参与的资金就超过了2亿元,只用了一周就成功融资5.5亿元,充分显示了信托作为金融领域四大支柱之一的重要作用。

第二节 信托关系

信托关系是指委托人、受托人和受益人三方当事人因信托行为而形成的以信托财产为中心的特定法律关系。委托人、受托人与受益人也被称为信托主体,信托关系正是研究这三个主体之间关系的。

一、委托人

委托人是提出委托要求并对受托人进行授权以达到信托目的的主体。

(一)委托人的资格

委托人必须是信托财产的合法所有者,它拥有对信托财产完整的所有权、处置权、使用权与管理权,并能实现将这些权利转交给受托人。

委托人可以是一个人,也可以是数人。如果财产归两人或两人以上共有,他们可以作为共同委托人,将其共有财产信托给受托人运用。当然,财产共有人中的某一人也可将自己在共有财产中的份额信托给他人。

尽管有些国家的法律没有专门对委托人的资格进行明确规定,委托人可以是法人或是自然人,但一般要求委托人要具有完全民事行为能力,如我国《信托法》第十九条规定:"委托人应当是具有完全民事行为能力的自然人、法人或者依法成立的其他组织。"未成年人或无民事行为能力的人不能采取法律行为,不具有签订合同的权力,因而也就不能成为委托人,这些主体必须由法定代理人或监护人来签订契约。而破产人要成为委托人,必须征得债权人的同意。

(二)委托人的权利

委托人是信托的最初设立者,因此处于主动的地位。在他益信托里,委托人将信托财产或其收益赠送给受益人;自益信托里,委托人对信托财产持有的权利是从受益人的角度来持有。因此,在信托成立后,委托人离开信托关系,也不会有什么影响。

由于委托人作为设定信托的主体,他对信托财产的运用有利害关系,因此,一般法律仍然给予委托人一定的权利,主要包括以下几项:

(1)选择受托人与受益人。委托人可以根据信托目的的需要主动选择合适的受托人来完成信托财产的管理与处分。委托人也可确定谁是受益人以及受益人享有的受益权。

(2)监督受托人。委托人有权要求受托人按照信托合同的规定执行财产的管理与处分。

(3)有权查阅、抄录或者复制与其信托财产有关的文件和询问信托事务,了解信托财产的管理运用、处分及收支情况,并有权要求受托人作出说明。

(4)有权变更信托财产管理方法。因设立信托时未能预见的特别事由,致使信托财产的管理方法不利于实现信托目的或者不符合受益人的利益时,委托人有权要求受托人调整该信托财产的管理方法。

(5)当委托人是信托利益的全部受益人时(自益信托),可以有权解除信托。

(6)准许受托人辞任及选任新受托人的权利。委托人有权要求法院免去受托人或选出新的信托管理人。

(7)受托人违反信托目的处分信托财产或者因违背管理职责、处理信托事务不当致使信托财产受到损失的,委托人有权申请人民法院撤销该处分行为,并有权要求补偿信托财产损失以及复原。我国《信托法》规定,自委托人知道或者应当知道撤销原因之日起一年内不行使该申请权的,该申请权归于消灭。

(8)收回信托财产的权利。当信托结束,没有信托财产的归属人时,有权得到信托财产。

以上权利可以被继承,即在委托人去世后,其继承人也同样持有这些权利,但继承人没有对受托人辞任予以承诺的权利。在自益信托中,如果受益权转让,委托人的权利应该转到新的受益人手中。

(三)委托人的义务

委托人的义务主要是在设立信托时要签订相应的契约或合同并让渡一定的财产权。委托人需将财产的处置权、使用权与管理权授予受托人,以方便其对信托财产进行管理或处分,实现信托目的。另外,委托人可能需要支付一定的信托费用或信托报酬,取决于信托合同的约定。委托人也要承担信托财产的风险损失。

二、受托人

受托人是指接受委托人的委托,并按其指示对信托财产进行管理与处分的主体。受托人承担着管理和处分信托财产的责任,会直接影响信托财产的运用效果,关系到信托目的是否能顺利实现。

(一)受托人的资格

由于受托人要取得委托人的信任,所以,受托人的资格比起委托人和受益人的资格要严格得多。

受托人可以是具有完全民事行为能力的自然人或者法人。不具备法律上的行为能力的人,如未成年人、禁治产人及破产人等,不能成为受托人。

受托人必须具有办理信托业务的能力和专业技能条件。能力主要指受托人必须掌握金融与信托方面的专业知识。专业技能条件主要是指受托人本人应具有充足的资产、丰富的经验、良好的品行(如足够的诚信度)等。

我国《信托法》第二十四条规定:"受托人应当是具有完全民事行为能力的自然人、法人。"但事实上在我国信托的受托人主要为信托公司。设立信托公司,应当具备一些基本的条件,主要包括:

(1)有符合《中华人民共和国公司法》和中国银行业监督管理委员会规定的公司

章程。

（2）有具备中国银行业监督管理委员会规定的入股资格的股东。

（3）具有规定的最低限额的注册资本。

（4）有具备中国银行业监督管理委员会规定任职资格的董事、高级管理人员和与其业务相适应的信托从业人员。

（5）具有健全的组织机构、信托业务操作规程和风险控制制度。

（6）有符合要求的营业场所、安全防范措施和与业务有关的其他设施。

（7）中国银行业监督管理委员会规定的其他条件。

同时，信托公司要具有中国人民银行规定的最低额度注册资本（3亿元人民币或等值的可自由兑换货币，注册资本为实缴货币资本）。

受托人必须忠于职守，充分运用自己的专业知识与能力为受益人谋利。

（二）共同受托

一笔信托合同的受托人可以为多人，这被称为共同受托。共同受托人应当共同处理信托事务，但信托文件规定对某些具体事务由受托人分别处理的，按合同规定进行。

在共同受托中，信托财产属于共同受托人"合有"，即每个受托人对信托财产没有分块持有权。如甲、乙、丙共同接受一块土地作为信托财产，他们成为共同受托人，共同管理这块土地。如果丙去世，这块土地就属于甲、乙合有，继续管理。

共同受托时，受托人中如有一人辞任，信托财产由其他受托人合有。上例中，如果甲、乙、丙这三个共同受托人中，乙不想继续作为受托人而提出了辞任，经批准后，这块土地就属于甲、丙两人管理。

共同受托人共同处理信托事务，意见不一致时，按信托文件规定处理；信托文件未规定的，由委托人、受益人或者其利害关系人决定。

共同受托人处理信托事务对第三人所负债务，应当承担连带清偿责任。第三人对共同受托人之一所作的意思表示，对其他受托人同样有效。

共同受托人之一违反信托目的处分信托财产或者因违背管理职责、处理信托事务不当致使信托财产受到损失的，其他受托人应当承担连带赔偿责任。

（三）受托人的权利

受托人是信托关系中最为重要的当事人之一，它对委托人的信托财产具有很大的处置权限。受托人的权限可以分为两部分：一是固有的权限，这是被委托的权限，是根据各种不同的业务种类在信托合同中给予的权限，比信托关系中其他关系人的权限更受限制，并随着不同信托内容而变化；二是受托人的具体权限，一般在合同中要明文规定，以避免受托人在执行中不明确或无法行使。

一般来说，受托人的主要权利包括以下几个方面：

(1)按信托的规定对信托财产进行独立的经营、管理、使用和处理的权利。

(2)具有按信托文件约定取得报酬的权利。信托文件未作事先约定的,经信托当事人协商同意,可以作出补充约定;未作事先约定和补充约定的,不得收取报酬。约定的报酬经信托当事人协商同意,可以增减其数额。

(3)因处理信托事务所支出的费用、对第三人所负债务,受托人有要求以信托财产承担的权利,但因受托人自身过错造成的除外。

(4)经委托人和受益人同意,有请求辞任的权利。

(5)信托终止后,受托人有留置信托财产或者对信托财产的权利归属人提出请求给付报酬、从信托财产中获得补偿的权利。

(四)受托人的义务

为了保证信托财产的完整性和受益人的利益,各国信托法规都对受托人的行为作出了较多的限制规定,要求其承担相应的义务。受托人的义务主要有以下几个方面:

1. 尽职的义务

这是受托人的首要义务。委托人是基于对受托人的信任而将信托财产交给其进行管理与处分,受托人要严格按照信托合同或法院命令的条款处理有关事宜,无权更换或变更条款内容,也不允许擅自中断条款的执行。受托人要以受益人的利益最大化作为基本原则,诚实、信用、谨慎、有效地管理信托财产,不能利用受托人的地位为自己牟取私利。受托人除了领取信托业务的正当报酬外,一般不许直接或间接地取得信托财产的收益。

2. 分别管理的义务

由于信托财产的真正所有权不属于受托人,因此,受托人必须将信托财产与其固有财产及其他财产分别进行管理。

受托人必须将自身的固有财产与信托财产分别记账,不得将信托财产转为其固有财产。受托人将信托财产转为其固有财产的,必须恢复该信托财产的原状;造成信托财产损失的,应当承担赔偿责任。受托人也不得以固有财产与信托财产从事任何交易。这是因为如果将自有财产与信托财产进行买卖,可能对信托财产不利,所以一般各国法律规定把固有财产与信托财产区分开来,它们之间不准买卖。我国《信托法》也对此作了限制,但规定"信托文件另有规定或者经委托人或者受益人同意,并以公平的市场价格进行交易的除外"。

受托人必须将不同委托人的信托财产分别进行管理,分别列账,分别报告。这是因为不同的信托有不同的受益人,为维护各自的利益,就不能混在一起。这一义务也包括受托人不得将不同委托人的信托财产进行相互交易,但信托文件另有规定或者经委托人或者受益人同意,并以公平的市场价格进行交易的除外。

3. 妥善管理的义务

受托人应当充分利用自己的专业知识、机构设施,全心全意地妥善管理信托财产,实现信托收益的最大化。我国《信托法》第二十五条规定,受托人管理信托财产必须履行"谨慎、有效管理"的义务。

为了证明自己已妥善履行了职责,受托人必须保存处理信托事务的完整记录。受托人应当每年定期将信托财产的管理运用、处分及收支情况,报告委托人和受益人。同时,受托人对委托人、受益人以及处理信托事务的情况和资料负有依法保密的义务。

4. 亲自执行的义务

委托人之所以要求受托人帮其办理信托事项是基于委托人对受托人的信任,因此,受托人在受托管理和处理信托财产时,一定要自己执行,如果让别人处理,可能会导致不良的结果,违背了委托人对自己的信托。只有在信托合同另有规定或限于迫不得已的情况下,受托人才能委托他人代为处理信托事务。

5. 负责赔偿的义务

受托人必须按合同规定进行财产的管理与处分,如因受托人违反信托目的和信托合同的规定处理信托财产或因受托人管理不当,未能有效地管理、运用财产所造成的损失,受托人负有赔偿信托财产损失的义务。赔偿的方式包括按信托财产价值赔偿和恢复信托财产原状两种。具体的赔偿方式和赔偿条件由法律条例或信托章程加以规定。在未恢复信托财产的原状或者未予赔偿前,受托人不得请求给付报酬。

6. 分配收益的义务

受托人在对信托财产进行管理与处分后,对所获得的收益,应当根据信托契约的要求,公正地分配给受益人,不能占为己有。在信托结束时,受托人要负责信托财产的分配,当没有规定的受益人时,应将信托财产完整地退还给委托人,如信托财产无明确的归属人时,应依照有关法律规定公正处理。

(五)受托人的辞任与职责终止

设立信托后,经委托人和受益人同意,受托人可以辞任。但公益信托的受托人未经公益事业管理机构批准,不得辞任。

当然,信托并不会因受托人的辞任而终止,在原有的受托人辞任时,委托人可以选举新的受托人或要求法院指定新的受托人。但在新受托人选出前,原受托人仍应履行管理信托事务的职责。在选出新受托人后,原受托人处理信托事务的权利和义务由新受托人承继。

当受托人出现特殊情况时,其职责终止。这些情形包括:

(1)死亡或者被依法宣告死亡。

(2)被依法宣告为无民事行为能力人或者限制民事行为能力人。

(3)被依法撤销或者被宣告破产。

(4)依法解散或者法定资格丧失。

(5)辞任或者被解任。

(6)法律、行政法规规定的其他情形。

受托人职责终止时,其继承人或者遗产管理人、监护人、清算人应当妥善保管信托财产,协助新受托人接管信托事务。因上述第(3)—(6)项所列情形导致职责终止的,受托人应当作出处理信托事务的报告,并向新受托人办理信托财产和信托事务的移交手续。

受托人职责终止的,依照信托文件规定选任新受托人;信托文件未规定的,由委托人选任;委托人不指定或者无能力指定的,由受益人选任;受益人为无民事行为能力人或者限制民事行为能力人的,依法由其监护人代行选任。

三、受益人

(一)受益人的种类

受益人是在信托关系中享受信托财产利益的人。受益人分为三种:第一种是享受信托财产本身利益的本金受益人;第二种是只享受信托财产运用收益的收益受益人;第三种是同时享受信托财产本身及其收益的全部受益人。

受益人可以是委托人本人,即自益信托中的受益人,也可以与委托人不一致,即他益信托中的受益人。但受益人一般与受托人要分离。我国《信托法》第四十三条规定:"受托人可以是受益人,但不得是同一信托的唯一受益人。"

受益人可以是自然人、法人或者其他组织,也可以是未出生的胎儿。公益信托的受益人则是社会公众,或者一定范围内的社会公众。

由于受益人不是签订信托合同的当事人,因此,无须具备有行为能力的条件。凡是具备权利能力的人都可以作为受益人,如未成年人、残疾人、精神病人,甚至罪犯、尚未出生的婴儿、非公司组织的社团、外国人等都可以成为受益人。

(二)受益人的权利和义务

受益人的权利主要有以下几个方面:

(1)承享委托人所享有的各种权利。

(2)收益权或受益权,即享受信托财产所产生的利益的权利,信托受益权还可依法转让、赠送和继承。

(3)有将信托受益权用于抵押或清偿到期不能偿还的债务的权利。

(4)向法院要求解除信托的权利。在他益信托里,当受益人享受其全部信托利益的情况下,必须以信托财产才能偿还其全部债务,或有其他迫不得已的事由时,受益人可以申请解除信托。在自益信托中,受益人可随时解除合同。

(5)当信托结束时,有承认最终决算的权利,只有当受益人承认信托业务的最后决算后,受托人的责任才算完成。

(6)信托终止时,信托文件未规定信托财产归属的,受益人有最先取得信托财产的权利。

(7)被指定为受益人后拒绝受益的权利。

一般地,受益权都有时效的规定,如在日本,受益权的时效为 20 年。

受益人的义务主要是不得妨碍受托人对信托财产进行的正常处理,当受托人在处理信托业务的过程中,由于不是因为自己的过失而蒙受损失时,受益人要对该损失或费用进行补偿。当然,如果受益人放弃收益权,就可以不履行这些义务。

第三节 其他信托要素

一、信托目的

信托目的是指委托人通过信托行为要达到的目标。它是委托人设定信托的出发点,也是检验受托人是否完成信托事务的标志。确认信托行为的成立必须要有一定的目的。信托目的一般由委托人提出,可以有各种各样的内容,比如希望实现财产的增值、通过信托保存财产不致受损失、实现对信托财产的处分等。

信托目的具有以下几个特点:

(一)合法性

通过信托行为想要达到的目的必须符合国家的法律规定,不能有悖于现行的法律与法规,不能损害他人正当的合法利益,也不能有损于国家与集体的利益,不能妨害社会秩序与正常的风俗习惯。如果目的违法,不能确认其信托行为的成立。

我国《信托法》第十一条规定的信托无效情形中与信托目的不合法相关的有两款:一是信托目的违反法律、行政法规或者损害社会公共利益;二是专以诉讼或者讨债为目的设立信托。之所以规定"以诉讼或者讨债为目的设立的信托无效"是考虑到在我国,委托人可以通过律师或者其他法律手段进行诉讼或讨债。为了避免兴讼或滥讼,许多国家(如日本、韩国、英国)都在这方面加以限制。当然,如果信托的目的是对财产进行管理或处置,而在管理过程中附带诉讼或者讨债,一般认为还是有效的。

我国《信托法》也明确信托目的不能损害他人的合法利益,在第十二条中规定:"委托人设立信托损害其债权人利益的,债权人有权申请人民法院撤销该信托。人民法院依照前款规定撤销信托的,不影响善意受益人已经取得的信托利益。"

(二)可能达到或实现

开展信托业务最后就是要实现特定的目的,为了做到这一点,就要求最初设立的目的具有可行性,也就是说经过受托人的努力后有可能达到的。如果通过信托行为要达到的目的根本无法达到,这种信托便没有成立的条件。

(三)为受益人所接受

受益人是信托活动中的利益真正享有者,信托业务最终是要实现受益人的利益,因此,受益人有权决定是不是同意信托目的。如果受益人不愿意接受委托人事先设定的目的,那么信托的执行便失去了意义。

二、信托财产

(一)信托财产的含义

信托财产也称信托标的物,是指委托人通过信托行为转移给受托人并由受托人按照信托目的进行管理或处分的财产,在信托活动中,信托财产处于中心地位。我国《信托法》规定信托财产不能确定的信托是无效的。

信托财产有广义与狭义之分。狭义的信托财产是指受托人因承诺信托而从委托人处取得的财产;而广义的信托财产还包括受托人因信托财产的管理、运用、处分或者其他情形而取得的新财产(如利息、红利和租金等),后面这些也被称为信托收益。

我国《信托法》第十四条规定:"受托人因承诺信托而取得的财产是信托财产。受托人因信托财产的管理、运用、处分或者其他情形而取得的财产,也归入信托财产。"由此可见,我国对信托财产采用的是广义的定义。

(二)信托财产的形态

一般来说,只要具备财产的价值,都可以作为信托财产,包括有形财产与无形财产。有形财产是指具有实物形态的财产,包括不动产(如房屋、土地等)与动产(如金钱、证券与设备等);无形财产不具有实物形态,但通过运用仍可给财产所有者带来一定的收益,包括专利权、商标权、著作权、渔业权与矿业权等。

当然,信托行为的具体财产适用范围在不同的国家有不同的规定。

日本《信托法》对信托财产并无限制,只要是财产即可成为信托财产;而在《信托业法》中,信托银行能受理的信托财产仅限定为金钱、有价证券、金钱债券、动产、土地及其附属物、土地使用权和租赁权以及综合信托等几种。

我国《信托法》对信托财产的范围没有具体规定,只是在第十四条中规定:"法律、行政法规禁止流通的财产,不得作为信托财产。法律、行政法规限制流通的财产,依法经有关主管部门批准后,可以作为信托财产。"第十一条第三款规定,"委托人以非法财产或者本法规定不得设立信托的财产设立信托"的,信托无效。

另外,在设立信托时,对于信托财产,有关法律、行政法规规定应当办理登记手续的,要依法办理信托登记;未按规定办理信托登记的,应当补办登记手续;不补办的,信托不产生效力。

【案例 3-2】　　我国的信托财产登记制度建设[①]

2006 年 6 月,中国首家信托登记公司——上海信托登记中心成立,这是由中国银行业监督管理委员会批准、由上海市浦东新区政府拨款设立的事业性、非金融中介服务机构,主要负责《信托法》规定的信托登记相关事务。该中心的业务范围主要在上海,提供信托登记、注销、查询、公告等服务。尽管该登记中心面向全国信托公司,却缺少权威性,难以协调其他地区的相关部门,只有部分信托公司在此登记,更多的信托并不公开披露基本信息。

2008 年 9 月,上海浦东新区工作汇报报告显示,上海信托登记中心改制工作进展顺利,已与中央国债登记结算有限责任公司签署备忘录,争取该年底前将信托登记立法和设立中国信托登记有限公司的方案报国务院,但是后来并无实质性进展。

2013 年底的信托业年会上,中国银行业监督管理委员会主席助理杨家才称,信托产品登记系统将具备四大功能:一是产品公示,二是信息披露,三是确权功能,四是交易功能。他认为"信托产品登记信息系统是信托业规范发展的基础,也是金融市场重要的基础设施建设"。

2014 年 2 月,中国银行业监督管理委员会启动信托产品登记系统的调研工作,其中包括向信托公司发放调查问卷,征求信托产品登记系统建设的具体方案。

经过多年的摸索,2017 年 8 月 25 日,中国银行业监督管理委员会颁布了《信托登记管理办法》(银监发〔2017〕47 号),自 9 月 1 日起生效。相应的,中国信托登记有限责任公司成立,信托登记系统在 2017 年 9 月 1 日正式上线运行。为确保信托登记工作稳妥起步,特设 3 个月过渡期,过渡期内新发信托产品按新、老规则同时执行。由此,该办法奠定了我国信托登记的制度基础。

[案例分析]

信托登记制度是保障信托业务中交易各方权益的一个重要举措,指委托人在设立信托、把初始信托财产转移给受托人时,由登记机构依法对信托财产的转移(变更)和

---

① 资料来源:上海信托登记中心网站,http://www.strc.org.cn;张曼:《信托财产登记步履维艰》,《财经》2009 年 1 月 5 日;刘雁:《银监会启动筹建信托产品登记系统》,证券时报网,2014 年 2 月 12 日;中国银行业监督管理委员会有关部门负责人就《信托登记管理办法》答记者问,中国银行业监督管理委员会网站,2017 年 8 月 30 日。

信托的基本内容进行的登记。

我国《信托法》第十条规定:"设立信托,对于信托财产,有关法律、行政法规规定应当办理登记手续的,应当依法办理信托登记。未依照前款规定办理信托登记的,应当补办登记手续;不补办的,该信托不产生效力。"这一措施是为了从法律上确认信托资产的权属。

但在我国,信托财产登记一直步履维艰,长期以来未完全建立信托登记制度,也没有对信托财产的过户、税费征收等方面制定规则,诸多涉及信托财产的具体登记问题都不明确。

信托登记制度的缺失对社会交易的危害很大,主要表现在:

(1)无法保障信托财产的独立性,全面体现破产隔离等特点,与信托的本意不符。

(2)造成信托公司在开展业务时只能通过《合同法》或《物权法》意义上的转让来持有信托财产,在过户的税费及登记机关的审批等方面造成了很大的阻碍。

(3)无法让社会第三方从登记机关那里得到登记财产的性质等方面的准确信息,加大了社会交易的不确定性,危害到社会交易安全。

(4)容易造成信托财产无法控制的状况,不利于对信托资金流向的监管。

可见,这些现象制约着信托财产的独立性与安全性,不利于信托功能的发挥,也不利于维护信托受益人的利益,会影响信托业的管理和发展。特别是随着我国经济持续快速增长和人民收入水平稳步提高,社会对信托公司资产管理和财富管理的需求不断上升,出台信托登记制度更为迫切。

为构建全国统一的信托登记制度,保护信托当事人合法权益,2017年,中国银行业监督管理委员会发布《信托登记管理办法》,明确信托登记是指中国信托登记有限责任公司对信托机构的信托产品及其受益权信息、国务院银行业监督管理机构规定的其他信息及其变动情况予以记录的行为。信托登记包括预登记、初始登记、变更登记、终止登记和更正登记。信托登记遵循"集中登记、依法操作、规范管理、有效监督"原则。中国信托登记有限责任公司接受信托登记申请,依法办理信托登记业务。《信托登记管理办法》对信托登记信息的管理和使用特别是信托登记信息保密作出了严格规定。

《信托登记管理办法》的出台对于我国信托业的发展具有积极意义,促进信托业务开展更加规范、行业信息披露更加完善,提升行业监管的有效性,切实防范信托风险。作为信托制度基础设施建设的一项重要成就,它将对信托业的稳定健康发展产生重大而深刻的推动作用。

(三)信托财产的特点

作为信托财产,必然有一定的特点,主要表现在以下几个方面:

1. 有价值

这是信托财产的一个基本特点。信托活动要通过对信托财产的运用实现一定的收益,如果财产本身没有价值或价值不确定,就无法正确计算收益。如姓名权、身份权等就不能作为信托财产。

2. 可转让性

信托行为的成立要以信托财产的转移为前提,因此,信托财产必须是委托人独立支配的可转让财产,这样才能委托给他人进行管理与处分。

一般来说,财产的转让方式有三种:一是单纯的财产转移,而所有权与处置权、管理权并不转交;二是财产的位移,并且将财产的使用权、处置权、管理权也转移;三是完全转让,将财产的所有权和使用权、处置权、管理权一并转移。在信托关系中所涉及的财产转让一般是指第二种方式。

3. 所有权特征

信托制度是为了受益人的利益而由受托人管理信托财产,受托人只拥有信托财产的使用权和支配权,并不实际拥有信托财产的真正所有权,真正所有权仍归委托人和受益人所有。英美法系认为,在信托行为设立之后,信托财产的所有权会发生分离,使其体现出双重所有权的特征:一是普通法律上的所有权,即名义上的所有权转给了受托人,受托人有权依照法定的规则及信托合同的规定,对财产进行运用;二是衡平法上的所有权或称为真正的所有权,归受益人。

4. 独立性

信托财产是受托人替委托人代为管理和处理的财产。为了保障委托人或受益人的利益,就必须保持信托财产的独立性。这种独立性表现为以下三个方面:

(1)受托人必须把信托财产与受托人自己的固有财产严格区分开来,不得归入受托人的固有财产或者成为受托人固有财产的一部分。受托人死亡或依法解散、被依法撤销、被宣告破产而终止时,信托财产不属于其遗产或者清算财产,而应交由新选出的受托人管理。受托人管理、运用、处分信托财产所产生的债权,也不得与其固有财产产生的债务相抵消。

(2)受托人应当将不同委托人委托的信托财产区分开来,分别核算。受托人管理、运用、处分不同委托人的信托财产所产生的债权债务,不得相互抵消。这样才能保证不同委托人和受益人的利益,促使受托人公正、合理地处置信托财产。

(3)信托财产与委托人的其他财产相独立。设立信托后,信托财产用于为受益人谋利,为了保证受益人的利益,委托人也要将信托财产进行隔离。信托活动不因委托人的死亡或者依法解散、被依法撤销、被宣告破产而终止,除非委托人是唯一受益人的信托。委托人不是唯一受益人的,信托继续存在,信托财产不能作为委托人的遗产或者清算财产;但作为共同受益人的委托人死亡或者依法解散、被依法撤销、被宣告破产时,其信托受益权可作为其遗产或者清算财产。

5. 物上代位性

这是指信托财产的形态在信托关系存续期间可以发生改变。为了更好地实现受益人的利益,受托人可以根据实际情况在合同许可的范围内对财产进行具体的运用,这时可能就会发生信托财产的形态转化。

6. 运动的单向性

信托财产在设立信托之前是委托人的自有财产,但一旦设立信托,委托人就必须将信托财产转交给受托人,由受托人对信托财产进行管理与处分,而在信托结束或实现了信托目的之后,信托财产将交由受益人或委托人,所以信托财产的运动是以委托人为起点、以受托人为中介、以受益人为终点的单向运动。

三、信托报酬

在早期产生的民事信托中,受托人出于道义或亲情帮委托人管理与处分财产,不收取报酬;但当前各国的信托多为商事信托,受托人开展信托业务必然要收取一定的回报,这便是信托报酬。

信托报酬通常在信托文件中加以约定,可以是固定的,也可以按信托财产或信托收益的一定比率来计算。信托报酬可以向受益人收取,也可以从信托财产中提取,这取决于信托合同的规定。信托文件未作事先约定的,经信托当事人协商同意,可以作出补充约定;未做事先约定和补充约定的,受托人不得收取报酬。约定的报酬经信托当事人协商同意,可以增减其数额。

【案例 3-3】　　　　　　信托报酬

案例1:2007年8月华宝信托推出的"华宝—基业长青之积极进取型证券投资资金信托计划"约定信托报酬包括两种:

(1)固定信托报酬以信托计划财产净值为基数每日计提,并于每个开放日后的3个工作日内及信托终止清算时支付,每日计提的固定信托报酬＝该日信托计划财产净值×1.5%/365。

(2)浮动业绩报酬。每个开放日提取的浮动信托报酬＝(该开放日计提浮动信托报酬前的累计信托单位净值－历史最高开放日累计信托单位净值)×10%×该开放日信托单位总份数。

案例 2：2010 年国联信托发行的"国联创富九号股权投资集合资金信托计划"收取的管理激励报酬为：

(1) 当信托计划年化收益率<8%时，受托人不收取管理激励报酬；

(2) 当信托计划年化收益率≥8%时，信托收益中超过 8%的部分由受托人提取 20%作为管理激励报酬，余下的信托收益由受益人享有。

案例 3：2018 年 12 月，上海国际信托有限公司"现金丰利—信托计划"说明书中的信托报酬分为固定信托报酬、浮动信托报酬和 E/F 类信托单位对应的超额收益信托报酬。

(1) 固定信托报酬按每日受托信托单位总份数的 0.3%年费率计提，当年天数为信托计划存续当年的公历年度的自然天数，每日计提，逐日累计至每个月月末或者季度末，按月或季度支付（具体由受托人选择确定）。若遇法定节假日、休息日等，支付日期顺延。

(2) 浮动信托报酬按日计提，就 C/D 类、E/F 类、In 类信托单位分别计算，例如每日 C/D 类信托单位对应受托人浮动信托报酬为：

$$M=\max\{[K-(当日C类信托单位总份数+当日D类信托单位总份数)\times 1元\times N\div 当年天数]\times S, 0\}$$

其中：

N 为 C/D 类信托单位对应业绩基准线（年化收益率），具体数值由受托人按照信托计划实际运行情况进行调整、确定，但应当调整范围不超过[0%,10%]；

K 为 C 类、D 类信托单位每日净收益（浮动信托报酬扣除前）；

S 为 C/D 类信托单位对应浮动报酬比例，具体数值由受托人按照信托计划实际运行情况进行调整、确定，但应当调整范围不超过[0%,100%]；

当年天数为信托计划存续当年的公历年度的自然天数。

(3) 另外，受托人于 E/F 类信托单位退出之日计算并收取 E/F 类信托单位对应的超额收益信托报酬。

四、信托的撤销与结束

(一)信托的撤销

信托的撤销是指通过一定的程序取消已建立的信托关系的法律行为。信托在成立之后，一般不得随意撤销，我国《信托法》规定了两种可以要求撤销的行为：

(1) 委托人设立信托损害其债权人利益的，债权人有权申请人民法院撤销该信托。

但人民法院依照前款规定撤销信托的,不影响善意受益人已经取得的信托利益。

(2)受托人违反信托目的处分信托财产或者因违背管理职责、处理信托事务不当致使信托财产受到损失的,委托人有权申请人民法院撤销该处分行为,并有权要求受托人恢复信托财产的原状或者予以赔偿;该信托财产的受让人明知是违反信托目的而接受该财产的,应当予以返还或者予以赔偿。

信托撤销申请权的时效都为一年,即债权人要在自知道或者应当知道撤销原因之日起一年内行使撤销申请,委托人也要在自知道或者应当知道撤销原因之日起一年内行使撤销申请。

(二)信托的结束

信托结束是指信托行为的终止。

信托不因委托人或者受托人的死亡、丧失民事行为能力、依法解散、被依法撤销或者被宣告破产而终止,也不因受托人的辞任而终止。但有下列情形之一的,信托终止:

(1)信托文件规定的终止事由发生。

(2)信托的存续违反信托目的。

(3)信托目的已经实现或者不能实现。

(4)信托当事人协商同意。

(5)信托被撤销。

(6)信托被解除。

委托人是唯一受益人的,委托人或者其继承人可以解除信托,信托也会终止。

信托终止的,信托财产归属于信托文件规定的人;信托文件未规定的,按受益人或者其继承人、委托人或者其继承人的顺序确定归属。

信托终止时,受托人应当作出处理信托事务的清算报告。受益人或者信托财产的权利归属人对清算报告无异议的,受托人就清算报告所列事项解除责任。

本章小结

信托的设立需要一定的要件,主要包括信托行为、信托关系、信托目的、信托财产与信托报酬五大要素。

信托行为是合法设定信托而发生的法律行为,可以有信托合同(信托契约)、个人遗嘱、法院命令、协议章程、信托宣言等几种形式,但必须是信托当事人的真实意思表示,要以信任为基础,有特定的合法目的并以信托财产为中心。

委托人、受托人和受益人三方当事人因信托行为而形成围绕信托财产的信托关系。委托人、受托人与受益人被称为信托主体。委托人必须是信托财产的合法所有者,并能实现将这些权利转交给受托人。受托人是指接受委托人的委托,并按其指示对信托财产进行管理与处分的主体,受托人的资格较为严格。受益人是在信托关系中享受信托财产利益的人,分为本金受益人、收益受益人和全部受益人。各当事人都拥有一定的权利,并要承担相应的义务。特别是受托人必须履行尽职、分别管理、妥善管理、亲自执行、负责赔偿、分配收益等义务。

信托目的是指委托人通过信托行为要达到的目标,具有合法性、可能达到或实现并为受益人所接受等特点。信托目的是委托人设定信托的出发点,也是检验受托人是否完成信托事务的标志。信托财产是指委托人通过信托行为转移给受托人并由受托人按照信托目的进行管理或处分的财产。在信托活动中,信托财产处于中心地位。信托财产的特点表现为:有价值、可转让、所有权特征、独立性、物上代位性和运动的单向性。受托人开展信托业务收取的回报是信托报酬,通常在信托文件中加以约定。

在特定情况下,也会发生信托撤销或结束等活动。信托的撤销是指通过一定的程序取消已建立的信托关系的法律行为,而信托结束是指信托行为的终止。

练习与思考

【名词解释】

信托行为　宣言信托　信托目的　信托财产　物上代位性　信托关系　委托人　受托人　受益人　共同受托　信托登记　信托报酬　信托的撤销　信托的结束

【简答题】

1. 简要说明信托的基本构成要素。
2. 设立信托行为有哪几种形式?
3. 信托行为要取得法律上的效力必须具备哪些条件?
4. 信托财产有哪些特点?
5. 受托人的资格主要有哪几方面的要求?
6. 在哪些情况下,可以要求撤销信托行为?
7. 信托出现了哪些情形可以终止?

【思考题】

1. 在信托活动中,信托财产处于中心地位,请结合实际说明如何保证信托财产的独立性。
2. 受托人会直接影响信托财产的运用效果和信托目的的顺利实现,在接受委托人的委托后,受托人要承担哪些义务?
3. 我国为什么要建立统一的信托登记制度?

第二编

信托业务

第四章　个人信托业务

最早的信托是从个人信托开始的,古埃及的遗嘱托孤、古罗马的"信托遗赠"制度、英国的尤斯制度及双重尤斯制度都属于个人信托。而现代社会中,许多国家(如英国)还大量开展个人信托业务。本章主要介绍个人信托业务的一些基本知识,并分析其主要的业务种类。

第一节　个人信托业务概述

一、个人信托业务的概念

(一)个人信托业务的含义

个人信托是指以个人作为委托人的信托业务。委托人(指自然人)基于财产规划的目的,将信托财产权移转给受托人,使受托人按照信托契约为受益人的利益或特定目的,对信托财产进行管理或处分的业务。

(二)个人信托业务的主体

在个人信托业务中,所涉及的三方当事人的身份各不相同:委托人是个人;受益人也是个人,但不一定是委托人本人,如果两者是同一人则是自益信托,否则称为他益信托;受托人可以是个人或机构。因此,个人信托是以个人为服务对象的业务。

个人信托业务分为生前信托与身后信托两大类。

从最早的信托业务出现以来,发展到现在,个人信托都能按照客户的目的,对各种财产进行有效规划与处理。随着我国经济的快速发展,人民收入与财富的不断增长,人们迫切需要更多有效的理财方式实现财富的积累,个人信托将会在人们的生活中扮演越来越重要的角色。

二、个人信托业务的特点

个人信托具有鲜明的特点,具体表现在以下几个方面:

(一)目的多样性

个人信托是以个人作为服务对象,个人的需求是多样的,而个人信托则能很好地实现人们的多种目的。这些目的包括:

1. 累积财富

财产的持有者通过签订信托合同将财产权移转受托人,由后者按照合同规定做出有计划的投资管理,可实现累积财产,避免财产分散或流失而丧失创造财富的机会。

2. 专业管理

委托人通过签订信托契约,将财产移转给受托人。而受托人往往是具有较丰富的金融知识与投资经验的专业人员,特别是信托公司汇聚了大量的金融人才,这样可借助这些人员的管理与经营能力,实现专业管理。同时,信托机构将诸多委托人的资金集中起来,又可以增加投资的渠道,分散投资风险,为信托财产创造最大的效益。

3. 指定受益人

委托人(即财产的所有者)在个人信托合同中可以指定特定的受益人,利用这一特点可以实现财产收益的合理分配,避免子女依赖心理,减少家庭纷争,实现委托人的意旨。

4. 财产规划

在个人信托中,专业人员可根据信托财产及信托理财的需要,提供包含投资、保险、节税、退休计划、财富管理等全方位的信托规划,为委托人妥善管理与处置财产,满足个人及家庭在不同时期的理财需求。

5. 遗产管理,造福子孙

在个人信托中,很大一块是对身后的遗产进行管理,这不仅可以避免遗产继承的纷争,而且可以减少后人因缺少财产管理能力所造成的财产缩水的不良后果,照顾到更多代的子孙。

(二)弹性及隐秘性强

与其他信用活动相比,个人信托具有很强的灵活性,在实际运作上极富弹性。个人信托的财产形式多样,可以是有形的,也可以是无形的,只要不与法律相抵触,都可以采用信托的方式委托受托人进行管理。而且,个人信托内容的设计灵活,当事人可通过信托文件灵活多变地进行设计,只要符合法律法规的要求,其目的、范围或存续期等都可以依照委托人的特殊需要而灵活制定,实现多样化的利益分配、避免浪费、执行遗嘱、监护子女等多样化目的。

依照各国信托法的规定,受托人有为委托人及信托财产保密的义务,这样也可以避免财富运用情况外泄所造成的不良后果。

(三)可以保持财产的完整性

人的生命再长终有停止的一天,如何使财产在所有者生命终止后,仍依照其意旨去执行,以维护财产权的完整性,提高效益,就成为财产规划的重心。

按照《信托法》的有关规定,信托关系并不因委托人或受托人死亡、破产或丧失行为能力而消灭。信托财产独立于受托人的固有财产,即使受托人破产,信托财产也不在受托人破产财产的清算范围,债权人对信托财产不得请求强制执行或拍卖,这样就可以有效地保全委托人的财产完整,达到让信托财产继续经营的目的。

(四)受托人既要对人负责又要对物负责

个人信托的受托人可以是个人或机构,但不管个人或机构,在接受个人信托业务之后,都承担着较大的责任,既要对人负责又要对物负责,这就是个人信托不同于法人信托的重要特点。这一特点更加明显地体现在监护信托这一业务上,受托人作为监护人不仅要对被监护人的财产进行一定的管理与处分,还承担着对被监护人身心健康的责任。

三、个人信托的适用主体

个人信托的适用主体是十分广泛的,一般来说,可以运用个人信托的委托人包括:第一,在投资管理方面缺乏经验的人;第二,有钱却没有时间理财的人;第三,希望享有专业理财服务的人;第四,想把财产移转给子女而需要进行信托规划的人;第五,希望贯彻继承意旨,约定继承方式的人;第六,家有身心障碍者;第七,家财万贯并想隐匿财产,避免他人觊觎的人;第八,因遗产、彩票中奖、退休等情况而收到大笔金钱的人。

上述人员都可以借助个人信托来实现特定的信托目的,保障自己或受益人的生活。

四、个人信托的成立步骤

为了更好地利用信托来实现理财及其他目的,个人信托的设立及执行一般要经过以下基本步骤:

(一)确定信托目的

信托目的是个人设定信托的基本出发点,也是检验受托人是否完成信托事务的标志,所以在设立信托时首先必须明确信托目的。个人信托的目的是多种多样的,如希望实现维护财产完整、财产的增值、隐匿财产、退休安养、照顾未成年子女、管理不动产等。

(二)确定需交付信托的财产

信托财产是信托关系的中心,信托财产不能确定的信托是无效信托。在个人信托中也必须明确信托财产。当然,个人信托的财产形式也可以多种多样,包括金钱、有价证券、不动产等。

(三)确定受益人

受益人是按照信托合同享有信托利益的当事人,信托受益权包括本金及孳生的收益两部分。收益分配有三种情形:一是自益信托,受益人就是委托人本身;二是他益信托,由委托人指定本人以外的他人享受全部利益;三是部分自益、部分他益,如可以指定他人享受信托财产运用产生的利益,而财产本身却仍归委托人所有。

(四)选择受托人

受托人包括个人或机构,在我国多为信托公司。在选择受托人时,要考虑其合法性、资信状况、资产实力、专业人才配置、分支设置、经营业绩等,特别要考虑其是否拥有阵容强大的理财规划团队,以便为自己的财产做最有效的配置与规划,提高财产的运用效果。

(五)签订信托合同

确定了信托目的、信托财产、信托受益人,也挑选了值得信赖的受托人,接下来就要通过有效的沟通,签订信托合同。

(六)移转信托财产

信托财产法律上的所有权只有移转给受托人,信托才能发生效力,受托人才能运用自己的身份有效地管理与处置财产。

(七)受托人履行职务

《信托法》规定受托人要履行诚实、信用、谨慎、有效管理信托财产的义务,要恪尽职守、妥善管理,认真执行信托合同,如有违约,应承担相应的赔偿责任。

(八)完成信托目的,交付财产

当信托期满或者实现了信托目的之后,受托人要按照规定尽快收回信托财产并转交给合同约定的财产持有者(受益人、委托人或其指定的人)。

第二节 生前信托

随着社会经济的发展与人们财富的不断增长,生前信托在各国也有了长足发展。本节主要介绍生前信托的基本知识,并分析信托契约的有关内容。

一、生前信托的含义与设立目的

(一)生前信托的含义

生前信托是指委托人与受托人签订信托契约,委托后者办理委托人在世时的各项事务。这类信托的形式是多样的,包括货币资金信托、债权信托、权利信托与实物财产信托等。

与不同的信托形式相适应,生前信托的业务处理方式也各不相同,但不管是哪种信托,基本上都是以信托契约为依据办理信托业务。信托契约全面、明确地规定了各当事人的各种权利、义务及其相互关系。

(二)设立生前信托的目的

1. 财产管理

一些委托人由于缺乏金融知识或者是时间、精力有限,无法亲自管理财产,料理相关事务。在这种情况下,可以通过设立生前信托,将有关事务委托给受托人去办理,从而大大减轻委托人亲自管理财产的负担。

【案例 4-1】　　　　　信托的财产管理目的

王医生开私人诊所,收入很高。但他无管理财产的经验,以前曾做过一些投资,却连连亏损。由于他医术高明,病人源源不断,应接不暇,因此,他也觉得没有足够的时间去理财。他挣的钱一大部分要拿去缴税,对剩下的钱他做了这样一些设想:他希望在60岁退休时,有足够的钱周游世界,也希望供女儿上最昂贵的私立学校。于是,他与某大银行签订协议,用他的财产设立一个信托,由该银行作为受托人,为他管理财产,对其财产进行投资,并支付必要的税金缴纳及处理账务。

[案例分析]

生前信托的一个重要运用就是(财产)管理信托,委托受托人掌握信托财产的目的在于保护财产的完整,维护财产的现状,使之不受损失,并收取该项财产的收益和支付必要费用。王医生通过设立财产管理信托,就可以避免由于自己不懂投资理财专业知识乱投资所带来的损失,而且还可以大大减轻管理财产的负担,使自己能够专心于诊治病人,同时获取更多的收入。

2. 财产处理

委托人想把自己拥有的财产转换成另外的形式或者希望对原有的财产进行分配,比如出售原来的财产、向受益人交付财产等。在这些活动中,往往会涉及许多专业问题,如财产的价格评估、出售方式的选择、出售时机的确定及购买方的搜寻等,同时,往往还要涉及相关税收或其他法律问题。在这种情况下,如果采用信托方式,就可以将这些问题统统交给信托机构去处理,大大节省了委托人自己的精力。

3. 财产保全

财产保全是指委托人通过信托来保护自己的财产。由于信托财产具有独立性,独立于委托人的其他财产,也独立于受托人的固有财产。财产信托出去以后,由受托人持有,并由受益人享受信托收益,委托人便不再对信托财产拥有处置权,委托人在信托期间所形成的债务便不会影响到信托财产,从而保全了这部分财产。同时受益人对信托财产的权利是由委托人确定的,受益人只能享受在合同中规定的权利,这样也能达到保全信托财产的目的。

另外,信托还可以通过隐匿财产来保全财产。当委托人将财产交付信托时,就必须将信托财产过户到信托机构的名下。大多数的法律都没有关于信托信息公开披露的规定,而且信托契约无须任何政府机构登记,也不公开供公众查询,因此受益人的个人财产数据及利益均绝对保密,直至信托终止为止。然而,这只是一种名义上的所有权移转,实际上所有权仍在委托人或受益人身上,这也可以起到保全财产的作用。

【案例 4-2】　　　　利用信托避免股权分割[①]

2012 年,中国女首富、龙湖集团董事长吴亚军和丈夫蔡奎正式离婚,由于二人分别通过 Charm Talent 及 Silverland Assets 成立的两个信托各自持有龙湖股份,在信托合同期内,该部分股权的所有权属信托所有。因此,两人的离婚并不涉及龙湖集团的股权变动,对公司运营也没有产生较大影响。

龙湖地产家族信托的设置过程为:

吴亚军于 2007 年 10 月 30 日在英属维尔京群岛注册设立了 Charm Talent,并由 Charm Talent 以登记持有人身份持有龙湖地产 58.59% 的股权。蔡奎于 2007 年 9 月 17 日在英属维尔京群岛注册设立了 Precious Full,并由 Precious Full 以登记持有人身份持有龙湖地产 39.06% 的股权。

2008 年 6 月 11 日,吴亚军将 Charm Talent 全部已发行股本转让给吴氏家族信托的受托人汇丰国际信托在英属维尔京群岛注册的全资子公司 Silver Sea,蔡奎也将 Precious Full 全部已发行股本转让给蔡氏家族信托的受托人汇丰国际信托在英属维尔京群岛注册的全资子公司 Silverland。至此,Silver Sea 和 Silverland 成为龙湖地产的直接控股股东,吴亚军和蔡奎都不再直接控制龙湖地产的股权,而通过吴氏家族信托和蔡氏家族信托分别控制龙湖地产超过 45% 和 30% 的股权。

[案例分析]

利用信托方式来解决财产继承问题,尤其是家族企业的股权继承和经营管理问

---

① 张辉:《"中国女首富"离婚　信托避免股权分割》,《经济参考报》2012 年 12 月 18 日。

题,在国外以及我国香港地区已是一种较为流行的做法。但内地的企业家还不熟悉股权信托,没有形成家族信托的观念,一旦婚姻关系破裂后频繁出现股权之争,企业往往成为受害者。龙湖地产家族信托的成功运作为中国家族企业处理同类事件树立了一个范本。

根据我国《信托法》第十五条的规定,信托财产与委托人的其他财产有区别,信托财产独立于委托人的其他财产,如果夫妻双方用信托方式来处理各自持有的公司股权,就可以避免离婚时财产分割的纠纷。

在龙湖地产信托中,吴亚军与蔡奎将各自持有的龙湖地产的股权设置了信托,其持有的龙湖地产股权不但独立于各自拥有的其他财产,而且独立于夫妻财产,因而在双方离婚后不涉及股权的分割问题。

4. 财产增值

信托业务的受托人往往具有较丰富的金融知识与投资经验,委托人把财产信托给有丰富理财经验的受托人,由受托人经营,借助这些专业人员的管理与经营能力,实现有效管理财产、增加收益、增值财产的目的。通过个人生前信托业务,既减轻了委托人的负担、解决了委托人的困难,又能提高财产的收益。

5. 税收规划

目前,各国(如美国、加拿大、英国等)对于亲属之间的财产赠与及代际的财产继承都有较全面的税收制度,许多国家的税法规定的税率也较高,有的甚至达到50%,而且此税必须在财产移转前付清。这样,税赋就成为移转财产所面临的主要问题。如何降低移转成本,将成为个人财产规划的一个重心。

通过信托方式来进行财产规划,可实现合法节省赠与税及遗产税的目的。因为信托财产具有独立性,它在信托关系存续期间是独立于委托人的固有财产的,因此通过受托人将信托财产的经营收益交给下辈使用,这样,通过设立信托转移的信托财产不受信托人死亡的影响,并可在合法的前提下,保证受益人的利益,减少税收的缴纳,一举两得。

另外,成立信托对财产进行规划还可减轻甚至豁免所得税、资本利得税与财产税等税务负担。

二、生前信托的信托契约

生前信托形式多样,业务处理方式各不相同,但大多以信托契约为依据办理业务。

(一)信托契约的含义

信托契约,也称信托合同,是信托当事人之间明确各方权利义务关系的书面文件,也是信托关系成立的法律依据,它明确记载着委托人设立信托的意愿,全面地规定了信托当事人的各种权利、义务及其关系。

信托契约是一份较灵活的文件,每份信托契约的内容都会因其条款的不同而各有差异,一些条款为了确切地针对客户的个别需求,可能以不同方式撰写。有的允许委托人中途撤销并终止信托,有的则不能撤销;有的给予受托人全权管理的权力,有的则绝对不允许受托人更改信托财产的运用方式。

(二)信托契约的内容

信托契约的主要内容一般包括以下方面:

1. 信托目的条款

该条款规定设立生前信托对财产进行管理的具体目的,比如是为了保全财产还是实现财富增值,是为了对较分散和复杂的财产单纯地进行管理还是分配财产,是进行税收规划还是其他目的。只有目的明确了,受托人才能根据这些目的对信托财产进行妥善的管理与处分。

2. 信托财产条款

财产是信托的中心,生前信托的财产种类较多。各种类型资产,包括现金、证券、物业、交易及投资控股公司的股权,都可作为信托财产。此外,特殊形态的资产,如艺术品、古董、专利、版权等,也可纳入信托之下。但信托财产必然满足有价值、可转让、合法性等条件,同时委托人必须拥有对信托财产的产权。

3. 委托人条款

在生前信托的合同中应明确财产的所有人即委托人,及委托人保留的权利。在生前信托设立后,在满足合同规定的前提下,委托人一般不干预信托财产的具体运用。但在不改变受托人责任和利益的情况下,委托人可以保留以下一些权利:包括撤回部分信托财产,增加其他财产,改变受益人份额和对受益人的分配计划,修改或增加信托合同条款,甚至在某些特殊的条件下可以废止信托合同等。

当然,如果在信托合同中有"不可撤销的信托"约定,委托人便无权更改信托合同的条款,更无权撤销信托。

4. 受托人条款

受托人是为了受益人的利益,接受信托财产并对信托财产进行管理与处分的主体,他直接关系到信托财产的运用效果。在信托合同中,应明确谁是受托人,以及受托人享有的由委托人授予的权利。

为了更好地防止一些不利事件发生影响信托财产的安全及信托目的的实现,委托人要对受托人的授权进行详细规定,比如规定受托人要保留原始财产,要负责信托财产的借贷、出租、出售、偿还债务、支付税款,对信托财产进行投资或通过代理人进行投资、借款、参与再组合,对实现的投资收益分配股息、资本利得,分摊各项费用,把增加的收入付给信托的受益人,进行现金和实物分配等。

5. 受益人条款

在生前信托中一般要规定受益人或者确定受益人的范围,这样可以方便受托人及时地分配信托收益,也可及时调整信托财产的运用,保障受益人的利益。

在这一条款中也可约定受益人的权限,以避免受益人不当地干预受托人的财产管理与处分。

6. 受托人的报酬条款

在这一条款中约定受托人的报酬是如何计算的,以及受托人如何领取信托报酬。当然,《信托法》中也规定:对于信托报酬,如果信托合同未作事先约定的,经信托当事人协商同意,可以作出补充约定。事先约定的报酬经信托当事人协商同意,也可以增减其数额。

7. 信托期限条款

信托期限条款包括信托合同的生效条款与终止条款。

信托合同应标明其生效日期,明确信托财产在何时以何种方式从委托人手中转移到受托人手中。

信托合同也应明确规定信托终止条款。终止日期可以是确定的某一天,如某年某月某日合同终止,也可以是不确定的,如规定合同终止于委托人死亡或受益人成人时等。

8. 财务会计条款

为了对受托人的财产管理进行一定的监督,信托合同一般规定受托人必须保存处理信托事务的完整记录,一年之内要定期向委托人或受益人递交财务报告,说明信托财产的管理运用、处分及收支情况。财务报告应包括账目、会计说明和公证会计师的报告等。

9. 其他信托条款

其他信托条款包括受托人的继任条款,以及委托人取消信托权利的条款。

10. 签章

信托合同的结尾,应当有委托人和受托人的签字,以明确双方的身份。

信托合同签字后,受托人一般应发给委托人书面凭证,即信托证书,待委托人按时将财产所有权转移到受托人手里,信托才告正式成立。

为了对信托机构的经营进行更好的规范,2007年3月1日起施行的《信托公司管理办法》也对信托合同的内容进行了明文规定,其中第三十二条规定:"以信托合同形式设立信托时,信托合同应当载明以下事项:(1)信托目的;(2)委托人、受托人的姓名或者名称、住所;(3)受益人或者受益人范围;(4)信托财产的范围、种类及状况;(5)信托当事人的权利义务;(6)信托财产管理中风险的揭示和承担;(7)信托财产的管理方式和受托人的经营权限;(8)信托利益的计算,向受益人交付信托利益的形式、方法;(9)信托公司报酬的计算及支付;(10)信托财产税费的承担和其他费用的核算;(11)信托期限和信托的终止;(12)信托终止时信托财产的归属;(13)信托事务的报告;(14)信托当事人的违约责任及纠纷解决方式;(15)新受托人的选任方式;(16)信托当事人认为需要载明的其他事项。以信托合同以外的其他书面文件设立信托时,书面文件的载明事项按照有关法律法规规定执行。"

三、生前信托的受托人选择

受托人将直接关系到信托财产的运用效果。因此,委托人能否选择一个可靠的受托人是十分关键的。生前信托的委托人在选择受托人时一般要考虑以下几个方面的因素:

(一)高度的信赖关系

信任是信托的基础,信托关系的成立,除订立合同外还要移转委托人的财产至受托人的名下。因此,委托人是否相信受托人,愿意把财产转给受托人进行管理与处分,在很大程度上取决于委托人对受托人的信赖程度。生前信托的委托人要找一个自己信任的受托人建立信托关系,高度的信赖关系就成为信托能否设立的一个重要基础。

(二)信用风险

信托合同成立后,委托人须移转信托财产至受托人名下进行管理与处分。而受托人的信用风险大小,即他能否严格按照信托合同对财产进行管理,不仅关系着信托财产的安全与否,也影响信托关系能不能存续下去。因此,在生前信托中,如果以个人为受托人,信用风险要考虑受托人的品质、过去的信用情况,还要考虑其未来环境变化对受托人产生的影响。如果是以法人作为受托人,也要考虑其过去是否发生过信托产品的违约事件。

(三)永续经营

生前信托的合同存续期视委托人的需求而定。由于个人的管理受到生命有限的约束,有时无法完全达到委托人的目的;而法人则具有永续经营的特点,只要不发生破产,就可以一直经营下去,所以生前信托让法人受托具有更大的优势。

(四)管理能力

管理能力的强弱,将直接影响信托财产运用的绩效。受托人具有良好的专业管理能力,不仅能保持信托财产的完整性,更能达到累积财富的效果。因此,委托人在设立生前信托时必须对受托人的专业水平、管理人才队伍及过去的经营业绩进行比较,以便挑选管理能力强的受托人。

第三节　身后信托

身后信托是指委托人要求受托人办理委托人去世之后各项事务的信托。最早出现的信托便是身后信托。身后信托确立的形式有三种：个人遗嘱、信托契约与法院裁决，但最主要的形式是遗嘱。

身后信托的种类也较多，主要包括遗嘱执行信托、遗产管理信托、监护信托、人寿保险信托与特定赠与信托。

一、遗嘱执行信托

遗嘱执行信托是受托人执行委托人所立的遗嘱的信托活动，因此有必要先了解一下遗嘱的有关知识。

（一）遗嘱

遗嘱是死者（遗嘱人）生前对其死后遗产处分及其他事项做出安排，并于其死后发生效力的一种法律行为。

1. 遗嘱的特征

作为一种法律行为，遗嘱具有如下特征：

（1）遗嘱是一种单方民事法律行为。设立遗嘱是遗嘱人单方面的法律行为，不必征得其他人的同意，只需遗嘱人的单方意思表示即可成立，并发生预期的法律后果。

（2）遗嘱是要式的法律行为。遗嘱必须具备满足国家法律规定的形式要求。各国对遗嘱形式都有具体的规定，如大陆法系国家大多规定了四种遗嘱形式：自书遗嘱、公证遗嘱、密封遗嘱和代笔遗嘱。《中华人民共和国继承法》（以下简称《继承法》）第十七条规定了公证、自书、代书三种形式，但一般情况下必须用书面形式作出。只有在遗嘱人生命垂危或者其他紧急情况下，才能以口头形式作出，而且要求有两个以上见证人在场并作证，一旦危急情况解除后，遗嘱人能够用书面形式或者录音形式立遗嘱的，所立口头遗嘱便无效。

（3）遗嘱必须是遗嘱人的真实意思表示。不管采用哪种形式订立遗嘱，遗嘱人的意思表示必须真实，如果在立遗嘱时受到胁迫或欺骗，所立的遗嘱将失去法律效力，伪造与篡改的遗嘱也无效。我国《继承法》第二十二条明确规定："遗嘱必须表示遗嘱人的真实意思，受胁迫、欺骗所立的遗嘱无效。伪造的遗嘱无效。""遗嘱被篡改的，篡改的内容无效。"

(4)遗嘱在遗嘱人死亡时才发生效力。遗嘱虽然是遗嘱人在生前作的意思表示,但它在遗嘱人生前并不生效。因为它是对其死后的财产归属问题所做的处分,只能在遗嘱人死后才开始发生效力。遗嘱人在死之前,可以随时变更或撤销遗嘱,继承人、受遗赠人无权知道遗嘱内容,更不能要求执行遗嘱。一旦遗嘱人死亡,遗嘱便发生效力,不得再变更或撤销。

(5)设立遗嘱不能进行代理。遗嘱权是一种具有人身性质的权利,只能由自己行使。因此,遗嘱应由遗嘱人本人亲自作出,不能由他人代理,即使是法定代理人也不得代理无行为能力的人订立遗嘱。如是代书遗嘱,也必须由本人在遗嘱上签名,并要有两个以上见证人在场并作证。

2. 遗嘱有效的要件

按照我国《继承法》第十九条、第二十二条以及《中华人民共和国民法通则》关于民事法律行为的规定,遗嘱有效的实质要件包括以下几项:

(1)立遗嘱人必须具有遗嘱能力。这是对立遗嘱人主体资格的限定,具有遗嘱能力的人才能够真实地表达自己的意思。在国外,遗嘱能力并不等于行为能力,可以是达到一定年龄的未成年人。但在中国,遗嘱能力是指民事行为能力。我国《继承法》第二十二条第一款规定:"无行为能力人或限制行为能力人所立的遗嘱无效。"当然,只要遗嘱人立遗嘱时有行为能力即可,订立遗嘱后丧失了行为能力,不影响遗嘱的效力。

(2)遗嘱只能处分遗嘱人的个人合法财产。遗嘱是遗嘱人指定他人承受其个人财产的法律行为,因此他只能对他本人拥有的财产通过遗嘱进行安排。

(3)遗嘱必须是遗嘱人的真实意思表示。遗嘱内容必须与遗嘱人关于处分其遗产的内在真实意志相一致。

(4)遗嘱不得取消缺乏劳动能力又没有生活来源的继承人的继承权。为了保障各个继承人的合法权利,特别是一些弱势群体,我国《继承法》第十九条规定:"遗嘱应当为缺乏劳动能力又没有生活来源的继承人保留必要的遗产份额。"

(5)遗嘱内容不得违反社会公德和公共利益。我国的遗嘱继承不得违反国家的法律和社会公共利益,否则,所设立的遗嘱无效。

根据上述要件,可以看出,下列情况下的遗嘱都是无效的:一是违反我国法律和社会公共利益的遗嘱;二是无行为能力人或者行为能力受限制的人所立的遗嘱;三是违背遗嘱人真实意思的遗嘱;四是违反法定程序所产生的遗嘱;五是取消或忽视胎儿应继承份额的遗嘱;六是剥夺法定继承人中无生活来源又缺乏劳动能力人的必要的遗产继承份额的遗嘱;七是内容含糊不清或自相矛盾的,或者所附的条件根本不可能实现的遗嘱。

3. 遗嘱的内容

遗嘱信托的依据就是遗嘱,因而遗嘱应尽可能详尽与清楚,避免发生歧义,这样有利于受托人执行。一般来说,通过信托方式设立的遗嘱应包括以下几项内容:一是申明这份遗嘱的有效性与合法性;二是指定受托人及授权;三是指定受益人;四是遗嘱人对财产的处置、安排;五是遗嘱人对遗嘱继承人或受遗赠人附加的义务;六是特殊条款,主要针对在遗嘱执行过程中可能出现的问题作出的特殊说明。

另外,遗嘱人应在遗嘱中注明立遗嘱的时间,以确定遗嘱人是否具有遗嘱能力。

(二)遗嘱执行信托

1. 遗嘱执行信托的含义

遗嘱执行信托是指由受托人作为遗嘱的执行人,按照遗嘱处理有关事项并负责分配遗产的业务。委托人预先以立遗嘱的形式,将其生前所遗留下的财产进行规划,包括交付信托后的遗产状况,如何分配、处理及给付等详细列于遗嘱中。在遗嘱生效时,信托财产将转移给受托人,由受托人依据信托的内容,即委托人遗嘱所交办的事项,对信托财产进行管理与处分。遗嘱信托是身后信托的一项重要业务,在委托人死亡之后信托契约才生效。

2. 遗嘱执行信托的主体与客体

(1)遗嘱执行信托的主体。遗嘱执行信托的委托人是具有遗嘱能力并订立遗嘱的当事人。各国对遗嘱能力的约定不尽相同,如日本民法规定年满15岁者、具有表达能力的人就能设立遗嘱信托。我国规定立遗嘱人必须具有完全民事行为能力。

受托人是遗嘱人去世后执行遗嘱的当事人。由于遗嘱是单方面的意思表示,因此,根据遗嘱而指定的受托人,可以自由决定是否接受该信托。如果接受了,就要尽职地完成遗嘱规定的合同条款。当被指定的受托人拒绝接受或不可能接受信托时,私益信托可由法院根据利害关系人的请求选任受托人,公益信托由公益事业主管部门选任受托人。

作为他益信托,遗嘱信托的受益人由遗嘱人在遗嘱中指定,受益人可以按遗嘱规定享受信托财产。如果被指定的受益人在遗嘱人死亡之前已经死亡,则遗嘱信托不能生效。与遗嘱人之间不属于继承人或受遗赠人关系的人,一般不能成为遗嘱信托的受益人。

(2)遗嘱执行信托的客体。遗嘱执行信托指定委托人处理其个人财产,因此,遗产必须是遗嘱人有权处理的财产。而对他人所有的财产,遗嘱人无权处分。如果遗嘱人以遗嘱处分了属于国家、集体或他人所有的财产的,遗嘱的这部分是无效的,受托人也无法对这部分财产进行处理。

当然,遗嘱执行信托的信托财产形式可以多种多样,包括金钱、有价证券、车辆及其他动产与不动产等。

3. 遗嘱执行信托的程序

遗嘱执行信托是为了实现遗嘱人的意志而处理有关事项的一种信托业务,其程序主要有以下几个环节:

(1)签订个人遗嘱与信托合同。遗嘱人订立遗嘱,并与受托人协商采用信托方式来执行遗嘱,签订信托合同。在签订合同之前可能还要进行遗嘱的公证。如果立下遗嘱时委托人未与受托人进行协商,那么后者在执行遗嘱之前,要对遗嘱的内容进行仔细研究,剔除与法律相抵触的条款,并向死者亲属、受益人或他们的律师加以说明。

(2)确立遗嘱执行信托。在遗嘱人死亡之后,受托人可按照信托合同及遗嘱的规定,办理遗嘱信托。在具体执行遗产分配之前还要确认以下事项:

①确认信托财产的所有权。受托人作为遗嘱执行人首先应确认遗嘱人对于财产的所有权。例如,美国遗嘱法规定,死者的财产必须经过具有司法权的遗嘱法庭处理,由后者确定死者对于财产的所有权,如果法庭判决与遗嘱有出入,以法庭判决为准。

②申请遗嘱执行人。受托人要成为遗嘱执行人,应取得法庭的正式任命。遗嘱人过世后,其律师应立即起草一份任命遗嘱执行人的正式申请,并将这份申请与遗嘱原文及其他证明性文件呈交法庭,要求法庭出具正式任命书确定遗嘱执行人。

③通知有关债权人。受托人应向遗嘱人的债权人及其他有关人士发出通知,要求其在指定期限内出示其对死者的债权凭证,确认债权。此通知一般登于当地报纸。

完成上述三项工作之后,受托人可以着手进行信托财产的处理。

(3)清理信托财产。

①编制财产目录。受托人被正式任命为遗嘱执行人后,要在一定期限内对遗产进行清理,包括遗产数量的清点与价格的认定,通常以市场价值作为遗产的价格,也可以请估价师对遗产进行估价。另外,也要对遗嘱人所负的债务进行清理,支付应该偿还的债务。对于清理的结果要造册登记,编制财产目录,详细记录各种财产与负债的种类数量与价值。在处理遗产过程中要对贵重物品进行妥善保管,若在遗产清理期间财产受损,受托人应负责赔偿。

②安排预算计划。受托人要对在遗产处理过程中发生的一系列支付拟定一个正式而详细的预算计划,列出资金来源和用途。若遗产中现有的和可能的现金来源不足以支付各种支出款项(包括债务、税款、丧葬费、管理费与信托报酬等),受托人要制定一个出售部分财产的预算,上报信托管理委员会,接受后者的监督。

③支付债务和管理费用。对于债权人申报的合理的债务,受托人应该帮助遗嘱人从信托财产或其变现收入中支付。如果应付款项大于财产总额,应优先支付债务和管理费用,不足部分可由死者的直系亲属补足。

④支付税收款项。受托人应清算与财产有关的税款,包括所得税、财产税和遗产税等。受托人在不违反税法的前提下应尽量减少应付的税款,以维护受益人的利益。

⑤确定投资政策。如果遗嘱中涉及对财产再投资的条款,受托人在报税的同时应制定适当的投资政策,选择既安全灵活又盈利的投资工具。

⑥编制会计账目。在信托财产清理过程中,受托人应编制合理而清晰的会计账目。这些会计账目可分为两种:一种是在执行遗嘱阶段即办理完各项遗产所得和债务、费用支付后所做的会计账目,该会计账目必须上交遗嘱法庭;另一种是在办理有关投资和代理等业务时编制的会计账目,该会计账目无须上交遗嘱法庭。

(4)分配财产。会计账目获得批准后,遗嘱法庭会签发一份指示受托人进行财产分配的证书,受托人可以对清理的财产进行分配。当然,受托人要制定一个分配计划,计划中要充分考虑委托人的意愿及受益人的合理利益。分配财产时,受托人要负责财产所有权的转移,并要求受益人出具财产收据。

(5)结束信托。受托人完成信托财产的分配,并将收据上交遗嘱法庭,请求法庭注销该遗嘱信托。获准后,遗嘱信托宣告结束,受托人的遗嘱执行人资格也丧失。

由于遗嘱执行信托比较偏重于对遗产的清理与分配,这些工作属于短期性的,一般在遗嘱人死亡后一两年内即可全部完成。

4. 遗嘱执行信托的优势

遗嘱执行信托除具备一般信托的优点之外,还具有以下好处:

(1)延伸财产规划。遗嘱执行信托使得委托人能在身后仍按自己的规划运用和分配自己辛苦累积的财产。

(2)落实照顾家人的心愿。遗嘱执行信托让需要照顾的家人,特别是弱势成员的权益得到有效维护,让他们生活无忧。

(3)避免继承纠纷。遗嘱执行信托使委托人能在事先做好遗产规划,将各继承人可分得的财产清楚写明,避免子女之间将来发生争夺遗产的情形。

(4)解决财产共有不易处分的缺点。通过信托方式进行财产的清理与处置,可以减少传统继承方式中发生的不动产由多人共同持有的问题,方便财产处分。

(5)税务规划。受托人可以运用其专业知识,选择最有利的方式处理遗产税务问题,以合法减少税收的缴纳,有效维护受益人的利益。

二、遗产管理信托

遗产管理信托是受托人接受遗嘱人或法院的委托,在某一时期内代为管理遗产的信托业务。

遗产管理信托与遗嘱执行信托相似,都要按照遗嘱进行财产的处理。但两者又有明显的差异:遗嘱执行信托大多是因为遗嘱人的财产较多或遗产的分割处理关系比较复杂而设立的,受托人的主要作用偏重于对遗产的分配;而遗产管理信托主要是以管理遗产、实现遗产的保值与增值为目的开展的信托业务。

遗产管理信托的受托人作为遗产管理人负有尽职管理遗产的职责,可由遗嘱人在遗嘱中指定,也可以由法院指派或者由遗嘱人的继承人申请或亲属会议指派。

(一)遗产管理信托设立的原因

通常,设立遗产管理信托有以下几种原因:

(1)有遗嘱和明确的继承人,但因继承人自身方面的一些原因不愿或无法对财产进行有效管理,比如陷入失去亲人的悲痛而无法立即自理遗产、继承人能力不够而无法管理遗产等,可委托受托人代管遗产。

(2)有遗嘱和明确的继承人,但一时找不到该继承人或继承人的存在与否尚不清楚,继承无法落实,在明确继承人之前需要受托人代理遗产管理。

(3)因没有遗嘱,对财产的分配便只能靠法律规定进行,但这需要一定的程序,也要花较长的时间,在此之前需要信托方式代为管理。

以上第一种原因由于继承人已明确,称为继承已定;而后两种情况下则需进一步明确继承人,称为"继承未定"。

(二)遗产管理信托的程序

1. 继承已定的遗产管理信托

继承已定的遗产管理信托的程序如图4-1所示。

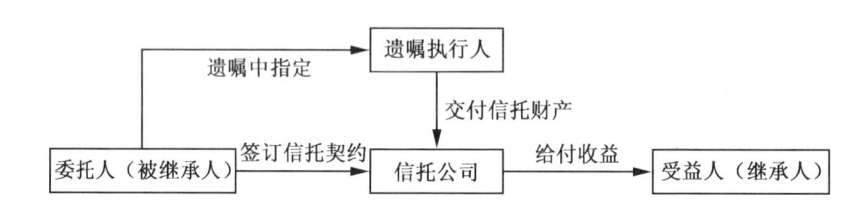

图4-1 继承已定的遗产管理信托的程序

其基本程序包括:

(1)签订个人遗嘱与信托合同。遗嘱人订立遗嘱,并与受托人协商采用信托方式来管理遗产,签订信托合同。在签订合同之前可能还要进行遗嘱的公证。

(2)清理信托财产。在遗嘱人死亡之后,遗嘱执行人(也可能就是信托机构)可按照遗嘱的规定,确认信托财产的所有权,通知有关债权人并编制财产目录,登记财产与负债的种类、数量与价值,对遗产进行清理并支付债务、税款及相关费用。

(3)交付信托财产。遗嘱执行人将清理后的遗产转交给受托人。

(4)管理与运用信托财产。受托人根据信托合同的有关条款对接受的信托财产进行管理与运用,包括制定适当的投资政策,选择合适的投资工具,尽量实现受益人的收益最大化。

(5)分配信托收益。受托人根据信托合同的规定定期将实现的信托收益交付受益人,也可完成一些特殊的交付。

2. 继承未定的遗产管理信托

在这种情况下,继承人未确定,因此受托人的职责在于对信托期间的遗产进行管理与处分,并通过合适的途径尽快确定继承人。其程序主要包括:

(1)清理遗产并编制财产目录。受托人首先要确认信托财产的所有权,对遗产进行清理,包括遗产数量的清点与价格的认定,并根据清理的结果编制财产目录。在处理遗产过程中受托人要注意妥善保管贵重物品。

(2)公告继承人。为了尽早确定继承人,受托人应通过有效的形式公告并尽快找到继承人,或者依照法律程序确定合法的继承人。

(3)公告债权人。为了确定遗产的净值,受托人要对遗嘱人所负的债务进行清理,登记应该偿还的债务。

(4)偿还债务。根据已确认的债权人及债权情况,受托人向各债权人支付债务。

(5)管理遗产。在继承人正式确定以前,受托人有责任对遗产进行有效的管理,实现遗产的保值与增值。

(6)移交遗产。在确认了合法继承人后,受托人按有关程序转交遗产,如果最终仍无法确定继承人,受托人按遗嘱处置或者按法律规定将遗产上交国库,信托完成。

【案例 4-3】 "隔代信托"

为防止家产落入他人之手,以便在家族中代代相传,英、美等国在实务上多采用"隔代信托"。

这种信托的具体应用是:被继承人 John 在生前拥有 1 亿美元的财产,但他比妻子年长 15 岁,他担心去世后妻子可能改嫁,两个儿子的生活受到影响,于是便设立遗嘱信托,规定在他死后由信托机构掌管信托财产并进行投资。若其妻活着,受托人对遗产运用的收益归其妻,其妻死亡时信托收益平均分配给他的子辈,其子辈死亡则由其孙辈取得遗产收益。

[案例分析]

隔代信托是英、美等国的一种遗产管理信托。这种信托贯彻了"本金与收益相分离",不仅可以使其妻儿在 John 死后仅靠遗产的收益便可过上安逸的生活,更可确保家产不落入外姓人之手,因为即使其妻改嫁,将来的收益仍可归其子辈所有。另外,这种信托也可防止子辈运用家产不当而使其受损。

三、监护信托

(一)监护信托的含义与种类

1. 监护信托的含义

监护信托业务是受托人接受委托作为监护人或管理人,为被监护人的人身、财产及一切合法权益进行监督与保护的信托业务。这里的被监护人主要指无行为能力的人,如未成年人或禁治产人[①],故这种业务又称为未成年人或禁治产人财产监护信托。

监护信托与财产管理信托有着明显的区别。前者重在对人的责任,如对未成年被监护人的教育与培养,对禁治产人的疗养与康复等。当然,既然要养护人,管理其财产也是当然的。而财产管理信托则重在对物的责任,即接受信托财产,对其进行管理与运用。

2. 监护信托的类型

由于需要监护的人主要包括未成年人和禁治产人两类,相应的监护信托也分为未成年人监护信托和禁治产人监护信托。

(1)未成年人监护信托。未成年人是指法律规定不足法定年龄而无民事行为能力的人。各国法定的成年年龄各不相同。在我国,根据《中华人民共和国未成年人保护法》第二条规定:"本法所称未成年人指不满十八周岁的公民。"可见,从刚出生的婴儿到18周岁以内的任何一个年龄层的公民,不论其性别、民族、家庭出身、文化程度如何,都属于未成年人的范围。

未成年人不具有民事行为能力,需要进行监护,而引进监护信托的原因可能是:未成年人的父母双亡或者未成年人的父母健在,但由于种种原因无法亲自承担监护人的职责。

(2)禁治产人监护信托。禁治产人是指法律上规定的丧失了独立掌握和处理自己财产能力的人。成为禁治产人的条件是:

①须心神丧失或精神衰弱,不能处理自己事务。

②须由本人或利害关系人(配偶、近亲属等)提出禁治产申请。

③须由法院作出禁止治理其财产的宣告。

法院作出禁治产宣告后,即剥夺了被宣告人的民事行为能力,意味着禁止被宣告人对财产的管理和处分,其财产须交由监护人掌管,同时,监护人对禁治产人的人身也

[①] 中国民法未采用禁治产概念,但在《中华人民共和国民法通则》第十三条中规定:"不能辨认自己行为的精神病人是无民事行为能力人,由他的法定代理人代理民事活动。"因此,在中国,无民事行为能力人和禁治产人的法律地位相当。

负有保护的责任。

禁治产人的监护人由于各方面原因,无法承担作为监护人的责任,便可以委托信托机构作为监护人,设立监护信托。

当然,当被宣告人心神或精神恢复后,经本人或有关人员申请,法院可经一定程序撤销禁治产宣告,恢复其行为能力。

(二)监护信托的要素分析

1. 监护信托的主体

(1)委托人。委托人是要求设立监护信托的主体,他可以是被监护人的父母、亲戚或朋友,也可以由法院指派。另外,被监护人自己有时也可作为委托人,如某人突染重病需长期住院治疗时,其间无力对自己的财产进行管理,可以设立信托,以自己作为委托人与受益人,要求对其财产及健康实行监护。

(2)受托人。监护信托的受托人可以是委托人的配偶、父母、亲戚或朋友,也可以是社会上的热心人士,但现代监护信托多由信托机构担任。受托人的指定有两种方式:先由信托机构申请,然后经法院指定;再由法院根据被监护人或其亲属、朋友等有关人士的提名列出监护人候选名单,然后与这些机构联系、商讨,最后确定某一信托机构为监护人。

(3)受益人。监护信托的受益人是被监护人,一般分为未成年人和禁治产人两类。这些人对持有的财产无法进行合理的保护,需要依靠别人来监护和运用这些财产以提供自身的生活和教育费用。

2. 监护信托的客体

监护信托的客体即被监护人的财产。被监护人的财产所有权是否要转移到监护人手中,法律有不同的规定。

(三)监护信托的程序

监护信托的程序是指受托人接受委托,对被监护人的财产进行管理和运用的程序,其主要步骤包括:

1. 设立监护信托

未成年人监护信托的确立形式可以是遗嘱或法院的裁决书。未成年人的父母在遗嘱中指定受托人作为监护人,则监护信托可以在遗嘱生效时成立。如果其父母未留遗嘱,可以由法院以裁决书的形式来指定受托人,建立监护信托。

禁治产人监护信托的设立可以有多种形式,包括遗嘱、法院裁决书或者是通过信托契约的方式设立。

2. 编制财产目录

受托人在信托成立后,应对被监护人的财产进行逐项整理,摸清其财产的具体数量与价值,并编制财产目录,交法院备案。

3. 对财产进行管理和运用

监护人要严格按照合同、法律的有关规定以及受托人职责要求和被监护人的要求对被监护的财产进行合理的运用和管理,同时承担对被监护人的人身安全、身心健康及教育等职责。运用财产的原则是在确保财产安全的前提下实现最大盈利。

4. 编报会计报表

为了接受检查和监督,受托人应按照要求编制会计报表并及时向有关部门汇报业务状况。会计报表一般有规定的格式,内容应详细反映期初的财产目录、该会计期间的收入和支出以及期末的财产状况。

5. 结束监护和分配财产

当出现以下情况,监护信托将告结束:

(1)被监护人死亡,受托人结束信托活动,并将财产交还其法定的监护人或继承者。

(2)被监护人达到法定成人年龄或者监护期满要求结束信托、由自己管理财产的,监护人结束监护,并将财产交还被监护人。

(3)被监护人身心康复,要求自己管理财产的,向法院提出结束监护的申请,监护人得到法院的通知后,应立即结束监护业务,并将财产交还给被监护人。

监护人结束监护信托并将财产转交后,应向法院出具财产转移证明,由法院注销监护关系。

(四)监护信托中受托人的职责

1. 对未成年人的监护职责

受托人作为未成年人的监护人,应承担未成年人的养育责任,并对未成年人的财产进行管理。受托人负责从信托财产中向未成年人提供生活费用和教育费用,使其能接受正常的教育,保护未成年人健康成长。在对未成年人的财产进行管理时,受托人要以保证其财产的安全性作为第一原则,不能将未成年人的财产用于风险性投资,以保障未成年人应有的经济利益。在保证信托财产安全性的同时,受托人也应尽可能使财产不断增值。在监护期间,信托机构要及时向委托人或法院提交关于信托财产运用的会计报告。监护结束时,信托机构将财产转交给相应的人士。

2. 对禁治产人的监护职责

受托人对禁治产人的监护职责主要是对禁治产人财产的保护。受托人在管理财产时首先也要保证财产的安全,同时妥善运用财产,尽量获取收益。当被监护人恢复健康后重新获得管理权,受托人要负责将被监护人的财产交给被监护人。当被监护人亡故,受托人要负责将被监护人的财产交给有关人士。

四、人寿保险信托

(一)人寿保险信托的含义

人寿保险信托,也称保险金信托,是信托机构在委托人办理了人寿保险业务的基础上开办的一种信托业务。人寿保险的投保人,以保险信托契约或遗嘱的形式委托信托机构代领保险金并交给受益者,或对保险金进行管理、运用,定期支付给受益者。

人寿保险信托的委托人是人寿保险的投保人,受托人一般是信托机构,信托受益人是保险的受益人。委托人将保险单交给信托机构保管,信托机构在保险期内,按照约定的保险信托目的履行应尽的义务。

(二)人寿保险信托的流程

人寿保险信托,要以人寿保险业务为基础,它的基本流程见图4-2。

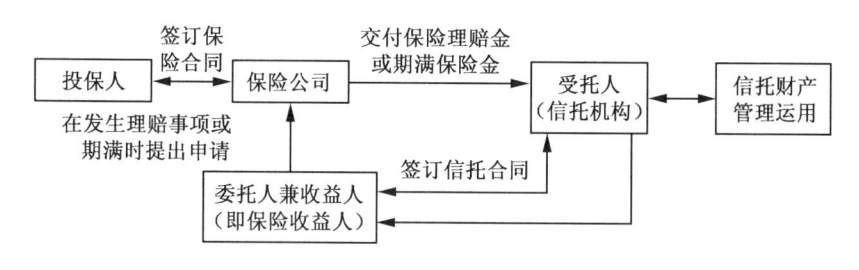

图4-2 人寿保险信托的流程

人寿保险信托的流程主要有以下几个环节:

(1)人寿保险的投保人与保险公司签订保险合同。

(2)委托人与信托公司签订保险信托契约。

(3)在发生理赔事项或到期时,由委托人或受益人向保险公司提出理赔要求。

(4)保险公司向信托机构交付理赔金或到期的保险金。

(5)信托公司对保险信托财产进行管理与运用。

(6)信托公司按合同规定向受益人支付收益,并在到期后交付信托财产。

信托公司在人寿保险信托中可以承担的具体业务包括以下几项:一是信托机构可为委托人保管保险单,避免保险单遗失和失效;二是在保险期间,信托机构可依约定期帮助缴付保险费;三是在发生理赔事项或保险到期时,信托机构可依约领取与分配赔款,既为受益人减少事务,又可协调争端,排难解纷;四是信托机构代为管理与运用保险赔款,实现财产的保值与增值,增加委托人的产业;五是由信托机构管理保险赔款,避免遗属将赔款挥霍浪费,达到死者生前办理人寿保险的目的。

(三)人寿保险信托的种类

根据受托人承担的保险业务的种类不同,人寿保险信托分为以下四种:

1. 被动人寿保险信托

这是指信托机构从投保人处得到保险单据,在保险期内代为保管。当被保险人出现意外时,由信托机构向保险公司索赔,并将从保险公司领取到的保险金支付给保险受益人。

2. 不代付保费人寿保险信托

这是指由信托机构负责保管保险单与领取保险金,并对其进行管理与运用,将运用保险金获得的收益交付给受益人。在信托结束时,信托机构将保险金本金交付给益人。

3. 代付保费人寿保险信托

在这类信托业务中,委托人不仅要将保险单交给信托机构代为保管,并且同时向信托机构交付一定的财产让其进行管理与运用,用所获得的收益支付保险费。信托机构领取保险金后,将保险金连同原来的资金一起管理运用,将收益支付给受益人。信托期满时,信托机构将保险金本金连同原来的资金一同交付给受益人。

4. 累积人寿保险

这是指委托人将保险单交给信托机构代为保管,同时还向信托机构转移一定的资金,其中除去交纳保险费外的其余部分由信托机构管理运用。信托机构在领取保险金后连同这部分资金共同管理运用,将收益交付受益人。信托期满,信托机构将全部资金交付受益人。

上述四类中,对于前两类,信托机构不承担支付保险费的义务,因此,一旦委托人未交纳保险费或保险契约条款上有契约失效的特别规定时,就会失去保险金的请求权,人寿保险信托也即告结束。而后两类业务中,信托机构有接受委托人的财产、定期交纳保险费的义务,可以避免人寿保险信托因迟交保险费致使保险契约作废的问题,因此,又被称为"有财源的人寿保险信托"。但当交纳保险费的财源用完时,信托契约也会作废。

【案例 4-4】　　　　人寿保险信托应用案例

包女士是一位单亲妈妈,有一个 8 岁女儿小薇,三年前她听从了做保险的朋友的劝告,向保险公司投保 300 万元的保险,并指定小薇为保险金受益人,以防万一哪天自己发生不幸,可以使小孩的生活与教育费得到保障。

由于包女士要兼顾事业及家庭,因此工作非常勤奋与辛苦。近来,她感到身体不适,经常觉得十分疲劳,后经医院诊断后,确认为癌症晚期,生存的时间不会太久。包女士开始担心了:小孩目前还小,若自己真的走了,小薇未来的生活谁来照顾!

> 有一天,在某信托公司工作的黄先生来探望包女士,他在听了包女士的诉苦后,向她介绍了保险金信托,让她运用这一工具解决难题。于是,黄先生帮包女士、小薇与一信托机构签订保险金信托合同,并向保险公司办理信托声明:包女士身故后保险金受益人小薇的保险金划入"信托机构保险金信托专户",并在信托合同中指定保险金的管理运用方式,约定保险事故发生后,小薇每月可领取一笔金额作为生活费,其余由信托公司代为管理与投资,直到小薇21岁信托期满,再领取全部金额,作为创业、结婚或其他之用。

[案例分析]

人寿保险的目的在于被保险人的遗属可以在将来得到生活保障,一旦被保人死亡,遗属可取得保险赔偿。但保险公司的职责只是交付赔款,不负责赔款以后的善后事宜,如果受益人缺乏独立经营管理保险金的能力或有挥霍浪费的不良习惯,就可能达不到死者生前办理人寿保险的目的。而人寿保险信托则弥补了保险业务的不足,由信托机构代为管理与运用保险赔偿金,实现财产的保值与增值,可以避免因未成年子女缺乏财产管理能力而造成的财产损失,让被保险人对遗属日后的生活更为放心。

五、特定赠与信托

(一)特定赠与信托的含义

特定赠与信托是以资助重度身心残废者的生活稳定为目的而开办的信托业务,由个人将信托财产委托给受托人作长期与安全的管理和运用,并根据特别残废者(受益人)的生活和医疗所需,定期支付现金给受益人。

特定赠与信托是日本所特有的一种个人信托业务。根据日本在1975年施行的《继承税法》创立的"对特定残废者免征赠与税制度",信托银行开办了这种福利信托。目前,这种信托业务在日本比较普遍。

(二)特定赠与信托的要素

1. 委托人

特定赠与信托的委托人范围较广,主要是重度身心残废者的亲属、扶养义务人以及急公好义者,但法人不得成为该信托的委托人。

2. 受托人

在日本,特定赠与信托的受托人仅限于信托公司或兼营信托业的银行。受托人要尽职地管理信托财产,妥善地运用信托财产以确保财产的保值与增值,同时要定期、切实地根据实际需要向受益人支付收益。

3. 受益人

特定赠与信托的受益人是重度残疾人,按规定是指重度的精神衰弱者、一级或二级身体残疾者、原子弹炸伤者、常年卧床不起并需要复杂护理者中的重度者、年龄在65岁以上的重度残疾者以及符合有关规定的重度战伤病者。

4. 特定赠与信托的客体

特定赠与信托的财产必须是能够产生收益并易变卖的财产,包括金钱、有价证券、树木及其生长的土地以及供特别残疾者居住用的不动产等。例如在日本,信托财产在3 000万日元限度内免征赠与税。

第四节 我国的个人信托业务创新

2014年以来,随着我国信托业第七次整顿的深入开展与金融监管的不断加强,信托机构的传统业务在不断转型以符合监管要求,而与此同时,信托业务创新则不断推进,消费信托、家族信托、慈善信托等成为信托公司新的业务增长点。本书将慈善信托放在第六章"通用信托业务"中介绍,本节主要分析消费信托与家族信托。

一、消费信托

(一)消费信托的含义与特点

1. 消费信托的含义

消费信托是消费与信托相结合的一种创新金融产品,可以说它同时具有产业属性与金融属性。目前我国监管机构尚未对消费信托进行明确的定义或分类,同时实务界不断创新消费信托的业务模式,使得消费信托的外延在不断扩大。

从广义上讲,凡是基于信托关系的消费金融类产品都可以称为消费信托。李峰认为,消费信托是指信托公司以"分担、共享"为核心理念,从消费者需求出发,接受消费者的委托,通过甄选消费产品,向产业方进行集中采购,同时,利用沉淀资金集中投资所获得的超额收益,弥补产品运营成本,分担消费者的消费成本,从而让消费者获得高性价比的消费权益,其间,通过对产品运营和资金运用的监管,以达到保护消费者权益、实现消费权益增值的一种信托模式。[①] 中国信托业协会对消费信托的定义为:消费信托是"以信托公司作为受托人,按照作为委托人的消费者的意愿,将信托资金用于购买指定的产业方提供的消费权益,并按照信托文件的约定对信托产品运行提供全流

---

① 李峰:《消费信托——让投资更懂生活》,中信信托网,2015年11月。

程监管,为受益人的消费权益的实现提供监督和管理服务,以实现满足受益人特定消费需求及消费者权益保护的信托目的的单一指定型信托"[1]。

2. 消费信托的基本特点

(1)消费信托涉及的主体较多。

由于消费活动具有碎片化的特征,涉及诸多产业环节,消费信托的业务链也很长,包括签约、打款、资金监督、投资等具有金融属性的环节,也包括服务属性的消费环节,所以相关主体较多。

在消费信托中,消费者是委托人(也作为信托产品的投资者),信托公司是受托人(也是信托计划发起方、消费权益和消费余额的管理者)。此外,一般还会涉及消费品供应商和其他中介服务机构(如物流公司、消费金融公司、小贷机构、律师事务所、咨询公司、互联网企业等)等主体。在该信托中,信托机构可以为消费者提供服务,也可为前端的消费品供应商提供融资服务,又可为中介机构提供融资或证券化等多样服务。

(2)消费信托具有普惠性。

消费信托作为一种个人信托,主要为个体消费活动服务,此类信托不仅涵盖高端消费者,也包括普通消费者,具有很大的应用场景。信托机构可以帮助消费者识别、选择能提供更好消费服务的商家和机构,并以一定的价格优势获取更高性价比的消费权益,具有普惠的性质。

(3)消费信托的投资门槛低。

消费信托作为单一信托产品,通常情况下要根据每个委托人或每一笔交易开立一个单一信托项目,所有的单一信托资金集中起来设立一个集合信托计划进行运作。按照我国《信托公司集合资金信托计划管理办法》的规定,认购集合信托产品的投资者需要是合格投资者,如果是认购金额在 300 万元以下的自然人投资者,则不能超过 50 人。而作为单一信托产品的消费信托大大降低了投资门槛,许多信托机构推出的消费信托只要 1 万元甚至更低金额就可以购买,而且没有合格投资者的要求。

(4)消费信托较好地实现了不同权益的转换。

传统的信托主要满足产业端的投、融资需求,而消费信托则基于个体消费端的消费权益,不完全是投资需求。在消费信托中,消费权益与投资权益实现转换。委托人购买信托产品后可参加消费活动,形成消费权益,信托机构通过发行信托产品进行投资,又将这种消费权益转变成收益权。同时,通过信托方式的引进,可以利用信托机构的信誉来保证消费者的权益,又降低了消费成本。可以说,消费信托较好地实现了"理财+消费"的目的。

---

[1] 中国信托业协会:《信托业 2015 年专题报告》,2015 年。

(二) 消费信托的发展

1. 消费信托的萌芽

最早的消费信托萌芽于美国、日本和中国台湾等国家和地区的预付式消费。

美联储把预付式消费界定为：预先支付的货币价值记录在一个远程数据库中，交易授权必须通过连接该数据库才能完成。对预付卡或其他凭证内未使用完的余额，要按照各州的《无主财产法》上交州政府保管，不能随意由经营者无偿占有。这样，依法保管预付卡内余额的州政府实际上就发挥了受托人的角色，实现了卡内余额与发卡机构财产的分离，以保障持卡人（即受益人）的权益，这就是信托原理的运用。

中国台湾有预收款信托，消费商家或其他消费凭据的服务提供方在发行预收款礼券时，将预计发券面额的总金额信托给受托人（受托银行），双方签订信托契约，由受托银行依据契约来管理和处分信托财产。当消费者实际获得服务或信托保证期满后，服务提供方才可以申领相应额度的信托财产。该信托的交易结构如图4-3所示。

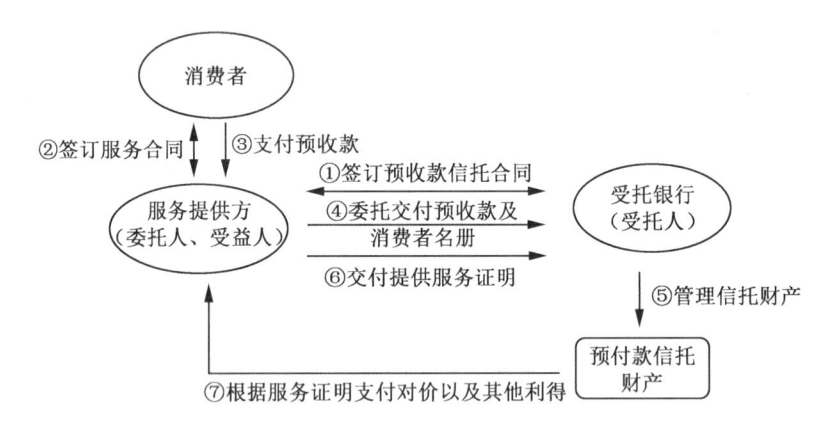

资料来源：中国信托业协会，《2015信托业专题研究报告》，2015年12月。

图 4-3 中国台湾的预收款信托交易结构

可见，预收款信托是一种事务管理类信托，其目的主要是保护消费者的权益。

在正常情况下，预收款信托的受益人是消费服务的提供商。在特殊情况下，受益人也会发生变化。例如，在服务提供商因宣告破产、被撤销登记或停业等原因而无法履行向礼券持有人交付商品或提供服务时，信托项下收益权则自动归属礼券的持有人。

作为受托人的银行要定期与服务提供商对账，后者在向受托机构申领信托财产时，需提供服务凭证给受托人加以核对。

中国台湾于1998年颁布了"电子票证发行管理条例"，最先提出由受托机构保管预付款，并对信托的设立和管理给出了详细指引。为规范信托机构的预收款信托业务,台湾信托业商业同业公会发布了行业自律公约《办理预收款信托业务应行注意事项》,对预收款信托的事前尽职调查标准、信托合同注意事项、受托人权利义务进行了详细的说明,并且提供了信托合同范本;作为业务主管机关的台湾"金融监督管理委员会"发布了多项指导意见,逐步完善了预收款信托的制度体系。

例如,台湾成立于2000年的悠游卡股份有限公司运营非接触式IC卡(Easy Card),2008年将预收款及超额保证金作为信托财产委托国泰世华银行作为受托人成立预付款信托项目。2010年,第一银行经公开遴选成为"悠游卡储值金信托"的受托银行,2015年续约。

2. 我国的消费信托

我国第一只消费信托产品出现于2013年,是由中信信托与招商银行合作在云南推出的名为"中信·消费信托 嘉丽泽健康度假产品系列信托项目",产品分为"H"和"G"两类,期限都为5年。H类产品8.8万元人民币一份,其中包括7.5万元的保证金和5年的会籍费1.3万元;G类产品门槛为18.8万元,其中15万元为保证金,3.8万元为一次性收取的5年会籍费。消费者交付资金在扣除保证金后拥有购买特定消费服务的权益,比如云南嘉丽泽健康岛度假公寓每年一定日期的居住权及健康消费卡、嘉丽泽地产项目的优先购房权及购房价格优惠等。以"H"类产品为例算下来,每年付出2 600元会籍费成本,可获取的消费权益价值约1.6万元。该产品到2014年10月停售时止,已经销售约1亿元。

随着移动互联网金融的迅猛发展,2014年9月,中信信托又联合百度金融、中影股份及德恒律所推出中国首款互联网消费信托——"百发有戏"电影消费互联网平台,以"消费众筹+电影+信托"模式,完成电影《黄金时代》票房及消费权益的对接。

另外,还有诸如北京信托发行的"养老消费2014001号集合资金信托计划"、外贸信托与捷信金融、维视担保等公司联合推出的"汇金系列消费信贷集合资金信托计划"、2015年重庆信托发行的"惠今消费金融投资集合资金信托计划"、2017年3月华融信托推出的"融华精选"消费信托产品、2018年光大信托推出的消费信托产品"光大信托—浦汇中青旅极光世界杯集合资金信托计划"……

据不完全统计,截至2017年末,已有18家信托公司明确开展了消费金融信托业务,并具备了一定的信托资产规模。中国人民银行的统计数据显示,截至2017年底,我国消费金融市场规模在8万亿~9万亿元之间,信托全行业的消费金融信托总资产规模在1 000亿元左右。另据中国信托业协会的调研统计,截至2017年末,外贸信托、云南信托、渤海信托、中融信托、中航信托和中泰信托6家信托公司的消费金融信托资产规模已超过100亿元,另有5家信托公司的消费金融信托资产规模为几十亿元不等,其他几家信托公司的资产规模不到10亿元。

到 2018 年底,68 家信托公司中已有约 40 家信托公司开展消费金融信托,业务余额已近 3 000 亿元,部分信托公司的消费金融业务已成为其业绩增长的"引擎"。

此外,一些信托机构也着手将消费信托证券化。2016 年 12 月,交易商协会发布《非金融企业资产支持票据指引》(修订稿),正式确定信托可以作为资产支持票据(ABN)的发行载体。2017 年初,平安信托联手京东世纪贸易公司发行了"北京京东世纪贸易有限公司 2017 年度第一期京东白条信托资产支持票据"(京东白条 ABN),为国内首单消费金融信托型 ABN,规模为 15 亿元人民币。根据中国信托业协会的统计,2017 年信贷资产支持证券(ABS)发行规模为 5 977 亿元,其中消费金融 ABS 约占 14%。有 23 家信托公司参与了信贷 ABS 的发行,16 家信托公司以特殊目的载体和受托管理人角色参与了 ABN 产品的发行,其中 11 家公司是首次参与 ABN 产品的发行。[1] 根据 choice 统计数据,到 2018 年,已经开展 ABS 业务的信托公司超过半数,许多信托公司通过参与消费金融类 ABS 间接切入消费金融领域。

(三)消费信托的主要模式

消费信托具有产业特性与金融特性的复合性,涉及多个主体,形成了消费信托的基本交易结构,在具体操作中又形成了不同的模式,见图 4-4。

1. 资金端的消费信托模式(投资回报+消费权益)

此类信托借鉴了国外的消费信托做法,是目前大多数消费信托所采用的"消费+理财"模式。它将投资者的投资需求和消费需求进行整合,在既有集合资金信托模式的基础上,给投资者具有吸引力的消费权益作为部分或全部投资回报。其最大的特征就是信托收益由消费权益与投资收益共同构成。其中:消费权益可以来源于信托资金的投向标的或融资标的,也可以另外采购;投资收益来自信托机构对于信托财产的投资。

消费者(投资者)在该信托中交纳的信托财产分为消费金和保证金,保证金一般远高于消费金,信托机构将其集中起来做低风险的投资(具体投向一般会在信托合同中事先进行披露),以获取收益。这种模式为客户提供"消费+理财"的双重服务,让投资者在有投资收益的同时获得特定的消费权益,从而实现消费权益的维护与增值的目的。

该类信托划分为事务管理信托或投资信托。早期的消费信托,如"中信·消费信托 嘉丽泽健康度假产品系列信托项目",通过单一型事务管理信托模式规避了《信托公司集合资金信托计划管理办法》对合格投资者的认定以及对投资标的的限制,通过单一信托模式降低了投资门槛,达到资金配置灵活,但随着资管新规的出台,该种信托

---

[1] 中国信托业协会:《发展报告:业务篇之资产证券化(一)》,2018 年 11 月 21 日。

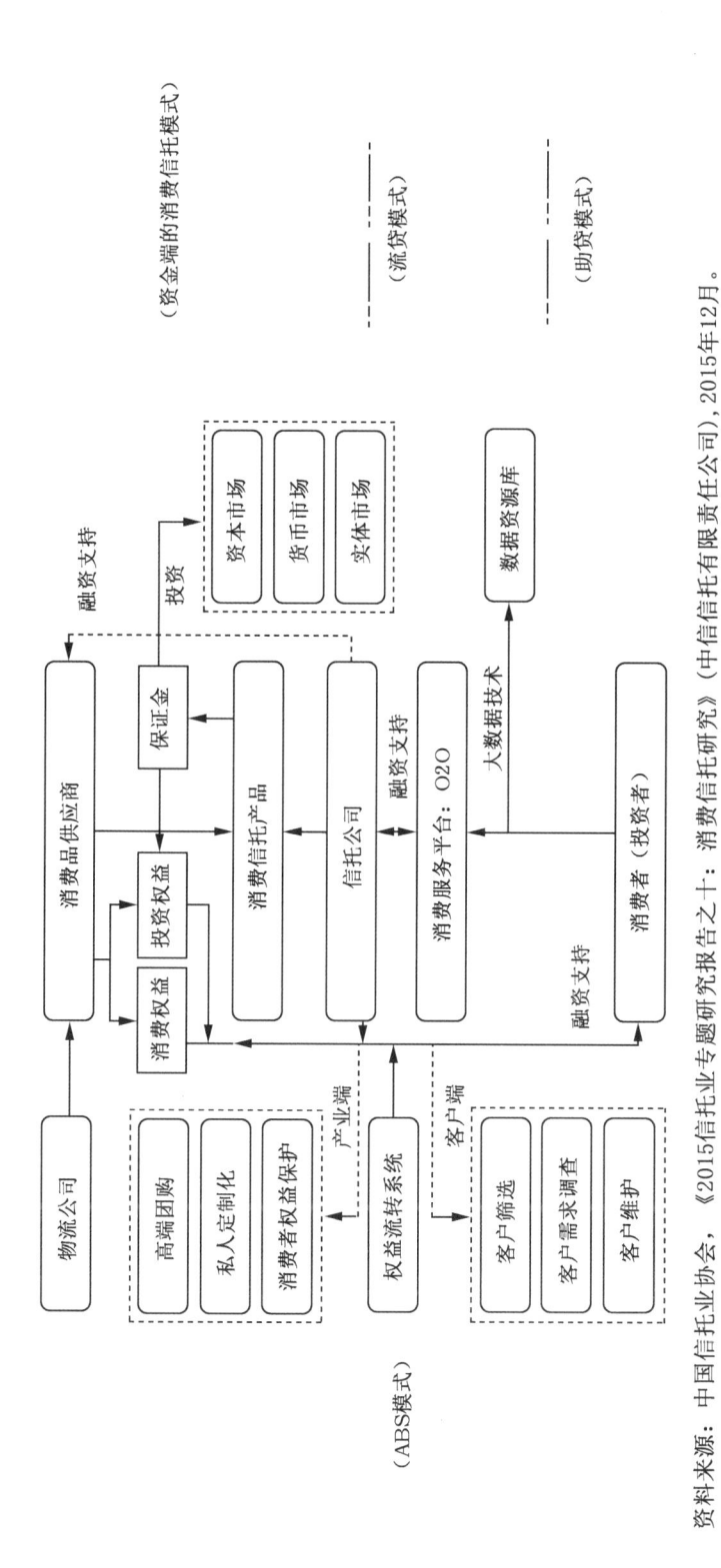

图 4-4 消费信托的交易结构与交易模式

资料来源：中国信托业协会，《2015信托业专题研究报告之十：消费信托研究》（中信信托有限责任公司），2015年12月。

模式被明令禁止。因此，为了满足资管新规的要求，光大信托等公司推出了集合资金信托计划的消费信托产品——"光大信托—浦汇中青旅极光世界杯集合资金信托计划"，具有投资信托的性质。

2. 资产端消费信托模式（类似消费信贷）

在这种模式下，一般由信托公司选择与其他机构（如消费金融公司、小贷公司、互联网企业等）合作开展消费信托业务，向需要购买商品或服务的消费者发放消费信贷。信托公司利用资金募集优势，直接为消费者提供信用支持。在此模式中，会形成借贷关系。

典型的产品如外贸信托"汇金系列消费信贷集合资金信托计划"、中融信托"泽卦系列集合资金信托计划"、渤海信托"普益系列集合资金信托计划"、陕国投"捷信消费金融流动资金贷款集合资金信托计划"等，受托人（信托机构）向审核通过的自然人发放个人消费贷款（"助贷"模式）或向消费金融公司、消费分期平台等消费金融的提供方发放流动资金贷款（"流贷"模式）。

例如，在外贸信托的汇金系列（紫金普惠）消费信贷集合资金信托计划中，外贸信托通过集合资金计划募集资金，向紫金普惠金融信息咨询江苏有限公司（紫金科贷控股）所推荐的符合条件的借款人发放信托贷款。紫金普惠作为合作服务机构，协助外贸信托做好贷前、贷中、贷后管理。如果借款人没有按期归还贷款，由紫金科贷和紫金普惠提供不可撤销的无限连带责任担保，紫金普惠对逾期债权进行实时代偿和90天以上债权买断。

3. 消费信托资产证券化模式

资产证券化是消费金融领域的一种特殊模式，这是同消费金融的基础资产金额小、分散，适于证券化等特性相一致的。这种信托的信托财产是原始权益人合法持有的消费金融资产，由信托公司通过设立特殊目的信托（SPT），在对相关信托财产进行信用提升与评级之后，委托承销商向市场上的合格投资者出售证券，一般优先级份额由投资者认购，次级由原始债权人自持。

信托公司一般通过三种形式参与消费金融资产证券化：

（1）信托公司作为受托人或发行机构设立信托，这是目前的主要方式。该信托的委托人是实际融资方（如消费金融公司、汽车金融公司或信用卡发行人），它们以部分消费信贷资产作为信托财产委托给信托公司设立SPT，向投资者发行ABS，并在信托计划成立后以信托财产所产生的现金流来支付相应税费及证券本息和其他收益。

（2）通道模式，即信托机构作为过桥通道，设立资金信托，创设信托受益权，委托人是资金方或名义原始权益人（也可以是信托机构自身）。尽管消费金融类机构可以直接发行ABS，成本也更低，但一些互联网金融公司、小贷公司等机构由于受限于资产证券化门槛等要求,没有机会参与场内资产证券化,因而它们借助信托机构将信托收益权作为基础资产发行 ABS。例如,2015 年 11 月设立并在深圳证券交易所挂牌交易的中腾信"微贷信托收益权资产支持专项计划"中,外贸信托作为受托管理人,以中信产业基金管理有限公司等原始权益人持有的七期单一资金信托计划项下的信托收益权作为基础资产设立单一资金信托计划,新时代证券将信托受益权打包发行 ABS,共募集资金 5.2 亿元,其中优先级募集规模 4.16 亿元,发行价格为 7.2%。

(3)信托参与消费金融 Pre-ABS。如果扩展到泛资产证券化业务,则信托机构还有 Pre-ABS 业务,即信托公司通过设立资金信托募集资金贷款给消费金融主体形成资产,再做证券化回款形成业务闭环。例如,由长安信托设立"长安宁·天风易鑫流动资金贷款集合资金信托计划",易鑫租赁发放贷款形成租赁资产包,并作为原始权益人质押给长安信托,后者以质押的租赁资产以及易鑫租赁现有存量资产作为基础资产,发起设立资产支持专项计划,在深圳证券交易所发行并将募集资金用于偿还信托贷款。

从消费信托证券化的品种上看,信托参与方式主要有:在银行间市场发行的信贷 ABS 和 ABN 中作为发行机构和承销商,在证券交易所的企业 ABS 中做管理人或原始权益人。

4. 其他模式

除了上述主要模式外,信托公司也可通过成立消费金融运作平台或消费众筹模式等一些方式参与消费信托业务。

例如,2015 年 11 月,渤海信托与邮储银行、星展银行等机构共同出资,参股设立中邮消费金融公司,打造消费金融综合服务平台。

再如,2015 年,中信信托与百度、星美推出影院消费众筹产品"星美国际影商城",跨越影院和互联网消费,募集资金在中信信托的监管下用于星美影城建设。

在以上模式中,也有人认为:消费信托不包括以消费信贷为基础资产的信托公司资产证券化业务和为消费金融服务机构提供流动性贷款业务,因为该两项业务中信托公司并未直接参与消费过程的任何环节,仅为消费金融服务机构提供融资支持。但是在这些业务中,信托机构通过提供融资或其他服务分享了消费行业及消费金融业务快速发展的溢出收益,且具有一定的业务规模,一般还是会将其划到消费信托范畴。

(四)信托机构开展消费信托的意义

在我国,消费支出已超过投资支出,成为 GDP 增长的第一来源(2018 年达到 76.2%),其重要性不断提升。我国消费市场发展潜力巨大。有关报告显示,我国当前消费金融市场规模(不包含房屋贷款产生的消费)近 6 万亿元人民币,如按照 20% 的增速预测,2020年可超过12万亿元①,消费将在我国经济中持续发挥动能作用。

2018年9月20日,国务院发布《关于完善促进消费体制机制 进一步激发居民消费潜力的若干意见》,要求进一步提升金融对促进消费的支持作用。同年10月11日,国务院办公厅公布《完善促进消费体制机制实施方案(2018—2020年)》,要求在风险可控、商业可持续、保持居民合理杠杆水平的前提下,加快消费信贷管理模式和产品创新,加大对重点消费领域的支持力度。信托公司开展消费信托正是积极响应国家发展消费金融与普惠金融、促进消费号召的体现。

同时,信托公司开展消费金融信托,也是加快业务转型、提升自身管理能力的需要。当前,我国的经济结构面临转型升级,金融监管强调"去通道""脱虚向实",传统的房地产信托、政信信托和通道类业务都受到一定的限制,信托机构必须寻找新的业务增长点,消费信托业务正好给信托机构的转型提供了一个契机。通过消费信托业务,信托机构能更好地挖掘客户需求,获得更多的有效客户,增加业务品种,扩大业务规模,并借以吸引投资者的闲散资金开展理财业务,可以实现产融结合,并通过与消费金融相关机构的合作扩大影响,是一项多方受益的业务。

当然,信托机构在开展消费信托时也要注意一些风险。由于信托公司传统业务以B端为主,消费金融则是面向居民个人的C端业务,信托机构原有的技术构架、风控体系和人才储备可能还不能完全为消费金融业务提供足够支持,特别是对消费者的偿还意愿和偿还能力的度量技术必须提高。另外,信托机构面临着诸如资金成本较高、资金渠道与获客能力有限等劣势。因此,信托公司一方面要提升自身的核心技术与风控能力,另一方面要加强与电商、互金助贷、金融科技平台等公司的合作,实现共赢。

二、家族信托

(一)家族信托的含义

家族信托(family trust),又称家族财富管理信托或者家族财产信托,是指委托人按照自己的意愿将部分或全部财产委托给信托机构,由其代为管理、处置家庭财产,以实现财富规划及传承等目标的财产管理方式。

2018年8月17日,中国银行保险监督管理委员会下发了《信托部关于加强资产管理业务过渡期内信托监管工作的通知》(37号文),其中对家族信托进行了定义:家族信托是指信托公司接受单一个人或者家庭的委托,以家庭财富的保护、传承和管理为主要信托目的,提供财产规划、风险隔离、资产配置、子女教育、家族治理、公益(慈善)事业等定制化事务管理和金融服务的信托业务。

---

① 国家金融与发展实验室:《中国消费金融创新报告》,2017年4月25日。

可见,37号文的家族信托定义要比《信托法》中的相关叙述更加严格,特别是更严地限定了受益人的范围。

(二)家族信托的特点

家族信托的特点十分鲜明,一般来说表现为以下几个方面:

1. 家族信托的当事人较多

家族信托的当事人较多,主要包括委托人、受托人、受益人、保护人与信托保管人等。

家族信托的委托人通常是拥有雄厚资产的个人或家族,目前,也有一些富裕家庭设立此类信托;家族信托的受托人一般是信托公司或者商业银行;家族信托的受益人一般为家族成员,通常是家族财产的继承人,当然也可以由委托人指定的慈善机构或者其他个人或组织作为受益人。37号文规定:受益人包括委托人在内的家庭成员,但委托人不得为唯一受益人。

一般的,家族信托中还有由机构或个人充当的保护人(也称监察人),在受托人作出针对信托财产的重大处置、决策等影响受益人利益的情形下尽可能保护受益人的利益。同时,还会有法律顾问、税务顾问等角色,私人银行也可在其中扮演财务顾问的角色。

此外,家族信托通常还设立信托保管人,一般由银行充当,负责保管信托财产。

2. 家族信托作为事务管理类的民事信托,运营较为复杂

家族信托是一种典型的民事信托,信托关系主要涉及的法律依据属于民事法律范围之内,如民法、继承法、婚姻法、劳动法等;从信托功能来看,家族信托是典型的事务管理类信托,涉及个人财产的管理、抵押、变卖,遗产的继承和管理等诸多事项;从家族信托的信托财产来看,既有资金,也涉及股权、不动产财产权等,故信托财产的运营较为复杂。

3. 家族信托主要实现家庭财富的保护、传承和管理功能

作为一项古老的财富管理制度,家族信托更贴近于传统的"受人之托、代人理财"的信托本源,它可以实现信托的多个功能,但其本质是实现家庭财富的保护、传承和管理功能[①],解决财产的跨代传承问题,使个人家庭或家族实现有效、平稳的财产转移和管理,而一般的投资理财则依附于这一目的。这也是家族信托区别于其他个人信托产品的重要内容。37号文明确:单纯以追求信托财产保值增值为主要信托目的、具有专户理财性质和资产管理属性的信托业务不属于家族信托。

---

① 刘雁:《家族信托:财富传承为主保值增值为辅——专访外贸信托副总经理李银熙》,《证券时报》2013年12月12日。

4. 家族信托的私人定制特征明显

家族信托涉及的家庭财产种类较多,数量较大,处理的事项也较为繁杂,而每个家族的情况并不相同,故而家族信托要根据委托人的要求与信托财产及信托目的具体情况进行个性化、具体化的设计,比如投资方式、管理结构、期限、受益方式等均要量身定做。

5. 家族信托的门槛较高

作为为高净值客户服务的信托业务,家族信托有较高的金额起点,许多委托人的资产规模在数亿元以上。37号文则明确家族信托财产的金额或价值不低于1 000万元,在现实操作中,许多银行与信托机构设立家族信托的财产金额或价值多为5 000万元以上,也有3 000万元。另外,这类信托的期限也比其他信托业务要长,管理期一般在30年以上。

(三)家族信托的优势

相对于其他财产传承的做法,家族信托具有很大的优势。

1. 保持家族财产的完整

信托财产在法律上具有独立性,通过信托,家族财产从委托人的其他财产中隔离出来,由信托机构以受托人的名义持有家族财产,并按照合同约定进行管理,从法律层面保证了财产的独立性,不受各种外部因素的侵害,从而避免因为少数家族成员的重大失误或者婚姻出现问题而造成家族财富的严重缩水,从而达到风险隔离的目的。

2. 保证家族财富的代际传承

家族信托可以从财富管理层面保障家族事业和财富的世代传承。通过财富的隔离,可以避免因为家族成员离婚、法定继承等原因造成家族财富的流失;通过财产的所有权与经营管理分离,集中家族企业的股权,避免家族成员产生不和导致控股权分裂,保障家族企业长远发展;同时,也可让不擅长或不愿意继承家族企业经营的家族成员不受束缚,去追求自己的人生发展目标。

【案例4-5】　　从默多克离婚案看家族信托的财产隔离功能[①]

2013年11月底,新闻集团董事长兼首席执行官鲁伯特·默多克和邓文迪离婚事件尘埃落定,它让人们进一步关注家族信托。

新闻集团的决策权由A、B类股权双重投票机制构成,其中A类没有投票权,只有B类拥有投票权。默多克家族持有新闻集团近40%的B类股票,其中超过38.4%的B类股票由默多克家族信托基金持有。

[①] 刘筱攸、刘雁:《家族信托是富人的守财利器》,《证券时报》2013年12月12日;李超:《家族信托发展瓶颈待解》,《中国证券报》2013年12月18日。

> 在美国证券交易委员会备案的 GCM 信托公司的文件显示，B 类股票的投票权与邓文迪和她的两个女儿没有关系。这个信托的监管人是默多克与前两任妻子的 4 个子女，他们不但拥有对新闻集团的投票权，还可以在默多克去世后，指定信托的受托人。
>
> 默多克已经放弃对该信托的受益权，但他通过在这个信托基金中有表决权的股票，牢牢控制着拆分的新闻集团和 21 世纪福克斯公司。
>
> 如此一来，新闻集团的控制权，实际上是掌握在默多克和前四个子女的手中，在信托计划构筑的严密隔离下，邓文迪没有改变的可能。

[案例分析]

家族信托是一种财产管理方式，它的优势之一是：信托公司成为家族财产在法律上的持有人；家庭成员拥有受益权和监督权，但没有管理权；家庭成员的任何变故或者分立都不会直接影响到企业的日常营运管理。

默多克至少设立了三个信托，帮助他实现了两个目的——通过 GCM 公司运作的信托，他把财产分到两个最年幼的女儿手中，但限制她们介入公司运营，这两个女儿只能享受部分收益；同时，为防止邓文迪插手新闻集团业务设置了防火墙。

可见，在家族信托中的信托组织作为一道法律认可的屏障，隔离了所有来自家庭成员的风险，可以实现富人的财富规划及财富传承。

3. 合理规划家族财产使用

在家族信托中，一般委托人在信托文件中要约定信托的受益人及信托收益在不同受益人之间的分配顺序等。这些收益的分配可以用作子女的教育经费或生活资助，以及用于公益（慈善）事业，保护信托财产免受子女因年幼无知、骄奢淫逸、挥霍无度等造成损失，同时又可维持家族成员正常的生活开支，并通过提供会计和簿记、报表和现金管理，协助家庭成员形成合理的财务管理理念。

4. 实现家族财产的保密

在英美法中，信托设立以后，受托人成为信托财产名义上的所有人，委托人可以合法地隐藏到信托的背后。如果家族信托的委托人是上市公司的大股东，家族信托的受托人需要披露谁是委托人及家族信托的存在。然而，如果信托是全权信托，一般来说，不必披露谁是受益人，因此，家族信托在一定程度上实现了财产传承的保密性。

5. 发挥税收规划的优势

在西方发达国家，通过家族信托的方式进行收益分配可以起到节税的目的。由于这些国家遗产税的税率极高,如果被继承人将财产作为遗产传给后代,就要缴纳巨额的税收,而家族信托经过积极合理的税收规划,可以减少一定的遗产税,最大限度地保留家族财富。特别是一些家族信托通过运用信托设计、离岸公司等工具进行家族财产跨境投资的税务规划,实现了更好的财富传承节税效果。

(四)家族信托的架构

典型的家族信托的架构如图4-5所示。

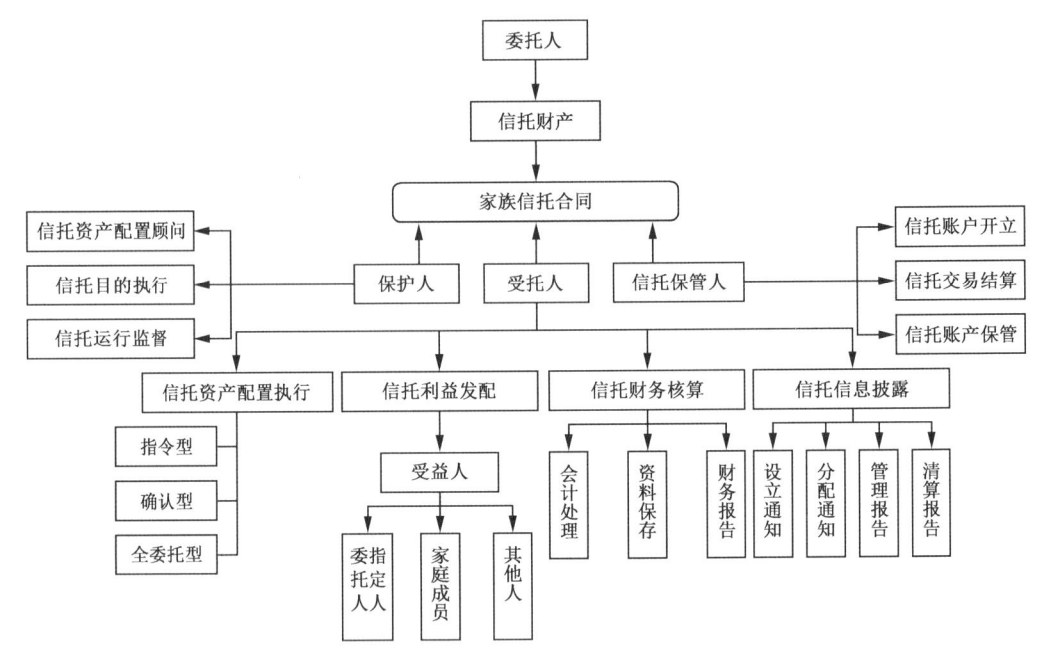

资料来源:王小刚,《富一代老了怎么办?——财富规划与信托安排》,法律出版社2012年版;中铁信托,《家族财富管理体系与信托方案设计》,《用益研究》2019年4月2日。

图4-5 家族信托的财富管理与传承架构

委托人、受托人、保护人与信托保管人签订家族信托合同之后,由委托人转移信托财产给受托人。受托人根据不同的要求(可以为指令型、确认型或全权委托型)进行信托资产的配置,将实现的信托收益按要求分配给相关的受益人(如委托人本人或其指定人、家庭成员或其他人),同时要进行财务核算与信息披露。信托保护人充当信托资产配置顾问,监督信托资产的运用、保障信托财富管理与传承目的的实现;信托保管人负责信托账户的开立、信托交易的结算及信托财产的保管。

(五)家族信托在国外的发展

据记载,家族信托的雏形可追溯到古罗马帝国时期(公元前510年—公元前476年)的遗产信托。当时的《罗马法》排除了外来人、解放自由人的遗产继承权,一些作为被继承人的罗马人为避开这一规定,将自己的财产委托给其信任的第三人,让后者为其妻子或子女利益而代为管理和处分遗产,实现实际上的遗产继承权。

中世纪的欧洲,为了满足贵族的财富管理需求,诞生了一些古老的私人银行以及家族办公室。它们提供家族信托服务,构建了集法律、税务、金融等功能于一体的财富管理平台,以帮助贵族完成财富的代际传承。

美国的家族信托出现于19世纪末20世纪初的镀金年代(Gilded Age),最初由一些富裕家庭创造,信托方式较为单一,后来许多州的法律变得更灵活,家族信托制度也不断健全,家族信托的设立和运作也更加方便,许多富人借助这一方式实现其财富规划和遗产传承的目标。如洛克菲勒(Rockefeller)家族、肯尼迪(Kennedy)家族、班克罗夫特(Bancroft)家族等大家族都通过信托的方式来管理家族财产,有效避免了"富不过三代"的陷阱。在美国,家族信托是私人银行业务中的重要业务,往往与其他银行业务相分离,实行独立核算。

(六)家族信托在我国的发展

1. 我国的家族信托发展历史

在我国,家族信托的起步较晚。

2012年9月,平安信托推出境内首个家族信托——"平安财富·鸿承世家系列单一万全资金信托",委托人为一位40多岁的深圳企业家,信托财产总额为人民币5 000万元,信托的合同期限为50年。它拉开了家族信托在中国本土化发展的序幕。

之后的2013年5月,外贸信托与招商银行合作也推出了第一单私人银行家族信托产品。2013年7月11日,招商银行在深圳宣布成立国内私人银行第一单家族信托。

2013年9月,在上海举办的"2013年首届中国家族信托年会"上,各大信托公司都表示十分看好国内的家族信托市场。因此,有人将2013年称为我国的家族信托元年。

2014年4月初,中国银行业监督管理委员会发布《关于信托公司风险监管的指导意见》,其中提出"探索家族财富管理,为客户量身定制资产管理方案"。在2014年末的信托业年会上,中国银行业监督管理委员会领导在讲话中强调了家族财富管理信托,并认为以财富传承为目的设立的家族信托是信托业发展的最高阶段。

自2014年起,很多信托机构开始大力发展家族信托业务。2016年的有关研究数据显示,中国境内已有21家信托机构和14家商业银行开展了家族信托业务,家族信托规模约为441.8亿元,预计2020年中国本土家族信托规模可达6 275.5亿元。[1]

2018年8月17日,中国银行保险监督管理委员会下发《信托部关于加强资产管

---

[1] 北京银行、北京信托:《中国家族信托行业发展报告(2016)》,2016年12月8日。

理业务过渡期内信托监管工作的通知》,首次明确了公益信托、家族信托不适用资管新规,同时明确了家族信托的定义。

据公开资料统计,在国内68家信托公司中,参与家族信托的机构数量由2013年的6家增加到2018年的34家,家族信托资产管理规模从2013年的十几亿元增加到2018年的数百亿元,受托资产类型也从2013年的现金类资产拓展到2018年的以现金类资产为主,包括保单、股权、不动产以及艺术品等多样化的资产。① 信托公司的部分代表性家族信托产品见表4-1。

表4-1　　　　　　　　　国内的部分代表性家族信托产品

信托公司	产品名称/系列	个性化服务	合作机构
平安信托	平安财富·鸿承世家系列单一万全资金信托	委托人与平安信托共同管理这笔资产,委托人可通过指定继承人为受益人的方式来实现财产继承;其资金主要投向物业、基建、证券和加入集合资金信托计划,预计年收益在4%～4.5%;固定管理费年费率为信托资金的1%,年信托收益率高于4.5%以上的部分,收取50%作为浮动管理费	
外贸信托	家族信托基金	家族信托基金主要针对家庭总资产5亿元以上的客户,其资产门槛为5000万元,期限为30～50年(跨代),为不可撤销的信托;据报道,截至2014年底,外贸信托家族信托累计规模达十几亿元,签约单数超过60单,储备客户有200多名	招商银行私人银行部
北京信托	家业恒昌系列家族信托产品	单一信托,委托人限单个自然委托人,受托人为北京信托,北京银行担任信托财产托管银行及财务顾问角色,受益人可由委托人事先指定;受托资产门槛为3000万元,存续期限5年以上,为不可撤销信托;初期受托的资产类型限于现金存款,未来将有望逐步引入股权、房产等作为委托财产	北京银行私人银行部
中信信托	家族信托办公室保险金信托	2015年4月,中信信托联合中信银行签约国内首单家族信托业务,除包含现金资产外,还涵盖房产、股权、古董收藏品等多类家族财产;中信信托还推出"中信仁信居家护理养老信托"	信诚人寿、中信银行、北京慈爱嘉养老服务有限公司等
紫金信托	"紫金私享"系列信托产品	针对5000万元资产以上的客户,根据不同类型高净值客户的理财特征和需求偏好,提供一站式定制化财富管理服务	
上海信托	2014年4月,正式成立了家族信托办公室	为超高净值客户提供涉及财富管理、财富人生规划、接班人培养、公司管理等多方面的服务	
中融信托	中融家族办公室标准化"家族信托"产品	起点门槛为1000万元人民币,满足客户资产保护、子女教育、婚姻保障、退休赡养、财富传承、全权委托等六大需求	聘请了台湾的专家团队提供咨询服务

---

① 陈波、张凯:《境内家族信托发展的五大趋势》,《银行家》2019年第1期。

续表

信托公司	产品名称/系列	个性化服务	合作机构
长安信托	"长安家风"系列家族信托	平台开放式的战略合作,为高净值人群提供一揽子标准化和定制化的财富管理服务	知名律师事务所
建信信托		中国建设银行与建信信托合作推出家族信托业务,受托资产门槛为5 000万元	中国建设银行
兴业信托	"藏珑一号"家族信托计划	2014年12月17日,兴业信托"藏珑一号"家族信托在上海正式签约落地,合同期限为30年	

资料来源:百瑞信托,《家族财富管理信托研究》,见中国信托业协会《2015信托业专题研究报告》,2015年12月。

目前,国内从事家族财富管理的机构以信托公司和商业银行为主,还包括第三方机构、家族办公室等。可以预见,未来我国的家族信托将呈现更为专业化、丰富化的发展趋势。

2. 家族信托的发展机遇

家族信托目前成为信托业发展的一个突破口,在国内面临良好的机遇。

(1) 中国私人财富的增长会增加家族信托的潜在需求。随着中国宏观经济进入"新常态",私人财富市场的可投资资产总量和高净值人数持续增长。2018年5月26日,招商银行和贝恩公司联合发布的《2018中国私人财富报告》显示,2018年中国的个人可投资资产在1 000万元人民币以上的高净值人群规模已超过100万人,全国个人总体持有的可投资资产规模达到112万亿元人民币。

(2) 财富传承重要性的提升会刺激家族信托的现实需求。随着中国人口老龄化的到来,如何实现财富管理与财富传承成为高净值人群面临的日益突出的问题。《2013年中国私人财富报告》显示,"财富保障"已成为中国高净值人士管理财富的首要目标,"财富传承"需求明显。传承得好,则可以突破"富不过三代";传承得不好,财富将面临损失与缩水。《2017年中国私人财富报告》显示,约60%的受访高净值人士认为,家族财富的保障和传承以及家族资产的配置管理是其主要需求。贝恩咨询大中华区总裁Michael Thorneman指出,目前有约1/3的高净值人士在进行财富传承安排,寻求借助家族信托、税务筹划、保险规划等工具完成财富规划。

(3) 家族信托的重要意义逐步被大家所认识。在国外,家族信托是常见的重要理财方式之一,西方发达国家中的洛克菲勒、福特、希尔顿、穆里耶兹、皮特卡恩、罗斯柴尔德、肯尼迪等家族的长盛不衰离不开家族信托的支撑;中国香港的200多家上市家族公司中,也有1/3的企业以家族信托形式控股,包括李嘉诚、李兆基、陈启宗、邵逸夫、杨受成等香港富豪家族财团都有家族信托的设立。这些家族信托成功实现了家族财富的世代相传,给国内的高净值人群树立了榜样,越来越多的人也看到这一点,开始运用这一信托方式。

(4) 家族信托是未来信托业转型的主要业务方向之一。2013 年以来,经济下行使得信托业务受到一定制约。泛资产管理格局开启以后,银行、保险、基金等纷纷开展资管业务,加剧了财富管理市场的竞争。信托业面临业务结构的调整与优化。家族信托业务正好体现了"受人之托、代人理财"的信托本源,是信托业转型的方向之一。越来越多的国内信托公司大力布局家族信托业务,目前已有至少 1/3 的信托机构开展了家族信托的相关业务,为超高净值客户提供家族信托服务,部分信托公司推出了自己的品牌,有的已在家族信托领域实现了规模化发展,带来稳定的利润增长点。

(5) 政府的大力推动必然促进家族信托业务。这几年,政府也通过各种措施推进家族信托,特别是 2017 年监管当局推出信托登记制度,2018 年出台专门的文件支持家族信托业务发展……不断完善的法律、法规制度必将为家族信托创造良好的环境。另外,随着遗产税开征的临近,家族信托的资产隔离及税务筹划等功能将越来越受欢迎。

3. 家族信托在我国的发展对策

(1) 加大宣传力度,转变高净值人群的观念。目前,中国的高净值人群的观念尚存在束缚,有些高净值人群从白手起家,他们想自己管理财富,而不愿意将财富交给信托机构打理,这在一定程度上影响了家族信托的应用,故国内机构要加大国外家族信托广泛应用的宣传力度,合理引导,让更多的人了解家族信托的制度安排和业务架构,让富人们感受到这一业务的优点,从而接受以家族信托的方式来实现财富的传承。

(2) 完善相关法律制度,为家族信托提供支持。目前,家族信托在我国迎来极大的发展机遇,但从法律角度上来讲,还缺少详细、明晰的法律制度来全面规范此类业务,同时国外家族信托所具有的一些制度优势也没有在我国体现。比如,我国信托登记遵循的是"登记生效主义"原则,信托财产只有依法办理登记,信托才能产生效力。委托人以家族财产设立信托就必须将其财产进行登记公示,这可能会引发一些客户的不安,因此,这有待于进一步完善。另外,要适时推出遗产税,健全其他信托税收制度,发挥信托固有的税收策划和节税功能,增强委托人设立家族信托的意愿。

(3) 丰富业务品种,提升资产配置与管理能力。目前,信托公司开展的家族信托基本还是一种融资类业务,从基础资产来看,主要通过对资金及金融类资产的管理来实现家族信托的目的,在国外应用最广泛的一些资产(如股权、不动产等)还未能纳入家族信托之中,这就影响了资产配置的范围。事实上,除了资金外,房地产、股票与债券组合、金银珠宝、字画等艺术品、家族企业、专利和版权等无形资产等都可以纳入家族信托的资产。当然,这对信托机构的资产管理能力也提出了更高要求,信托公司要通过为客户提供专业化、多元化、定制化的一揽子综合财富管理服务,更好地实现委托人的目的。

（4）培育信用文化，增进客户对信托机构的信任。家族信托是以家族财产为信托财产设立信托，客户几乎将全部家当委托给信托公司进行管理，需要客户对信托公司有比一般信托业务更加充分的信任。但是在目前，我国富有阶层对信托等金融机构的信任度还有待进一步提高，这与中国社会长期以来的信任缺失有关。因此，一方面，必须从宏观层面通过诚信文化建设，提升社会的信用观念；另一方面，也要逐步完善家族信托业务的信用机制，通过引入信托保护人、受托人替代与更换和对受托人权利限制等制度设计，弥补社会信用的不足，增加对客户的吸引力。

本章小结

个人信托是指以个人作为委托人的信托业务。其特点主要有：目的多样性；弹性及隐秘性强；可以保持财产的完整性；受托人既要对人负责又要对物负责。个人信托业务分为生前信托与身后信托两大类。

生前信托是指委托人与受托人签订信托契约，委托后者办理委托人在世时的各项事务。这类信托的形式是多样的，目的主要包括财产管理、财产处理、财产保全、财产增值与税收规划。委托人能否选择一个可靠的受托人，将直接关系到信托财产的运用效果。

信托契约，也称为信托合同，是信托当事人之间明确各方权利义务关系的书面文件，也是信托关系成立的法律依据，它明确记载着委托人设立信托的意愿，全面地规定了信托当事人的各种权利、义务及其关系。

身后信托是指委托人要求受托人办理委托人去世之后各项事务的信托，主要包括遗嘱执行信托、遗产管理信托、监护信托、人寿保险信托与特定赠与信托。遗嘱执行信托是指由受托人作为遗嘱的执行人，按照遗嘱处理有关事项并负责分配遗产的业务；遗产管理信托是受托人接受遗嘱人或法院的委托，在某一时期内代为管理遗产的信托业务；监护信托业务是受托人接受委托，作为监护人或管理人，为被监护人的人身、财产及一切合法权益进行监督与保护的信托业务；人寿保险信托是人寿保险的投保人，以保险信托契约或遗嘱的形式委托信托机构代领保险金并交给受益者，或对保险金进行管理、运用，定期支付给受益者；特定赠与信托是以资助重度身心残废者的生活稳定为目的而开办的信托业务，由个人将信托财产委托给受托人作长期与安全的管理和运用，并根据受益人的生活和医疗所需，定期支付现金给受益人。

随着我国信托业务创新的不断推进，消费信托、家族信托等新兴业务增长较快。消费信托是以信托公司作为受托人，按照作为委托人的消费者的意愿，将信托资金用于购买指定的产业方提供的消费权益，并按照信托文件的约定对信托产品运行提供全流程监管，为受益人的消费权益的实现提供监督和管理服务，以实现满足受益人特定消费需求及消费者权益保护的信托目的的单一指定型信托。家族信托又称为家族财富管理信托或者家族财产信托，是指委托人按照自己的意愿将部分或全部财产委托给信托机构，由其代为管理、处置家庭财产，以实现财富规划及传承等目标的财产管理方式。

练习与思考

【名词解释】

生前信托　信托契约　身后信托　遗嘱执行信托　遗产管理信托　监护信托　人寿保险信托　特定赠与信托　消费信托　家族信托

【简答题】

1. 简要说明个人信托业务的基本特点。
2. 简要说明遗嘱执行信托的基本程序。
3. 怎样利用遗产管理信托对身后的遗产进行有效的管理?
4. 监护信托主要应用于哪些情况?

【思考题】

1. 请结合实际,说明生前信托在应用时的多种目的,怎样选择受托人以实现这些目的。
2. 请分析我国的个人信托业务有哪些创新,如何更好地发展这些业务。

第五章　法人信托业务

早期的信托业务都是以个人作为委托人的,直到19世纪,美国首先出现了法人信托业务。目前,法人信托已经在信托业务中占到重要地位,并成为信托机构的主要收入来源。本章从法人信托的基本概念入手,介绍几种主要的法人信托业务。

第一节　法人信托业务概述

一、法人信托的概念

法人信托也称为公司信托、团体信托,是指以法人作为委托人的信托业务。

这里所说的"法人"是和"自然人"相对的一个概念,是指根据法定程序成立的、具有民事权利能力和民事行为能力并能够独立承担经济责任的社会组织。

根据《中华人民共和国民法通则》第三十七条规定,法人必须同时具备四个条件：

(1)依法成立。法人必须经国家认可。在我国,成立法人主要有两种方式:一是根据法律法规或行政审批而成立,如机关法人;二是经过核准登记而成立,如工商企业、公司等。

(2)有必要的财产和经费。法人必须拥有独立的财产,作为其独立参加民事活动的物质基础。

(3)有自己的名称、组织机构和场所。

(4)能够独立承担民事责任。法人能够以自己的名义从事经济活动、享受经济利益,法人也要对自己的民事行为所产生的法律后果承担全部法律责任,并能在法院起诉与应诉。

一般的经营企业、机关团体、慈善机构都可被称为"法人"。

法人信托业务是建立在多种法人机构有了较大发展的基础之上,由受托人对法人财产事务进行管理和处理的。随着法人机构的不断发展,法人信托业务种类也越来越多。目前,法人信托业务在整个信托业务中占据了相当大的比重。

二、法人信托的特点

与个人信托相比,法人信托具有以下几个鲜明的特点:

(1)法人信托与个人信托最基本的区别表现在委托人的不同。法人信托的委托人是公司、社团等法人组织,而个人信托的委托人只能是自然人。

(2)法人信托的信托财产一般数额较大。因为法人的资金实力要远远超过个人,因此,在信托业务中涉及的信托财产也较大。而个人信托业务中的信托财产的数额有限。

(3)法人信托与个人信托的受托人也存在差异。因为法人信托的信托财产一般数额巨大,而个人却受到资金实力和经营管理能力的限制,无法对信托财产进行有效的管理,因此,法人信托的受托人只能由法人机构承担。而个人信托的受托人则可以是信托机构或者个人。

(4)法人信托受托人对信托财产的运用更为谨慎。因为法人信托关系到企业的生产或者企业职工的直接利益,而且数额巨大,一旦决策失误,影响要比个人信托大得多,因此,信托机构在运用信托财产时须十分谨慎。

(5)法人信托与社会经济发展有密切关系。法人信托与企业的经营活动一般存在较大的联系。在经济繁荣时,企业经营效果普遍较好,法人信托的业务也会增多;而一旦经济萧条时,企业普遍经营不佳,法人信托业务也相应缩减。

三、法人信托的种类

法人信托首先出现于19世纪的美国。当时,美国正处于资本主义生产关系的建立和发展时期,许多地方出现了以营利为目的的公司,它们为了扩大生产、补充外部资金,通过发行股票、债券等方式向社会公众筹资。但由于企业知名度不高,又缺乏发行和管理证券的经验,于是希望借助信托机构帮助其筹资,由此产生了发行与管理有价证券的信托需求,这便产生了最初的法人信托。

到了19世纪末,美国一些铁路建筑、矿产资源开发等项目激增,股票、公司债等有价证券大量发行,于是与证券发行和管理相关的信托业务逐渐成为主要的法人信托业务。

随着企业生产的进一步扩大及其他业务需求的增加,各种形式的法人信托如设备信托、雇员受益信托等也得到了不同程度的发展。

目前,法人信托的业务种类十分繁多,主要可以分为以下几类:

(1)针对证券发行的信托,如公司债信托、市政收益债券发行信托。

(2)关于公司创设、改组、合并、撤销和清算的信托。

(3) 关于有形财产的信托,如各种动产信托、不动产信托。

(4) 关于权利的信托,如商务管理信托,发明专利、著作权、商标权的信托。

(5) 关于职工福利的信托,如养老金信托、职工持股信托及其他雇员受益信托。

(6) 与地方政府或基建相关的信托,如基础产业信托。

本章介绍这些信托中应用最广的几种信托,主要有抵押公司债信托、商务管理信托、动产信托、雇员受益信托和基础产业信托。

第二节 证券发行信托

证券发行信托是信托机构向证券的发行人提供有关证券发行事务的信托。抵押公司债信托是证券发行信托的一种主要形式。因此,本节主要介绍抵押公司债信托业务的要点,最后简单介绍收益债券发行信托。

一、抵押公司债信托的含义

(一) 抵押公司债

企业筹资主要有三个途径:一是发行公司股票,二是举债,三是内部融资。如果企业所需资金巨大,借用时间长,可以用举债的方式筹措资金,其中一个重要的做法便是发行公司债券。

公司债券按有担保方式不同可以分为信用债券、担保债券与抵押债券。

信用债券也称为无担保债券,是不提供资产作为担保品,而以发行企业的信誉作为担保的债券。担保债券是由第三者(一般是政府、金融机构、母公司或信誉良好的企业)对发行的债券提供还本付息的担保。抵押债券是以一定的财产作为抵押而发行的债券。为了减少投资者的风险,保障投资者的利益,目前市场上较多使用的是抵押债券,如果公司不能按期还本付息,投资者则可拍卖抵押品,兑现手中持有的债券。

抵押债券又可以根据不同的标准分为不同的种类:

(1) 根据抵押品不同分为实物财产抵押公司债和有价证券抵押公司债。

(2) 根据物上担保权顺序划分为第一到第三顺序担保权公司债券。当用于抵押的不动产价值较大,可以用作多次抵押,从而产生抵押顺序。

(3) 根据抵押方式不同分为开放抵押债和封闭抵押债。开放抵押债是指发行公司确定以同一资产为抵押的公司债的发行总额,有权在原定公司债总额的限度内,分数次发行附有同一顺序抵押权的公司债;封闭抵押债是指在发行抵押公司债时,将发行公司所定的公司债总额一次发行完毕,日后不得以同一抵押再发行公司债。

(4)根据还本付息方式不同划分为可随时收回的抵押债券、可转换债券、设立偿债基金的债券、定息债券与分红债券。

(二)抵押公司债信托的含义

抵押公司债信托是信托机构为协助企业(公司)发行债券提供发行便利和担保事务而设立的一种信托业务。企业委托信托机构作为其发行债券的受托人,代债券持有者行使抵押权或其他权利以保障债权人的权益,从而能顺利完成资金的募集,取得稳定而长期的营运资金。它是公司信托的一项主要业务。

抵押公司债信托对于债权人与债务人都有积极的意义。

对于债券发行公司来说,通过抵押公司债信托可以提供举债便利。公司在发债之前,都必须让社会了解其经营及财务状况,以得到社会的信任,但是单家公司的实力是有限的,而借助信托机构的信誉就能提高公众对债券的信任度,证明该企业债券发行的合法性和可靠性。另外,发债企业可以利用信托机构的销售渠道推销更多的债券,扩大发行量,使发行者享受节税的好处,获得发挥财务杠杆的效应。再有,信托机构又可代办发行、还本付息等繁琐事务,节约公司的精力。

对于债权人来说,抵押公司债信托有利于保护债权人的利益。由信托机构作为债券发行受托人,债券还本付息的保障性增强。另外,信托机构也可以为债券发行提供保证、代理还本付息事宜等服务,为广大的投资者提供有保障的投资工具。

正是有了上述好处,美国有关法律规定,公司债的发行人与债权人之间,必须有第三者为受托人,代替公司债的债权人行使抵押权或维护其他权利。日本的《抵押公司债信托法》也有相似的规定。这些规定进一步促进了抵押公司债信托的发展。随着债券市场的蓬勃发展,越来越多的企业借助抵押公司债信托来完成公司债的发行。

二、抵押公司债信托的特点

(一)抵押公司债信托的当事人

1. 委托人

抵押公司债信托的委托人是发行债券的公司,也即债的债务人。为了更好地促进债券的销售,公司与信托机构签订契约,通过信托方式来发行债券。

2. 受益人

抵押公司债信托的受益人是债券持有人(信托机构也可视为受益人)。由于债券的持有者一般是分散在社会中的众多个人,而且可能随着债券的交易而不断改变,他们不可能共同保管抵押物,也无法对债券发行公司实行有效的监督。因此,受益人通过信托方式来维护其利益,享受收益。

3. 受托人

抵押公司债信托的受托人是信托机构,它们作为债券持有者的代理人执行监督任务,如果发行公司违反协议,受托人有权依约采取行动。

作为受托人,信托机构需要办理下列事项:

(1)取得抵押权、质权或其他担保品,并负责保管。作为债权人和债务人的中间人,信托公司最重要的职责便是保管抵押品,以维护债权人的相关权利。

(2)查核及监督发行公司履行公司债发行事宜。

(3)代办有关手续,辅助发行公司发行债券。

(4)召集债权人会议,并执行其决议。

(5)当发行抵押公司债的公司不能偿还本息时,信托公司要负责将抵押品进行拍卖,用拍卖所得偿付债券本息。

(二)抵押公司债信托的信托财产

抵押公司债信托的信托财产不是不动产、动产或金钱等本身,而是这些财产上的一种权利即抵押权,委托人把这一权利信托给了信托机构代表债权人进行行使。

为了方便抵押权的处理,各国对发债公司提供的抵押担保品的范围一般有着严格限制。如日本《抵押公司债信托法》规定只有动产、有证书债权、股票、不动产、船舶、汽车、飞机、建设机械、铁路、工厂、矿产、轨道、运河、渔业、汽车交通事业、道路交通事业、港口运输业这17种物品可以作为发债公司所提供的抵押品。

(三)抵押公司债信托与一般信托的不同之处

抵押公司债信托与一般的信托相比,具有独特之处,主要表现在以下几个方面:

1. 受托人的权利行使是有条件的

一般情况下,抵押公司债信托中的受托人并不具有抵押财产的所有权,只有发生债务人违约情况时,受托人才可行使财产的所有权,对抵押财产进行拍卖处理。而在一般信托中,信托设立后,受托人就取得信托财产的法律上的所有权。

2. 受益人有很大的不确定性

由于债券发行后一般可以在市场上进行转让交易,因此,债券的持有者是不确定的,对于受托人来说表现为信托中的受益人常常是不确定的,它随着债券的不断交易而不断变化。而一般信托的受益人则是确定的。

3. 受托人的职责是双重的

在抵押公司债信托中,受托人同时对债券发行人和债券持有人负有职责。对债券发行人负有辅助办理有关手续、方便发行债券的职责;而对债券持有人负有保管抵押品、监督发行相关事宜的职责。而在一般信托中,受托人只代表受益人的利益。

三、抵押公司债信托的基本程序

(一)发行人提出申请

抵押公司债信托的建立首先要由委托人即发行公司提出申请。

发行公司可以根据自身的业务情况和经营特点,选择一家经营作风好、实力雄厚的信托机构作为受托人,委托后者代为办理发行债券事务。信托机构接到申请后,要求发行人提供必要的财产报表,如近几年的资产负债表、损益表、现金流量表等,以便信托机构进行核实。

(二)信托机构审查核实发行人的相关情况

由于信托机构要为委托人及受益人提供一系列的服务,因此,在接受信托之前也必须对发行情况进行认真核实。这一环节主要考察以下三方面的内容:

1. 公司的经营及资信状况

发行公司的经营将直接关系到未来债券的还本付息。因此,信托机构要考察发行公司的职责执行情况、资信状况、管理经验、经营效益、未来的现金流动情况等,以判断债券的风险。

2. 债券发行情况

由于抵押公司债信托的基础是债券,因此,信托机构要审核发行公司的债券发行是否符合有关法律及国家规定,是否经过相关部门的审批。信托机构也要对债券总额和面值、利率、偿还方法、偿还期限、发行价格以及已募公司债的偿还情况等进行认真考察和研究。

3. 抵押财产

信托机构要对抵押物品的真实情况进行认真考察,包括抵押品的种类、形态、现状、价值等。

经过上述考察,信托机构认为可以接受这项信托业务后,可进一步与发行公司进行磋商,签订契约。

(三)签订抵押公司债信托契约

信托机构和发行公司经过相互选择后,确定采用这一信托方式的,双方就要进行信托契约有关条款的磋商。

抵押公司债信托契约的主要内容有:

1. 一般性条款

这些条款与其他的信托契约相似,在契约的开头一般都是有关日期、双方名称、契约签字、盖章、债券所有人以及受托人关于证实自己已取得了抵押品一定权利的证明等内容。

2. 抵押物品条款

这一条款是抵押公司债信托契约中十分关键的条款,它规定了抵押物品应转让给受托人代为保管。此处应详细列明抵押物品的种类、数量、价值和存放地点等。

3. 债券证实条款

发行公司的特定主管签发一个移交指示,证明信托机构取得了抵押品的一定权利。

4. 其他条款

其他条款具体包括其他一些相关的债券及抵押品的处理事项的规定。

双方在契约上签字后,信托关系正式成立。

(四)转移信托财产

由于信托财产是发行公司债券所抵押物品的抵押权,因此,债券发行人需要将抵押财产按照信托契约的规定办理手续,使受托人能够在发行公司违约时马上对抵押财产进行处理。

(五)发行债券

信托机构在办理完抵押品的相关手续后,可以协助发债企业发行债券。抵押债券发行信托一般采用公募形式,即由信托机构或承销团公开向社会公众销售并募集债款。在这一过程中,委托人要尽快交付债券,即将已证实的债券尽快从印刷公司提取,交给承销团。承销团通过包销、助销和代销三种方式向社会销售债券。信托机构也可以在销售中起辅助作用。

(六)发行公司偿还利息并到期支付本金

债务人授权受托人执行债券的利息支付和本金交付工作。受托人应严格按照信托合同与债务人的指示在规定的时间向债券持有者支付本息。当本息结清后,信托宣告结束。

一旦债务人出现违约,信托机构就要行使抵押财产的抵押权,召开债权人大会,商讨债务处理的对策,并负责对财产进行拍卖,运用所得款项来偿还债权人的本息。

四、收益债券发行信托

抵押公司债信托是证券发行信托的主要种类,除此之外,信托机构也为政府的债券发行提供服务。

(一)收益债券发行信托的含义

收益债券发行信托是指信托机构为市政公共建设发行公债提供服务。由于此类债券的偿还是以公共设施运营之后得到的收益作为担保的,故称为收益债券。

政府为了促进经济建设与社会发展,往往需要承建一些公共设施,而这些设施的资金一部分通过政府拨款解决,另外也需要通过发行债券来加以筹集,信托机构可以利用自身的优势,为市政公共建设债券的发行与运作提供便利。

(二)信托机构的职能

信托机构在此类信托业务中,作为受托人,主要承担以下功能:

(1)受托办理收益债券的发行。

(2)办理收益债券的过户与登记。

(3)负责接受公共设施产生的用于偿还债券的收益。

(4)办理收益分配手续,将收益分配给债券持有者。

第三节 商务管理信托

商务管理信托与公司债信托不同,它是围绕公司股东表决权建立的一种信托。

一、商务管理信托概述

(一)商务管理信托的含义

商务管理信托也称表决权信托,是由公司全体或多数股东将其所持股票信托给信托机构,由后者在信托期间行使表决权的信托。

作为公司的所有者,普通股股东通常拥有两个重要的权利:一是凭着所持有的股票定期获取股利;二是作为公司的所有者,参加股东大会,行使表决权,参与企业的管理。

这两个权利在正常情况下都是由股东本人来行使的,但有时由于股东的精力有限或者出于其他原因,股东可以推举某个信托公司为受托人,将其所持有的股票过户给信托公司,交由其保管,并代为行使表决权。信托机构一般要签发"商务管理信托证书",并与原股东订立协议,声明原股东对公司仍享有除投票权外的其他应有股东权利。

(二)设立商务管理信托的目的

开办商务管理信托的目的主要在于以下几个方面:

1. 改善公司组织管理

一般来说,许多股东对管理并不在行,他们投资企业的主要目的是为了获得收益。因此,为了更好地实现对公司的有效经营,可以将股东的投票权利与享受股息的权利分割开来,将公司的管理权集中于熟悉经营、善于管理的人手中。

2. 保证公司经营方针、作风的连贯性

股份公司的经营管理人员由股东大会选举产生的董事会招聘,都有一定的任期,任期满后进行改选,特别是在股东频繁变换的情况下,对公司的经营就缺乏控制,导致公司的管理层人员经常变动。而决策人员的变动,必然会影响公司的经营方针和管理方法,不利于公司长远规划的顺利实施。如果把选举权委托给信托机构,则可以减少股东的变动,有利于企业的持续发展。

3. 防止其他企业对本企业的控制

现代企业竞争激烈,随时都会面临被收购或兼并的威胁,特别是中小企业。如果引进商务管理信托,将多数股东权利集中给信托机构代为行使,就可以防止竞争者在市场上大量收购公司的股权而获得本公司的控股权。

【案例 5-1】　　　　日本最早的商务管理信托

1974 年,日本五十铃汽车公司和美国通用汽车(GM)公司合作。在引进 GM 公司的资本时,外资审议会在讨论确立日本股东权的问题上争执不下。因为 GM 公司是当时世界上最大的汽车公司,资本雄厚,而日方股东当时没有一家可与之抗衡,所以人们担心企业会被美方控制。

这时五十铃公司接受了信托方案,采用了以行使股东表决权为主要目的的商务管理信托方法,各大股东信托转让股份,并由信托公司共同受托,这样集中各大股东的表决权,以巩固日方的地位。这便是日本最早的商务管理信托,于 1978 年 8 月结束。

[案例分析]

日本五十铃汽车公司采用了商务管理信托,将公司的股东表决权集中起来,交由信托机构代为行使,这样就可以防止国外的企业收购公司的股权而控制企业,达到了既利用国外的先进技术与经验,又把企业的命运掌握在本国手中的目的。后来,日本的国际经济贸易地位提高、汽车公司发展成实力雄厚的大企业后,不再担心股份会被侵占,便结束了信托。

这种信托方式对于目前正处于发展期并希望引进国外先进管理、技术与资金的中国企业同样具有十分重要的意义。

4. 协助企业重整

在股份公司经营不善,面临倒闭风险时,更需要有专业人才和可靠的经营人员来改进经营管理,振兴业务。这时可以利用商务管理信托集中股权,为公司走出困境赢得一段宝贵的时间,从而改善经营,缓解危机。

5. 保障投资者的权益

信托机构在商务管理信托中要以股东权益的最大化作为基本目标,尽职地为股东实现企业的合理经营,财富增值,这样可以使股东获得更多的收益。这对中小股东来说更为有利。

> **【案例 5-2】** 利用商务管理信托维护中小股东的权益
>
> S 公司由母公司控股 30%,另外向社会发行了 70% 的股份,但这些股权十分分散。母公司经常利用控股股东的地位作出一些损害中小股东的决策,许多中小股东对此甚为不满,但又无可奈何。后来他们听说可以利用商务管理信托维护自己的权益,于是找到了 Z 信托公司,要求设立以 S 公司一些中小股东的股票表决权为对象的信托。信托公司为其设计了方案,并进行了公示,于是原来许多觉得自身利益受到侵害的中小股东都纷纷加入该计划,累计汇集了 45% 的股权,在股东大会上便可以与 S 公司的母公司抗衡了。

[案例分析]

在股份公司尤其是上市公司以公募方式发行股票的情况下,一般股权是比较分散的,这会带来一系列的问题,影响到股东对公司的控制力与参与热情,产生所谓的"理性冷漠"。其一,股东分布于全国甚至世界各地,一些小股东不愿花费过多的时间和费用参加股东大会;其二,大量的中小股东因为势单力薄,往往仅有名义上的发言权,即使参加股东大会,其股票权也无足轻重;三是一些能够获得部分决策权的中等股东由于业务素质、技术条件的限制往往也提不出什么有影响的决策,使得股东大会为少数大股东和董事会所操纵。这些原因导致了股东大会对公司重大事务的决策权大打折扣,也缺乏对董事会的监督制约作用。

利用商务管理信托就可以解决股东分散、股权分散所造成的一系列问题。通过商务管理信托可以将为数众多的中小股东的表决权集中起来,将他们的共同意愿统一起来表达,使得他们作为个人在股东大会上原本微弱得可以忽略不计的声音变得举足轻重,有利于维护上市公司中小股东的利益。

可见,商务管理信托对于改善我国公司的法人治理结构,解决一股独大、所有权虚置、经营机制不合理等问题都具有重要的现实意义。

二、商务管理信托的特点

(一)商务管理信托的当事人

1. 委托人与受益人

在商务管理信托中,委托人与受益人都是公司的股东。

股东将自己原来合法拥有的表决权设立信托,将表决权交给受托人代表股东行使,而自己则享有除表决权以外的一切权利。同时,股东通常作为商务管理信托证书持有人,处于受益人的地位。

作为受益人,商务管理信托证书的持有人主要有以下几项权利:

(1)知情权。信托成立后,为维护信托目的,股东享有搜集有关信息、监督表决权行使的权利。知情权包括对受托人的查询权和对相关文件查阅、抄录、复制权。只要基于正当的理由,在公司正常营业中的合理时间内,股东或者商务管理信托证书持有人都有权查阅相关文件。特别是在作出修改公司章程或其他重大决策时,更应维护知情权。

(2)商务管理信托证书转让权。根据规定,受托人只享有表决权,而股份上的其他权利则由商务管理信托证书持有人享有。所以,证书持有人可以据此按比例获得公司支付的相应的股利(现金或者财产),在商务管理信托终止时,也可以凭证书换回原先交付给受托人的股票。商务管理信托证书作为一种有价证券,与股票相类似,可以方便地在市场上进行转让。

(3)解任受托人的权利。如果受托人违反了信托合同的有关规定,损害受益人利益的,受益人可以解任受托人。这一权利是基于股东的资格和地位所产生的。但是,对行使解任受托人权利的条件,应作出严格限制。在两种情形下通常可以行使解任权:一是受托人违反信托目的行使表决权;二是受托人有重大过失。

(4)损害赔偿请求权。受托人如果违反信托义务,造成股东损失,并且有过错的,应当赔偿损失。例如,受托人不经股东同意处分包含有信托表决权的股份。

2. 受托人

商务管理信托的受托人一般是信托机构。由于信托机构是专业的理财机构,具有良好的管理才能、经验和驾驭市场的能力,可以较为有效地行使表决权。而受托人在信托期内,代为保管股票,代股东行使表决权,处理公司事务,将每年公司股利收入分发给"证书"持有者。

根据信托原理,信托公司对信托表决权的股东负有忠实与尽职的义务,从而可以让中小股东大为放心。

(二)商务管理信托的客体

商务管理信托的客体是表决权。在一般的信托关系中,信托客体多为财产或者财产权。表决权是不同于一般的财产和财产权的,具有法律上的特殊性。双方当事人一方为表决权受托人,另一方为受益人,后者应当由享有表决权的股东担任,不享有表决权的股东不能成为商务管理信托的受益人。

(三)商务管理信托的特点

商务管理信托既具有一般信托的特点,也有其自身的特殊性。

1. 所有权与经营权分离

商务管理信托将股东的收益权和表决权分离,这是商务管理信托区别于其他信托的最为重要的地方。公司全体或多数股东推举信托公司为受托人,将其持有的股票过户转移于受托人的名下。在信托期内,所有权与受益权归原股东,经营权或表决权则由信托机构代为行使。

2. 信托机构能够独立行使表决权

在商务管理信托中,信托机构完全取得股东的表决权,以自己的名义参加股东大会并行使投票表决权。受托人的行为只要不违背委托人的意愿和信托目的以及法律的规定,便可以"自由"行使投票权,委托人和受益人不得随意干涉其活动。

3. 商务管理信托具有不可撤销性

由于商务管理信托的委托人是分散的,各人的意志表示可能会有不同。为了维护信托关系的稳定,一旦信托成立,除非全体当事人同意,否则不允许一方当事人任意撤销。信托目的实现后,委托人才可依信托协议要求返还股票,并收回对公司的表决权。

三、商务管理信托的程序

商务管理信托的处理过程见图 5-1。

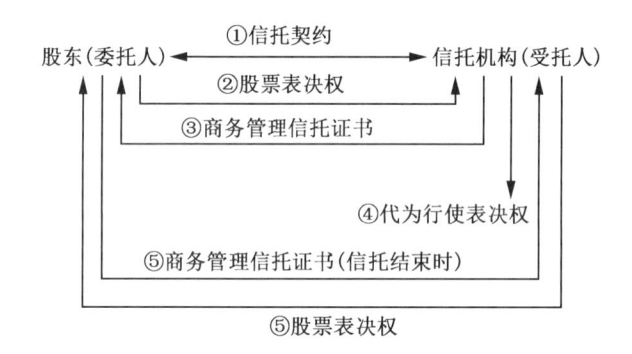

图 5-1　商务管理信托的处理过程

商务管理信托的处理一般要遵循以下几个步骤:

(一)缔结信托契约

受托人与公司的相关股东(有时甚至要与所属的公司)缔结信托合同。商务管理信托的信托合同除具有一般信托合同的基本条款外,还必须明确:第一,特定的信托目的,如公司重组、稳定经营、帮助公司渡过难关等;第二,股票表决权的转移,即交付信托的股份要列入受托人名下;第三,受托人的权限与职责;第四,受托人的辞任;第五,信托的期限及终止事项。

(二)股东将股票表决权转移给受托人

股东要将转移情况登记在股东名册上,并标明"表决权信托",受托人便成为公司文件上记录的股东,公司则会发给受托人新股票,股票上通常载有记号(以免股份流入恶意购买者之手),由此,商务管理信托关系合法成立。

(三)签发商务管理信托证书

受托人在得到股票后需立即签发商务管理信托证书,并将它交付原股东。

同时,信托机构必须出具一份商务管理信托的受益人名单,名单中要列出他们的姓名、地址以及上述受益人转让给受托人的股票的数量和类别,并把该名单和商务管理信托协议副本送交给相应的上市公司备案。这种备案的目的是向上市公司的其他未参加商务管理信托的股东披露这种商务管理信托关系。

(四)受托人代为行使表决权

在信托关系的存续期间,受托人代表股东参加股东大会,行使投票的权利。

为了避免因受托人的职权过大而操纵公司,许多国家的法律规定,商务管理信托的受托人在行使表决权时,必须遵照契约赋予的权限办理,如需对某些特定行为进行表决,应首先征得原股东同意。如在美国,有的州规定商务管理信托的受托人对股票的出售与其他公司合并等诸事无权决策,应征得原股东同意。

(五)到期或出现约定事项时进行相应处理

当信托到期或出现约定事项时,受托人应按合同规定返还股票及表决权,而商务管理信托证书的持有者也将证书交还信托公司予以注销,信托关系结束。

四、商务管理信托的成立要件

商务管理信托的成立一般要符合三个要件,即采取书面形式、不能超过期限和进行登记与公示。

(一)采取书面形式

由于商务管理信托涉及公司股东的权益,较为重要,而信托的内容比较复杂,要求有确定性,所以一般法律规定必须采取书面形式加以确立。

(二)不能超过期限

商务管理信托的期限一般不超过 10 年。期限届满时,商务管理信托合同自然终止。

当事人可以办理延期手续,由当事人在约定的商务管理信托期限届满时续订合同,每次延长为 10 年。

当然,所有同意延期的股东必须在合同书上签字,以表明其同意延长。延长合同的效力只对签字人产生作用。而反对延期的人有权在原定的商务管理信托期限届满之日收回其股份。

(三)进行登记与公示

根据规定,股东将股票交给受托人时要在公司股东名册上登记此事,并注明"商务管理信托"字样。而受托人在签发商务管理信托证书后要出具一份商务管理信托的受益人名单连同信托协议副本送交上市公司备案。

商务管理信托的登记与公示具有重大的意义:第一,登记与公示为商务管理信托的变动提供法律基础。只有在登记时才发生商务管理信托变动的后果。第二,为持续不断的权利交易提供客观公正的保障。公示提供信息以及具有普遍信服的公信力,以一种公开的方式让人们知道在该股份上有商务管理信托存在,从而消除在该股份交易中的风险。

第四节 动产信托

一、动产信托的含义

(一)动产信托的含义

动产信托,也称设备信托,是由设备的所有者(多为设备的生产商)作为委托人,将设备委托给信托机构,并同时将设备的所有权转移给受托人,后者再将设备出租或以分期付款的方式出售给购买企业的一种信托方式。设备信托是一种以管理和处理动产为目的的信托,在本质上起到了融资的作用。

(二)动产信托的意义

动产信托的主要目的是对动产设备以信托方式进行积极的管理和处理,为设备的生产和购买企业提供长期资金融通。

运用动产信托业务,对设备生产商与用户都有较大的好处。

1. 动产信托对设备生产商的好处

从设备生产商角度看,运用动产信托的好处有:

(1)扩大销售。在客户资金不足的情况下,动产信托可以采用分期付款的方式扩大客户对动产设备的需求,让企业能更多地销售产品。

(2)降低成本。在动产信托业务中,信托公司可以代委托人办理延期收款等事务,大大减轻了厂家自己销售的负担。

(3)及时收回资金。企业可以通过在市场上出售"信托受益权证书"(见动产信托的种类),尽早收回动产的款项。

2. 动产信托对用户的好处

从用户的角度看,运用动产信托的好处有:

(1)减少一次性投资。在动产信托中,用户可以通过交纳租金或分期付款的形式取得设备的使用权,甚至所有权,大大缓解因自有资金不足而无法购买设备的困难。

(2)还款方式灵活。用户可以选择多种方式,如交纳租金或分期付款的形式来偿还货款,还款期限也较长,一般可达5～10年。

(3)增加收益。利用动产信托,能节省通过借款和发行债券筹资而取得设备的利息成本,而达到同样的效果。这是因为有些国家规定,用户分期付款的利息和费用可以作亏损处理,免税。另外,用户也能利用设备投产后的收益、折旧费用等资金来源有计划地偿还货款。

二、动产信托的特点

(一)动产信托的主体

动产信托一般涉及设备用户、生产者、信托机构与社会投资者等主体。其中,生产单位是委托人和最初的受益人。生产单位为了更好地销售产品,将设备委托给信托机构进行管理与处理,同时,它又得到一定的证券可以在市场上进行转让,获得收益;信托机构是受托人,负有妥善管理与处分设备、为受益人谋利的义务;设备用户作为承租人,须定期地支付租金;社会投资者是第二位受益人,通过购买相关的有价证券从中获得投资收益。

(二)动产信托的客体

动产信托的标的物一般是价格昂贵、企业无力一次购买的商品,如大型电子计算机、火车、飞机、炼钢厂的主要设备等。

在日本,动产信托在1922年《信托业法》中得到承认,直到1956年才有车辆信托的实例。日本东洋信托银行的《业务种类及方法》一书中所规定的动产主要有两类:第一类是车辆及其他运输用设备,具体包括车辆、船舶、汽车、海上运输用集装箱;第二类是机械用设备,如电子计算机、建筑机械、机床、电梯、药品机械、停车场设备等。

(三)动产信托与其他业务的比较

1. 动产信托与租赁的区别

动产信托与租赁都涉及设备的出租业务,但两者之间还是存在较大区别的,主要表现在以下几方面:

(1)当事人及其关系不同。动产信托作为一种信托业务,至少涉及委托人、受托人与受益人,而且还关系到诸多分散的社会投资者,是一种多边的经济关系;而租赁的关系相对较为简单,一般只涉及出租人与承租人。

(2)动产的最终归属不同。动产信托的信托财产在信托结束时一般归最终用户;而租赁业务中的设备资产一般要归还租赁公司。

(3)租金交纳的方式不同。动产信托中的租金交纳十分灵活,可以由用户与受托人协商,在信托合同中加以约定;而租赁业务中的租金一般是固定的,要每期交纳。

2. 动产信托与抵押贷款的区别

(1)目的不同。动产信托的目的是要借助信托机构实现动产的出租或出售;而抵押贷款的目的是通过抵押设备取得资金,债务人实际上并不想把设备转让出去。

(2)产权转移不同。动产信托一旦成立,受托人即取得设备资产法律上的所有权,它有权按照信托合同对设备进行管理与处分;而抵押贷款的设备只是作为一种担保,如果将来债务人及时偿还借款,银行要归还设备,仅在借款人不偿还银行贷款时才能获得设备的产权,对设备进行拍卖以补偿自己的本息。

(3)财产管理方式不同。动产信托的信托财产具有物上代位性,其形态在信托期间可以发生变化;而抵押贷款的设备在抵押期间要保持财产原有形态,银行不得改变其形态。

三、动产信托的种类

(一)根据所运用的信托财产的不同划分

1. 车辆及运输设备信托

车辆及运输设备是动产信托中运用较多的财产,又可分为车辆信托、船舶信托、汽车信托等。在这些信托中最早运用的是铁路车辆信托,其目的是铁路公司利用信托形式来购买车辆,一般的做法是铁路公司在10~15年内分期付款交纳租金,到期时车辆归铁路公司所有。后来造船企业通过船舶信托的方式来销售船舶,及时收回资金,目前船舶信托已成为动产信托最主要的业务。

2. 机械设备信托

机械设备主要包括建筑机械、机床、医疗器械与计算机等可以独立使用、单位价值相对较高的设备,其中计算机信托成为动产信托中的第二大种类。

(二)根据对动产的不同处理方法划分

按照对动产的不同处理方法,动产信托可分为管理方式、处理方式和管理处理方式三种。

1. 管理方式的动产信托

管理方式的动产信托也称为出租型动产信托,是指信托公司接受委托人的信托,将动产出租给用户的业务,所获得的收入作为信托收益交给受益人。在信托期间,用户只获得设备的使用权,到期时信托财产交还给委托人。

2. 处理方式的动产信托

处理方式的动产信托也称为即时处分型动产信托,它是指信托机构接受委托人的委托,以分期付款的方式完成动产的出售。

3. 管理处理方式的动产信托

管理处理方式的动产信托则结合了前面两种形式,是一种先出租再出售的做法。信托机构接受委托后,不仅要在信托期间管理设备的出租,还要在信托到期时将动产的所有权转给客户。这是动产信托中最基本也最常见的形式。

根据融资方式不同,管理处理动产信托又可分为以下两种方式:

(1)出让信托受益权证书方式。受益权证书是一种由信托机构根据设备生产厂商转移的信托财产开立的有价证券,持有者可以在金融市场上转让,到期可凭此证书要求信托机构偿还本金并支付利息。

在出让受益权证书方式的动产信托中,信托机构在接受委托人的动产设备后,签发信托受益权证书给厂商,后者通过在市场上将信托受益权证书出售给社会投资者从而收回货款。

(2)发行信托证券方式。信托证券是由信托机构向社会投资者发行的一种有价证券,筹措的资金用于支付生产厂商的货款。

在发行信托证券方式的动产信托中,信托机构直接向社会公众发行信托证券筹集资金,先支付生产厂商的货款,再通过定期收回租金的方式向社会投资者支付证券的本息。与出让信托受益权证书方式相比较,这种方式可以免去生产厂商在市场上寻找社会投资者的麻烦,可以更快地保证货款的回笼。

四、动产信托的操作程序

在三种不同形式的动产信托中,信托机构所发挥的作用不尽相同,以下分别加以介绍。

(一)管理方式的动产信托

管理方式的动产信托主要是由信托机构帮助生产企业完成设备的出租,其基本程序见图 5-2。

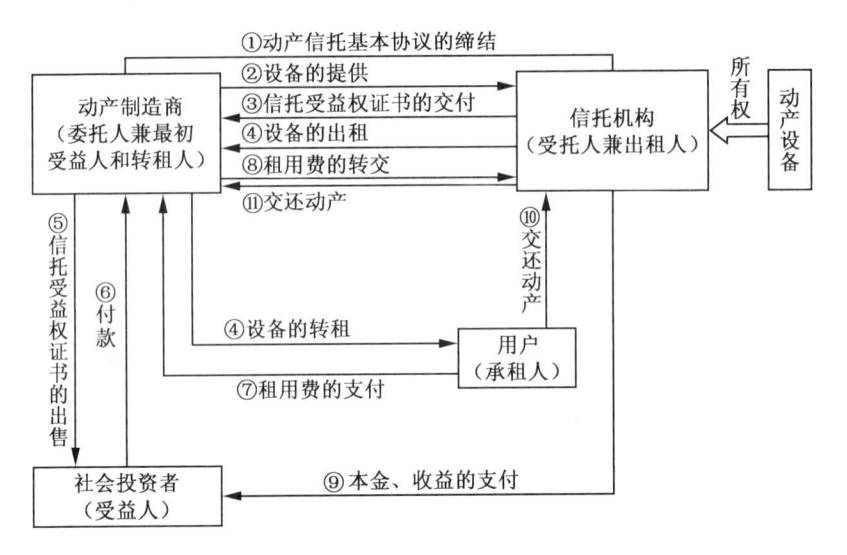

图 5-2 管理方式的动产信托程序

(二)处理方式的动产信托

处理方式的动产信托主要是由信托机构帮助生产企业完成设备的出售,其基本程序见图 5-3。

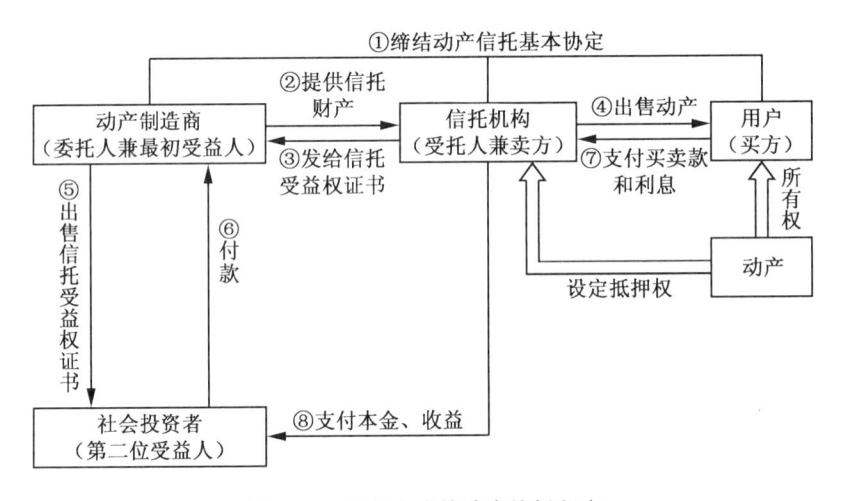

图 5-3 处理方式的动产信托程序

(三)管理处理方式的动产信托

1. 出让信托受益权证书方式

这一方式的动产信托具体操作如图 5-4 所示。

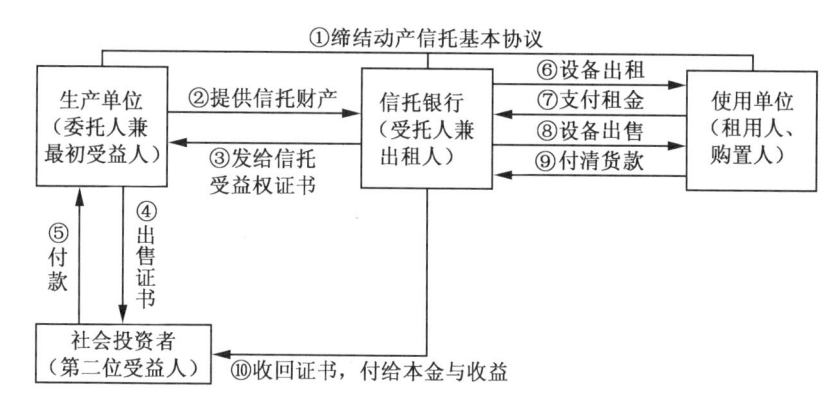

图 5-4　出让信托受益权证书方式的动产信托程序

2. 发行信托证券方式

信托证券是由信托机构直接向社会投资者公开发行,所以与出让信托受益权证书方式的动产信托程序存在较大的差别,其程序如图 5-5 所示。

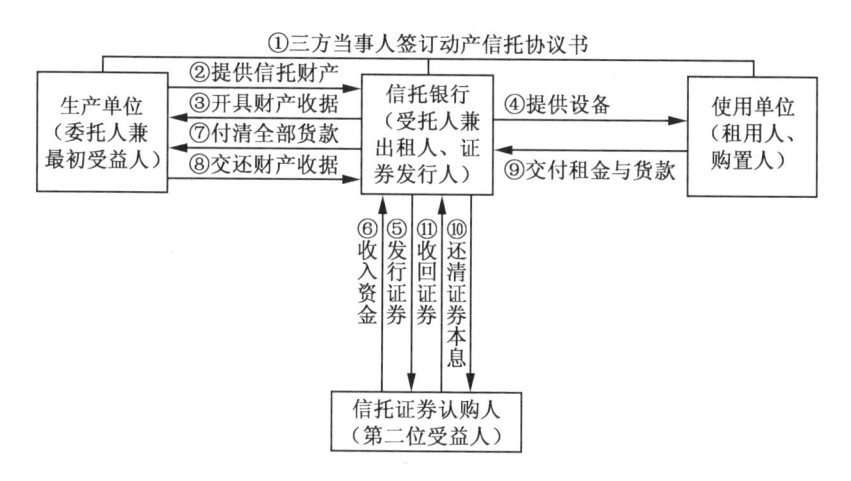

图 5-5　发行信托证券方式的动产信托程序

第五节　雇员受益信托

一、雇员受益信托概述

(一)雇员受益信托的含义

雇员受益信托是指公司为雇员提供各种利益的信托,公司定期从雇员的工资及公司利润中扣除一定比例的资金,委托给信托机构加以管理和运用,实现的信托收益由公司雇员享受。

(二)雇员受益信托的目的

雇员受益信托最早出现在美国,在市场经济快速发展,竞争日益激烈后,企业为了吸引优秀人才,激励雇员的积极性,提高劳动生产率,引进了雇员受益信托。之后,各国制定了相关的制度与法令,并改革了相应的税法,通过雇员受益信托可以享受税收的优惠,这些都成为促进雇员受益信托迅速发展的直接动力。

雇员受益信托的直接目的是为了雇员利益,改善职工的福利,最终增加公司收益。具体来说,它对各方都具有很大的好处。

1. 雇员受益信托对企业的好处

(1)提高员工的福利,如通过养老金信托等为退休员工提供生活上的保障。

(2)享受税收优惠。

(3)员工可以一起分享利益,促进和谐的劳资关系的建立。

(4)让员工无后顾之忧,可安心上班,激发雇员的积极性。

(5)留住优秀雇员,提高员工的凝聚力,减少人才流失。

2. 雇员受益信托对员工的好处

(1)享受企业福利,提高薪水的相对水平。

(2)每月从员工工资中提出一定比例的资金,对员工产生一种自我约束的储蓄功能。

(3)员工通过养老金信托,增加退休时的可用资金,安享退休生活。

(4)资金由信托机构集中管理运用,降低交易费,分散投资并降低风险。

(5)可以享受信托机构提供的全方位金融服务。

(三)雇员受益信托的主体

1. 雇员受益信托的委托人

雇员受益信托的委托人是雇员所在的公司,公司为了对其雇员提供利益而设立了信托,委托信托机构对信托财产进行管理与运用。当然,在有些种类的雇员受益信托(如形成财产信托)中,雇员本人也可以作为委托人,公司作为雇员的代理人。

2. 雇员受益信托的受益人

雇员受益信托的受益人是公司雇员,在信托业务中,他们享受信托机构对资金运用带来的好处,改善自身的福利状况。

3. 雇员受益信托的受托人

雇员受益信托的受托人常为各类信托机构,它们对公司交给的信托财产进行投资管理,制定合适的投资政策,并负责具体的操作,以实现雇员收益最大化的信托目的。当然,根据尽职的原则,受托人要及时向委托人或受益人提供完整的会计报表,接受他们的监督。

二、养老金信托

(一)养老金信托的定义

养老金信托也称为年金信托,是指信托机构接受委托人定期缴纳的养老基金,负责基金财产的运用管理,并在雇员退休后以年金形式向其支付退休金的一种信托业务。

养老金信托是以养老金制度的建立为基础设立的一种信托制度。为了保障职工在退休之后能获得稳定的生活来源,各国都建立了养老金制度。如美国现行的养老保险制度是一种多支柱的养老保险体系,包括政府社会保障养老金、公共部门养老金与雇主养老金、个人退休账户养老金等几个部分;日本的养老保障体系——国民年金保险制度主要由基础年金与雇员年金(又分为厚生年金和共济年金)组成。当然,目前,欧美、日本等国家社保体系的主要支柱并不是基本的社会养老保险,而是企业年金制度。不同国家的企业年金运作模式存在很大差异,有些国家是自愿参加,有的国家实行强制参加,有的国家采用的是保险模式,有些采用的是信托模式,表5-1给出了一些主要国家和地区的企业年金组织运行模式。

表5-1　　　　　　　典型国家和地区的企业年金组织运行模式

国家或地区	性质	组织运行模式
英国	自愿性	以信托为主,保险为辅
美国	自愿性	以信托为主,保险为辅
澳大利亚	强制性	信托型
德国	自愿性	内部管理型为主,向信托模式转变
法国	强制性	代际调剂型,集中管理
中国香港	强制性	强积金必须是信托模式;职业退休金计划,可以是信托和保险两种模式

从表5-1中可以看出,养老金信托方式是主要的运作模式。在这一模式下,雇员所在的公司根据养老金制度制定出养老金计划,定期地从雇员的工资或公司利润中提出一定比例的资金,信托给事先选定的信托机构来加以管理和运用,以实现养老金投资的不断增值。

(二)养老金信托的当事人

1. 养老金信托的委托人

养老金信托的委托人一般是雇员所在的企业。许多国家给予企业养老金计划全面的税收优惠,客观上促进了本国企业为职工举办养老信托的积极性。比如,有的国家规定,企业缴纳的养老金部分是当年免税的,即企业可以从它的当年利润中抵减支付给信托机构的养老金部分,从而减少企业纳税的绝对水平;如果企业缴纳的养老金数额较大,还会降低企业的纳税等级,使适用的税率下降,也能减少企业的纳税总额。在养老金信托中如果有部分资金是职工缴纳的,那么职工缴纳部分也可享受税收优惠,不计入当年的纳税范围,而是在职工退休后领取退休金时才对这部分收益支付所得税。另外,养老基金的投资收益也可以免缴公司所得税。据统计,美国每年为企业参加养老基金提供的税收优惠额高达500亿美元,英国每年的养老基金税收优惠额为150亿英镑。企业委托信托机构办理养老金信托,可以有效地运用资金,并节约成本。

2. 养老金信托的受托人

养老金信托的受托人多为信托机构。作为受托人,它们主要办理信托财产的运用与投资管理,承担税款的缴纳和账务的处理以及加入者的事务管理及养老金的发放管理。

许多国家(如美国、英国、荷兰等国)的政府对养老基金的投资规定受托人要遵循"审慎管理原则"以确保养老金的安全。美国1974年推出《雇员退休收入保障法》正式对私人养老金计划的管理方面进行了规定,要求受托人严格履行"审慎人原则",同时对受托人的职责及禁止行为做出了规定。对养老金资金信托的要求:在退休计划的基金运作中必须满足多种要求,以计划参加者和受益人的利益为唯一宗旨,以保证其安全性。

3. 养老金信托的受益人

养老金信托的受益人是雇员,一般在其退休之后,便可按月领取相应的养老金,以满足自己的生活所需。

(三)养老金信托的业务程序

养老金信托的办理一般有以下几个步骤:

1. 设立养老金信托

养老金信托的基础是养老金制度,因此,企业必须加入养老金制度,制定完整的养老金运作章程,明确企业和职工的权利与义务。企业的养老金计划也要上报政府有关部门,以享受税收优惠。有了章程之后,企业要求本企业的职工参加养老金制度。之后,企业就要选择一家信托机构作为受托人,并与之签订养老金信托契约。养老金信托一般不规定具体年限,只要企业存在,信托就可以延续下去。当然,不同企业的信托资金要分开核算。

2. 缴纳养老基金

企业与信托机构签订信托契约之后,必须定期向信托机构缴纳一定的资金作为养老金基金的来源。养老基金的资金来源一般包括三个方面:职工个人、企业和政府。

在一些福利国家中，公共年金的比例较高，而且公共年金中政府贡献的比例也很高。但由于社会福利支出越来越成为国家财政的负担，因此，企业与个人养老金信托占比上升。当然，在不同国家中，雇主与雇员交纳的养老金比例并不相同，见表5-2。

表5-2　　　　　　部分国家社会公共养老金缴费占工资收入的比例　　　　　　单位：%

国家	总缴费率	雇员	雇主	国家	总缴费率	雇员	雇主
美国	12.4	6.2	6.2	中国	28	8	20*
日本	15.4	7.7	7.7	巴西	31	11	20
加拿大	9.9	4.95	4.95	俄罗斯	26	0	26
德国	19.9	9.9	10	印度	24	12	12
法国	16.7	6.8	9.9	阿根廷	23.7	11	12.7
瑞士	9.8	4.9	4.9	沙特	18	9	9
韩国	9	4.5	4.5	印度尼西亚	6	2	4
OECD平均	19.6	8.4	11.2				

注：* 从2019年5月1日起，中国城镇职工养老保险单位缴费比例降到16%。

资料来源：OECD, Revenue Statistics, Social Security Administration; US, Social Security Programs throughout the World; OECD, pension and tax models. 转引自孙祁祥、郑伟等《中国养老金市场－发展现状、国际经验及其未来战略》，经济科学出版社2013年版。

企业养老金信托的资金来源比较灵活，企业可以从职工的工资或奖金收入中扣除相应部分代为缴纳，其资金缴纳比例可以是固定的，也可以是变化的，即根据企业各年的不同盈利状况确定企业应缴纳的资金。由于企业养老金信托的缴费往往可以享受税收优惠，为防止人们避税，有些国家规定了这种缴费率的上限，一般都限制在15%左右。例如，英国规定企业养老金雇主、雇员的总缴费率不能超过17.5%，瑞典规定的缴费率上限为13%。

3. 运用养老金信托资产

设立养老金信托的企业与信托机构签订信托契约后，就必须将养老金财产交付给信托机构。受托人根据信托契约的具体规定对信托财产进行管理与运用。

养老金信托基金的运用必须坚持的两个根本原则：一是投资的安全性；二是高回报率。因此，如何在确保安全的前提下获取高额回报，这是养老金信托基金投资者一直关注的焦点。

对于信托基金的投资，各国政府的管制做法有所不同。例如，美国、英国等国的政府只对养老基金的投资作原则上的规定，即要遵循"审慎管理原则"，但对养老基金的具体资产结构不作规定。有一些国家（如日本、荷兰、瑞士等国）的政府对养老基金的投资有严格的限制。如日本规定，养老基金资产中股票或外国资产不能超过30%，对某一家公司的投资不能超过10%,债券投资至少为50%。截至2017年底,日本的养老金资产中股票占30%,债券占56%,现金占4%,其他占10%。

4. 支付养老金

参加养老金信托的职工在退休以后可以按信托契约的规定向信托机构领取退休金。信托机构在向受益人支付养老金时,可以一次性支付,也可以每年按一固定金额支付,取决于信托契约的规定。

当然,参加养老金信托的职工要享受信托利益一般要满足一定的条件,如美国规定职工必须至少在一个企业连续工作5~10年后才有资格在退休之后享有受益权。但是如果工作未满规定的年限就离开原企业,那么就丧失了对养老金的受益权。

养老金信托的业务程序见图5-6。

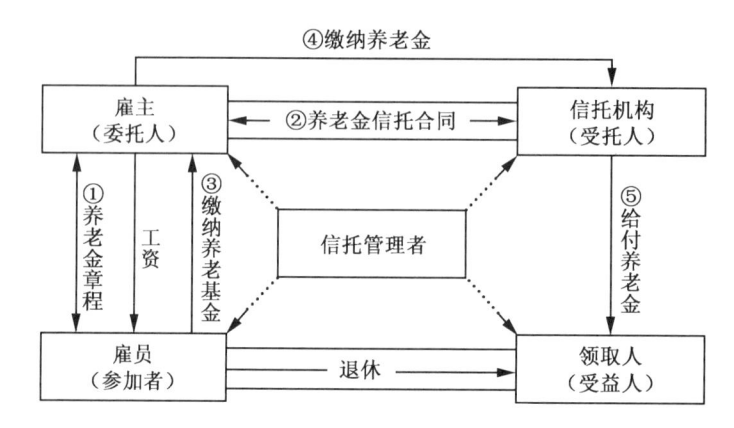

图5-6 养老金信托的业务程序

【案例5-3】 中国的企业年金制度与职业年金制度

企业年金作为我国城镇职工养老保险体系的"第二支柱",发挥了重要作用。

2000年,国务院正式将企业补充养老保险更名为"企业年金"。2004年,劳动和社会保障部颁布《企业年金试行办法》,对建立企业年金的基本条件、决策程序、资金来源、管理办法、待遇给付、企业年金基金管理、投资运营、监督管理等作出了明确规范,确立了我国企业年金制度的基本框架。2007年的《中华人民共和国社会保险法》对企业年金制度作出了专门规定,明确基本的法律援助,研究制定企业年金条例,提高依法保障的程度。

2011年,人力资源和社会保障部联合中国证券监督管理委员会、中国银行业监督管理委员会及中国保险监督管理委员会发布了修订后的《企业年金基金管理办法》,进一步明确了人力资源和社会保障部的监管职责、监管程序、方式及中央、地方监督权限划分,为人力资源和社会保障部履行监督职责提供了法律依据。该办法于2015年4月30日由人力资源和社会保障部再次进行修订。2017年12月18日,人力资源和社会保障部、财政部联合发布《企业年金办法》,自2018年2月1日起施行,进一步对职工企业年金的建立、缴费、投资运营及收益管理进行规范。

另外,我国从2014年10月1日起推进机关事业单位工作人员的养老保险制度改革。2015年,我国发布《机关事业单位职业年金办法》(国办发〔2015〕18号),启动国家机关事业单位的补充养老保险改革,充分借鉴企业年金发展的经验,结合我国机关事业单位的实际情况,建立职业年金。2016年10月12日,人力资源和社会保障部、财政部联合发布《职业年金基金管理暂行办法》,探索个性化的职业年金基金治理结构。

[案例分析]

目前,欧美、日本等国家社保体系的主要支柱是企业年金制度,而运作方式就是信托模式,因为信托模式以独立的财产制度来运作企业年金,符合资金运作要求长期安全、稳定回报率的特性。我国人力资源和社会保障部决定采用这一模式对年金进行管理是符合国际潮流的。

我国企业年金、职业年金作为补充养老保险,起步较晚,但近年来规模增长较快,未来仍有较大发展空间。根据人力资源和社会保障部的统计数据,截至2018年末,全国企业年金积累基金总规模为14 770.38亿元,企业户数达8.74万个,覆盖职工2 388.17万人,较2017年末增加约57万人,2018年投资收益为420.46亿元,加权平均收益率为3.01%。[①] 2017年末,我国职业年金的累计资金规模达到了1 500亿元以上,2018年底则达到了7 600亿元。

我国《企业年金办法》规定,企业年金遵循信托法原则。企业年金方案备案后,企业和职工(合称委托人)应当选定企业年金的受托人(符合国家规定的法人受托机构或者企业按照国家规定成立的企业年金理事会),由企业代表委托人同受托人签订受托管理合同。受托管理合同签订后,受托人应当委托具有企业年金管理资格的账户管理

---

① 《人社部发布2018年度全国企业年金基金业务数据》,中国保险报网,2019年4月4日。

人、投资管理人和托管人,负责企业年金基金的账户管理、投资运营和托管。

信托机构在年金管理中发挥了重要作用,可以申请成为企业年金的受托人、投资管理人和账户管理人。2005年8月1日,在第一批37家企业年金基金管理机构中,华宝信托投资有限责任公司、中信信托投资有限责任公司、中诚信托投资有限责任公司成为企业年金基金法人受托机构;中信信托与华宝信托又承担企业年金的基金账户管理人。2007年11月19日,劳动和社会保障部公布了第二批企业年金管理机构名单,上海国际信托有限公司获得受托人资格。2017年7月,人力资源和社会保障部公告,延续企业年金基金法人受托机构资格的公司有4家:华宝信托有限责任公司、中信信托有限责任公司、平安养老保险股份有限公司与太平养老保险股份有限公司。

2017年12月,首单职业年金计划落在新疆维吾尔自治区,长江养老保险、中国工商银行等8家机构中标。2018年6月29日和7月2日,山东省和中直机关分别公布了中标的受托人;8月与9月,中直机关和新疆职业年金基金的托管人选定;10月,中直机关职业年金投资管理人评选出炉;11月21日,山东省职业年金托管人确定……职业年金被多家金融机构提升到战略高度,机构间的业务争夺将日益激烈。

三、财产积累信托

财产积累信托是指把职工一定的财产积累储蓄委托给信托机构加以管理与运用,以便将来能形成一项财产的一种信托业务。

财产积累信托是以雇员作为委托人兼受益人的自益信托,企业员工从每月薪水中提出一定金额由雇主(企业)代扣代交信托金。信托机构作为受托人,负责运用信托财产。它们依据与委托人所签订的信托合同,以定时定额方式投资于自己公司的股票或其他上市股票,或国内证券投资信托基金,或海外共同基金等。而参加信托计划的员工在退休、离职或其他特定原因发生时,可以按持有比例提领该笔金额。财产积累信托的运作流程见图5-7。

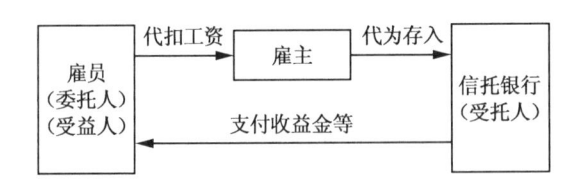

图5-7 财产积累信托的运作流程

四、职工持股信托

(一)职工持股信托的含义

职工持股信托是指将职工买入的本公司股票委托给信托机构管理和运用,退休后享受信托收益的信托安排。交给信托机构的信托资金一部分来自于职工的工资,另一部分由企业以奖金形式资助职工购买本公司股票。

企业实施职工持股计划有多种方式,如职工直接持股、由职工持股会或工会持股、设立持股公司持股、通过信托方式持股等。

职工持股信托是采取信托方式推行职工持股计划,以职工持股会或企业为委托人,以信托机构为受托人,以购股资金及购买的股权为信托财产,以为职工持有和管理股份或股权为信托目的设立,待职工退休或者离开本企业时可以获取相应的投资收益。

职工持股信托通过股权的所有权和收益权的分离,使得持股职工不再有公司法意义上的股东身份,从而回避公司法的诸多限制,有利于加强职工股权的管理和提高目标公司的决策效率。由于这样的信托行为受信托法保护,它对于国企改制过程中规范职工持股实现方式具有重要意义。因此,职工持股信托是一种合法合规且有利于实现职工股东利益的方式。

(二)职工持股信托的运作方式

1. 美国的职工持股信托

美国的职工持股信托是依照"雇员退休收入保险法案"规定而设立的。它的一般做法是:公司向雇员提供一定数量的公司股票或现金,或雇员向公司借款投资本公司的某些证券或不动产,并将这些信托财产交给信托机构设立单独的账户进行管理,待雇员退休,信托机构将信托收益及本金支付给雇员。

2. 日本的职工持股信托

日本的职工持股信托是设立职工持股会,职工用工资和奖金定期地买进本公司股份,分为金外信托与管理有价证券信托两种方式。

(1)金外方式的职工持股信托。金外信托方式的职工持股信托是信托机构将职工的出资和公司的奖金购买的公司股份进行管理,并于信托终了时将股份直接交还给职工。

在该类信托中,信托金包括职工的出资与公司的奖金,委托人是公司的职工,但委托人不直接将信托金交付给受托人,而是由职工持股会作为委托人的代理人,办理代交代收信托金、代理信托契约的签订事务。信托机构作为受托人,购进公司股票,并遵照委托人的意图行使股票表决权。信托收益包括股票股利和运用收益两部分,受托人在获得股利和运用收益时将它加到本金中去。金外方式的职工持股信托的结构如图5-8所示。

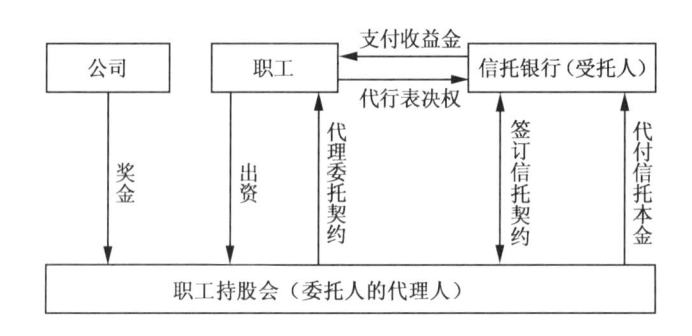

图5-8 金外方式的职工持股信托

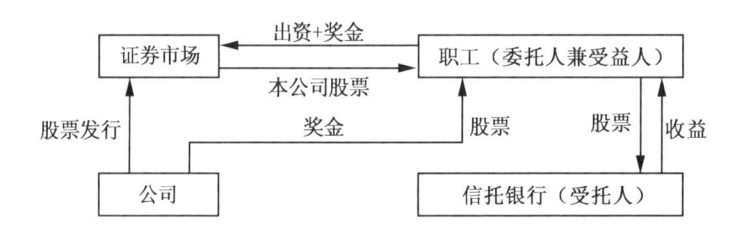

(2)管理有价证券方式的职工持股信托。与金外方式的职工持股信托不同,管理有价证券方式的职工持股信托是由委托人本人利用出资和奖金购入本公司的股票后再将股票信托给受托人进行管理,在信托终了时由受托人将股票交还给受益人。这种方式的结构如图5-9所示。

图5-9 管理有价证券方式的职工持股信托

【案例5-4】　　　**剑南春集团员工持股信托改造**

2003年,中国白酒行业"三巨头"之一的剑南春集团通过管理层收购(MBO)方式成功实现国有资本退出,完成剑南春集团的私有化改制。管理层团队组成四川同盛投资有限公司,购买公司69.54%的股份;原留在企业的1888名职工以安置补偿金直接转为股权的方式,通过工会持有剑南春集团16.47%股权,成为仅次于经营团队的第二大持股方。

2012年8月10日,剑南春全体职工代表大会表决通过修订了《剑南春员工信托持股计划实施办法》,并于8月17日正式推出,试图取代2003年改制时建立的职工出资信托持股制度。该办法有较大幅度的修改,尤其在职工所持股权的凭证形式、回购机制、回购价格的确定以及新股(受益权份额)奖励配售制度等方面。

> 在2003年剑南春集团的改制中,每个出资的职工均获得了一份"四川省剑南春(集团)有限责任公司职工信托持股出资证明"。而此次员工持股信托计划的内容之一就是要把该出资证明收回,另发一份"职工信托持股受益权份额的证明"。
>
> 但有部分职工认为它将当年的职工持股转为委托投资理财,股东身份一夜之间被取消,由此引发了大量职工的强烈不满,乃至演变为停工抗议的局面。

[案例分析]

职工持股会因剑南春集团2003年为解决企业的1 888名职工持股管理所设立,现阶段公司为职工持有股权管理规范性操作而引入信托机构是合理的。

职工持股会是我国国企产权制度改革特殊历史时期的产物,本次引入信托机构管理公司职工股权,可解决职工持股会的历史遗留问题,且信托机构比职工持股会管理股权更具专业性。剑南春集团引入信托机构管理公司职工股权,是现代公司治理优化的一个趋势。在公司层面,信托机构介入持股职工与公司之间,有利于公司对职工股权流动性交易的综合管理。在职工层面,信托机构比较于职工持股会,将会更为专业科学地管理职工的股权。另外,信托平台为权益所有人利益代表,对股东大会、董事会、监事会运作管理具有知情权、参与权。

当然,在信托实施时也要保持各方起始的公平性,合理确认职工的股东权益。

五、其他雇员受益信托

(一)利润分享信托

利润分享信托是为职工将来分享公司利润而设立的信托。利润分享信托的委托人是公司,公司每年将公司净利润的一定比例拿出来,委托给受托人(信托机构)进行管理和运用,在一定时期后将信托本金及收益支付给受益人(本公司的职工)。

利润分享信托的主要特点有以下四个方面:

(1)信托本金和收益都是不确定的。公司根据每年的盈利情况确定出资金额。当盈利多时,信托本金会较多;而公司盈利下降时,信托本金也会减少。正是由于本金的不确定,信托收益也会发生波动。

(2)信托本金和收益与雇员的年龄和工龄无关,雇员不负担信托本金的分摊额。

(3)雇员可以较灵活地支用款项。当雇员发生退休、死亡、致残、辞职或被解雇等情况时,都可以要求支用信托本金及收益。

(4)法律对该信托当事人资格的要求较为灵活、宽松。

(二)储蓄计划信托

在储蓄计划信托中,公司把养老金计划和储蓄计划结合在一起,其目的是为了向职工提供更多的退休收入。

这类信托的委托人是公司,信托财产主要来自雇员的储蓄和公司的捐款两部分(一般后者的数量要超过前者)。信托机构作为受托人负责信托财产的管理和运用、向退休雇员支付收益等。与养老金信托相比,储蓄计划信托更加灵活,因为它允许提前向雇员支付收益等。

第六节 基础产业信托

一、基础产业信托的含义

基础产业是指为社会生产和居民提供公共服务的物质工程设施,包括市政建设、公路、铁路、能源、环保、水电煤气等公共设施(即基础建设)以及教育、科技、通信、医疗卫生等社会事业(即社会性基础设施),主要用于保证国家或地区的社会经济活动正常进行。作为公共服务系统的有机构成,基础产业项目建设的特点通常表现为投资额巨大、建设周期长、管理要求高等方面。

基础产业信托是资金投向基础产业领域的信托,一般与地方政府的投资或基建相关。根据使用性质不同,基础产业信托一般可以分为基础设施、交通、能源、矿产资源及开采和其他等类别。

二、基础产业信托的形式

基础产业信托从资金运用角度分为信托贷款、股权投资、权益投资、组合运用和其他投资五种形式,常见的主要形式有信托贷款、股权投资和权益投资三大类。

(一)贷款类信托

在该模式下,信托公司将受托资金以贷款形式投向信托合同中约定的基础产业类项目,在信托存续期间负责信托计划的运行、维护和信息披露,并到期回收信托贷款本息。

(二)股权类信托

信托资金以参股方式,与项目主办人联合发起设立项目公司或对已有的项目公司增资扩股,充实融资主体的资本金,以吸引和带动其他债务性资金的注入。在项目运行期间,信托公司通过派驻股东代表、参与经营决策等方式介入项目公司的日常运营。

(三)权益类信托

信托资金主要用于购买经营性或准经营性项目债权、收费权、特许经营权等各类权益。项目主办人或其下属融资主体将上述权益以信托财产的形式,通过信托平台转让给社会投资者,以实现盘活项目公司存量权益性资产的目的。在我国,权益投资类基础产业信托的投资对象通常是地方城投公司的应收账款债权,一般是由该地方的城投公司承担连带担保责任,或者由财政或人大决议或出具相关文件对应收账款进行承诺。

三、基础产业信托的优势与风险

(一)基础产业信托的优势

基础产业主要由政府投资,而基础产业信托在基础产业融资中占据了重要地位,因为这种融资方式在资金、外部环境、约束条件和业务范围等方面都优于一些传统融资方式。

信托融资方式灵活多样,既可以负债融资,也可以股权融资或结构性融资,使得基础设施建设的融资形式多元化,满足了多种需求。银行贷款、债券、股票等方式的限制条件高,审批程序严格繁琐;而信托融资由委托人和受托人自行商定,发行速度快,融资程序简单,审批环节少,监管部门对信托公司设计信托计划只需备案即可。这些优势使得信托融资能有效地将小额、单独的资金汇聚成大规模的集合信托资金,满足基础产业大规模的资金使用。

此外,基础产业一般主要由政府投资,或者政府提供显性或隐性担保,信用等级较高,安全性较好,这也有利于信托公司防控信托产品的风险。

(二)基础产业信托的风险

尽管基础产业产品或多或少有地方政府信用保障,但仍存在一定的风险。

1. 信用风险

一般来说,基础产业的盈利水平偏低,信托产品融资成本高。信托产品往往由地方政府用财政预算安排还款,加大了地方政府的财政压力,各个地方政府的财政实力不尽相同,是否能及时足额还款也存在不确定性。

2. 经营风险

政府隐性担保可能会使信托公司在经营管理过程中放松警惕,风险控制措施不完善。另外,部分产品的违规担保、抵押行为,也增加了项目管理风险。

四、中国基础产业信托发展情况

近年来,建设资金不足问题一直困扰着各个城市的发展,但《中华人民共和国预算法》明确规定地方政府不能发行债券,为了更好地落实远期发展规划,解决同老百姓生活息息相关的市政建设,地方政府需要寻找新的路径来筹集资金。

2003年6月23日,鞍山市政府责成鞍山市城市建设投资发展有限公司委托鞍山信托(现为安信信托)设立"鞍山市城市基础设施建设集合资金信托计划",以资金信托的方式为城市基础设施建设筹集资金3亿元,用于鞍山市城市基础设施建设综合项目,这是鞍山市第一个市政建设信托产品。2003年7月10日,鞍山市人大常委会批准该市市政府的一项议案:利用鞍山信托投资股份有限公司筹集城市基础设施建设资金,并将还款资金纳入同期年度财政预算。但有人认为这是鞍山市政府变相提供了担保,与信托本质有矛盾。

2011年以来,为了刺激经济增长,各个地方政府加大了基础设施投资项目,基础产业信托得到迅猛增长,发行量和规模双双上涨。其中,基础设施项目的发行数量占比最高,随后是交通和能源。

2012年末《国务院关于加强地方政府融资平台公司管理有关问题的通知》出台后,信托公司及时对基础产业信托产品进行了转变和创新,以适应监管政策以及市场的变化,促进了基础产业信托进一步发展。据不完全统计,2012年共有1 128款基础产业信托发行,拟募集资金约达2 662.76亿元,成为发行规模最大的一类产品。与2011年相比,2012年基础产业信托发行数量和发行规模分别取得了222.29%和270.27%的巨大增加。2012年基础产业信托主要以权益投资和贷款两种投资方式为主。另外,56家信托公司发行了基础产业信托,机构参与度为86.15%。[①]

与此同时,基础产业信托的快速发展也带来了一些问题,备受关注的是地方债务以及兑付危机。2012年12月24日,财政部、国家发展和改革委员会、中国人民银行和中国银行业监督管理委员会四部委联合下发《关于制止地方政府违法违规融资行为的通知》,基础产业信托发行火爆的势头开始减弱。

2013年,由于担忧信托业的平台债风险,监管层加强了对政信合作项目的监管。2013年4月15日,中国银行业监督管理委员会下发《关于加强2013年地方政府融资平台贷款风险监管的指导意见》,要求地方政府融资平台贷款以控制总量、优化结构、隔离风险、明晰职责为重点继续推进,从而将信托计划、理财产品等均纳入政府平台融资总量控制。2013年全年,基础产业信托的增速下降近八成。

2014年8月31日,修正后的《中华人民共和国预算法》从法律层面赋予地方政府适度举债融资的权限。2014年9月,《国务院关于加强地方政府性债务管理的意见》拉开了政府投融资体制改革的序幕。各部门出台了多个文件推动地方政府性债务的

---

① 用益信托工作室数据。

化解,并取得明显的成效,地方政府举债融资得到规范。

2014—2016年,基础产业信托的资产规模基本维持稳定,从2014年第一季度的2.75万亿元下降到2016年第二季度的2.65万亿元,2016年第三季度开始止跌回升,到2018年第一季度末为3.11万亿元。但基础产业信托在全部资金信托中的占比却从2014年第一季度起的24.78%下降到2018年第一季度的14.40%。基础产业信托在2018年总体上经历了一个先下滑再到企稳并上升的过程,上半年基础产业信托余额不断下降,7月份以后随着国家的财政政策转向积极、地方平台资金紧张得到缓解,新增基础产业信托项目开始增加,2018年,基础产业信托共发行了2 411个,规模达到3 254.71亿元,比2017年增长了142.31%。[1]

本章小结

法人信托也称为公司信托、团体信托,是指以法人作为委托人的信托业务。法人信托的特点表现为:委托人是公司、社团等法人组织;信托财产一般数额较大;受托人只能由法人机构承担;受托人对信托财产的运用更为谨慎;法人信托与社会经济发展有密切关系。法人信托的业务种类十分繁多。

证券发行信托是信托机构向证券的发行人提供有关证券发行事务的信托。抵押公司债信托是证券发行信托的一种主要形式,它是信托机构为协助企业公司发行债券提供发行便利和担保事务而设立的一种信托业务。其特点主要表现在:只有发生债务人违约情况时,受托人才可行使财产的所有权,对抵押财产进行拍卖处理;受益人有很大的不确定性;受托人的职责是双重的。收益债券发行信托是指信托机构为市政公共建设发行公债提供服务。

商务管理信托也称表决权信托,是由公司全体或多数股东将其所持股票的表决权信托给信托机构,由后者在信托期间行使表决权的信托。该信托的目的主要是为了改善公司组织管理,保证公司经营方针与作风的连贯性,防止其他企业对本企业的控制,协助企业重整,保障投资者的权益等。商务管理信托将股东的收益权和表决权分离,信托机构能够独立行使表决权。

动产信托,也称设备信托,是由设备的所有者(多为设备的生产商)作为委托人,将设备委托给信托机构,并同时将设备的所有权转移给受托人,后者再将设备出租或以分期付款的方式出售给购买企业的一种信托方式。它是一种以管理和处理动产为目的的信托,在本质上起到了融资的作用。动产信托根据所运用的信托财产的不同分为车辆及运输设备信托与机械设备信托,按照对动产的不同处理方法分为管理方式的动产信托、处理方式的动产信托和管理处理方式的动产信托三种。

雇员受益信托是指公司为雇员提供各种利益的信托。公司定期从雇员的工资或公司利润中扣除一定比例的资金,委托给信托机构加以管理和运用,实现的信托收益由公司雇员享受。雇员受益信托包括养老金信托、财产积累信托、职工持股信托和其他雇员受益信托。养老金信托也称年金信托,是指信托机构接受委托人定期缴纳的养老基金进行管理,负责基金财产的运用,并在雇员退休

---

[1] 用益金融信托研究院统计数据。

后以年金形式向其支付退休金；财产积累信托是指把职工一定的财产积累储蓄委托给信托机构加以管理与运用，以便将来能形成一项财产；职工持股信托是指将职工买入的本公司股票委托给信托机构管理和运用，退休后享受信托收益的信托安排。另外，还有利润分享信托、储蓄计划信托等其他雇员受益信托。

基础产业信托是资金投向基础产业领域的信托。从资金运用角度看，最常见的一般有贷款、股权和权益投资三大类。信托融资在基础设施市场化进程中，能有效地将小额单独的信托资金汇聚成大规模的集合信托资金，满足基础产业的大规模资金需求。

练习与思考

【名词解释】

公司信托　证券发行信托　抵押公司债信托　商务管理信托(表决权信托)
动产信托(设备信托)　信托受益权证书　信托证券　雇员受益信托　养老金信托
财产积累信托　职工持股信托　基础产业信托

【简答题】

1. 与个人信托相比，法人信托业务有哪些特点？
2. 抵押公司债信托有哪些积极的作用？
3. 动产信托按照对动产的不同处理方法分为哪几种形式？
4. 动产信托与租赁相比有什么区别？
5. 商务管理信托的特点表现在哪些方面？
6. 基础产业信托的优势与风险表现在哪些方面？

【思考题】

请结合实际说明如何利用商务管理信托来实现特定的信托目的。

第六章　通用信托业务

信托业务的发展经历了从个人信托到法人信托再到通用信托的过程,这是由社会的需求变化所决定的。当前,通用信托的业务具有更为丰富的内容,既能适应个人客户的需求,也能适应企业客户的需求,得到了广泛的应用。本章介绍最主要的几项通用信托业务。

第一节　通用信托业务概述

一、通用信托的概念

通用信托业务是指介于个人信托与法人信托之间,既可以由个人作为委托人,也可以由法人作为委托人的信托业务。

通用信托的出现是经济发展的必然产物。早期的信托是为了帮助个人管理私人财产而设立的个人信托,后来随着公司的大量设立及其业务的广泛开展,法人信托成为信托的主要业务,与此相适应的信托机构就承担了主要受托人的任务。信托机构根据不同的社会需求不断开发新的信托业务,发现有些信托财产的所有者呈现了多元化迹象,它们不仅被企业所拥有,也为个人拥有,有些信托业务不仅法人有需求,个人也需要,于是同时适用于个人委托与法人委托的通用信托业务就应运而生了。在全球资本证券化趋势加强的情况下,通用信托以其灵活的投资、融资手段发挥了越来越大的作用,也成为目前信托业务中比重最大的部分。

由此可见,信托业务从个人信托、法人信托再到通用信托的发展过程正体现了人类经济的不断壮大与社会需求的日益多元化趋势。

二、通用信托业务的种类

通用信托的种类是繁多的,典型的业务包括以下几类:

(一)投资信托

投资信托也称为投资基金,是通过集合众多不特定的投资者,将资金集中起来设立投资基金,委托投资专家经营操作,共同分享投资收益的一种信托形式,投资对象包括有价证券和实业。

(二)公益信托

公益信托是将不同委托人提供的资金有效地运用于公共福利事业的一种信托方式。捐款人(委托人)为了公益目的,委托信托机构代为管理或运用捐助的款项,使该笔资金得以有效地运用于某项特定公益事业。

(三)不动产信托

不动产信托是指委托人将土地或房屋的财产权转移给信托机构。信托机构根据信托契约进行管理和运用,所得收益扣除各种费用之后,分配给指定受益人。信托机构办理的不动产信托有多种方式。

(四)管理破产企业信托

管理破产企业的信托是为了保障债权人的利益、合理处置债务人的财产而引进的一种信托业务。它适用于出现债务负担过重、资金周转不畅、不能及时偿还债务本息的,甚至出现资不抵债、需要解散清理的企业,由信托机构代表债权人对破产企业进行管理。

(五)处理债务信托

处理债务信托是完成清偿债务目的的一种信托方式,主要适用于对许多债权人负有债务、出现支付困难而又想避免"破产程序"的债务人。

(六)艺术品信托

受托人接受委托人的资金,投资于艺术品市场,并具体负责艺术品的投资事务,让投资者分享艺术品的价值增长。

由于投资信托放在本书第七章介绍,因此,本章主要介绍其他几项信托业务。

第二节 公益信托

当前社会,公益信托已得到广泛的应用,本节主要介绍公益信托的概念及基本做法。

一、公益信托概述

(一)公益信托的含义

公益信托是指委托人为了社会公共利益的目的,对将来不特定的受益人设立的信托方式。这里所说的"社会公共利益",没有一个一成不变的普遍的客观标准,由各国的相关法律加以明确规定。社会公共利益一般包括救济贫困,发展教育、科技、文化、环保或其他事业,增进人民健康,发展社会公共事业及其他有利于社会的公众福利。如日本《信托法》规定,公益信托的目的是为了祭祀、宗教、慈善、学术、技艺和其他公益。

我国《信托法》第六章对公益信托进行的界定是:"为了下列公共利益目的之一而设立的信托,属于公益信托:(1)救济贫困;(2)救助灾民;(3)扶助残疾人;(4)发展教育、科技、文化、艺术、体育事业;(5)发展医疗卫生事业;(6)发展环境保护事业,维护生态环境;(7)发展其他社会公益事业。"

由此可见,公益目的是识别公益信托的一个最为重要的标志。在信托合同中,委托人要明确公益目的。对未列举目的的信托,如确实属于公益目的,一般也承认其为公益信托。另外,对于诸如同学会、同爱好会员等,以相互亲睦、联络和交换意见为主要目的者,以及仅以特定团体的成员或特定职业者作为对象不属于公益信托,按照这一标准,法人信托中的养老金信托和财产积累信托等信托业务均不是公益信托。

(二)公益信托在各国的发展

在西方国家,公益信托的发展大致可分为以下三个阶段:

1. 古典的公益信托阶段(信托的诞生—西方工业革命前)

在信托产生最早的英国,13世纪颁布了《没收法》,想向教会捐赠土地的教徒采取信托方式委托他人经营管理土地,并将取得的收益交给教会用于宗教事业,形成了公益信托的雏形,我们可以把这一时期称为古典公益信托阶段。

2. 成长飞跃阶段(工业革命开始—第二次世界大战结束)

在西方工业革命之后,资本家的财富大量集中,为了对个人的资产进行适当的分散,同时也受慈善思想的影响,一些人开始资助公益事业,出现了一批慈善家。为了避免道德风险和经营风险,他们将信托法律框架和公司运营模式进行结合,创造了一种公司化的运作形式的慈善基金会,更好地隔离了他们所捐助的财产。当然,这一时期的信托业务范围也更为广泛,信托财产也出现了多样化的趋势,公益信托得到快速的成长。

3. 成熟阶段(第二次世界大战后至今)

第二次世界大战后,公益信托日益成熟,并表现出大众化的趋势。各种名目的公益信托基金相继成立,公益信托规模不断壮大。如20世纪美国公益基金会的数量从几百个上升到4万个左右。目前,英美等国许多著名大学、博物馆、美术馆、艺术馆等都设有公益信托的基金会。

同时,公益信托的受益对象范围也不断扩大,许多公益信托立足于世界范围的公益事业。如英国的救助儿童基金会,就是帮助在战争中失去父母的孤儿谋取福利。可以说,目前公益信托已呈现出典型的国际化、多样化和大众化趋势。

公益信托对于推动社会公益事业的发展、提高社会整体福利水平、支持国民经济的发展具有重要的意义,因此许多国家都鼓励发展公益信托。这主要体现在税收优惠上,又分为捐赠环节的优惠和信托财产运作环节的优惠。如许多国家的所得税法规定,个人或营利单位成立、捐赠或加入符合规定的公益信托,信托财产免纳所得税,其受益人享有该信托利益的权利价值也免纳所得税。一些国家的遗产及赠与税法也规定,遗赠人、受遗赠人或继承人提供财产、捐赠或加入于被继承人死亡时已成立的公益信托,该财产不计入遗产总额,受益人享有信托利益的权利价值也不计入赠与总额。受托人因公益信托举行的货物标售或义卖、义演收入免征营业税,受托人因公益信托关系而取得的房屋免征房屋税。

当然,目前各国公益信托又带有明显的国别特点。如英国公益信托多为个人信托,土地等不动产在信托财产中仍占有较大比例;美国的公益信托多采用基金会的方式;日本的公益信托多采用"金钱信托"的方式,并对信托财产进行拆分,让小规模的资金也能为公益事业发挥作用。

【案例 6-1】　　　　日本的公益信托[①]

1993 年以后,日本银行的信托子公司及地方金融机构也开始承办公益信托业务,日本公益信托制度显现出很强的生命力。1998 年,日本实施《特定非营利活动促进法》,之后的 10 年间,日本以社会福利、城市环保等为目的的公益信托在逐步增加。个人及企业对于公益活动的意识发生了转变,企业的宏观经营战略中对公益性的考虑和追求也变得越来越重要。2006 年日本颁布新的《信托法》,旧《信托法》中的公益信托部分被移植到新的独立的公益信托法律规范之中,从而开启公益信托规范发展的新时期。

近年来,日本各大公司广设各类公益信托,其中以奖学金、鼓励学术研究、整治自然及都市环境、与国际交流为主。同时,利用公益信托从事增进社会发展、改善社区环境的事例也日增。据日本信托协会统计,截至 2017 年底,公益信托受托 459 件,信托财产余额 594 亿日元。信托财产余额中,奖学金的给付约占 36%,自然科学研究资助约占 13%,国际合作与国际交流约占 5%,教育振兴约占 4%。

[案例分析]

在日本,公益信托是指由个人或企业等把自己的财产委托给信托银行,由信托银行按照一定的公益目的管理和运用受托财产、为公众利益服务的制度。

日本的公益信托主要有以下特征:

(1)其业务仅限于扶助捐赠,由信托银行负责向主管政府部门申请批准,无须法人登记。

---

① 资料来源于日本信托协会。

(2)公益信托可以拆分信托财产,将其灵活地运用于公益活动,因此小规模的资金也能在适当的时机为公益活动发挥作用。

(3)信托银行作为善意的管理人,负有日本《信托法》规定的注意、忠实、分别管理的义务,并有责任针对信托事务或财产状况每年进行一次公告,因此能够确保其管理的信托财产的严肃性。此外,公益信托财产与信托银行的固有财产及其他信托财产分账管理,因此能够保持公益信托财产的独立性,从而保证了信托财产的安全。

(4)通过设定信托管理人来保护不特定多数受益人的利益。

(5)公益信托的名称中可载入财产捐赠企业或个人的名称,以永远赞颂其善意。

(6)税收方面日本对公益信托有许多优惠。

正是这些特点,使得日本成为世界上公益信托较为发达的国家之一。

我国的公益信托发展起步较晚,但是信托公司多年来持续探索信托制度与慈善公益事业相结合的有效模式,积极开展了准公益信托、公益信托和慈善信托等实践。

2001年,我国在《信托法》中单独设第六章来说明公益信托,第六十一条明确表明"国家鼓励发展公益信托"。《信托法》规范了公益信托的界定、监察人制度等内容,但并未具体说明信托公司应该如何操作,而且在税收及其他配套措施方面也没有相关的法律法规与政策,这也在很大程度上制约了公益信托的发展。2003年后,一些信托机构推出了"具备公益信托性质的集合资金信托"(准公益信托产品),如2004年5月云南国投发行的名为"爱心成就未来——稳健收益型集合资金信托"、2005年1月中融信托发行的"中华慈善公益信托"、2007年8月北京国际信托投资公司发行的"同心慈善1号新股申购集合资金信托计划"等。

我国真正意义上的公益信托诞生在2008年5月12日"汶川大地震"以后,主要以集合资金信托计划的形式存在。为帮助和支持灾区重建工作,2008年6月2日,中国银行业监督管理委员会迅速发布《中国银监会办公厅关于鼓励信托公司开展公益信托业务支持灾后重建工作的通知》。该通知鼓励信托公司依法开展以救济贫困、救助灾民、扶助残疾人,发展医疗卫生、环境保护,以及教育、科技、文化、艺术、体育事业等为目的的公益信托业务。在赈灾活动中,公益信托渐受重视。2008年6月,长安信托发起了"5·12抗震救灾公益信托计划",信托财产及信托收益全部用于地震灾区受损的中小学校舍重建或援建新的希望小学等公益项目,完全符合《信托法》规定的公益信托要求。

有关数据显示,2015年全年中国信托业开展公益及准公益信托项目54个,涉及信托资产规模18.9亿元。[1]

---

[1] 中国信托业协会:《2015年中国信托业社会责任报告》。

自 2013 年起,中国银行业监督管理委员会也与民政部等相关部门多次沟通公益信托制度问题,研究起草公益信托管理办法。2016 年 3 月 16 日,全国人大表决通过了《中华人民共和国慈善法》(以下简称《慈善法》),其中单设第五章来规范慈善信托,明确规定"慈善信托属于公益信托,是指委托人基于慈善目的,依法将其财产委托给受托人,由受托人按照委托人意愿以受托人名义进行管理和处分,开展慈善活动的行为"。2017 年 7 月 26 日,中国银行业监督管理委员会及民政部联合发布《慈善信托管理办法》,对慈善信托的设立、备案、变更、终止等操作流程以及慈善信托财产的管理和处分作出了具体规定。同年,地方民政部门为促进地方慈善事业的健康发展,也根据各自的区域特点,制定了地方性慈善信托管理办法,如北京市民政局发布国内首份地方性慈善信托管理办法《北京市慈善信托管理办法》,广东省民政厅与中国银行保险监督管理委员会广东监管局联合印发《慈善信托管理工作实施细则》,等等。2018 年的 37 号文再一次将公益(慈善)信托与资管新规中的资管产品进行了区分。这样,我国的慈善信托基本形成以《信托法》为一般法、《慈善法》为特别法、《慈善信托管理办法》和地方性慈善信托管理办法为操作规范的体系。

自《慈善法》正式实施以来,信托公司、慈善组织及社会公众对慈善信托呈现出极大的热情,慈善组织和信托公司的合作不断推进,慈善信托的业务模式和产品类型更加丰富。据中国慈善联合会的统计,2018 年,我国慈善信托新设立总数为 79 单,同比增长 76%,慈善信托规模达 11.01 亿元,同比增长 84%,慈善信托财产数量与规模的增长稳中求进。[①] 其中,万向信托于 2018 年 6 月 29 日成立的"鲁冠球三农扶志基金慈善信托"管理财产规模达 6 亿元,是 2018 年为止规模最大的慈善信托。

【案例 6-2】国投泰康信托 2016 国投慈善 1 号慈善信托 [②]
2016 年 9 月 1 日,"国投泰康信托 2016 国投慈善 1 号慈善信托"在北京民政局完成备案。这是首单由大型央企设立的慈善信托。该信托计划的委托人为国家开发投资公司,受托人为国投泰康信托公司,监察人为上海锦天城律师事务所,托管人为渤海银行股份有限公司,信托总规模为 3 000 万元人民币,信托期限为 5 年,信托财产及收益全部用于改善贫困地区群众生活及发展贫困地区的教育事业。

[①] 中国慈善联合会:《2018 年中国慈善信托发展报告》,2019 年 3 月 7 日。
[②] 中国信托业协会:《国投泰康信托国投慈善信托 1 号慈善信托入选民政部中华慈善奖评选》,2018 年 6 月 4 日;中国慈善联合会:《2018 年中国慈善信托发展报告》,2019 年 3 月 7 日;国投泰康信托:《2017 年慈善信托研究报告》,2017 年 9 月 1 日;用益信托网:《公益(慈善)信托的深度解读》,http://trust.jrj.com.cn/2016/03/29075320752228.shtml,2016 年 3 月 29 日。

"国投泰康信托 2016 国投慈善 1 号慈善信托"具有以下四个亮点:第一,该信托是为央企精准扶贫事业量身定制的慈善信托,委托人为国家开发投资集团有限公司,成立目的为改善贫困地区的群众生活及发展贫困地区的教育事业,特色十分明显;第二,该信托为精准扶贫提供新的建设性方案,发挥慈善信托灵活、透明、高效的优势,实现了委托人在定点扶贫县教育、医疗、救困、乡村基础设施建设等多方面精准扶贫的需求;第三,该信托支出规模大,慈善效果显著,支持国投集团在甘肃、贵州 3 个定点扶贫县的易地搬迁、道路建设、教育资助等项目,直接惠及 3 000 余户家庭和 1 000 余名学生;第四,该信托运行规范透明,向监察人履行事前或事后报告的义务,在公司网站和北京民政局网站上披露年报信息,受到监察人、北京民政局以及社会公众的多重监督。

2018 年 9 月 13 日,"国投泰康信托 2016 国投慈善 1 号慈善信托"荣获中国慈善事业领域的最高政府奖"中华慈善奖"。这说明以慈善信托参与慈善事业的模式得到了政府的肯定,对于信托业积极参与慈善公益事业起到重要的示范作用。

[案例分析]

慈善信托是运用信托制度开展慈善活动的一种方式,我国《慈善法》明确规定"慈善信托属于公益信托"。

在公益事业中引入信托制度具有重要意义:一是能发挥信托的金融理财功能,通过受托人的积极管理,为投资者创造超额收益,将超额收益部分用于公益事业,使投资者在获得稳健收益的同时向社会奉献爱心;二是通过引入信托模式,使公益基金的管理更加透明;三是吸引更多的社会投资人关注公益信托理念,扩大公益信托的规模有助于公益基金的发展,进而推动中国慈善业的发展。

公益信托作为一种新型慈善方式,虽然能够更好地反映委托人的意愿,解决慈善机构公信力不足的问题,但由于没有明确审批和管理机构,在实践中难以落地,因此,我国公益信托发展一直非常缓慢。

2016 年通过的《慈善法》放宽了慈善信托的准入条件,为运用信托制度开展慈善活动扫清了部分障碍,改变了公益信托发展滞后的局面。相比其他公益信托,慈善信托的审批环节更简便,条款设置更灵活,因而在实践中,我国信托公司更多地采用设立慈善信托的方式参与公益慈善事业。

通过慈善信托,可以集中社会资源、利用金融方式为慈善领域提供资金支持和持续投入;借助金融机构的专业化运作优势,有助于实现慈善资金的保值增值,对贫困地区发展具有积极的作用;在慈善信托中引入监察人制度有助于规范慈善资金的使用,提升社会可信度。

据中国慈善联合会的统计,2016—2018年全国68家信托公司中有42家设立了慈善信托。2018年设立的慈善信托中,逾80%选择信托公司作为受托人。

(三)公益信托的特点

公益信托的特点可以通过与以下一些概念的对比加以理解。

1. 公益信托与私益信托的区别

公益信托是相对于私益信托而言的,两者的区别是十分明显的。

(1)公益信托的目的是为了社会公共利益。这是区分公益信托与私益信托的最重要的一个标志。私益信托是完全为委托人自己或其指定的受益人的利益而设立的;而公益信托则是为了公共利益而设立的。

(2)公益信托的受益人是不完全确定的。私益信托的受益人是在设立信托时就确定的,不管该受益人是个人还是社会团体;而公益信托在设立时只是规定受益人的范围,而每一时期具体的受益人要根据公益信托契约规定的受益条件确定,例如,奖学金信托的受益人只限于成绩优秀的学生,助学金信托的受益人只限于家庭经济困难的学生,但具体由谁获得奖学金或助学金,事先并不知道,只能在一段时间后才可获知,而且不同时期的受益人也是不一致的。

(3)公益信托必须取得有关主管部门批准。私益信托的设立是以信托行为为依据,只要有了契约或遗嘱等信托文件后,信托关系即可成立;而公益信托的设立除了必要的信托契约之外,还必须取得公益信托主管部门的批准,因此,公益信托设立时,受托人应向有关公益事业管理机构申请承办公益信托的许可,未经许可不允许私自设立公益信托。

(4)公益信托要接受社会公众和国家有关机构监督。一般来说,私益信托主要受法律监督;而公益信托除了受法律监督外,更重要的是接受社会公众和国家有关行政机关的监督,以保证其公益目的的实现。

(5)公益信托不得中途解除合同。私益信托可以中途解除契约,信托财产归委托人或受益人所有,如信托财产无规定的归属权利者,应归委托人、受益人或其继承人;而公益信托则不得中途解约,主要是会影响到公共利益,而且信托终止时,如信托财产无归属权利者,受托人经有关管理机构批准后按照原先的信托目的继续运用,不能归属委托人或其继承人。

2. 公益信托与公益法人的区别

除了公益信托可以实现为公益事业服务的目的外,像福利院、敬老院等公益法人也有这一功能。那么,公益信托与公益法人有何区别呢?其实,两者的区别是很大的,主要表现在以下方面：

（1）两者的设立方式不同。公益法人是一法人，必须进行注册登记取得法人资格；而公益信托按信托方式成立，不是法人，设立时也不需要办理注册登记。

（2）两者的运作不同。公益法人作为一机构，要设置专职人员以及执行机构，且要有固定的办事场所，因此，费用较大；而公益信托则不需要专门的人员及场所，它是通过受托人的执行来实现信托目的的，这有助于节省运营费用。

（3）两者的存续限制不同。公益法人是以永久存续为前提设立的，一旦成立，除非破产，否则不能解散；而公益信托则没有永续存在的规定。

（4）两者的财产运用不同。公益法人一般有最低财产额的限制，而且原则上不允许处分其基本财产，以运用财产的收益来维持营运；而公益信托的受托人对财产的运用弹性较大，可以对所有的信托财产进行处分。

（5）两者适用的法律基础不同。公益法人受民法的限制；而公益信托主要以《信托法》为基础。

由此可见，公益法人比较适合于直接从事经营事业类型的公益活动，而公益信托具有设立简单、费用较低、管理方便、监督严格、财产运用方式多样、孳息支出灵活等优点，可以较好地适应短期和长期公益事业。

二、公益信托的主体

公益信托与其他信托相比，主体稍微复杂一些。一般来说，公益信托所涉及的当事人主要包括委托人、受益人、受托人、信托监察人和经营委员会。

（一）委托人

公益信托的委托人包括自然人与法人两大类。凡出于公益目的希望转让财产权或者做其他处理的自然人都可成为公益信托的委托人，但法人则要视其性质而定，营利法人可以较为方便地成为公益信托的委托人，而有些国家（如日本）规定公益法人只有在章程许可时才能成为公益信托的委托人。另外，各国对于国家或地区的公共团体能否成为委托人也有不同看法。

（二）受益人

与私益信托不同，公益信托的受益人为将来的、不特定的人，但在合同中事先规定了受益人的基本范围与选择的条件，在收益分配时再来具体挑选并确定应当得到信托收益的人选。当然，这些受益人对受益权的间接或直接享受，并非因对受益权的行使所致，而是因公益信托的社会功能所致。

但也有例外的情况，比如一些特殊的公益信托存在指定的受益人，当然必须要有充分的理由证明其为公益信托，且这些信托多半是以国家、地方公共团体、公共法人等作为受益人。

(三)受托人

公益信托的受托人多为信托机构,如信托公司与基金会。从理论上讲,自然人、法人(包括信托公司与其他各种营利性或非营利性法人)与非法人团体,均可以成为公益信托的受托人。但实际上多是由信托机构作为公益信托的受托人。因为信托机构作为专业的资产管理机构,拥有精干的理财专家队伍、丰富的管理经验、良好的信誉以及政策法律环境的有力支持,能以其较高的管理水准来运用信托财产,保障公益目的。信托公司作为受托人,通过管理、运用、处分信托财产,使这部分公益基金获得保值和较高的增值。在收取佣金和管理费后,增值部分用于指定的公益目的,从而实现社会利益和组织利益的双赢。

根据我国《信托法》的有关规定:公益信托的设立和确定其受托人,应当经有关公益事业的管理机构(以下简称公益事业管理机构)批准;公益信托的受托人未经公益事业管理机构批准,不得辞任;公益信托的受托人违反信托义务或者无能力履行其职责的,由公益事业管理机构变更受托人。

一般来说,在公益信托中,受托人除完成信托财产的管理与日常经营等事务外,还要承担编制事业计划、收支预算和决算、募集赞助人、提供资助金、编制信托事务和财产状况的公告等特有事务,并要及时与信托管理人、经营委员会、管理机关进行联络。

我国《信托法》第六十七条规定:"公益事业管理机构应当检查受托人处理公益信托事务的情况及财产状况。受托人应当至少每年一次作出信托事务处理情况及财产状况报告,经信托监察人认可后,报公益事业管理机构核准,并由受托人予以公告。"

(四)信托监察人

因为公益信托的受益人是尚不明确的非特定的人,为了实现信托目的并保护受益人的利益,需要设置信托监察人,负责监督信托财产的管理和运用。信托监察人一般是由委托人在信托行为中事先确定,也可以由公益事业管理机关根据利害关系人的请求直接选任。

我国《信托法》第六十四条规定:"公益信托应当设置信托监察人。信托监察人由信托文件规定。信托文件未规定的,由公益事业管理机构指定。"第六十五条规定:"信托监察人有权以自己的名义,为维护受益人的利益,提起诉讼或者实施其他法律行为。"

(五)经营委员会

公益信托的经营委员会由与信托目的有关领域的有识人士组成,相当于公益法人的理事会或评议委员会,主要负责公益信托目的的把关,向受托人提出最适当的受益人的建议。经营委员会的名称、职务、委员人数一般根据公益信托的具体情况在信托契约中加以规定。

三、公益信托的种类

美国是目前公益信托比较发达的国家,按照其具体的受益对象的不同,美国的公益信托可以分为公共基金信托、公共机构信托、慈善剩余信托和公共机构代理等几大类。

(一)公共基金信托

这是委托人为一定范围内公众的利益、实现公共基金的宗旨而设立的信托。所谓"公共基金",是由一定范围内所有公众或某一社团的所有成员为某个项目而专设、积累捐款所形成的资金。

公共基金信托可以分为以下两种形式:

1. 社会公众信托

社会公众信托是指对由某一特定范围内的公众为了该范围内的人的利益捐赠款项形成公共基金,委托信托机构进行管理和运用而设立的一种信托。捐款人作为该信托的委托人,而受益人可以是该特定范围内所有人。这里所说的"范围"可小到一镇、一县,或一州一市,大到一个国家甚至是整个世界。受托人不负担调查捐款来源的责任,对捐款的运用具有较高的灵活性,不必拘泥于委托人的特定要求,可根据该信托的宗旨,依据具体情况来对信托财产进行合理的管理和运用。为了保证捐款意图的实现,要设置一个专门委员会(经营委员会)来负责对信托财产(本金和收益)进行合理的分配。

2. 专项基金信托

专项基金是由宗教团体、专业协会、互助会、市民俱乐部或其他类型的社会团体为了本团体自身发展或为某些被指定人谋取利益而设立的一种基金。将基金委托给金融信托机构管理和运用,可以保证捐款的收益性与安全性,并能有效运用资金、实现信托财产的不断增值。专项基金信托也由专门委员会对基金的使用和分配负责把关。

(二)公共机构信托

公共机构信托是为了促进公共机构(如学校、医院和慈善组织等)的管理发展而设立的信托。在公共机构信托中,委托人一般就是公共机构(但为了某一公共机构的利益捐款的个人也可成为公共机构信托的委托人)。随着社会经济的发展和人们对慈善公益事业的关心,公共机构得到越来越多的捐款,而这些机构本身缺乏经营能力和经验,因此,除用于正常开支外的捐款一般都交给信托机构设立公共机构信托,以提高公共机构的运行效率。该信托的受益人也是从事慈善性事业的公共机构。

信托机构在符合公共机构宗旨的前提下,可以灵活地运用信托财产。当然,受托人还必须经常与负责公共机构不同事务的各个部门保持良好的联系。对公共机构信托财产的良好管理和运用,可以提升公共机构的信誉,从而更好地得到社会各界的认可,获得更多的赞助。

(三)慈善剩余信托

慈善剩余信托是指捐款者(委托人)在设立信托时,要求将一定比例的信托收益用来维持自身和家庭的生活,而将剩余部分全部转给某个特定的慈善机构用以慈善事业的信托方式。这种信托的设立一般是捐款人拥有一大笔财产,只需要其中一小部分就可以满足自身及家庭的生活开支,捐款人希望将剩余部分捐献给慈善事业,但本人无力管理这笔资金,所以就委托一家慈善机构代为管理。在慈善机构和信托部门订立的信托协议中规定,将信托财产经营收益的一定比例交给捐款人,而将剩余收益和本金全部转给指定的慈善机构。慈善性剩余信托可以享受免税优惠,例如免征资本利得税和赠与税等。

慈善剩余信托的做法有以下三种:

1. 慈善剩余年金信托

在这种慈善剩余信托中,规定每年信托机构必须将不低于信托设立时信托财产5%的收益以年金形式支付给年金受益人,其余部分用于慈善目的。年金受益人是捐款者自己或其遗嘱中被指定的人,年金受益人死后信托财产(本金)和剩余收益全部归某一特定的慈善机构。

2. 慈善剩余单一信托

这种信托是慈善剩余年金信托的一个变体,规定受益人(即捐款人)每年可得到相当于一定比例的(不低于6%)按当年市价计算的信托财产的净值。这种信托的目的是为了保证受益人获得的信托收益不因通货膨胀而减少,从而保障受益人的生活。受益人死后,信托剩余全部归于某一确定了的慈善机构。

3. 共同收入基金信托

这是指慈善机构将其所获的小额捐款集中起来,构成共同收入基金,并将它进行信托,每个小额捐款者生前得到一定比例的收益以维持生活,死后的所有信托剩余转给该慈善机构。其好处在于通过统一的信托管理,避免了对小额捐款单独管理的不便,并可以降低费用。

(四)公共机构代理

公共机构代理是指信托机构为一些公共机构提供代理业务。有些慈善性公共机构不能或不愿办理全部信托业务,信托机构可以帮它们开展一些代理性的业务,具体包括:

1. 捐款代理

信托机构为慈善性公共机构代办有关捐款的接收与登记,及捐助财产所有权的转移、有价证券的过户等业务。

2. 现金管理代理

信托机构帮助慈善性公共机构对现金及其等价物进行短期投资以获取最大收益。

3. 保管代理

信托机构为慈善性公共机构代为保管贵重物品、有价证券等,负责报告股票信息。

4. 账目代理

信托机构为慈善性公共机构代办由信托财产管理而产生的会计账目处理。

四、基金会

在美国,公益信托多采用基金会的方式,在其他国家也有众多的基金会在公益事业中发挥着重要的作用。

(一)基金会的概念

这里所说的基金会是一种特殊的信托机构,是以维持或资助有关社会、教育、慈善、宗教或其他有助于公共福利活动为目的而成立的非官方、非营利的法人组织。

基金会的出资人可以是个人、家庭或是公司企业,也可以是社会上其他人员,所有参加捐助的人都处于委托人地位。这些人将财产的一部分用于资助宗教、学术、教育、卫生保健以及其他慈善事业。为了更好地运用所捐助的财产,实现公益目的,避免因管理人员的更迭而影响慈善事业,他们会成立基金会,作为受托人,负责管理和分配使用这些财产。

基金会是一个独立法人,拥有固有资本,并自设董事进行管理。它的存在不以特定自然人的存在为前提,因此可以保证公益事业永远持续下去。

基金会是非营利性的。它可以为了使基金保值、增值而开展经营活动,也可以为了募集资金而开展义演、义卖等活动。基金会开展的活动所取得的收益都要用在公益事业上,不能在内部分配。当基金会终止的时候,基金会的财产也不能归还捐赠人,要转让给其他公益组织。

在基金会的名称上,如由个人独资捐助成立可用出资人姓名命名,如美国的洛克菲勒基金会、福特基金会;也有的以成立基金会目的命名,如美国的生命科学基金会、艺术与人文科学基金会等。当然,基金会不一定都冠以基金会的名称,如史密生博物馆是一个专门资助办博物馆的基金会,纽约卡内基公司也是一个基金会。

现代意义上的基金会兴起于 19 世纪初的美国,但 20 世纪以来,基金会也在其他国家得到普及。为了促进基金会的发展,各国通过税收政策加以鼓励。如基金会的存款利息免缴企业所得税;企业或个人用于公益、救济性的捐赠,在一定范围内可免缴所得税;用于公益事业的捐赠物资,可以减征或者免征关税;社会团体(包括基金会)承受土地、房屋用于办公、教学、医疗、科研和军事设施的,免征契税。

【案例6-3】　　　　　　美国基金会的发展[①]

1847年成立的史密生博物馆是美国第一个以公司组织形态运作的基金会,它管理着英国人史密生约50万美元的捐赠,成为当今美国华盛顿·哥伦比亚特区许多大的博物馆的资助者。1890—1930年是美国基金会的蓬勃发展期,在美国现今54个较大的基金会中,有32个是在1930年以前建立的。

20世纪30年代经济大萧条和70年代的经济衰退影响了基金会的发展,直到90年代,美国经济持续发展,基金会的发展十分迅速。据统计,1946年美国共有505家基金会,而到2000年时,各类基金会的总数达到56 600多家,资产超过4 860亿美元,占美国当年GDP的6%。进入21世纪,基金会在较为完善的制度体系的扶持与规范下蓬勃发展,即使在金融危机全面爆发的2008年,基金会仍有一定的增长。2001—2008年间美国私人基金会的数量变动如图6-1所示。

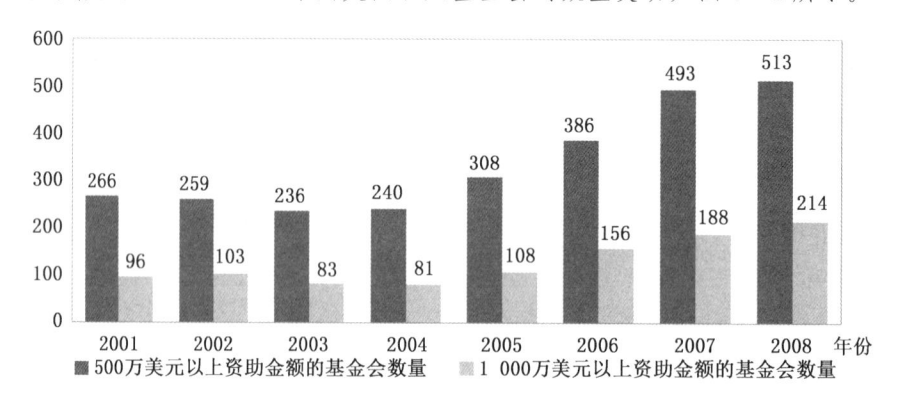

年份	500万美元以上资助金额的基金会数量	1 000万美元以上资助金额的基金会数量
2001	266	96
2002	259	103
2003	236	83
2004	240	81
2005	308	108
2006	386	156
2007	493	188
2008	513	214

图6-1　2001—2008年美国大的私人基金会数量

根据美国国家慈善统计中心的统计,2008年仅私人基金会(private foundations)就有115 000家。美国基金会资助领域以健康、教育领域为主,对占总资助金额约50%的1 490家大型基金会进行统计,结果显示,健康领域资助金额占总资助金额的比例为22.9%,教育领域为21.8%。根据哈佛肯尼迪学院豪

---

① *Foundation Giving Trends*,2010,http://www.fdncenter.org;Hauser Institute for Civil Society,*The Global Philanthropy Report*,April,2018.

斯公民社会研究所《全球慈善报告》的有关统计，目前美国拥有基金会的数量达到86 203个，是全球基金会最多的国家。许多基金会的捐款数量非常大，例如，亚马逊CEO贝佐斯(Jeff Bezos)所设立的第一个慈善基金——贝佐斯首日基金(Bezos Day One Fund)旨在帮助那些协助无家可归家庭的既有非营利组织，2018年捐出大约20亿美元，其身价荣登2018年美国50大慈善家榜的榜首(美国"慈善纪事"网站，2019年2月12日公布的榜单)；比尔·盖茨夫妇早在2000年就设立了Bill & Melinda Gates Foundation，已有超过500亿美元的基金；巴菲特除了设立许多由自己及子女掌舵的慈善基金之外，也捐款给其他慈善基金，2006年曾捐出309亿美元，其中的245亿美元是捐给了Bill & Melinda Gates Foundation，2018年7月再度捐出34亿美元。

[案例分析]

美国是目前全球基金会最发达的国家。1890—1930年，基金会在美国的大量出现，主要有四方面原因：一是19世纪末美国经济发展迅速，社会财富的积累增长很快，资本出现了大量的集中，这为基金会的发展提供了一种转移与集中财富的社会环境。二是随着社会的发展，拥有大量财富的人具有了更多的人道主义意识与慈善事业的责任感。三是公司法的不断健全，使以公司组织成立的基金会得到一定的法律保障，让捐助人可以相信其捐献的财产不会被政府没收或管制，通过基金会加以管理并运用于公共福利方面，达到其公益目的。四是美国政府的税收制度的改造，引入了个人所得税和公司所得税。到1913年，50个州中的42个州陆续批准了宪法第16条修正案。政府对数额巨大的个人财富征收可观的税款，如何处理财富就成为人们关注的问题，慈善捐助为更好地处理个人财富开辟了一条重要途径。

美国公益信托基金会的资助对象和计划千差万别，但主要集中于教育、卫生和福利、人文科学、艺术与文化、国际活动、宗教、环境与动物保护、自然科学等方面。

(二)基金会设立的要求

基金会的设立有一定的要求。

1. 设立基金会必须经过国家的批准

这一要求一方面便于国家对基金会进行管理，保证其设立是为了特定的公益目的；另一方面，只有法律确定其慈善地位后，基金会才可享受国家给予的各项优惠措施。

2. 基金会需设立信托关系

基金会作为一种信托机构，在募集社会资金或接受捐款时要与委托人订立信托契约,规定诸如建立基金会的目的,财产转移的方式,受托人的义务与职责,信托的变更、终止、撤回条款等事项,以明确各方之间的信托关系。

3. 基金会要满足一定的设施条件

作为一个独立法人组织,基金会要有规范的名称、章程、组织机构以及与其开展活动相适应的专职工作人员,并要有固定的住所,这样才能更好地开展工作。

4. 基金会要按照信托契约的规定管理和分配信托资金

基金会对公益信托的管理应当遵循公开、透明的原则,严格遵照捐款人的意愿运作与发配信托资金,定期公布信托基金的运用与分配状况,接受社会监督。

(三)基金会的类型

基金会可以按不同标准划分为不同的种类。

1. 按照基金的来源不同划分

基金会按基金来源不同分公募基金会与非公募基金会两类。

(1)公募基金会。这是指可以向公众公开募集资金的基金会,比如中国现有的基金会主要是公募基金会。

(2)非公募基金会。这类基金会的基金来源于特定个人或组织的捐赠,不向公众募集资金。在国外,涌现了大批个人和企业捐资,以自己名义设立的基金会。这种基金会的资金来源充裕、稳定,由于运作情况关系到捐赠人的声誉,因此往往运转良好,它们对公益事业贡献很大。

2. 按设立目的的不同划分

基金会根据设立目的分为以下五种类型:

(1)一般目的的基金会。这是美国最为典型的一种基金会,它们资助和支持教育、卫生及一般社会福利项目,并依据内容广泛的特许权进行经营管理。这种基金会拥有一个兴趣广泛的受托人组织和受过良好训练的专门人员,是最受大众重视的基金会。

(2)特殊目的的基金会。这类基金会依据遗嘱或信托文件而设立,一般不采用公司形式,成立目的是为了某种特殊慈善事业,内容详细订明于其成立的章程中,或在出资人写的捐助信中。如美国的爱德华·德拉蒙德·利比信托组织就是依据设立信托的遗嘱,以7 600万美元的资金资助美国托利多市俄亥俄艺术博物馆。

(3)公司主办的基金会。这种基金会的信托财产由母公司捐助,利用母公司的捐赠实现特定的慈善目的。但它在法律上与母公司又是分离的,成为不同的独立法人。这种基金会的"受托人大会"全部或大部分由母公司的高级人员或董事组成。这类基金会的典型代表是美国的福特基金会、洛克菲勒基金会。

(4)社区基金会。这种基金会通常以信托而不是以公司方式成立,基金的本金部分由当地银行或信托公司受托管理,而收益部分由一个"分配委员会"监督分配,用于慈善目的。分配委员会应当了解当地社区需要情况,并具有代表性。

(5)家庭式基金会。这种基金会通常是由一人或数人将每年收入的一部分捐款并以生前信托的方式设立。它的主要目的是为了避免高收入的人承担高税率。基金会的规模一般较小,受益人包括当地医院、捐赠人的母校或其所属的教会团体。

五、公益信托业务流程

公益信托通常由委托人提供一定的财产设立,由受托人管理信托财产,并将信托财产用于信托文件规定的公益目的。公益信托的业务流程如图6-2所示。

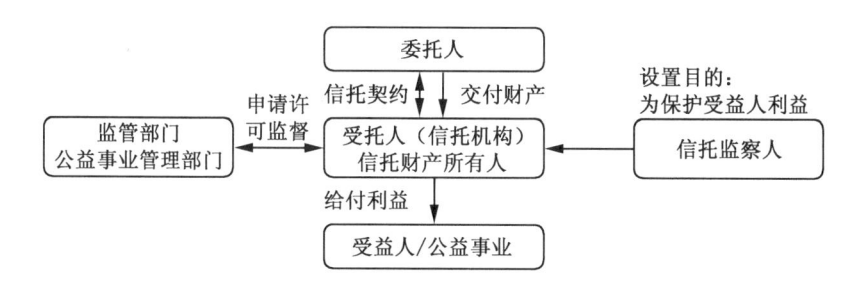

图6-2 公益信托的业务流程

(一)提出设立公益信托的申请

公益信托是为了一定的公益目的而设立的信托,委托人与受托人均可以提出申请,以简化手续。委托人只有一人或者数人的,可以由委托人直接向公益事业管理机构提出设立公益信托的申请;委托人人数众多或者不特定的,可由受托人提出申请。但委托人要与受托人签订信托契约,约定信托目的与双方的权利、义务。

(二)转移信托财产

公益信托设立申请经公益事业管理机构批准后,委托人将信托财产转移给受托人,信托成立。

(三)信托财产的管理与运用

受托人根据信托财产保值增值的目的,对信托财产进行管理与运用,并将信托事务处理情况及财产状况的报告经信托监察人认可、公益事业管理机构批准后,予以公告。

(四)信托收益的交付

受托人按照信托文件规定将信托资产或收益交给受益人。

(五)信托监管

为了保护受益人的利益,公益事业管理机构有义务检查受托人对公益信托事务的处理情况及财产状况。另外,监管的内容还包括:受托人未经公益事业管理机构批准不得辞任;受托人违反信托业务或者无力履行职责的,由公益事业管理机构变更受托人。

(六)信托终止

信托期满,公益信托终止,受托人应当及时将终止事由和终止日期报告公益事业管理机构。公益信托终止后,受托人应当作出清算报告。

六、公益信托的管理与监督

公益信托的管理与监督是指对公益信托款项本金和收益的分配与使用进行管理与监督。由于公益信托的目的是为了实现社会公益,因此资金具有公款的性质,为了保护最终受益人的利益,合法地运用与管理信托资金,受托人的活动必须接受社会监督。

公益信托管理监督的内容主要包括以下几个方面:

(一)对公益信托设立的管理监督

由于公益信托设立的目的是为了社会公共利益,设立后又可以享受一定的税收优惠,因此必须对其设立资格进行一定的管理。设立公益信托,首先要进行登记注册,交纳一定的费用,有些国家对公益信托的设立有更严格的要求。

我国《信托法》第六十二条规定:"公益信托的设立和确定其受托人,应当经有关公益事业的管理机构(以下简称公益事业管理机构)批准。未经公益事业管理机构的批准,不得以公益信托的名义进行活动。"

公益信托契约必须明确四点:第一,信托设立的目的是为了公共利益,这是公益信托登记时管理当局审核的一个要点;第二,信托财产所有权要转移到信托机构的名下,这也是公益信托设立的一个要件;第三,明确受托人的职责与义务,以保证受托人完全按照委托人的意愿管理和运用信托财产;第四,关于信托的变更、终止或撤回的条款。

(二)对公益信托基金运用的管理监督

公益信托一旦成立,信托财产就转移给受托人。公司形态的公益信托,还需取得特许经营证,才能开始运营。

受托人必须按信托契约的有关规定,按照信托目的管理运用信托财产,对财产进行投资并把投资收益分配给各公益项目。我国《信托法》第六十三条规定:"公益信托的信托财产及其收益,不得用于非公益目的。"有的国家对受托人进行的投资种类作了限制,如不许进行高风险的投机活动,投资必须区分不同的对象等。

信托机构在经营管理公益信托时要亲自办理,不得转托他人。但是受托人可以将行政事务(如法律、咨询、会计事务)委托他人办理,并要对他们的行为负责。

受托人要及时公布有关财产的处理情况,接受监督。我国《信托法》第六十七条规定:"公益事业管理机构应当检查受托人处理公益信托事务的情况及财产状况。受托人应当至少每年一次作出信托事务处理情况及财产状况报告,经信托监察人认可后,报公益事业管理机构核准,并由受托人予以公告。"

(三)对公益信托停止的管理监督

为了保证公益目的,公益信托不得中途解除合同。即使受托人更替也不影响信托契约的继续履行。我国《信托法》第六十六条规定:"公益信托的受托人未经公益事业管理机构批准,不得辞任。"第六十八条规定:"公益信托的受托人违反信托义务或者无能力履行其职责的,由公益事业管理机构变更受托人。"

当然,在特殊情况下,公益信托也可终止。但公益信托终止的,受托人应当于终止事由发生之日起一定时期内(我国规定是15日内),将终止事由和终止日期报告公益事业管理机构。同时,受托人要作出处理信托事务的清算报告,经信托监察人认可后,报公益事业管理机构核准,并由受托人予以公告。

公益信托终止,没有信托财产权利归属人或者信托财产权利归属人是不特定的社会公众的,经公益事业管理机构批准,受托人应当将信托财产用于与原公益目的相近的目的,或者将信托财产转移给具有近似目的的公益组织或者其他公益信托。

为了保障对受托人的监督与管理,公益信托必须设立信托监察人,同时,信托监督管理部门也可随时检查受托人处理公益信托的有关事务。

【案例6-4】　　　　　公益信托应用案例

黄先生为一高收入者,是一家大型广告公司的董事。由于黄先生出生于贫困家庭,求学过程十分艰难,他深知生活不易。在事业有成后,他希望可以帮助更多生活条件艰难的学生完成学业,以回馈社会。于是他在公司董事会中进行呼吁,结果通过了一项决议,将今后连续5年每年从公司盈余中拨出0.5%作为学生奖学金,照顾有心向学且有经济困难之学子。但他考虑到设立财团法人有繁杂程序及支出,且资金运用方式设有限制。

后来,黄先生经人介绍,决定成立一公益信托,由信誉良好的信托公司担任受托人,再依据本身之意愿拟定信托契约,并寻找一适当监察人,以确保信托利益的运用。必要时可设立咨询委员会,其成员可由公司董事或相关专业人士担任,由咨询委员会提供适当意见,如捐助范围之确定、赞助对象之决定等。

[案例分析]

黄先生资助贫困学生的美好愿望通过公益信托能更好地完成。公益信托经主管机关核准成立后,公司即可将捐助的财产交付公益信托,信托机构作为受托人依信托契约的本旨,充分运用信托财产,实现财产的有效管理。

这一量身定做的公益信托架构,在主管机关及监察人的监督下,加上有咨询委员会适时提供专业意见,将更能符合黄先生的意愿,达成捐助给有需要之人的目的。

同时,符合条件的公益信托不仅无须缴纳赠与税,更能减免所得税,因此也可大大减轻税负。所以,成立公益信托是新金融时代公司与个人参与社会公益事业的最佳渠道之一。

第三节　不动产信托

除了公益信托之外,不动产信托也是一种非常重要的通用信托,也是信托机构一项重要的传统业务。本节主要介绍不动产信托的基本知识及典型的业务操作。

一、不动产信托概述

(一)不动产信托的概念

不动产信托,也称为房地产信托,是以不动产作为信托财产的信托业务。委托人与信托机构签订不动产信托契约,委托后者进行管理和处理的业务。这里所说的不动产是指房屋、土地(不含耕地)等不能移动或移动后性质与形状会发生改变的财产。凡是涉及房地产的建设开发、买卖租赁或其他有关房地产的业务,都可通过不动产信托进行有效管理。

(二)不动产信托的构成要素

在不动产信托中,委托人是不动产的所有者,他们希望出售或出租自己所拥有的不动产,以获得收益。

受托人一般是一些规模大、信誉卓著的信托机构。受托人处于中介地位,按照信托合同的有关规定,通过开发、管理、经营及处分等程序,提高不动产的附加价值,但它一般不承担债权、债务的经济责任。通常受托人主要办理一些间接性的业务,如不动产的买卖、租赁、收租、保险等的代管代营,代理有价证券或不动产的登记、过户、纳税,代修房屋、代付水电费、代办法律手续,此外还受理土地的丈量、建筑物的设计和绘图、建筑工程的承包、不动产的鉴定与评价等业务。

不动产信托的信托财产是土地及地面固定物,不论是保管目的或管理目的,委托人均应把他们的产权在设立信托期间转移给信托投资机构。

二、不动产信托的好处

通过不动产信托对不动产进行管理与运用,可以得到以下几方面的好处:

(一)为不动产处理提供资金的便利

土地的所有者希望对部分土地进行开发利用,在其土地上新建或增建建筑物,但缺乏资金。此时,可将其原有土地或土地使用权,以抵押的方式,发行不动产债券,获得资金支持。这样,不仅有效利用了土地,而且能让土地所有者始终保有对土地的所有权。

(二)为不动产的经营提供专业服务

不动产作为一种特殊的财产,它的经营需要专业知识,比如识图用图的知识、土地面积量算知识、土地经济评价与土地定等估价等知识,在出售土地时需要有平整地面和拆分土地的知识等。这些知识一般人难以掌握,而信托机构有专业人才,可以方便地帮助业主完成不动产的经营。

(三)促进不动产的销售

由于不动产的价值较大,在不动产的销售过程中,如果买方资金不足,而卖方对买方的信用又不够了解,就可能达不成交易。如果将财产所有权转移给受托人进行代管,等付清款项后再转给买方,或买方能从受托人处获得融资或信用担保,就能实现不动产的销售。另外,在租赁房屋、土地时,信托机构作为房东和出租人、地主和承租人之间的中间人,可以公平地为双方提供价格。

(四)实现对不动产的妥善管理

不动产所有人可委托信托公司对其不动产进行妥善管理,对不动产本身进行有效维护、修缮、改良、保全及环境的改善,从而提高不动产标的的品质与价值,同时也可实现不动产标的租赁、出售处分、重建,提高不动产的利用效益。

由此可见,不动产信托在国民经济中可以发挥重要作用,利用它可大大促进房地产的生产、流通与消费。

三、不动产信托的种类

不动产信托可以按不同标准区分成不同的种类。

(一)按信托目的不同划分

1. 不动产管理信托

这类信托是以收取地租或房租为主要目的,信托机构主要对不动产进行管理,定期向承租人收取租金。同时,信托机构还承担交付固定资产的相关税金,办理房屋保险,还要负责房屋的修缮。

2. 不动产出售信托

这类信托是以出售土地或房屋为目的。信托机构帮助土地所有者把大面积的土地分成数块出售，或实现不动产的租后出售。

(二)按信托财产不同划分

不动产主要可以分为房屋与土地两大类。相应的，不动产信托按信托财产不同也可分为房屋信托和土地信托两大类。

1. 房屋信托

房屋信托也称建筑物信托，是指委托人（房屋的所有者）将房屋等转移给受托人，由受托人负责出租或代为出售的信托业务。

2. 土地信托

这是指土地的所有者将土地转移给受托人，由后者负责筹集建筑资金，办理房屋建设、出租建筑物、管理维修等业务，并向土地所有者支付收益。

(三)按是否提供融资服务分类

根据受托人在信托业务中是否提供融资服务，不动产信托可分为融资性不动产信托和服务性不动产信托。

1. 融资性不动产信托

在这类不动产信托中，受托人不仅要进行不动产的管理、运用和处分，还承担向不动产的购买方或租赁方提供融资，可以通过延期付款或分期付款完成融资。

2. 服务性不动产信托

在这类不动产信托中，受托人只负责不动产的管理、运用和处分，而不向不动产的购买方或租赁方提供融资服务。

四、不动产信托典型业务介绍

由于不动产信托的类型较多，具体操作也有多种不同形式。下面结合我国的一些信托案例介绍典型的不动产信托业务。

(一)发行不动产债券或收益权转让凭证信托

在这类业务中，房地产开发企业缺乏资金，为了筹措资金用于某一不动产项目的建设，它以其他不动产作为抵押过户给信托机构，担保发行不动产债券或收益权转让凭证，由社会投资者投资购买。房地产开发企业利用所筹资金完成房地产项目的建设与经营。投资者拥有的债券或收益权转让凭证可以在市场上进行转让，到期时由房地产开发企业赎回。在这类信托中，由于信托机构掌握了抵押物，可以有效地保护投资者的利益。

【案例 6-5】　　　　　不动产优先受益权转让信托

上海国投 2004 年 10 月 11 日推出了"新中苑房产信托优先受益权转让投资计划",其基本情况如下:

产品规模:人民币 8 000 万元。

产品期限:2 年。

预期收益:年平均收益率预计为 4.8%。

收益来源:新中苑房产销售收入(包括新中南开公司回购房产)及银行利息。

收益分配:每年分配一次收益。

信托终止:到期分配,或者由上海新中南开地产有限公司(以下简称新中南开)一次性回购优先受益权。

"生活大师——新中苑"是新中南开开发的跨世纪高档住宅小区,在开发过程中取得了市级、区级一系列荣誉称号。小区坐落于西藏南路、瞿溪路,地理位置优越,交通便利,轨道交通四号线和八号线的交汇站点距离小区仅一步之遥。

新中南开的新中苑房产当时还有商铺、办公用房、地下车位和少量住宅尚未销售。其中商铺 2 家,建筑面积合计 5 391.96 平方米,办公用房 4 914.22 平方米,地下车位 78 个,住宅 5 套,建筑面积合计 907.46 平方米。以上物业评估价值约 1.66 亿元人民币。新中南开将在未来两年内逐步择机销售和处置以上物业。

新中南开将上述评估价格为 1.66 亿元的房产信托给上海国投,委托上海国投将该物业的优先受益权分割转让给社会投资者,社会投资者将在该物业每年的销售收入中获取收益。转让期满,优先受益人优先分配信托财产中的现金部分,剩余信托财产全部归新中南开。或者由新中南开回购上述优先受益权,上海黄浦投资(集团)有限公司为新中南开回购优先受益权提供不可撤销的连带担保责任。

[案例分析]

在该信托计划中,上海国投接受新中南开公司的委托,将新中苑房产物业的优先受益权分割转让给社会投资者,社会投资者将在该物业每年的销售收入中获取收益。

该信托的风险控制机制主要包括两个方面:一是物业抵押。新中南开以新中苑房产产权作为抵押物,为其回购"新中苑房产信托"项下的优先受益权提供履约担保。若新中南开不履行房产信托合同项下的义务,或者到期不履行回购义务,信托公司有权处置抵押物。处置所得用于优先受益人的利益分配。二是担保。上海黄浦投资集团为新中南开回购优先受益权与新中南开按受托人要求受让房产之义务提供不可撤销、负连带责任的担保。

(二)房屋信托

这是房屋建设开发公司将建成的房屋委托信托机构代为出租或出售的信托行为。

房屋信托在日本十分发达,在 20 世纪 60 年代,日本的别子建筑公司把建成的楼房信托给住友信托银行,由日本钢管公司将其作为职工宿舍承租下来,并分几年偿还资金,直至最后买下这幢楼房。通过住友信托银行的管理,别子建筑公司可以方便地实现房屋的出租与出售。

目前,房屋信托的财产范围逐渐扩大,厂房、仓库、商店建筑、加油站等都成为房屋信托的对象。通过房屋信托,人们可以更好地满足生活消费与生产经营。

(三)不动产经租管理信托

不动产经租管理信托的受托人(信托机构)除了接受不动产外,还要在信托期间对不动产进行经营管理,包括对不动产的租赁和开发建设的整个过程进行管理。同时,信托机构还要完成相关的辅助工作,如办理保险、缴纳税款、不动产维修养护等。

(四)不动产保管信托

不动产保管信托运用在不动产的交易中,由于买方资金短缺,为了获得不动产的使用,买方与卖方、信托投资公司签订协议,先由买方支付部分价款,卖方将不动产产权转移给信托投资公司代为保管,直到买方支付完全部款项后,信托投资公司才将产权过户到买方名下。

在不动产保管信托中,受托人实际充当了买卖双方中介人的角色,它凭借自己的信誉和实力为卖方及买方保管不动产,能有效地保护双方的利益,促进不动产交易的顺利进行。

(五)土地信托

1. 土地信托的含义

土地信托是土地所有者把土地委托给信托机构,后者按信托契约的规定,负责筹集建设资金、建造房屋、募集租户或买家,对使用者办理租赁以及建筑物的维护、管理或出售,再把信托收益交给土地所有者(受益者)。

土地信托适合于没有不动产开发、经营和管理经验,或没有相应时间和精力的委托人。受托人的业务较为复杂,对其要求较高。

2. 土地信托的种类

土地信托的目的是为了有效地利用土地。根据受托人对土地的管理或处分方式不同,土地信托可以划分为以下三类:

(1)出售型土地信托。这是指委托人将土地交给受托人,由受托人对外出售或分块出售。这类土地信托要求作为信托财产的土地必须是私有的,若土地不能私有,则土地不能出售,只能出租。

(2)租赁型土地信托。这是指委托人将土地交给受托人,由受托人将土地及地上固定物一起出租。受托人在收取到租金、扣除信托报酬后支付给受益人。

(3)开发经营型土地信托。这是指委托人将土地交给受托人,由后者负责对土地进行开发性经营,经营收益扣除信托报酬后支付给受益人。受托人在得到土地后,可以自行开发经营,也可以寻找相应的开发机构进行开发性经营。开发活动包括房产开发、开发后进行出售或出租、将土地进行种植等开发、将土地及地上房产进行生产性或服务性经营等。

3. 土地信托的操作程序

土地信托相对较为复杂,但无论是何种类型的土地信托,操作程序大同小异(见图6-3)。

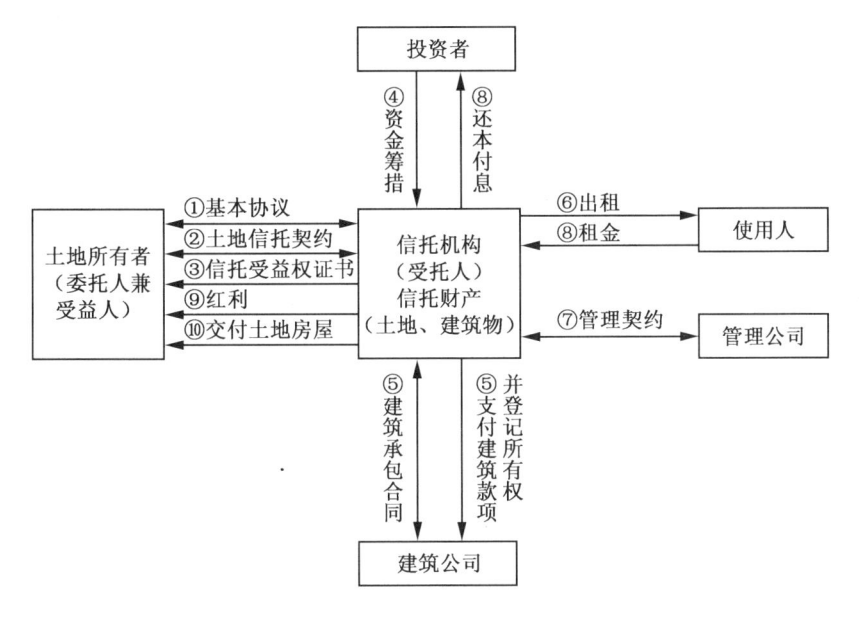

图 6-3 土地信托的操作程序

土地信托对受托人的要求比较高,它涉及土地及地上固定物的管理、运用和处分,需要有相当高的管理技术和管理经验。在国外,土地信托发展得较好,而我国目前的信托公司受到技术和经验的限制,只有少数集合资金信托涉及土地信托业务。例如,2004年10月8日,金信信托推出"金信土地资金信托计划",规模3亿元人民币,期限5年,预期年收益率7.5%+浮动存款利率+土地增值分红。信托资金以贷款的方式发放给金华市城市建设投资公司,用于拆迁改造资金的周转。该信托计划以"二百"地块的土地使用权进行抵押担保,并明确以该地块的土地出让收入优先用于偿还信托贷款本息。

【案例6-6】　　中信信托推出土地流转信托计划[①]

2013年,中信信托在安徽推出中信信托土地流转信托计划,这是我国首个农地流转信托项目。根据中信信托发布的"中信·农村土地承包经营权集合信托计划1301期成立公告",首期土地经营权集合信托计划于2013年10月10日正式成立。

这款土地流转信托的信托期限为12年,和土地承包经营权的期限一致,信托产品采用结构化混合型设计,既有财产权信托(A类),又有资金信托(B类)。

信托计划的A类委托人为安徽省宿州市埇桥区人民政府,计划成立时发行A类信托单位5 400万份,将宿州市埇桥区朱仙庄镇朱庙村450人5 400亩农地的经营权委托给中信信托公司进行规模化管理,后者再委托安徽帝元农业投资作为第三方运营土地。A类信托计划中,农户得到的收益分为基本收益和超额收益:基本收益为1 000斤中等质量小麦(均按国家颁布的中等质量小麦价格兑付等值人民币),如果低于1 000元,则按1 000元兑付;超额收益为土地的增值收益的70%。另外,在必要时中信信托还将发行B类信托计划,募集土地整理专项资金,解决建设过程中的资金问题,资金信托计划期限为3个月到两年之间。

[案例分析]

土地流转信托是农村集体组织或农户个人将合法拥有或具有处置权限的农村土地使用权作为信托财产,委托给信托公司进行经营管理,从而定期获得收益。

随着我国土地承包经营权制度改革的不断推进,2013年,国务院"一号文件"提出,要用5年时间基本完成农村土地承包经营权的确权、登记与颁证工作,旨在为农村土地流转铺路。

如何保障农民的权益并实现土地的规模化经营是我国一直在探索的重大问题,此前,已有多地试点"土地信托",例如早期的"绍兴模式"和后来的"益阳模式""沙县模式"等,但充当信托"受托人"角色的多为地方政府单独成立的运营机构,未引入信托公司。此次计划的发行在农村土地流转实践中引入了信托模式。

2013年10月,中信信托推出国内首个农地流转信托计划,通过土地的重新归集将零散的农用地集中到现代农业种植企业的手中,通过集约化经营形成规模效益;再通过信托产品的设计,合理地将集约经营提升的地租收入在农户、土地管理者之间分配,更有效地保障了受益人的利益。农民通过将土地委托给中信信托公司管理,定期

---

① 中国信托业协会:《中国信托业发展报告(2017—2018)》,用益信托网,2018年12月21日;《宿州土地流转信托的创新》,《21世纪经济报道》2014年1月8日。

获得土地租金,而且还可以获得浮动收益,增加收入。在中信信托之后,北京信托、中粮信托等信托机构也开展了土地流转信托。

在土地流转信托的实践中,信托公司扮演的角色一般包括三个方面:一是土地使用权的受托管理人和名义所有人,实现土地财产所有人、受益人和运营方的有效分离;二是土地项目运作过程中的产业和资金支持方(如信托公司运用自身优势为土地运营提供资金支持),有力地促进土地的集约化、产业化运作;三是土地运营管理人,也就是信托公司运用专业能力,合理地规划、实施和监督土地运作模式。

目前,我国这类信托的商业模式主要有两种,一是中信信托推出的宿州模式,二是北京信托推出的无锡模式。二者的区别主要在产品结构上,前者采取结构化受益权形式,后者采用财产权信托与资金信托平行推进的双信托结构配置的设计形式。

农村土地通过信托化方式进行流转是农村土地制度的一次有益尝试,对于实现农业的规模化、专业化、集约化经营,促进农业转型有着重要的意义。

五、房地产投资信托基金(REITs)

(一)REITs的含义与分类

1. REITs的含义

REITs(real estate investment trusts)是一种信托基金,它以发行收益凭证的方式汇集众多投资者的资金,由专门投资机构进行房地产投资经营管理,并将投资综合收益按比例分配给投资者,是资产证券化的一种方式。

与我国REITs以私募性质为主所不同的是,国际上绝大多数REITs属于公募,REITs既可以封闭运行,也可以上市交易流通。

2. REITs的种类

REITs有多种不同的分类方法,常见的分类方法如下:

(1)根据投资形式的不同,REITs被分为权益型、抵押型与混合型三类。

权益型REITs投资于房地产并拥有所有权,收入主要来自于将物业出租所得的租金。

抵押型REITs是投资房地产抵押贷款或房地产抵押支持证券,其收益主要来源于房地产贷款的利息。

混合型REITs结合了权益型REITs和抵押型REITs的投资策略,投资于一系列资产,包括实质物业、抵押或其他有关的金融工具类别。

(2)根据组织形式的不同,REITs分为公司型和契约型两种。

公司型REITs以公司法为依据,通过发行REITs股份筹集资金投资于房地产资产。公司型REITs具有独立的法人资格,自主进行基金的运作,面向不特定的广大投资者筹集基金份额,股份的持有人是公司的股东。

契约型REITs以信托契约成立为依据,通过发行受益凭证筹集资金而投资于房地产资产。契约型REITs本身并非独立法人,仅仅属于一种资产,由基金管理公司发起设立,基金管理人作为受托人接受委托对房地产进行投资。

(3)根据运作方式的不同,REITs分为封闭型和开放型两种。

封闭型REITs的发行量在发行之初就被限制,不得任意追加发行新的份额。封闭型REITs一般在证券交易所上市流通,投资者不想持有时可在二级市场上转让卖出。

开放型REITs可以随时为了增加资金投资于新的不动产而追加发行新的份额,投资者也可以随时买入,不愿持有时也可随时赎回。

(4)根据基金的募集方式的不同,REITs被分为私募型与公募型。

私募型REITs以非公开方式向特定投资者募集资金,募集对象是特定的,且不允许公开宣传,一般不上市交易。

公募型REITs以公开发行的方式向社会公众投资者募集信托资金,发行时需要经过监管机构严格的审批,可以进行公开宣传。

(二)引入REITs的意义

REITs融资的优势十分明显,对于投资者、房地产企业及整个房地产市场都具有重要的意义。

REITs由专业的房地产公司发起并在社会上销售,其资金来源十分广泛,而且资金筹集之后交由专业的人员进行房地产项目的投资选择及管理,保证运作规范、策略合适。

对于投资者而言,REITs风险低,回报稳定。通过专业的房地产公司发起并管理,可以大大降低投资风险;由于基金的规模比较大,可以更为广泛地进行投资组合,分散了投资风险。另外,REITs投资于房地产获得的租金收入较为稳定,收益率也比较可观。在美国,投资房地产的基金年平均收益率可达6.7%,远远高于银行存款的收益,其风险却比一般的股票要小得多。

对于房地产企业而言,REITs是股权形式的投资,不会增加企业的债务负担。同时,REITs通过分散投资的策略降低风险,在一个房地产企业的投资不会超过基金净值的规定比例,因而房地产企业不丧失对企业和项目的控制权和经营权。

REITs对于房地产市场也具有重要意义:一是作为一种直接融资模式,把市场资金融通到房地产行业,极大地补充了银行贷款的不足;二是促进了房地产的专业化发展,使房地产融资、开发、物业管理和投资管理等活动相对分离,提高了效率;三是有助于减缓某些特定的政策对整个市场的冲击力度,减少金融体系中的错配矛盾;四是有助于增加租赁住房供应,改善住房供应结构,发展住房租赁市场。

(三)REITs面临的主要风险

REITs的发行与流通也面临一些风险,主要包括:

1. 政策风险

政策风险是政府有关房地产投资的土地供给政策、税费政策、金融政策等的变化会对房地产市场和资本市场产生影响,从而使REITs也面临不确定性。

2. 房地产行业风险

房地产不仅是耐用消费品,还是投资品,在一定市场环境下房地产投资可能演变为短期投机炒作,这会影响REITs的发展。

3. 项目风险

这包括项目选择风险和项目规模风险两项。项目选择风险是因选择投资对象失误而产生损失的可能性。项目规模风险是因REITs规模的大小不同产生的风险,通常规模小的REITs资金量有限,不能构建不同地域、不同开发商的房地产项目的投资组合,不利风险的有效分散;而规模大的REITs可通过投资组合分散经营风险,但又会因管理项目太多,对每一个项目筛选不到位而降低管理效能。

4. 委托代理风险

REITs的信托性质使得委托人和受托人之间存在委托关系,资产所有权与经营权相互分离,双方当事人存在信息不对称问题,可能引发道德风险和逆向选择。一旦信托管理人怀有私利目标或者内部管理不健全,就会损及委托人利益。

5. 流动性风险

当投资者无法在市场上对REITs产品进行变现,就可能会产生流动性风险。在我国现行的信托制度下,由于受"一法三规"的严格限制,信托产品的认知程度低,受众面相对较为狭窄,转让交易成本高,其流通性远不能满足投资者的转让需求。

(四)REITs运行状况分析

1. 海外REITs市场发展

REITs最早产生于美国20世纪60年代初,出于逃避管制目的。随着美国政府正式允许满足一定条件的REITs可免征所得税和资本利得税,REITs开始成为美国房地产金融的最重要方式之一。美国REITs属于国外主流REITs,法律制度和税收制度成熟,投资门槛低,流动性好,由于REITs可投资于不同物业资产,风险较分散。据Nareit数据显示,截至2018年末,美国REITs市场共有226只产品,总市值高达1.05万亿美元。

随着REITs在美国的迅猛发展,欧美及亚洲一些国家和地区也都相继引入REITs,同样取得了巨大发展。日本是亚洲最早出现REITs也是规模最大的国家,主要原因是日本的房地产公司众多。日本REITs的法律制度和税收制度借鉴了美国模式，其通常为公司制，在交易所上市，对分红的收益实行免税政策。新加坡2002年开始上市REITs，是REITs市场规模第二大的亚洲国家。此外，新加坡是亚洲第一个允许跨境发行房地产投资信托的国家，超过75%的REITs拥有离岸资产，新加坡REITs市场是亚洲REITs市场中资产和地域最多元化的。相关数据显示，截至2018年第二季度，亚洲市场上活跃的REITs共计168只，总市值达2384亿美元，其中日本、新加坡两地REITs市值占比合计达78%，且两国REITs的市场规模都已进入全球前五名。[①]

2. 我国REITs发展进程

2005年12月21日，广州市最大的地产商越秀投资(0123)将旗下4处物业分拆设立房地产信托投资基金越秀REITs，在香港联合交易所主板独立上市，成为内地首只REITs，也是香港第三只REITs。随后，又有汇贤产业信托、开元产业投资信托基金、春泉产业信托等REITs在香港上市。

而国内首个交易所场内房地产投资基金产品——中信证券"中信启航专项资产管理计划"于2014年5月21日在深圳证券交易所综合协议交易平台挂牌转让。此后，国内出现多只创新REITs产品，REITs产品的底层资产类型和技术操作方法等也不断丰富。

2015年7月，我国首只公募基金REITs"鹏华前海万科REITs"成功发行；2017年2月，"兴业皖新阅嘉一期房地产投资信托基金"成立，这是国内REITs产品首次在银行间市场公开发行；2017年8月，首单不依赖主体评级的REITs"中联前海开源—勒泰一号"资产支持专项计划在深圳证券交易所正式挂牌；2017年10月，首单长租公寓资产类REITs"新派公寓权益型房托资产支持专项计划"经深圳证券交易所批准发行；2018年12月，首单物流地产储架类REITs项目"华泰佳越—顺丰产业园一期资产支持专项计划"成功设立。

国内REITs除产品类型不断创新外，市场规模增长也很显著。截至2018年12月底，我国共发行REITs产品43只，发行金额累计903.21亿元。[②]

目前，我国的房地产市场处于REITs发展的初级阶段，国内关于REITs的法律、法规尚未完善。国内市场上发行的产品在交易结构、税负水平、收益分配方式等方面与国外主流REITs产品相比具有一定差异，尚未符合国外成熟市场的REITs标准，因此，目前业内一般将这些产品称为类REITs产品。国内标准REITs的发展并没有

---

① 戴德梁行、中国房地产业协会金融专业委员会：《2018亚洲房地产投资信托基金(REITs)研究报告》。
② 不动产投资信托基金(REITs)研究中心：《2018年中国REITs研究报告》。

太多经验可以借鉴,应该先考虑发展封闭式房地产投资信托。根据我国经济的发展以及房地产业未来数年的发展走势,我国 REITs 应当以权益型为主、抵押型为辅。从长远的发展角度来看,应该选择公司型,并像美国 REITs 基金一样可以上市流通。但从立法的角度来看,契约型的房地产投资信托基金可以规避我国现行公司法和税法的管制,并得到相关税收法律的必要支持。

现阶段我国 REITs 发展也面临着一些难题:一是税收障碍。从已经有 REITs 的国家看,在税制上都有特殊的豁免,而我国 REITs 的税收优惠尚待明确,因而需要从立法到制定操作规则,调整税制。二是法律规范。国内产业投资基金类的法律制度不完善,产业投资基金法尚未出台,致使国内的房地产投资基金缺乏统一的标准和经营守则。三是产权问题。国内很多房地产项目产权关系复杂,过户问题成为一大障碍。四是缺乏二级市场。我国 REITs 产品受"一法三规"的严格限制,转让交易成本高,缺乏流通性。

六、中国不动产信托的发展

在我国,不动产信托作为一种新的信托形式,自 2003 年以来十分火爆。

2003 年 6 月,中国人民银行出台《关于进一步加强房地产信贷业务管理的通知》(121 号文件)。各商业银行提高了对房地产行业的放贷门槛,于是信托成为开发商们的一个选择。据统计,自 121 号文件出台后,仅 2003 年第四季度就发行信托产品 37 只,募集资金 35 亿元,相当于 2003 年全年总数 70 亿元的一半。

截至 2005 年底,集合资金信托市场当年共发行房地产信托产品 121 只,募集资金 157.27 亿元,绝对额大幅增加了 35.1 亿元,分别较 2004 年同期增长 11% 和 28.73%。

2006 年,信托投资公司共发行了集合类资金信托产品 510 只,共募集资金 569.49 亿元,其中,投资于房地产的信托产品有 97 只,资金规模为 161.38 亿元。[①]

不动产信托的形式也出现了多样化的趋势。从信托运用对象看,有烂尾楼处理、房地产信托收益权转让、联合进行房地产信托开发、信托公司成立房地产项目公司等;从投资方式看,有贷款、股权投资、贷款+股权投资等形式。

2008 年以来,商业银行收紧了房地产开发贷款,这导致房地产信托热不断升温。据统计,2008 年前三个季度共有 55 只房地产融资信托产品成立,超过上一年房地产融资类产品总额。但在这背后也隐藏了高风险,一些地产商通过信托融资的成本高达 20%～30%,一旦资金链断裂,将给信托受益人造成非常大的损失。因此,2008 年 11

---

① 根据用益工作室统计资料整理。

月初，中国银行业监督管理委员会下发《关于加强信托公司房地产、证券业务监管有关问题的通知》，对信托公司开展房地产等敏感类业务进行风险提示和规范。不动产信托因此有所降温。2009年1—6月，信托公司投资于房地产领域的集合信托产品总规模为144.6亿元。

2011年第三季度末，房地产信托存量规模占全行业资金信托比重达到峰值17.24%后，由于受到房地产调控政策影响，房地产信托的增长趋缓，余额占比也在逐年下降。自2013年起，房地产信托开始展现温和扩张态势。2013年上半年，房地产信托新增3076亿元，新增规模占比9.75%，刷新了自2011年下半年以来的最高水平。相较于2012年房地产信托全年新增3163亿元的规模来看，房地产信托的发展颓势有所改善。2014年，受房地产市场结构性风险累积及监管政策的影响，房地产信托新增规模下降，但余额规模稳步增长，占比仍有所提高，房地产信托的降幅低于信托业整体降幅。

2015年以来，尽管房地产市场回暖，量价齐增，但房地产库存持续高企，投资意愿与融资需求降低，且随着房地产行业融资渠道的拓宽，地产商对信托融资渠道的依赖度下降，房地产信托业务持续承压。截至2015年末，房地产信托的存量规模为1.29万亿元，较2014年同比下降1.66%，出现负增长，而2016年末房地产信托余额为1.43万亿元，同比增长11.01%，增速虽然加快，但依然慢于信托资产余额16.31%的增速。

2017年以来，在"房住不炒"的政策指引下，地方政府房地产调控持续升级，同时叠加了去杠杆和金融严监管背景，房地产企业融资渠道收紧，融资难度和成本显著上升，房地产信托融资需求上升，驱动房地产信托业务数量与规模持续增长。截至2018年末，房地产信托余额为2.69万亿元，较2017年同比增长17.72%。[①]

第四节 其他通用信托

随着经济的不断发展，人们之间的债务关系越来越复杂，信托在解决债权债务过程中可以发挥很大的作用。本节主要介绍两种与债权债务处理相关的信托业务：管理破产企业信托与处理债务信托。另外，本节也讨论近年来较热的艺术品信托。

---

① 数据来源于中国信托业协会。

一、管理破产企业信托

(一) 管理破产企业信托的含义

管理破产企业信托,是为了保障债权人的利益,合理处理债务人财产而开展的一种信托业务。

这类信托的委托人是债权人。如果债务企业出现债务负担过重、资金周转不畅、不能及时偿还债务本息的,甚至出现资不抵债、需要解散清理的情况,可能会影响到债权人的利益。为了维护自身的利益,债权人便可以向信托机构申请办理该项信托。

(二) 开展管理破产企业信托的好处

由于破产事务手续繁琐,涉及许多法律问题以及其他方面的关系,因而管理破产企业信托可以发挥很大的作用,提高破产处理的效率。

(1) 保护债权人的受偿利益,防止债务人不当处分财产。管理破产企业信托将财产委托给专业人员管理,确保了财产的管理质量,使财产保值和增值成为可能。

(2) 确保破产财产的独立性。由于信托制度的特点是财产拥有独立性,它独立于受托人的自有财产,因此可防止管理人中饱私囊。

可见,将信托制度引入破产处理中,能够妥当、全面、科学、合理地解决破产财产处置中的问题。

(三) 信托机构的作用

在管理破产企业信托中,信托机构作为受托人,主要受理破产企业的财产处理事务。它要清查债务人的破产财产与债权债务情况,并对财产进行管理与处置,将所得款项分配给债权人以维护其合法权益。具体来说,信托机构在管理破产企业信托中发挥以下作用:

(1) 划分债务人的债权与债务。信托机构必须清查债务人现有的财务状况,并调查其所负的债务。

(2) 清理债务人的财产。对债务人目前所拥有的财产状况做一清理,全面了解债务人能用来清偿债务的财产。

(3) 接管破产人的财产并进行必要管理,包括对财产的收集与整理。

(4) 将信托财产进行拍卖以便于抵偿债务。

(5) 将所得款项在所有债权人之间进行分配。

(6) 保障债权人的合法权益。

【案例 6-7】　　　　管理破产企业信托应用案例

顺康公司的王总最近遇上了一件麻烦事儿,公司500多万元的应收账款收不上来,对方企业由于经营管理不善,已经资不抵债,信誉越来越差。想向法院申请破产吧,又怕对方企业"假破产、真逃债",转移财产逃避债务,从法院受理到宣告债务人破产至少需要3个月。在此期间,破产财产实际上还是在对方企业手中,可以由其随意处置。怎样才能最大限度地保障自己的债权呢?他忽然想起了信托方式,打电话给信托公司的孙经理。

孙经理热情地解答了王总的问题,并向他推荐用管理破产企业信托业务来解决该问题。

如果法院受理了破产申请,那么在第一次债权人会议上,王总可以联合其他债权人向大会提出将破产财产交给信托公司管理,成立管理破产企业信托。在破产受理到破产宣告期间,由全体债权人大会任命的债权人代表作为委托人,信托机构作为受托人,扮演破产财产的临时管理人的角色。这样,破产财产就可以转化为信托财产,受到《信托法》规定的信托财产独立性的保护,可以有效避免破产企业钻法律的空子,抽逃转移资产,或者对破产财产提前清偿、进行非法处分。信托公司按照信托合同中拟定的方案依法维护破产企业财产,代理与破产财产相关的一切民事活动,从专业财务顾问的角度管理、清理、估价、变卖破产企业财产。信托机构如果由于疏于管理,未尽注意义务而使破产财产损失的,将担负损害赔偿责任。

[案例分析]

由于我国目前的破产管理机制在立法上并不完善,还存在一些负债企业的道德风险,导致债权人的合法权益得不到有效的保障,管理破产企业信托业务可以较好地使信托机构充当管理人,对信托财产进行一定的监护,有效地维护广大债权人的利益。

目前一些学者和司法界人士也注意到了信托方式的优势,正在积极探讨信托投资公司全程介入企业破产清算过程的可能性。

二、处理债务信托

(一)处理债务信托的含义

处理债务信托是指债务人将其财产的全部或一部分移交给信托机构,由信托机构处理,再按信托契约将所得价款用于清偿委托人各项债务的信托业务。

处理债务信托的委托人是债务人。当一个债务人对许多债权人负有债务,出现了支付困难但又想避免"破产程序"时，可申请采用这种信托方式以达到清偿债务的目的。

根据破产法的规定，债务人一旦不能清偿到期债务，往往要启动破产程序，将债务人的财产列入破产财产，以使债权人得到公平清偿。然而，破产程序的启用会使债务人丧失商业信用，陷入困境，导致财产立即出售无法实现，或者财产变现时会以不利的价格成交，对债务人与债权人都会产生损失。

如果经债权人会议同意，将债务人的财产信托给受托人或信托公司进行谨慎的管理，一方面可以防止资产流失，使债权人获得更切实的清偿。因为信托公司以受托人的名义出售财产并清偿债务，可避免债务人丧失信用或变现引起的财产损失。另一方面，通过信托机构合理地清偿债务，可为债务人赢得一定的机会，使其经过一段缓冲期后，业务可能有所好转，这样可避免破产的风险。

(二)处理债务信托的程序

处理债务信托是由债务人先提出申请的，其基本步骤包括以下几个环节：

(1)债务人与信托机构签订处理债务信托协议。
(2)债务人将信托财产移交给受托人。
(3)由信托机构代为出售或处理信托财产。
(4)信托机构将所得价款清偿委托人的债务。

三、艺术品信托

(一)艺术品信托的含义

艺术品信托是指受托人接受委托人的资金，以自己的名义按照委托人的意愿将该资金投资于艺术品市场，并具体负责艺术品的投资事务，通过艺术品投资组合，在控制风险的前提下让投资者分享艺术品的价值增长。

艺术品信托可以实现将艺术品资产转化为金融资产。金融机构通过银行理财产品或信托计划，向投资者发行信托份额，募集资金并将资金配置到艺术品市场，并借助专业运作、组合化投资、运作渠道和资金优势，使得社会大众在没有艺术品投资专业经验、没有精力和足够实力的情况下，分享艺术品市场收益。

(二)艺术品信托的形式

艺术品信托的形式主要有三种：

1. 艺术品质押融资信托

艺术品所有者持有的艺术品由专业机构出具鉴定及估值意见后，质押给信托公司获得信托资金，信托公司将艺术品保存在专业保管机构，在艺术品所有者偿还信托资金的本息后，交还质押的艺术品给艺术品所有者。

2. 艺术品投资信托基金

信托公司发行信托计划募集资金,聘请艺术品专家或者专业的投资公司提供顾问服务指导投资,通过多种艺术品类组合的投资,以达到最终实现收益的目的。

3. 艺术家共同信托

艺术家共同信托(artist pension trust,APT)是艺术家以若干件艺术作品作为投资加入信托,实现"以物(作品)代币"的目的。在 APT 中,艺术家仍保留作品的所有权,仅把经营管理权委托给 APT,以换取投资回报。作品的销售由专家队伍负责,一旦作品在市场价值上出现了明显的增值时,APT 决定出手的时机和价格,信托的每位艺术家都会从中获得均等的一份。

(三)艺术品信托的优势与风险

艺术品信托不但能为投资者带来可观的收益,实现资产的保值增值;同时,由于信托机构的介入,可为艺术品投资者提供更为专业的服务。

但由于用来投资或抵押的艺术品资产具有受众小、流动性差、估值困难、公允价值难获得等问题,艺术品信托也存在较大的风险。

1. 艺术品估值不透明

由于国内市场尚未形成艺术品价值评估的统一标准体系,艺术品价格评估只能依靠所谓的专家和大机构,主观性较大,一些艺术品价值可能在短期内数倍增长,存在企业串通专家、信托公司,虚增艺术品价格的可能性。

2. 艺术品的真伪鉴定难

艺术品类信托产品挂钩于艺术品,而对艺术品真伪的鉴定技术性强,且十分困难,这也使得艺术品信托陷入一定的困局。

3. 艺术品的变现风险

艺术品信托最终要将其所投资的艺术品兑现,这涉及时间、鉴定、渠道、保存、市场大环境等多个方面,任何一个环节出问题,都会影响收藏品的变现。

4. 退出机制脆弱

艺术品投资市场变化剧烈。在价格上升时期会有大量资金涌入市场,导致拍品成交价屡创新高;一旦资金转向,市场迅速降温,拍品少有人买。而信托产品有一定的存续期,如果未在所投资的艺术品价格暴跌之前退出,就可能面临巨大损失。

(四)我国艺术品信托的发展

2008 年,中国艺术品拍卖市场总额不足 200 亿元。而到 2010 年,中国艺术品拍卖总额超过 500 亿元。在艺术品超额收益的诱惑下,一些信托机构陆续参与到与艺术品相关的信托产品开发中。2009 年 6 月 18 日,国投信托与保利艺术投资联合推出了国内首只以艺术品为投资标的的质押融资型信托产品——"国投信托·盛世宝藏 1 号保利艺术品投资集合资金信托计划",为优质藏家及机构提供艺术品的质押与融资服务。2010年,国投信托与北京保利艺术投资有限公司又合作推出"盛世宝藏1号保利艺术品投资集合资金信托计划",这是我国第一款与艺术品直接挂钩的信托产品。中信信托于2010年也发行了艺术品信托产品。据用益信托的统计数据显示,2010年发行的艺术品信托产品共有10款,发行规模为7.58亿元。进入2011年后,中融信托、北京信托、中诚信托和上海信托等机构也推出艺术品信托,国内的艺术品信托产品一下就增至45款,发行规模更是创下了55亿元,同比增长626.7%。

但进入2012年,中国艺术品市场遭遇了新一轮的市场调整,火爆的艺术品信托也戛然而止。2013—2015年期间,我国分别只发行了20款、11款、5款艺术品信托产品,2015年发行规模降至1.38亿元。[①] 同时,不少艺术品信托被曝出各种问题,如2011年某个信托公司推出的艺术品信托计划于2015年到期时出现逾期未付,另外一个信托公司2013年发行的艺术品投资(嘉世华年)集合资金信托计划在2016年8月到期时只还本零收益,2019年1月爆出2013年7月成立的艺术品信托发生名下的艺术品丢失事件,从中可以看出艺术品信托的风险问题。

在中国,艺术品信托分为融资类、投资类和管理类三种。融资类信托主要为投资家和收藏家提供抵押融资,再由融资人进行赎回,这种信托在发行时明确预期收益率,收益相对稳定。投资类信托由信托公司募集资金,买入艺术品,待艺术品升值获得收益。第三种则是类似签约艺人的方式签约有潜质的年轻艺术家,通过推广运作、提升艺术家的升值空间及其作品价值而获利退出。例如,国投信托推出的第一款艺术品信托是融资类信托产品,而北京信托于2011年4月1日推出的"懋源富雅1号艺术品投资集合资金信托计划"属于投资类信托产品。

本章小结

通用信托业务指介于个人信托与法人信托之间,既可以由个人作委托人,也可以由法人作委托人的信托业务。通用信托的种类繁多,最典型的业务主要包括投资信托、公益信托、不动产信托、管理破产企业的信托及处理债务信托。

公益信托是指委托人为了社会公共利益的目的,对将来不特定的受益人而设立的信托方式。公益信托必须取得有关主管部门批准,接受社会公众和国家有关机构监督,不得中途解除合同。与其他信托相比,公益信托的主体更复杂,一般包括委托人、受益人、受托人、信托监察人和经营委员会。公益信托可以分为公共基金信托、公共机构信托、慈善剩余信托和公共机构代理等几大类,多采用基金会的方式。

---

① 戚晨:《被"玩坏"的艺术品信托"联姻"金融模式饱受质疑》,《经济导报》2016年8月17日。

不动产信托，也可称为房地产信托，是以不动产作为信托财产的信托业务。委托人与信托机构签订不动产信托契约，委托后者进行管理和处理的业务。不动产信托按信托目的分为不动产管理信托与不动产出售信托，按信托财产不同分为房屋信托与土地信托，按是否提供融资服务分为融资性不动产信托与服务性不动产信托。

管理破产企业信托，是为了保障债权人的利益，合理处理债务人财产而开展的一种信托业务。委托人是债权人，主要针对债务负担过重、资金周转不畅、不能及时偿还债务本息的，甚至出现资不抵债、需要解体清理的债务企业。

处理债务信托是指债务人将其财产的全部或一部分移交给信托机构，由信托机构处理，再按信托契约将所得价款用于清偿委托人各项债务的信托业务。

艺术品信托是指受托人接受委托人的资金，以自己的名义按照委托人的意愿将该资金投资于艺术品市场，并具体负责艺术品的投资事务，通过艺术品投资组合，在控制风险的前提下让投资者分享艺术品的价值增长。

练习与思考

【名词解释】

投资信托　公益信托　基金会　一般目的的基金会　特殊目的的基金会　社区基金会
不动产信托（房地产信托）　融资性不动产信托　服务性不动产信托　房屋信托
土地信托　不动产经租管理信托　不动产保管信托　土地流转信托
房地产投资信托基金　管理破产企业信托　处理债务信托　艺术品信托

【简答题】

1. 简要说明通用信托业务的基本特点。
2. 公益信托有哪些特点？
3. 信托机构在管理破产企业的信托中的作用有哪些？
4. 处理债务信托的基本程序有哪些？
5. 艺术品信托的方式有哪些？主要有何风险？

【思考题】

1. 请结合实际说明公益信托对社会的积极意义，信托机构在公益信托中可以发挥哪些作用，如何对公益信托进行管理与监督。
2. 作为信托机构开展的一项重要的传统信托业务，不动产信托如何促进房地产的生产、流通与消费？不动产信托有哪些主要形式？

第七章　投资银行业务

随着证券市场的发展,越来越多的金融机构参与到资本市场中来,信托公司也不例外,它可以从事诸多的投资银行业务。本章介绍信托公司开展的几项主要的投资银行业务,包括投资基金、兼并与收购及项目融资、公司理财、风险投资、资产证券化等。

第一节　投资基金

投资基金从英国诞生,盛行于美国,并在全球得到迅速发展。由于基金具有显著的优点,可以有效分散投资者的风险、增加收益,目前已成为各国金融市场上一种重要的集合投资信托制度。本节介绍投资基金的基本概念、主要类型、所涉及的关系人和它的基本运作程序。

一、投资基金概述

(一)投资基金的含义

投资基金,也称投资信托,是指通过发售基金份额,集合众多投资者的资金,形成独立财产,委托具有专门知识和经验的基金管理人进行经营操作,并由基金托管人托管,共同分享投资收益、共担风险的一种信托形式。

作为一种间接的金融投资机构或工具,投资基金在不同的国家(地区)有着不同的称谓,如在美国称为共同基金或互助基金,在英国和中国香港特别行政区被称为单位投资信托,在欧洲一些国家被称为"集合投资基金"或"集合投资计划",在日本和我国台湾地区则被称为"证券投资信托基金"。

(二)投资基金的特点与优势

投资基金通过向投资者募集社会闲散资金,再以适度分散的组合方式投资于各种金融资产,从而为投资者谋取最高利益。它的特点及优势主要表现在以下方面:

1. 集合理财,发挥规模优势

投资是需要一定成本的,个人投资者受到自身资金的限制,投资成本相对较高。

而投资基金是一种集合理财工具,它将社会上众多的投资资金集中起来,委托基金管理人进行投资。通过积少成多,有利于发挥资金的规模优势,降低投资成本。同时,投资者是基金的所有者,基金投资收益在扣除由基金承担的费用后全部归基金投资者所有,并依据持有的基金份额比例进行分配,可以保证投资者的收益。

2. 组合投资,分散风险

现代投资学已证明,通过组合投资可以分散风险。中小投资者由于资金量小,一般无法通过购买不同的股票分散投资风险。而基金则集合了众多人的资金,它可以将一定量的资金按不同比例分别投资于不同种类、不同行业、不同金融市场甚至不同国家的不同资产,通常会购买几十只甚至上百只证券,通过控制组合证券的相关性,在一定时期内,某些证券价格下降的损失,可由另一些证券价格上升的收益来抵补,从而在整体上有效地分散风险。

3. 专家运作,享受系列化的服务

个人投资者一般会受到时间、精力、信息及专业知识等方面的限制,不太容易作出科学的投资决策。而投资基金的管理、运作及投资决策的制定都是由基金经理人或基金管理公司负责的。基金管理人一般拥有大量的专业投资研究人员,他们具有丰富的专业知识与投资经验,另外,公司还掌握强大的信息网络,通过与证券市场的各种联系渠道,收集各种信息与资料,更好地对国内外经济形势、金融市场动态、各行业的发展前景、各公司的经营业绩进行全面的分析,作出的投资决策更为科学与准确,也可以不断提高收益。

4. 流动性高,容易变现

投资基金是一种间接的投资工具,它的投资对象一般是流动性较好的证券,基金资产质量高、变现容易。投资者不想持有基金时,可以通过交易所卖出基金份额或通过基金公司办理份额的赎回,从而收回自己的投资。

5. 独立托管,保障财产安全

投资基金作为一种信托制度,贯彻了财产独立性的原则,实行资产经营与保管相分离的做法。基金管理人负责基金的投资操作,但他本身并不经手基金资产的保管,任何投资基金都必须设有基金托管人负责保管基金资产,并对基金管理人进行监督。这种相互制约、相互监督的制衡机制能够有效地保证基金资产的安全。同时,为切实保护投资者的利益,增强投资者对基金投资的信心,国家金融监管部门也对基金业实行了比较严格的监管,强制基金进行较为充分的信息披露,并严厉打击各种有损投资者利益的行为。

二、投资基金的种类

(一)根据基金的组织形式划分

投资基金根据组织形式分为公司型基金与契约型基金。

1. 公司型基金

基金本身是一个具有独立法人地位的股份有限公司,依据基金公司章程设立,发行自身的股份,投资者通过购买基金的股份成为基金的股东,享有股东权利并凭着股份领取股息或红利。基金公司设有董事会,代表投资者行使职权,以维护股东的利益。公司型基金与一般股份公司不同的是,它不从事具体产品的生产与经营,而专门从事证券投资业务,并委托基金管理公司作为专业的财务顾问或让基金管理公司来管理基金资产。

2. 契约型基金

契约型基金也称为合同型基金、单位信托基金,是由委托人、受托人和受益人三方订立信托契约而设立的基金。这类基金本身并不是一个法人,通过基金契约来规范各方当事人行为。委托人(基金管理公司)根据信托契约来运用信托财产,受托人负责保管信托财产并对基金管理人的运作进行监督,而投资成果则由受益人(投资者)享有。由于契约型基金不具有法人资格,所以,它不能向投资者发行股份,而只能发行受益凭证。

许多国家都允许公司型基金与契约型基金并存。美国的共同基金大多数是公司型的,故又称为投资公司,而我国目前设立的基金则为契约型基金。

(二)根据基金是否可增加和赎回划分

投资基金根据是否可增加和赎回分为封闭式基金(close-end funds)与开放式基金(open-end funds)。

1. 封闭式基金

封闭式基金是指基金份额在基金合同存续期内固定不变的基金,如果未经法定程序认可,不能扩大基金的规模。封闭式基金一般不向投资者增发新股或赎回旧股,但投资者购买份额后可以在二级市场上卖出,换回现金。封闭式基金价格随行就市,受到基金供求关系、同类型其他基金的价格以及股市和债市行情等的共同影响,一般会产生基金价格和基金净值之间的"折价"或"溢价"现象。封闭式基金通常有固定的存续期,目前我国封闭式基金的存续期通常为10年或15年。期满时,要进行基金清盘,除非在基金持有人大会通过并经监管机构同意的情况下,可以转为开放式基金或者延长存续期。在整个封闭期内,基金管理人可以进行长期投资。

2. 开放式基金

开放式基金是指份额不固定的基金,投资者可以在基金合同约定的时间和场所进行基金份额的申购或者赎回。如果获得投资者的持续申购,开放式基金的资产规模会越来越大;而遭到投资者的持续赎回,开放式基金的资产规模会越来越小。

开放式基金由于随时要应付投资者的申购和赎回,基金资产必须留存部分现金及流动性强的资产,所以开放式基金的资产不能全部进行长线投资。

开放式基金没有固定的存续期,可以一直存续下去,但当基金规模小于某一标准时,基金则会被清盘。

开放式基金的价格取决于该基金所持有的全部证券组合的净价值,即基金的净资产价值。开放式基金申购价格一般是基金单位资产净值加一定申购费,赎回价一般为基金单位资产净值减一定赎回费。我国规定开放式基金必须公布每个交易日的基金单位资产净值。

目前,在金融市场发育比较成熟、投资基金发展历史较长的国家和地区,开放式基金已成为主要形式,例如美国的共同基金基本上都是开放式基金。我国在2001年之前发行的都是封闭式基金,2001年开始开放式基金的试点,诞生3只开放式基金。之后,开放式基金的发行速度大大加快,到2019年4月末,开放式基金数量已达5 150只,远远超过封闭式基金的数量(见表7-1)。

表7-1　　　　　　　2019年4月30日我国的基金资产净值和份额规模

基金类别	基金数量（只）	资产净值 规模(亿元)	资产净值 比例(%)	份额 规模(亿份)	份额 比例(%)
封闭式	699	9 926.63	7.14	9 446.52	7.13
开放式	5 150	129 126.45	92.86	123 085.37	92.87
全部	5 849	139 053.08	100.00	132 531.89	100.00

资料来源:中国证券投资基金业协会,2019年4月统计数据。

(三)按照投资对象划分

根据投资基金购买的资产种类不同可以分为以下几种:

1. 股票基金

股票基金是指以股票为主要投资对象的基金,属于高风险高收益的基金。股票基金在各类基金中历史最为悠久,也是各国广泛采用的一种基金类型。根据中国证监会的规定,80%以上的基金资产投资于股票的,为股票基金。

2. 债券基金

债券基金是指以债券为主要投资对象的基金,主要以获取固定收益为目的,风险和收益都较股票型基金小得多。根据中国证监会的规定,80%以上的基金资产投资于债券的,为债券基金。

3. 货币市场基金

货币市场基金是指以大额可转让定期存单、银行承兑汇票、商业本票、短期国债、短期融资券、中央银行票据等货币市场工具为投资对象的基金,其收益稳定,风险极低。根据中国证监会的规定,基金资产仅投资于货币市场工具的,为货币市场基金。

4. 基金中基金

基金中基金是指以其他基金份额为主要投资对象的基金,具有双重投资管理、双重风险分散的特点,它比股票基金更加稳健保守。根据中国证券监督管理委员会的规定,80%以上的基金资产投资于其他基金份额的为基金中基金。

5. 混合型基金

混合型基金是指同时以股票、债券、货币市场工具和其他基金份额为投资对象的基金,其风险和收益水平都适中。根据股票、债券投资比例以及投资策略的不同,混合型基金又可分为偏股型基金、偏债型基金、平衡型基金等多种类型。根据中国证券监督管理委员会的规定,投资于股票、债券、货币市场工具或其他基金份额,并且股票投资、债券投资、基金投资的比例不符合股票基金、债券基金和基金中基金的规定的,为混合型基金。

截至 2017 年底,美国共同基金(不含 ETF)以 18.7 万亿美元的市场规模位居全球首位。其中,股票型占 55%,债券型占 22%,混合型占 8%,货币市场基金占 15%。[①]

根据中国证券投资基金业协会的统计,截至 2019 年 4 月 30 日,我国的基金数量由 2017 年的 4 692 只增加到 5 849 只,管理的基金资产净值达到了 1.39 万亿元。公募基金的只数与资产净值见表 7-2。投资基金时,一定要事先充分估量好自己的风险承受度,然后选择相对应的基金。而极度厌恶风险喜欢稳定收益的人,可选择货币市场基金或债券基金。有一定风险承受度和较高收益偏好,但又不想冒过多风险的人,适合选择混合型基金。

(四)按照投资风格划分

根据投资基金投资风格不同可以将其分为主动型基金和被动型基金。

1. 主动型基金

主动型基金是一类力图取得超越基准组合表现的基金。 基准组合是指在基金合

---

① 美国投资公司协会(ICI):《2018 美国投资公司发展报告》(2018 Investment Company Fact Book),2018 年 5 月。

表7-2　　　　　　　　　　2019年4月30日各类基金资产净值

类别	基金数量(只)	份额(亿份)	净值(亿元)
封闭式基金	699	9 446.52	9 926.63
开放式基金	5 150	123 085.37	129 126.45
其中:股票基金	974	7 671.40	10 312.25
混合基金	2 443	13 567.12	15 535.29
货币基金	331	78 243.11	78 282.08
债券基金	1 263	22 907.86	24 217.96
QDII基金	139	695.88	778.87
合　计	5 849	132 531.89	139 053.08

资料来源:中国证券投资基金业协会,2019年4月统计数据。

同中约定的指数组合。主动型基金的风险大,但取得的收益也可能更大。

2.被动型基金

被动型基金也称为指数型基金,是一种以拟合目标指数、跟踪目标指数变化为原则,实现与市场同步成长的基金品种。它不主动寻求取得超越市场的表现,而是选取某个指数作为模仿对象,购买该指数包含的证券市场中全部或部分的证券,获得与该指数相同的收益水平。

(五)其他类型的基金

1.伞型基金

伞型基金也称为系列基金,基金发起人根据一份总的基金招募书或基金契约发起设立多只相互之间可以进行转换的基金,这些基金称为子基金。子基金独立运作,子基金之间可以进行相互转换。

2.保本基金

保本基金是指通过采用投资组合保险技术,保证投资者的投资目标是在锁定下跌风险的同时力争有机会获得潜在的高回报。

3.衍生基金和杠杆基金

衍生基金和杠杆基金是投资于衍生金融的工具,包括期货、期权、互换等并利用其杠杆比率进行交易的基金。

4.对冲基金

对冲基金也称为套期保值基金,是在金融市场上进行套期保值交易,利用现货市场和衍生市场进行对冲交易的基金。

【案例 7-1】 我国的开放式基金的创新：LOF 与 ETF[①]

2001年我国开始推出开放式基金，之后，各年开放式基金的发行数量增加很快，基金市场创新不断，尤其是2004年，相继推出了上市开放式基金(listed open-end funds，LOF)与交易型开放式指数基金(exchange traded funds，ETF)。

2004年8月17日，中国证券监督管理委员会批准了《深圳证券交易所上市开放式基金业务规则》(以下简称《业务规则》)。2004年10月14日，南方基金公司发行的南方积极配置首次利用深交所LOF平台发行，其35.36亿元的首发规模创下了2004年下半年以来基金发行的新高，通过LOF平台认购的比例占到了总发行规模的1/3，达到11.70亿元。此后，博时、中银国际和广发等多家基金公司都利用LOF平台发行新基金。2005年8月9日，深圳证券交易所与中国证券登记结算有限责任公司共同制定《上市开放式基金业务指引》。2008年全球金融危机之后，我国的LOF基金市场不断发展和壮大，到2019年2月底，国内市场上共成立了295只LOF基金，规模合计约3 186.06亿元。[②]

2004年1月1日，上海证券交易所推出上证50指数；3个月之后，上海证券交易所正式向中国证券监督管理委员会申请开发ETF；2004年6月，上海证券交易所ETF获中国证券监督管理委员会核准。2004年12月30日，内地股市首个获准推出的交易型开放式指数基金上证50ETF基金正式成立。华夏基金公司在上证50ETF基金设立后，成为首家拥有11只基金的超大型基金管理公司。2005年2月4日，上证50ETF基本完成建仓工作并进行基金份额折算；2005年2月23日，上证50ETF开放申购赎回并在上海证券交易所上市交易。2011年11月25日，7只ETF基金(50ETF、180ETF、红利ETF、治理ETF、深100ETF、中小ETF和深成ETF)纳入融资融券标的的范畴，并于2011年12月5日正式上市交易。

2012年以来，随着国内资本市场的快速发展，ETF市场进入了一个快速创新期。2012年5月28日，沪深两市推出跨市场股票ETF。同年10月，上海证券交易所首只跨境ETF——易方达恒生中国企业ETF成功上市。2013年，首只货币

[①] 深圳证券交易所网站，http://www.szse.cn；ETF基金网，http://www.etfjijin.com；《基金市场场内场外联系的纽带——LOF基金》，慧择网，http://www.hzins.com/special/lofjijin；上海证券交易所产品创新中心，《ETF行业发展年度报告(2018)》。

[②] Wind资讯信息数据。

ETF——华泰添益、首只国债ETF——国泰上证5年期国债ETF、首只跨时区的跨境ETF——纳斯达克100ETF、首批两只黄金ETF先后在上海证券交易所成功上市。2015年2月9日,我国第一只场内期权产品在上海证券交易所交易,它的标的是上证50ETF。2016年8月29日,首只国企改革ETF——上海国企ETF在上海证券交易所上市交易。2018年1月8日,首只现金申赎类债券ETF——富国中证10年期债券ETF在上海证券交易所发行。截至2018年底,我国沪深两市上市的ETF总数已达191只,其中包含144只股票型ETF、9只债券型ETF、7只国际(QDII)型ETF、27只货币市场型ETF、4只另类投资型ETF。[①] 股票型ETF可以根据标的指数类型进一步划分为宽基、行业、主题、跨境、策略以及风格六个子类型。从规模上看,ETF基金扩张明显,截至2018年12月下旬,全市场ETF净值规模已接近6 000亿元,较2017年底的3 645亿元增长超六成。[②]

[案例分析]

上市开放式基金LOF,是一种既可以在场外市场进行基金份额申购赎回,又可以在交易所(场内市场)进行基金份额交易、申购或赎回的开放式基金。

LOF的主要特点是:第一,上市开放式基金本质上仍是开放式基金,基金份额总额不固定,基金份额可以在基金合同约定的时间和场所申购、赎回;第二,上市开放式基金发售结合了银行等代销机构与交易所交易网络两者的销售优势,银行等代销机构网点仍沿用现行的营业柜台销售方式,交易所交易系统则采用通行的新股上网定价发行方式;第三,上市开放式基金获准在交易所上市交易后,投资者既可以选择在银行等代销机构按当日收市的基金份额净值申购、赎回基金份额,也可以选择在交易所各会员证券营业部按撮合成交价买卖基金份额。

可见,LOF兼具封闭式基金交易方便、交易成本较低和开放式基金价格贴近净值的优点,是我国对开放式基金的一种本土化创新。目前,场内LOF产品的投资标的包含股票型、债券型、混合型、跨境和商品五大类,其中跨境LOF、定增LOF和商品期货LOF独具特色,为投资者打造一站式的全球化资产配置平台。

交易型开放式基金(ETF)则是一种高效的指数化投资工具,可以像股票一样上市交易,它通常会追踪特定的市场基准或指数。其基金份额使用组合证券或现金对价按

---

① 中国银河证券研究院:《国内外ETF发展和未来趋势》,2019年2月20日。
② 《公募基金十大事件》,《中国证券报》2018年12月24日。

照"份额申购、份额赎回"的方式进行申赎。

ETF的主要特点是：第一，分散投资，即ETF一般持有成百上千只指数成分证券，很好地分散了风险；第二，专业管理，即ETF由专业人员管理，保证ETF紧密追踪其对应的指数，最小化不必要的成本；第三，交易灵活，像股票和债券一样，ETF也可通过券商于交易时间内在场内交易；第四，成本低廉，由于被动追踪特定指数，ETF比主动管理型基金费用更加低廉；第五，门槛较低，通过投资ETF，投资者可以以极小的初始成本开展分散化投资。

ETF具备指数化投资的所有好处，如透明度高、操作简单等。除此之外，由于ETF交易方式的特殊性，ETF与普通指数基金相比，还具备跟踪误差更小、运作成本低、交易便利、交易费用低、组合公开透明等优势。

三、投资基金的主体

投资基金的主体因契约型基金与公司型基金有所不同。契约型基金的主体主要包括投资者、基金管理人、基金托管人三方；而对于公司型基金而言，因为基金本身是一家投资公司，因此，还要增加基金公司这一主体。

（一）基金投资者

基金投资者也称为基金的持有人，是指持有基金单位或基金股份的自然人和法人，他们是基金关系中的受益人，也是各项活动开展的中心，所有的基金运作及风险管理都是围绕保护投资者的利益而展开的。

1. 基金投资者的权利

基金投资者作为基金的实际所有者，基本权利包括对基金的收益权、对基金单位的转让权以及对基金信息的知情权与表决权。他们在一定程度上可以影响基金的经营决策，但对于不同类型的基金影响方式是不同的。在公司型基金中，基金投资者是基金公司的股东，可以通过参加股东大会，选举产生基金公司的董事会来行使基金公司的重大决策权；在契约型基金中，基金投资者只能通过召开基金受益人大会对基金的重大事项做出决议，但不能直接影响基金的日常经营决策。

根据2013年6月1日起施行的《中华人民共和国证券投资基金法》（以下简称《证券投资基金法》）第四章有关规定，我国基金投资者享有如下权利：

(1)分享基金财产收益。

(2)参与分配清算后的剩余基金财产。

(3)依法转让或者申请赎回其持有的基金份额。

(4)按照规定要求召开基金份额持有人大会。

(5)对基金份额持有人大会审议事项行使表决权。

(6)对基金管理人、基金托管人、基金服务机构损害其合法权益的行为依法提起诉讼。

(7)基金合同约定的其他权利。

在中国,基金投资者的决策权是通过基金份额持有人大会来行使的。基金份额持有人大会应当有代表50%以上基金份额的持有人参加,方可召开。每一基金份额具有一票表决权,基金份额持有人可以委托代理人出席基金份额持有人大会并行使表决权。基金份额持有人大会可以行使下列职权:第一,决定基金扩募或者延长基金合同期限;第二,决定修改基金合同的重要内容或者提前终止基金合同;第三,决定更换基金管理人、基金托管人;第四,决定调整基金管理人、基金托管人的报酬标准;第五,基金合同约定的其他职权。

2. 基金投资者的义务

基金投资者也要承担一定的义务,主要包括:

(1)遵守基金契约。

(2)缴纳基金认购款项及规定的费用。

(3)承担基金亏损或终止的有限责任。

(4)不从事任何有损基金及其他基金投资人利益的活动。

(二)基金管理人

基金管理人是负责基金发起设立与经营管理的专业性机构,它对基金资产进行管理与运用,同时又在基金托管关系中处于委托人的地位。

1. 基金管理人的条件

在我国,基金管理人由依法设立的基金管理公司担任。基金管理公司通常由证券公司、信托投资公司或其他机构等发起成立,具有独立法人地位。设立基金管理公司,应当具备下列条件,并经国务院证券监督管理机构批准:

(1)有符合我国《证券投资基金法》和《公司法》规定的章程。

(2)注册资本不低于1亿元人民币,且必须为实缴货币资本。

(3)主要股东应当具有经营金融业务或者管理金融机构的良好业绩、良好的财务状况和社会信誉,资产规模达到国务院规定的标准,最近3年没有违法记录。

(4)取得基金从业资格的人员达到法定人数。

(5)董事、监事、高级管理人员具备相应的任职条件。

(6)有符合要求的营业场所、安全防范设施和与基金管理业务有关的其他设施。

(7)有良好的内部治理结构、完善的内部稽核监控制度和风险控制制度。

(8)法律、行政法规规定的和经国务院批准的国务院证券监督管理机构规定的其他条件。

2. 基金管理人的主要职责

基金管理人作为受托人,必须履行"诚信、尽职"的义务,以受益人利益最大化为目标,不得利用基金资产为自己或第三者谋利。

我国《证券投资基金法》第二十条规定,公开募集基金的基金管理人应当履行下列职责:

(1)依法募集资金,办理基金份额的发售和登记事宜。

(2)办理基金备案手续。

(3)对所管理的不同基金财产分别管理、分别记账,进行证券投资。

(4)按照基金合同的约定确定基金收益分配方案,及时向基金份额持有人分配收益。

(5)进行基金会计核算并编制基金财务会计报告。

(6)编制中期和年度基金报告。

(7)计算并公告基金资产净值,确定基金份额申购、赎回价格。

(8)办理与基金财产管理业务活动有关的信息披露事项。

(9)召集基金份额持有人大会。

(10)保存基金财产管理业务活动的记录、账册、报表和其他相关资料。

(11)以基金管理人名义,代表基金份额持有人利益行使诉讼权利或者实施其他法律行为。

(12)国务院证券监督管理机构规定的其他职责。

3. 对基金管理人的约束

我国《证券投资基金法》第二十一条规定,公开募集基金的基金管理人及其董事、监事、高级管理人员和其他从业人员不得有下列行为:

(1)将其固有财产或者他人财产混同于基金财产从事证券投资。

(2)不公平地对待其管理的不同基金财产。

(3)利用基金财产或者职务之便为基金份额持有人以外的人牟取利益。

(4)向基金份额持有人违规承诺收益或者承担损失。

(5)侵占、挪用基金财产。

(6)泄露因职务便利获取的未公开信息,利用该信息从事或者明示、暗示他人从事相关的交易活动。

(7)玩忽职守,不按照规定履行职责。

(8)法律、行政法规和国务院证券监督管理机构规定禁止的其他行为。

4. 基金管理人的退任

我国《证券投资基金法》规定,基金管理人职责终止的情形主要有:

(1)被依法取消基金管理资格。

(2)被基金份额持有人大会解任。

(3)依法解散、被依法撤销或者被依法宣告破产。

(4)基金合同约定的其他情形。

基金管理人职责终止的,基金份额持有人大会应当在6个月内选任新基金管理人;新基金管理人产生前,由国务院证券监督管理机构指定临时基金管理人。职责终止的基金管理人,应当妥善保管基金管理业务资料,及时办理基金管理业务的移交手续,新基金管理人或者临时基金管理人应当及时接收。

(三)基金托管人

基金托管人是受托保管基金资产并对基金管理人进行监督的主体,它在基金关系中处于受托人的地位。

1. 基金托管人的条件

我国《证券投资基金法》规定,基金托管人由依法设立的商业银行或者其他金融机构担任。担任基金托管人,应当具备下列条件:

(1)净资产和风险控制指标符合有关规定。

(2)设有专门的基金托管部门。

(3)取得基金从业资格的专职人员达到法定人数。

(4)有安全保管基金财产的条件。

(5)有安全高效的清算、交割系统。

(6)有符合要求的营业场所、安全防范设施和与基金托管业务有关的其他设施。

(7)有完善的内部稽核监控制度和风险控制制度。

(8)法律、行政法规规定的和经国务院批准的国务院证券监督管理机构,国务院银行业监督管理机构规定的其他条件。

2. 基金托管人的职责

基金托管人应当履行下列职责:

(1)安全保管基金财产。

(2)按照规定开设基金财产的资金账户和证券账户。

(3)对所托管的不同基金财产分别设置账户,确保基金财产的完整与独立。

(4)保存基金托管业务活动的记录、账册、报表和其他相关资料。

(5)按照基金合同的约定,根据基金管理人的投资指令,及时办理清算、交割事宜。

(6)办理与基金托管业务活动有关的信息披露事项。

(7)对基金财务会计报告、中期和年度基金报告出具意见。

(8)复核、审查基金管理人计算的基金资产净值和基金份额申购、赎回价格。

(9) 按照规定召集基金份额持有人大会。
(10) 按照规定监督基金管理人的投资运作。
(11) 国务院证券监督管理机构规定的其他职责。

基金托管人发现基金管理人的投资指令违反法律、行政法规和其他有关规定,或者违反基金合同约定的,应当拒绝执行,立即通知基金管理人,并及时向国务院证券监督管理机构报告。

3. 基金托管人的退任

基金托管人出现下列情形之一的,职责终止:
(1) 被依法取消基金托管资格。
(2) 被基金份额持有人大会解任。
(3) 依法解散、被依法撤销或者被依法宣告破产。
(4) 基金合同约定的其他情形。

基金托管人职责终止的,基金份额持有人大会应当在 6 个月内选任新基金托管人;新基金托管人产生前,由国务院证券监督管理机构指定临时基金托管人。职责终止的基金托管人,应当妥善保管基金财产和基金托管业务资料,及时办理基金财产和基金托管业务的移交手续,新基金托管人或者临时基金托管人应当及时接收。

(四) 基金公司

基金公司也称为投资公司,是公司型基金的实体,它通过发行自己的股票筹集资金,成为独立经营的法人。

基金公司的职能主要是:筹集资金,咨询,分散风险,金融创新。

【案例 7-2】　　　　　我国基金公司管理现状

2019 年 1 月,在中国运作的 5 147 只证券投资基金披露了截至 2018 年 12 月 31 日的资产净值、份额净值和份额累计净值等数据。中国银河证券基金研究中心推出了《2018 年公募基金规模榜单》,列出了目前我国基金管理公司的现状。截至 2018 年 12 月 31 日,我国基金管理公司管理基金资产净值的前 10 位见表 7-3。

表 7-3　　　　2018 年 12 月 31 日基金管理公司管理基金资产净值前 10 位

排名	基金管理公司简称	管理基金数量(只)	管理基金资产 净值(亿元)	管理基金资产 占比(%)	管理基金份额 规模(亿份)	管理基金份额 占比(%)
1	天弘	45	13 420.65	10.32	13 452.94	10.45
2	易方达	150	6 540.28	5.03	6 313.95	4.91

续表

排名	基金管理公司简称	管理基金数量(只)	管理基金资产 净值(亿元)	占比(%)	管理基金份额 规模(亿份)	占比(%)
3	建信	104	6 331.39	4.87	6 291.18	4.89
4	工银瑞信	122	6 044.93	4.65	6 234.52	4.84
5	南方	177	5 633.25	4.33	5 398.21	4.20
6	博时	180	5 600.15	4.31	5 546.05	4.31
7	广发	176	4 684.28	3.60	4 682.48	3.64
8	汇添富	120	4 644.64	3.57	4 598.23	3.57
9	华夏	137	4 505.63	3.46	3 989.31	3.10
10	嘉实	142	4 305.81	3.31	4 168.66	3.24

资料来源:根据 Wind 资讯信息数据整理。

[案例分析]

基金管理公司是我国的基金管理人。据中国证券投资基金业协会统计,截至2018年12月底,我国境内共有基金管理公司120家、取得公募基金管理资格的证券公司或者证券公司资产管理子公司13家、保险资产管理公司2家。2007年以来,基金公司管理规模分化的趋势更加明显。截至2018年12月31日,我国已发行公募基金产品的基金管理人达131家,合计管理了5 147只基金、13.05万亿元资产净值和12.87万亿份的份额规模。前十大基金管理公司管理了6.17万亿元的基金资产,占全部基金管理人的47.45%,说明基金管理公司的集中度保持较高水平。

此外,基金运作过程中可能还会涉及基金销售公司与投资顾问公司。基金销售公司的主要职责是负责基金的募集与销售,而投资顾问公司的职责是研究国内外的经济金融形势、产业发展、市场动态,为基金经理公司投资提供专业性建议。

四、投资基金的运作程序

投资基金的运作主要涉及基金的募集,基金份额的交易、申购与赎回,基金的投资,基金的运作与信息披露以及基金的终止等方面。

(一)基金的募集

1. 基金的审批

基金管理人要发售基金份额、募集基金,应当向国务院证券监督管理机构提交有关文件,并经国务院证券监督管理机构核准后,方可发售基金份额。

2012年11月1日起施行的《证券投资基金运作管理办法》规定,申请募集基金,拟募集的基金应当具备下列条件:

(1)有明确、合法的投资方向。

(2)有明确的基金运作方式。

(3)符合中国证券监督管理委员会关于基金品种的规定。

(4)不与拟任基金管理人已管理的基金雷同。

(5)基金合同、招募说明书等法律文件草案符合法律、行政法规和中国证券监督管理委员会的规定。

(6)基金名称表明基金的类别和投资特征不存在损害国家利益、社会公共利益,欺诈、误导投资人,或者其他侵犯他人合法权益的内容。

(7)中国证监会根据审慎监管原则规定的其他条件。

2. 公布有关文件

(1)拟募集的基金首先要公布投资基金章程,说明基金设立的目的、经营原则与对象、投资政策、收益分配等事项。

(2)订立信托契约,用以规范管理公司和保管公司及投资者在基金营运中的权利和义务。

(3)公开募股说明书,向投资者说明基金的性质、内容、投资政策及投资收益等详细情况。

3. 基金受益凭证的发行与认购

基金管理人应当自收到核准文件之日起6个月内进行基金募集,基金募集期自基金份额发售之日起不得超过3个月。投资者在基金募集期内购买基金份额的行为称为认购。

基金募集期限届满,封闭式基金募集的基金份额总额应达到核准规模的80%以上,开放式基金募集的基金份额总额应超过核准的最低募集份额总额,并且基金份额持有人人数应符合国务院证券监督管理机构规定的标准(基金募集份额总额不少于2亿份,基金募集金额不少于2亿元人民币,基金份额持有人的人数不少于200人)。基金管理人应当自募集期限届满之日起10日内聘请法定验资机构验资,自收到验资报告之日起10日内,向国务院证券监督管理机构提交验资报告,办理基金备案手续,并予以公告。

(二)基金份额的交易、申购与赎回

受益凭证的赎回与转让是投资者退出投资基金的两种方法。

1. 封闭式基金的交易

封闭式基金的转让是通过基金在交易所内的买卖实现的。我国《证券投资基金

法》规定,经国务院证券监督管理机构核准,基金份额可上市交易,但应当符合下列条件:

(1)基金的募集符合《证券投资基金法》规定。

(2)基金合同期限为 5 年以上。

(3)基金募集金额不低于 2 亿元人民币。

(4)基金份额持有人不少于 1 000 人。

(5)基金份额上市交易规则规定的其他条件。

2. 开放式基金的申购、赎回

申购指投资者在开放式基金募集期结束后,申请购买基金份额的行为。而在基金募集期内认购基金份额,一般会享受一定的费率优惠。赎回是指投资者把手中持有的基金单位出售给基金管理人并收回现金,是与申购相对应的反向操作过程。

开放式基金的基金管理人应当在每个工作日办理基金份额的申购、赎回业务,但不得在基金合同约定之外的日期或者时间办理基金份额的申购、赎回或者转换。

开放式基金的基金合同可以约定基金管理人自基金合同生效之日起一定期限内不办理赎回;但约定的期限不得超过 3 个月,并应当在招募说明书中载明。基金管理人可以委托经国务院证券监督管理机构认定的其他机构代为办理。

基金管理人应当自收到投资人申购、赎回申请之日起 3 个工作日内,对该申购、赎回的有效性进行确认。基金管理人应当自接受投资人有效赎回申请之日起 7 个工作日内支付赎回款项。

(三)基金的投资

基金管理人运用基金财产进行证券投资,应当采用资产组合的方式。基金财产应当用于下列投资:上市交易的股票、债券;国务院证券监督管理机构规定的其他证券及其衍生品种。

基金财产不得用于下列投资或者活动:

(1)承销证券。

(2)违反规定向他人贷款或者提供担保。

(3)从事承担无限责任的投资。

(4)买卖其他基金份额,但是国务院证券监督管理机构另有规定的除外。

(5)向基金管理人、基金托管人出资。

(6)从事内幕交易、操纵证券交易价格及其他不正当的证券交易活动。

(7)法律、行政法规和国务院证券监督管理机构规定禁止的其他活动。

(四)基金的信息披露

基金管理人、基金托管人和其他基金信息披露义务人应当确保应予披露的基金信息在国务院证券监督管理机构规定时间内披露,并保证所披露信息的真实性、准确性和完整性。

公开披露的基金信息包括:

(1)基金招募说明书、基金合同、基金托管协议。

(2)基金募集情况。

(3)基金份额上市交易公告书。

(4)基金资产净值、基金份额净值。

(5)基金份额申购、赎回价格。

(6)基金财产的资产组合季度报告、财务会计报告及中期和年度基金报告。

(7)临时报告。

(8)基金份额持有人大会决议。

(9)基金管理人、基金托管人的专门基金托管部门的重大人事变动。

(10)涉及基金财产、基金管理业务、基金托管业务的诉讼或者仲裁。

(11)国务院证券监督管理机构规定应予披露的其他信息。

(五)基金的终止

有下列情形之一的,基金合同终止:

(1)基金合同期限届满而未延期的。

(2)基金份额持有人大会决定终止的。

(3)基金管理人、基金托管人职责终止,在 6 个月内没有新基金管理人、新基金托管人承接的。

(4)基金合同约定的其他情形。

基金合同终止时,基金管理人应当组织清算组对基金财产进行清算。清算组由基金管理人、基金托管人以及相关的中介服务机构组成。清算组作出的清算报告经会计师事务所审计,律师事务所出具法律意见书后,报国务院证券监督管理机构备案并公告。

清算后的剩余基金财产,应当按照基金份额持有人所持份额比例进行分配。

(六)投资基金的财务管理

1. 基金的收益

基金收益来源于红利、股息、债券利息、买卖证券价差、存款利息和其他收入。

2. 基金的费用

《证券投资基金运作管理办法》第三十四条规定,下列与基金有关的费用可以从基金财产中列支:

(1)基金管理人的管理费。

(2)基金托管人的托管费。

(3)基金合同生效后的信息披露费用。

(4)基金合同生效后的会计师费和律师费。

(5)基金份额持有人大会费用。

(6)基金的证券交易费用。

(7)按照国家有关规定和基金合同约定,可以在基金财产中列支的其他费用。

3. 基金的利润分配

《证券投资基金运作管理办法》规定:封闭式基金的收益分配,每年不得少于一次,封闭式基金年度收益分配比例不得低于基金年度已实现收益的90%;开放式基金的基金合同应当约定每年基金收益分配的最多次数和基金收益分配的最低比例。

基金收益分配应当采用现金方式。开放式基金的基金份额持有人可以事先选择将所获分配的现金收益按照基金合同有关基金份额申购的约定转为基金份额;基金份额持有人事先未做出选择的,基金管理人应当支付现金。

4. 基金的税收

基金公司免税,投资者在取得基金分配的收益时,必须纳税,可由基金公司代缴。

【案例7-3】　　　2018年我国的基金产品创新[①]

2018年,在股票市场走弱和固定收益类资产监管趋严的背景下,我国新成立基金的整体募集规模达到9 030.44亿元,较2017年增加14.81%。在市场环境不佳的背景下,新发基金募集规模不降反升的原因之一在于创新驱动,大量创新型产品受到投资者的认可,创新型产品募集规模近2 000亿元,占2018年新成立基金募集规模的20%左右,为新基金募集规模增长起到了助推作用。2018年公募基金市场上发行的创新产品主要包括以下几类:

1. MSCI指数基金

2017年6月,MSCI宣布将中国A股纳入MSCI新兴市场指数和MSCIACWI全球指数,并于2018年6月正式实施。A股被纳入MSCI指数是中国资本市场国际化过程中的又一里程碑。为呼应A股"入摩",2018年,MSCI基金加大发行。MSCI指数基金为偏爱配置大盘价格风格的投资者提供了更多的选择。截至2018年12月,国内基金市场共有21只MSCI主题基金成立,共募集了175.33亿元。

[①] 上海证券研究所:《2018年公募基金行业发行回顾及产品创新总结》,2019年1月31日;中金研究所:《下一个红海:箭在弦上的被动型债券指数基金》,2019年1月31日;上海证券交易所:《上交所大力发展基金市场积极推动市场创新》,2012年7月6日。

2. 央企结构调整指数基金

央企结构调整指数基金跟踪指数为"中证央企结构调整指数"。该指数分布的行业主要在建筑、国防军工、电力及公用事业等国企改革试点项目重点领域,综合体现了央企结构调整相关标的的实际表现。央企结构调整指数基金的推出,旨在落实中共十九大关于"推动国有资本做强、做优、做大"的有关精神,目的在于盘活国企的存量资本,为未来混改提供国企减持的通道,引入民营资本帮助国企更好地进行市场化改革,这是国有资本运营公司与资本市场结合的有益探索。2018年10月,3只央企结构调整ETF基金同时成立,整体募集规模达483亿元。

3. 债券指数基金

2018年,债券指数基金迎来快速增长,年内成立17只,总规模达825.8亿元,是2017年的28倍。但同全市场超1 000只的纯债基金和超400只的混合债基相比,债券指数基金不超过60只,仍是比较小众的品种。

2018年债券指数基金成立速度明显加快,主要与以下几点有关:第一,债券指数基金具有税收优惠和费率低等优势;第二,利率债年内表现优异,叠加信用风险集聚爆发,利好利率品种;第三,商业银行的大额风险暴露年底要达标,这使得免受约束的债券指数基金极大满足了其需求。

4. 养老目标基金

2018年3月,中国证券监督管理委员会发布《养老目标证券投资基金指引(试行)》,规定了养老目标基金发展初期主要采用基金中基金的方式运行,设置封闭期或最短持有期限。2018年8月,首批养老目标基金获得中国证券监督管理委员会批文,年内共有12只养老目标基金成立,总募集金额为39.36亿元。

已成立的养老目标FOF在策略上主要包括两种:一是目标风险基金,即投资人根据不同的风险承担能力进行资产配置,在持有期间投资组合基本固定的基金;二是目标日期基金,即以不同投资者的退休年龄为时间节点,随着退休日期的临近,其持有的权益资产占比逐渐下降,而固定收益类产品逐渐增加的基金,按风险等级可分为积极型、稳健型和保守型。

5. 战略配售基金

2018年6月,中国证券监督管理委员会发布了《存托凭证发行与交易管理办法(试行)》,自此CDR正式落地。2018年7月5日,6只战略配售基金成立,总募集规模达1 049.19亿份。考虑到独角兽企业上市进程及可投资标的数量问题,它们均设计为灵活配置型基金,在封闭运作期内股票投资占基金资产的比例为0~100%。

> 6只战略配售基金设立的初衷主要是投资代表新经济的优质创新企业所发行的战略配售股票及CDR,支持符合国家战略、掌握核心技术、市场认可度高的创新企业,同时也为大众分享新经济优质创新企业的成长红利提供工具。虽然后期因小米公司向中国证券监督管理委员会暂停申请发行CDR,叠加股市下跌,CDR试点被暂时搁置,战略配售基金目前的投资也以固定收益类资产为主,但是首批"独角兽"基金作为一种创新的投资产品,未来仍有让个人投资者参与投资新兴经济高科技优质企业的机会,同时减缓"独角兽"公司上市给A股市场带来的流动性压力。

[案例分析]

根据上海证券交易所发布的《基金产品开发与创新服务指引》,创新产品是指尚未有同类产品在交易所上市,在基金投资的资产类型、业务运作、风险控制、销售渠道等一个或多个方面与已有产品存在重大差异的产品。

经过二十余年的发展,中国基金业取得了令人瞩目的成就,已经成为资本市场的重要力量。但无论是从服务于国民经济和资本市场发展的要求还是满足居民财富管理的需求来看,仍存在较大差距。在基金行业步入"千基"时代的大背景下,以强化行业自律和促进行业改革创新为使命的基金业协会的成立,标志着该行业的发展进入一个新的历史时期。

当前我国正在形成有利于基金行业创新发展的环境:2015年修订完成的《证券投资基金法》拓宽了基金公司业务范围,扩大了基金的投资标的,松绑了其投资运作限制,为行业发展创造了更加宽松有利的法制环境。庞大的银行储蓄及凸显的居民理财需求,为基金业发展提供了巨大的资金储备。资本市场投资理念的日趋成熟,价值投资、理性投资日益深入人心,越来越多的投资者期望借助专业化的投资管理,分享资本市场成长的收益,从而为基金业发展提供了广泛的投资人基础。基金公司应抓住历史机遇,持续加强创新,以市场为导向,以客户为中心,开发满足不同投资者风险收益需求的基金产品,加快向现代财富管理机构转型。

第二节 兼并与收购

兼并与收购,简称并购(merger & acquisition,M&A),是一项极为重要的投资银行业务。根据我国《信托法》的规定,信托公司可以经营企业资产的重组与购并。随着资本市场的不断活跃,并购也将成为信托机构一个富有活力的经营领域。

一、并购概述

(一)并购的含义

并购的含义是十分广泛的,它既指兼并与收购,也包括联合、接管等含义,是由两个或两个以上的企业组成一个新的企业的结合,是企业资产的重新组合。它通过转移公司所有权或控制权的方式实现资本扩张和业务发展,因此是企业资本运营的重要方式。

自20世纪60年代以来,各国的企业并购浪潮一浪高过一浪。许多大公司为了变成综合型的大企业,纷纷采取"大鱼吃小鱼"的战略,收购本行业或非本行业的企业进行扩张,希望产生"1+1>2"的效果。

当然,企业并购也是一项投资决策,只有当一家企业能为兼并企业的股东创造收益,即收益大于成本时并购才有价值。而且,并购活动涉及复杂的会计、税务和法律等方面的处理,所以操作相对比较复杂。

(二)并购的原因

公司并购的原因很多,主要包括:追求协同效应、实现多元化经营与高速扩张、适应竞争、买壳或借壳上市、获取优惠政策以及实现企业家的自我价值等。

1. 追求协同效应

(1)经营协同。经营协同效应是指两个或两个以上的企业合并后可利用互补性及规模经济提高生产经营活动的效率。例如,A公司在市场营销方面实力很强,但在研究开发方面较为薄弱;B公司在研究开发方面有很强的实力,但在市场营销方面能力不足,则通过并购可以实现优势互补。当然,企业会通过规模的有效扩张而降低单位成本,实现规模经济,获取经营协同效应。

(2)管理协同。如果企业拥有一支高效率的管理队伍,其管理能力超过管理该企业的需要,如果不能解聘管理人员,就可并购那些由于缺乏管理人才而效率低下的企业,利用这支管理队伍来提高整体效率水平。

(3)财务协同。企业并购不仅可因经营效率提高而获利,而且还可在财务方面给企业带来收益,主要表现在:一是通过并购优化企业的资产负债结构,提高财务能力,有些上市公司通过并购影响财务数据以避免上市公司被摘牌或继续维持公司的上市融资和配股的资格;二是合理避税,盈利较高的企业通过并购其他企业冲抵利润,从而降低税基,合理避税往往成为某些企业并购的动机;三是充分利用宽裕的资金,提高资金的使用效率。

2. 实现多元化经营与高速扩张

通过经营相关程度较低的不同行业,企业可以分散风险,获得更为稳定的收入来源。并购为企业的多元化经营提供了更为有利的途径,当企业面临变化的环境而调整战略时,并购可以使企业低成本地迅速进入被并购企业所在的行业,并在很大程度上保持被并购企业的市场份额以及现有的各种资源,从而实现企业较快的扩张。

3. 适应竞争

随着市场竞争的加剧,企业的生存环境往往也面临挑战。一些企业通过收购产品同质的竞争对手或是生产替代产品的企业,以消除潜在的竞争对手,实现战略性资源的整合,巩固和提高企业竞争能力,也避免被其他企业并购。

4. 买壳或借壳上市

上市是企业获取发展资金的一条有效途径。特别在我国,上市额度是稀缺资源,公司上市需要符合非常严格的条件,因此一些企业通过收购上市公司的壳资源进行整合,将优质资产注入壳公司,将不良资产剥离,以实现自身上市的目的。

5. 获取优惠政策

政府为了鼓励企业并购制定了一系列优惠政策,优势企业通过并购亏损企业可以获得某些优惠政策,如贷款优惠、减免税收和财政补贴等。

6. 实现企业家的自我价值

这是管理者利益驱动的并购动机。当公司发展壮大时,公司管理层尤其是高层人员的威望也会随之提高,经营人员的报酬通常也得以增加,这样可以更好地满足管理人员对权力、收入与社会地位的需求。

二、并购的种类

企业并购的形式多种多样,可以按不同的标准进行分类。

(一)按并购双方产品与产业的联系划分

1. 横向并购

这是指并购方与被并购方处于同一行业,生产或经营同一产品,并购使资本在同一市场领域或部门发生进一步的集中。如两家汽车制造企业之间的并购就是这一类并购。这种并购的目的主要是扩大企业规模,巩固企业在行业内的优势地位。

2. 纵向并购

这是指生产工艺或经营方式上有前后关联的企业之间的并购,一般是生产经营上互为上下游关系的企业之间为了实现产销一体化而进行的并购。如加工制造企业并购与其有原材料、运输、贸易联系的企业。

3. 混合并购

这是指处于不同产业领域、不同产品市场,且部门之间不存在特别的生产技术联系的企业之间进行的并购。这种并购的主要目的是分散投资,降低企业风险,达到资源互补、优化组合、扩大市场活动范围的目的。如钢铁企业并购石油企业形成多元化经营企业。

(二)按并购的实现方式划分

1. 承担债务式并购

当被并购企业资不抵债或资产债务相等时,并购方以承担被并购方全部或部分债务为条件,取得被并购方的资产所有权和经营权。

2. 现金购买式并购

现金购买式并购有两种情况:

(1)并购方筹集足额的现金购买被并购方全部资产,使被并购方除现金外没有持续经营的物质基础,不得不从法律意义上消失。

(2)并购方以现金通过市场、柜台和协商购买目标公司的股票或股权,一旦拥有其大部分或全部股本,就并购了目标公司。

3. 换股并购

换股并购也称为股份交易式并购,指以股票作为支付手段的并购。

股份交易式并购有两种情况:

(1)以股权换股权。这是指并购公司向目标公司的股东发行自己公司的股票,以换取目标公司的大部分或全部股票或股权,达到控制目标公司的目的。目标公司或者成为并购公司的分公司或子公司,或者解散并入并购公司。

(2)以股权换资产。并购公司向目标公司发行并购公司自己的股票,以换取目标公司的资产,并购公司在有选择的情况下承担目标公司的全部或部分责任。目标公司也要把拥有的并购公司的股票分配给自己的股东。

(三)按并购双方的关系划分

1. 善意并购

善意并购是指并购双方事先进行协商,通过谈判达成意见一致的收购条件而完成收购活动。被并购公司主动向并购公司提供必要的资料,双方充分交流,沟通信息,并购公司避免了因目标公司的抗拒而带来的额外成本。但并购公司可能也要牺牲一些自身利益,以换取目标公司的合作。

2. 敌意并购

敌意并购是指并购公司未与被并购公司进行协商情况下直接向目标公司股东开价或收购要约或者在收购目标公司时虽然遭到目标公司的抗拒,但仍然强行收购的行为。在敌意并购中，并购公司完全处于主动地位，速度快，时间短，可有效控制并购成本，但通常无法从目标公司获取重要资料，估价偏高，还会招致来自目标公司的各种障碍。

(四)按并购交易是否通过证券交易所划分

1. 要约收购

要约收购是指并购公司通过证券交易所的证券交易，持有一个上市公司(目标公司)已发行股份的30%时，依法向该上市公司所有股东发出公开收购要约，按符合法律的价格以货币付款方式购买股票，获得目标公司股权。

要约收购分主动要约收购和强制要约收购。主动要约收购是指收购人自主决定通过发出收购要约以增持目标公司股份而进行的收购。强制要约收购是指收购人已经持有目标公司股份达到一定比例并拟继续增持或者从一定比例以下拟增持并超过该比例股份时，必须向目标公司全体股东发出购买其持有的股份的要约，以完成收购。

要约收购直接在股票市场中进行，受到市场规则的严格限制，风险较大，但自主性强，速战速决。敌意收购多采取要约收购的方式。

2. 协议收购

协议收购是指并购公司不通过证券交易所，直接与目标公司取得联系，通过谈判、协商达成共同协议的收购方式。这种并购容易取得目标公司的理解和合作，有利于降低收购行为的风险与成本，但谈判过程中的契约成本较高。

【案例7-4】　　　　21世纪的全球跨国并购[①]

20世纪90年代以来，全球跨国并购迅速发展，在国际直接投资流量中的比重也不断提高。2000年，全球并购交易总额创下3.4万亿美元的历史纪录，较1999年的3.293万亿美元的交易金额增长3.5%，2000年世界跨国并购总额已达世界直接投资总额的九成以上，特别是在发达国家之间，直接投资主要是以跨国并购的方式实现。

进入21世纪，高科技和电信等行业遭受重挫。高科技泡沫破灭后，美国经济跌入低谷，欧洲紧随其后，而日本则陷入通货紧缩，多数公司在头三年中被迫推行收缩政策，全球企业之间的并购活动因而大大减少。2004年之后，欧美公司的财务状况得到明显改善，证券市场也得到有力发展，这为公司进行大规模并购交易

[①] 《是什么在推动全球并购浪潮》，中证网，2007年4月2日；张育军：《抓住历史发展机遇，促进并购重组融资》，深圳证券交易所，2004年2月19日；易界、胡润百富：《2018中国企业跨境并购年度报告》；摩根大通：《2019年全球并购展望》。

提供了充足的资金。2004—2007年的全球并购交易额又不断扩大。据Dealogic的数据显示,2007年全球的并购交易创下了历史纪录：交易总额达到4.6万亿美元,比2006年3.9万亿美元的交易总额增加了17.95%,美国和欧洲是并购交易的热点区域。然而,自2008年爆发金融危机以来,全球并购市场形势发生了逆转,总的并购交易规模缩小,交易活跃程度下降。全球企业并购交易总额自2009年跌入2.3万亿美元的低值后,规模一直在2.7万亿～2.8万亿美元之间徘徊,增减幅度均有限。

从美国蔓延至欧洲乃至全球的股东积极主义使得公司治理不断完善,激发了企业的投资积极性,致使全球并购活动增多。从2012年开始,全球并购交易缓慢增长,2015年达到4.5万亿美元的峰值。全球并购交易总额在2016年、2017年分别为3.8万亿美元、3.7万亿美元,虽然出现下降,但并购市场依然保持强劲势头。摩根大通《2019年全球并购展望》报告称,2018年全球并购交易量为4.1万亿美元,为有史以来第三高水平,交易活动主要受规模超过100亿美元的大型交易驱动,并购市场表现活跃。

表7-4列出了2018年全球十大并购事件。

表7-4　　　　　　　　　　2018年全球十大并购事件

排名	事件	交易规模（亿美元）	宣布时间
1	迪士尼收购福克斯	713	6月20日
2	拜尔收购孟山都	625	5月29日
3	日本武田收购欧洲药企夏尔	620	4月26日
4	IBM收购红帽	340	10月28日
5	戴尔收购VMware追踪股票DVMT	210	12月28日
6	博通收购CA Technologies	189	7月11日
7	阿里巴巴收购饿了么	95	4月2日
8	吉利控股集团并购戴姆勒公司9.69%股权	90	2月24日
9	德国SAP收购Qualtrics	80	11月11日
10	微软收购GitHub	75	10月28日

[案例分析]

21世纪前,西方发达国家先后经历了五次并购浪潮：

(1)第一次并购浪潮以横向并购为主,结果产生了一大批传统的垄断公司。

(2)第二次并购浪潮以纵向合并为主,导致金融资本与产业资本开始相互渗透。

(3)第三次并购浪潮是跨部门和跨行业的混合并购,导致多元化经营的跨国企业大量出现。

(4)第四次浪潮以杠杆并购为主,小公司可用杠杆融资方式筹措巨资进行收购,由此产生了很多"蛇吞象"的案例。

(5)第五次浪潮以横向及跨国并购为主,呈现一种世界级的强手在全球范围内谋求共同控制资源和瓜分市场的格局,其特征是"强强联合、同业并购",重点是金融业、电信业、保险业。

21世纪前的五次并购浪潮主要集中在美国,这些并购逐渐调整了美国的产业结构,为确定美国在全球经济中的主导地位奠定了基础。

(6)第六次并购浪潮发生在互联网泡沫破灭的2003年,并于2007年次贷危机后逐步退潮。这次并购浪潮由美国信息产业等高新技术产业群主导,并购聚焦于互联网高科技领域。信息技术企业依托并购策略实现短期"跨越式"发展,培育了新经济时代以信息技术为核心、富有生命力的微观主体——Internet巨无霸或"网络航母"。

(7)2012年开始出现了第七次并购浪潮。与前几次浪潮不同,它有以下特征:第一,并购主体多元化,金砖国家走在并购活动最前沿,以弱并强,中小企业也越来越多地参与到并购浪潮之中;第二,跨行业整合活动增加,传统行业之间的界限越来越模糊,相对落后的产业并购相对先进的产业;第三,私募股权投资增长强劲,大型资本主动回归;第四,处于历史低位的借款利率、活跃的资本市场和抬高的股价,催生了可能重塑行业格局的大额交易;第五,企业家对购买增长的信心增加。企业通过收购来补充有限的增长,可以获得新的地区、产品和技术诀窍,同时受益于持续的低资金成本,管理者则似乎再次相信购买增长比建立增长更容易。

三、并购目标企业的价值评估

在并购交易中,最为复杂的是如何对并购的标的(股权或资产)作出价值判断。

一般来说,对目标企业的价值评估可以使用以下方法:

(一)基础法

资产价值基础法指通过对目标企业的资产进行评估从而确定其价值的方法。这一方法的关键是选择合适的资产评估价值标准。

目前,国际上通行的资产评估价值标准主要有以下三种:

1. 账面价值

账面价值是指会计核算中账面记载的资产价值。例如,资产负债表所揭示的企业某时点所拥有的资产总额减去负债总额即为普通股股权的价值。这种估价方法不考虑现时资产市场价格的波动,也不考虑资产的收益状况,是一种静态的标准。账面价值的优点是取数方便,缺点是只考虑了各种资产在入账时的价值而脱离现实的市场价值。

2. 市场价值

市场价值是指把并购资产视为一种商品在市场供求关系平衡状态下所确定的价值。当公司的各种证券在证券市场上进行交易时,其交易价格就是这种证券的市场价值。市场价值可能高于或低于账面价值。市场价值法以企业资产和其市值之间的关系为基础对企业估值,托宾(Tobin)的 Q 模型(一个企业的市值与其资产重置成本的比率)便是这一方法的运用。

3. 清算价值

清算价值是指在企业破产或歇业清算时,将企业的资产出售所得到的资产价值。对于股东来说,公司的清算价值是清算资产偿还债务以后的剩余价值。这一方法适用于已严重陷入财务困境、丧失增值能力的企业。

(二)收益法

收益法也称为市盈率模型,是根据目标企业的收益和市盈率确定其价值的方法。市盈率是指股价与每股盈利之比,它暗示着企业股票收益的未来水平、投资者投资于企业希望从股票中得到的收益、企业投资的预期回报、企业在其投资上获得的收益超过投资者要求收益的时间长短。

收益法以投资为出发点,着眼于未来经营收益,并在测算方面形成了一套较为完整有效的科学方法,尤其适用于通过证券二级市场进行并购的情况,但不同估价收益指标的选择具有一定的主观性。

(三)贴现现金流量法

这一模型由美国西北大学阿尔弗雷德·拉巴波特创立,也称为拉巴波特模型,它是用贴现现金流量方法来确定最高可接受的并购价格的。它需要估计由并购引起的期望的增量现金流量和贴现率(或资本成本),即企业进行新投资,市场所要求的最低的可接受的报酬率。拉巴波特认为销售和销售增长率、销售利润、新增固定资产投资、新增营运资本、资本成本率是决定目标企业价值的五个重要因素。

贴现现金流量法以现金流量预测为基础,允分考虑了目标公司未来创造现金流量能力对其价值的影响。但是,这一方法的运用对决策条件与能力的要求较高,且易受预测人员主观意识(乐观或悲观)的影响。

当然,各种估价方法各有优劣,并购企业要根据并购的动机灵活选择,并可交叉使用,从多角度来评估目标企业的价值,以降低估价风险。

四、企业并购的风险分析

企业并购是一种高风险的资本运作,根据有关统计,并购成功的概率仅有20%左右,大量并购失败的原因在于并购中有关当事人未能有效控制风险。因此,并购操作要十分重视可能出现的各种风险。

(一)经营风险

这是指并购方在并购完成后,可能无法使整个企业产生经营协同效应,发挥规模经济和风险共享互补的作用,从而未能达到预期的目的。经营风险产生的原因主要是并购方前期的预测计划有误导致并购进来的新企业拖累整个企业集团的经营业绩,或者是市场条件发生了意外的变化,使企业无法按原计划行动。

(二)财务风险

这是指由被并购企业财务报表的真实性问题以及并购后企业在资金融通、经营状况等方面可能带来的风险。财务报表是并购中进行评估和确定交易价格的重要依据。如果被并购企业美化财务、经营状况及提供虚假报表,甚至把濒临倒闭的企业包装得完美无缺,就会掩盖其真实价值,并购企业不但要花费巨大成本,而且会使自身的财务状况恶化。

(三)融资风险

企业并购需要大量的资金支持,一般来说,并购方的自有资金不能满足并购需要,必须进行融资。在融资过程中,如果融资方式欠佳或融资失败,可能造成融资成本上升或并购计划无法实施。这种风险具体包括:资金是否可以在时间上与数量上保证并购需要、融资方式是否适应并购动机、现金支付是否会影响企业正常的生产经营、杠杆收购的偿债风险大小等。

(四)信息风险

能否在并购中及时获得有用信息关系到并购的成败。真实与及时的信息可以大大提高并购企业行动的成功率。但实际并购中存在大量的"信息不对称",并购方及其所委托的信托机构无法获取完全信息,就难以制定科学周密的行动方案,最终导致并购失败。尤其在敌意并购中,由于被收购方的敌对态度,信息收集变得更为困难。

(五)法律风险

各国关于并购、重组的法律法规,一般会增加并购成本而提高并购难度。如反垄断法案会导致并购方被指控违反公平竞争,进行行业垄断而受到法律制约的可能,再如我国目前的收购规则,要求收购方持有一家上市公司5%的股票后必须公告并暂停买卖(针对上市企业而非发起人),以后每递增5%就要重复该过程。持有30%股份后即被要求发出全面收购要约。这些规定都使收购成本增加而提高了并购难度。

(六)反收购风险

并购方在发动敌意收购时,被收购的企业往往持不欢迎和不合作态度,不惜一切代价采取一系列反收购的行动,这无疑会对收购方构成相当大的成本,甚至使并购失败。

(七)体制风险

一些国家的政府可能对并购进行一定的干预,这也可能会使部分并购失败。如我国,一些国有企业并购行为是由政府部门强行撮合而实现的,这种并购可能会导致并购企业背上沉重的包袱,造成企业的财务状况恶化与发展后劲不足。因此,这种非经济目的的并购偏离了资产优化组合的目标,导致并购从一开始就潜伏着体制风险。

五、信托机构在并购中的作用

并购是一个复杂的过程,要涉及多方面的关系,单凭并购方自身的努力还是较难达到并购目的的。在企业兼并、收购过程中,信托机构可以扮演重要的角色。具体来说,信托机构能提供的服务包括:

(1)寻找并购对象。由于信托机构作为中介具有广泛的信息渠道与较高的资信,可以更方便地搜寻到并购企业或愿意被别的企业并购的对象。

(2)提供信息咨询。信托机构有具有丰富知识与经验的专业人员,可以向并购企业提供有关买卖价格或非价格条款的咨询,帮助并购企业分析市场。

(3)参与制定并购战略与并购方案,包括融资方案的选择、评估并购目标企业的价值、确定并购方式、预测并购影响等。

(4)帮助筹集资金。由于并购中需要大量资金,不可能都由并购企业自己出资,信托机构可以帮助并购公司筹集必要的资金,以顺利实现购买计划。

(5)代表并购方与目标公司管理层或大股东洽谈并购条件,或者在市场中出面竞价与标购,完成具体操作。

(6)帮助目标公司策划"反收购"。在敌意收购中,信托机构估计并购企业可能采取的措施,设计反收购方案,增加对手的成本,迫使其最终放弃收购。另外,信托机构也可帮助并购企业制定对付"反收购"的对策。

信托机构在并购中提供的服务应收取一定的报酬。报酬一般按并购金额大小、交易的复杂程度、提供的服务水平等决定。信托机构收取的报酬包括收购提议、融资安排费用、过桥贷款(即在永久性债务融资完成前的暂时资金借贷)安排费用及对估值提供"合理意见"而收取的其他咨询费用。

第三节　其他投资银行业务

除了投资基金与兼并收购之外,信托机构还可以从事其他的投资银行业务,主要包括项目融资、公司理财、风险投资、资产证券化等,本节就对这些业务作一简单介绍。

一、项目融资

项目融资起源于西方发达国家,在当前的国际资本运作市场中得到广泛的运用,并成为融资方式中最重要、最灵活的一种。

(一)项目融资的含义

项目融资是对项目进行的一项中长期融资方式,它以项目的现金流量和收益作为还款来源,以项目资产作为贷款安全保障。这里所说的"项目"是指一项复杂的、具有相当规模和价值的、有明确目标的一次性任务或工作。项目融资一般应用于现金流量稳定的发电、道路、铁路、机场、桥梁等大规模的基本建设项目。

项目融资是一项复杂融资活动,它涉及的主体至少包括以下三方:

1. 项目公司

项目公司一般由项目发起人发起成立,它直接参与项目的投资和项目的管理,承担项目债务责任和项目风险。项目公司有自己的资本,从事项目的经营活动,通过一定的组织管理来控制风险。

2. 项目主办人

项目主办人是项目真正的投资方,它向项目投入一定的资本金,以股东身份组建项目公司,通过项目的投资和经营来盈利。在多数情况下,项目主办人还以直接担保或间接担保形式为项目公司提供一定的信用支持。

3. 项目融资方

项目主办人一般只投入有限的自有资本,而余下的资金通过融资方式得到。为项目公司提供融资的主体便称为融资方。

(二)项目融资的方式

项目融资的方式分为以下两种:

1. 无追索权的项目融资

无追索权的项目融资也称为纯粹的项目融资,是指项目公司融资得到的贷款还本付息完全依靠项目的经营效益。即使该项目由于种种原因未能建成或经营失败,无法清偿全部的贷款时,融资方也无权向该项目的主办人追索。为了保障自身的利益,融资方必须从该项目拥有的资产中取得物权担保。

2. 有追索权的项目融资

有追索权的项目融资也称为有限追索权的项目融资,除了以贷款项目的经营收益作为还款来源和取得物权担保外,贷款银行还要求由项目公司以外的第三方提供担保。一旦项目公司无法清偿全部的贷款时,融资方有权向担保人追索。当然,担保人承担债务的责任以他们各自提供的担保金额为限。

(三)项目融资的特点

与其他融资方式相比,项目融资的特点非常明显。

(1)项目融资需要由项目发起人出资组成一个单独的法人实体来筹建或经营该项目,发起人只按其投入项目的资本金承担有限责任,大大减轻了发起人的责任和风险。

(2)融资贷款的偿还主要依靠投资项目本身的资产和未来的现金流量,如果将来项目公司无力偿还贷款,贷款机构可能就会遭受损失。

(3)项目融资的杠杆比例比较高,一般来说,项目发起人只投入20%~35%的资本金,余下的大部分资金要依靠融资解决。

(4)项目融资的资金来源渠道较多,主要是通过间接融资方式加以解决。

(四)项目融资的步骤

1. 投资决策

由于项目融资的基础是投资项目未来的效益,因此首先要做好项目决策。发起人要进行项目可行性研究与资源技术市场分析,分析项目风险因素,作出相关的投资决策,并初步确定项目投资规划。

2. 融资决策

项目融资的融资来源是多样的,主要包括政府贷款、出口信贷、银行贷款、国际金融组织援助或贷款、发行债券、融资租赁等形式。发起人需要选择融资结构,确定项目融资方式,并任命项目融资顾问,明确融资的任务和具体目标。

3. 谈判

发出项目融资建议书,选择融资方并组织贷款银团。同时,需要建立项目融资法律框架,起草融资法律文件。各方当事人通过详细的融资谈判后,签署项目融资文件。

4. 融资执行

项目公司要执行项目投资计划以获得预期的收益。当然,贷款银团经理人可参与项目决策,对项目运作进行监督。各方也必须落实项目风险的控制与管理措施。

5. 融资的归还

贷款人的本息是要依靠项目本身的现金流来偿还的,当项目实现了一定的收益,应按照融资合同的规定支付贷款利息并归还贷款本金。

(五)信托机构在项目融资中的角色

信托机构在项目融资中一般担任财务顾问和中介人的角色,为融资提供全方位的服务,也可以作为融资方提供资金。具体来说,信托机构主要从事以下活动:第一,提供项目的可行性分析;第二,制定融资方案;第三,参与谈判;第四,准备材料与法律文件;第五,提供融资。

二、公司理财

公司理财是指公司为实现经营目标而对公司经营过程中的资金运动进行预测、组织、协调、分析和控制的一种决策与管理活动。决策包括投资决策、融资决策、股利分配决策、营运资本管理决策、并购决策等;而管理主要是指对资金筹集和资金运用的管理。

(一)资金筹集

资金筹集是指公司通过不同的渠道、用不同的方式筹措生产经营过程中所需要资金的活动。企业筹资的来源多种多样,但不同资金的筹集条件、成本和风险各不相同。公司理财就是寻找、比较和选择对公司资金筹集条件最有利、资金筹集成本最低和资金筹集风险最小的资金来源渠道。

1. 筹资方式

筹资方式是指筹措资金的来源与采用的具体形式,体现资金的供应。我国目前的筹资方式主要包括:

(1)国家财政资金投入。

(2)银行借款。企业在经营中,可以向国内银行与非银行金融机构筹借信贷资金。

(3)发行证券。企业可以利用金融市场发行股票和债券,以筹措所需资金。

(4)内部融资,包括企业自留资金,母公司与子公司之间、子公司与子公司之间相互提供的资金。

(5)国际金融市场融资。企业通过在国际资本市场上发行股票或债券、借入外国银行贷款、出口信贷、政府贷款、国际金融机构贷款等,获得融资。

2. 筹资决策

信托机构可以帮助企业选择合适的筹资渠道与筹资方式,力求降低资金成本,优化资金结构,适度负债。

(1)资金成本。资金成本是指企业为取得和使用资金所付出的代价,它包括资金占用费和资金筹措费用。资金占用费实际上就是投资者对特定投资项目所要求的收益率,它由无风险收益率和对特定投资项目所要求的风险补偿两部分所组成。资金筹措费用是指企业在筹资过程中所发生的费用。其计算公式为:

$$资金成本 = \frac{用资费}{筹资金额(1-筹资费率)} \tag{7-1}$$

由于融资方式多种多样，企业需要计算个别资金成本，包括负债成本、优先股成本和普通股成本、内部融资的成本等。有了个别资金成本 K_j 后，企业以各种资金在企业全部资金中所占的比重 w_j 为权数，对各种资金的成本加权平均计算出资金总成本 K_w，用以确定具有平均风险投资项目所要求的收益率。其计算公式为：

$$K_w = \sum_{j=1}^{N} K_j \cdot W_j \tag{7-2}$$

资金成本是确定筹资方案的重要依据，也是评价投资项目的基础，并成为衡量企业经营成果的尺度。

(2)资金结构。资金结构是指企业各种资金的构成及其比例关系。狭义的资金结构是指长期资金结构(权益资金与长期负债资金)的比例关系；广义的资金结构是指全部资金(包括长期资金和短期资金)的结构。

研究资金结构的目的在于如何合理、有效地举借债务资金，以发挥财务杠杆作用，主要回答企业应使用多少的负债才是最优的。

(二)资金运用

资金运用是指公司将筹集到的资金以各种不同的方式进行投放。由于投放资金的手段和用途不一样，它们给公司带来的投资回报率及其他权益也不一样。因此，公司理财中对资金运用管理的目标也就是寻找、比较和选择能够给公司带来最大投资回报率但又风险较小的资金用途。

1. 资金运用的主要渠道

企业资金的运用可以分为直接投资与间接投资两大类。

(1)直接投资。直接投资包括出资购买工厂与设备、购并其他企业等投资活动。其主要目的是巩固、扩大和开辟市场。直接投资可采用合资经营企业、合作经营企业、独资经营企业和合作开发或其他方式。

(2)间接投资。间接投资主要是对有价证券(包括股票、债券及其他有价证券)的投资活动。其主要目的是利用闲置的资金，通过领取股息、债券利息等获得收益，也可以是通过买卖差价获得回报。

2. 资金运用决策

资金运用决策主要是对投资项目的收益与风险进行分析与评价。

收益评价指标包括投资回收期指标、平均利润率、净现值指标、现值指数、内部收益率指标等。其中前面两种指标未考虑货币时间价值，后面三种则考虑了货币时间价值。

投资回收期应小于所要求的回收期,越短越好。投资回收期概念明确、使用简便,衡量了项目的变现快慢;但回收期没有考虑现金流所发生的时间,也忽视了回收期之后的现金流量,不利于决定项目的取舍。

平均利润率应高于企业所要求的目标平均利润率,且越高越好,它的数据易取得,但忽视了货币的时间价值,没有反映市场信息。

净现值(NPV)是投资所产生的未来现金流的折现值与投资成本之间的差值,它考虑了现金流发生的时间,并提供了一个与企业价值最大化目标相一致的客观决策标准。一般来说,如果 $NPV \geqslant 0$,项目是可行的;$NPV<0$,项目是不可行的。

现值指数(PI)类似于净现值,但计算的是投资所产生的未来现金流的折现值与投资成本之间的比值。一般地,如果 $PI \geqslant 1$,项目是可行的;$PI<1$,项目是不可行的。

内部收益率(IRR)是能使项目的净现值等于零时的折现率。内部收益率计算的一般方法是逐次测试计算得出。如果 IRR 超过客户所要求的报酬率 K,项目是可行的;$IRR<K$,项目是不可行的。内部收益率指标的缺点是计算过程复杂,又有可能导致多个内部收益率的出现。

如果采用净现值和内部收益率对独立项目进行决策,两者将得出相同的结论:净现值指标认为可行,内部收益率也同样认为可行。在互斥项目评价中,净现值和内部收益率可能会得出不一致的结论。原因在于两种指标认定再投资收益率的观点存在差异。净现值指标隐含着早得到的现金流量是按投资者所要求收益率进行再投资的假定,而内部收益率指标隐含着企业可以按项目本身内部收益率进行再投资的假定。

三、风险投资

风险投资源于 20 世纪 40 年代的美国硅谷,60 年代掀起第一次高潮,90 年代以后随着高科技企业的发展而不断壮大,目前已成为一项重要的投资银行业务。

(一)风险投资的含义

风险投资,也称为创业资本,是指对初创时期或快速成长时期的高科技企业提供的资本。联合国经济合作和发展组织(OECD)24 个工业发达国家在 1983 年召开的第二次投资方式研讨会上认为,凡是以高科技与知识为基础,生产与经营技术密集型的创新产品或服务的投资,都可视为风险投资。

(二)风险投资的特征

风险投资与传统的金融服务不同,它是在没有任何财产抵押的情况下以资金与公司股权相交换进行投资,一般建立在对创业者持有的技术甚至理念的认同基础之上。风险投资具有以下几个基本特征:

1. 投资对象多为高新技术企业

传统的产业由于其技术、工艺较成熟,其产品、市场相对稳定,风险相对较小;而风险投资的对象大多数是处于初创时期或快速成长时期的高科技企业,比如通信、半导体、生物工程、医药等企业。

2. 具有高风险与高收益

风险投资业务的失败概率很高,达70%～80%,因此,政府一般无力参与这类业务,银行也不愿承办这类业务。然而,与高风险相伴的是高收益,技术创新一旦成功,风险投资人便可以获得超额垄断利润。一般来说,成功退出的风险投资可能获得原始投资额5～7倍的利润和资本升值。

3. 投入周期长

风险投资的投资方式一般为非流动性证券的股权投资,风险投资人的投资期至少在3～5年。

4. "参与性"很强

风险投资人不仅给企业提供资金,而且与风险企业结成了一种"风险同担、利益共享"的关系,会积极参与企业的战略决策和经营管理。如从产品的开发到商业化,从机构的设立到人员的安排,从产品的上市到市场的开拓等都离不开风险投资者。因此,风险投资对于风险投资者的素质要求是十分高的。

5. 退出渠道多样

风险投资一般不以实业投资为目的,不追求长期的资本收益。当被投资的企业创业成功,实现了增值之后,风险投资人会通过上市、收购兼并或其他股权转让方式撤出资本,实现其投资的超额回报,并寻求新的风险投资机会。

(三)信托机构在风险投资中的作用

风险投资具有复杂性和较强的专业技术性,而信托机构集中了专门人才,并具有较为合理的决策和实施方式,这使得信托机构可以成为风险投资中的积极参与者。

1. 帮助风险企业募集资金

风险投资最重要的是资金投入。由于政府与商业银行的资金一般不会投入风险过大的项目,因此,信托机构可以通过金融市场的运作帮助风险企业获得必要的资金支持。例如,一些无法筹得贷款、不可能公开发行股票的新兴公司要求信托机构通过私募发行为其融资。

2. 充当风险投资中介,提供研究和评估服务

信托机构可以挑选风险投资的潜在对象,并对它们的运作与财务状况进行分析研究,对其前景进行评估,判断风险投资能否成功,并把这些信息提供给潜在的风险投资家,促进其对风险投资项目的筛选。同时,信托机构也可以为风险企业提供咨询服务,

联系相应的风险投资家,为其发展进行规划。

3. 参与谈判

信托机构可以代表风险企业与潜在的风险投资家进行谈判,争取有利的投资条件;或代表风险投资家与风险企业谈判。

4. 参与风险投资

如果信托机构认为风险投资项目潜力巨大,便可以出资成为风险企业的股东,直接参与风险投资。这种参与包括:

(1)直接运用信托财产对风险企业进行投资。信托机构根据委托人的意愿将信托财产用于风险投资业务,取得风险企业的一定股权,并代表委托人行使股东权利。

(2)通过参股风险投资公司或者设立风险基金或创业基金介入风险投资,向新兴公司提供创业资本。

(3)再委托投资。信托机构可以委托他人(如专业风险投资机构)代为进行风险投资业务,以分散风险,保护委托人和受益人的利益。

四、资产证券化

(一)资产证券化的含义

证券化是20世纪70年代以来全球金融领域的重大创新之一。从形式上划分,证券化可以分为融资证券化和资产证券化两类。融资证券化是指资金短缺者采取发行证券的方式而不是采取向金融机构借款的方式筹措资金,一般通过股票与债券的发行来获得资金。资产证券化是指将缺乏流动性但具有可预期的未来现金流收入的资产,转换为在金融市场上可以出售的证券以获取融资的行为。它是在融资证券化普及之后应运而生并迅速发展起来的金融现象,其本质是通过对被证券化资产的未来现金流进行分割和重组,以提高资产的流动性。

资产证券化可以让参与各方都获得一定的效益。对证券发行者来说,通过资产证券化可以促进资产流动,获得较低的筹资成本,更高效地运用资本,实现资金来源的多样化。同时,发行者也可更好地进行资产和负债管理,提高财务成果。对投资者来说,可以获得较高的投资回报,同时,由于获得了证券化资产与担保人的多项担保,大大降低了信用风险,提高了收益。

(二)资产证券化的种类

在实际业务中,只要一项资产具有稳定的未来现金流入,均可以作为证券化资产,为证券的发行提供基础,如分期付款贷款、租金、应收账款、住宅资产净值贷款、周转信贷额度贷款等都可作为证券化资产。

按照国际上通用的分类标准,资产证券化产品可分为住房抵押贷款证券化产品

(mortgage-backed securities,MBS)与信贷资产证券化产品(asset-backed securities,ABS)。ABS 是除 MBS 之外其他信贷类资产的证券化产品,包括信用卡贷款、学生贷款、汽车贷款、设备租赁、消费贷款、房屋资产抵押贷款等为标的资产的证券化产品。

(三)资产证券化的运作

资产证券化的整个过程较为复杂,涉及发起人、特设信托机构(SPV)、信用评级机构、投资者等诸多方面。其过程大致如图 7-1 所示。

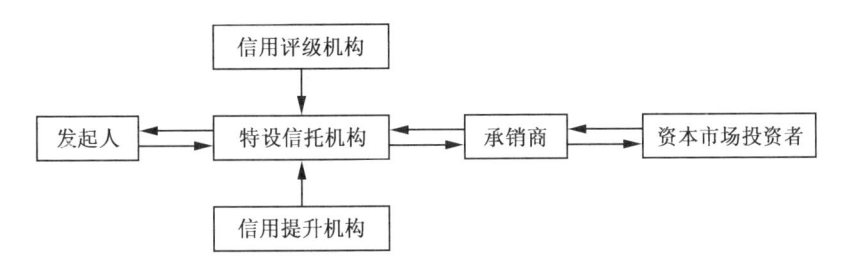

图 7-1 资产证券化的运作过程

资产证券化的运作主要有以下步骤:

(1)确定资产证券化目标,组成资产池,以便发行以该资产为担保的证券。

(2)组建特设信托机构(SPV)。

(3)完善交易结构,进行信用增级,以第三方担保、准备金或现金担保品、对发行者的追索权、超额担保和优先/附属结构等形式中的一种或多种出现,一般的做法是通过信用担保公司或银行等金融机构担保以提高资产担保证券的信用。

(4)资产证券化的评级,聘请评级机构对拟发行的证券进行信用评级,揭示投资风险。

(5)安排证券销售,将证券出售给个人和机构投资者,包括投资银行、保险公司、公司、个人和其他机构投资者。

(6)向发起人支付购买价格。

(7)证券挂牌上市交易,资产售后管理和服务。

在上述过程中,SPV 起着举足轻重的作用,它与发起人之间构架了风险隔离机制。

(四)信托机构在资产证券化中的作用

信托机构通过办理资产证券化业务可以极大地加强与工商企业、投资者的联系,促进证券业务的发展。

一般来说,信托机构可以两种方式介入资产证券化活动:一是信托机构扮演承销商角色,承销资产支持证券,此时,其业务运作和获取报酬方式与普通的承销业务基本一致;二是信托机构作为SPV,受托购买公司和其他金融机构的资产,并以此为基础在证券市场创造、发行信托受益凭证或证券。

> **【案例7-5】 2012年第一期开元信贷资产证券化信托**[①]
>
> "2012年第一期开元信贷资产证券化信托"的概要如下:
>
> 1. 参与交易各方
>
> (1)发起人/委托人:国家开发银行股份有限公司。
>
> (2)发行人/受托人(SPV):中信信托有限责任公司。
>
> (3)贷款服务机构:国家开发银行股份有限公司,其主要职责为管理和维护完整的信托财产记录和凭证,并根据受托人的要求,定期就信托财产的运行情况编制报告,以供受托人向证券持有人进行持续披露所需。收取贷款本息,并划付至信托账户。在借款人发生违约时及时提出处置方案供受托人审批。定期向受托人提供服务机构报告,并在发生重大事件时及时向受托人报告等。
>
> (4)资金保管机构:中国银行股份有限公司,其主要职责为指定专门的托管部门并选派具备专业从事信托资金保管经验的人员为信托受托人提供保管服务,为信托开立专门账户,并保证信托财产资金账户的独立性;及时执行受托人发出的有效指令,以约定的方法对信托账户的资金进行安全保管,代为归集和支付相关税费和信托利益;接受受托人监督和查询,并按受托人的要求定期提供对账单和定期报告;对相关材料进行保管,并在更换资金保管机构时配合交接;等等。
>
> (5)证券登记托管机构:银行间市场清算所股份有限公司。
>
> (6)信用评级机构:中诚信国际信用评级有限责任公司(以下简称"中诚信国际")和中债资信评估有限责任公司。
>
> (7)会计/税务顾问:德勤华永会计师事务所有限公司北京分所。
>
> (8)法律顾问:北京市中伦律师事务所。
>
> (9)联席主承销商:国开证券有限责任公司和国泰君安证券股份有限公司,其主要职责为负责组织承销团并协调承销团的各项工作;全权负责优先级各档资产支持证券的簿记建档和集中配售工作;按时足额将资产支持证券承销款项划入发行人指定的银行账户;履行余额包销义务,依约进行分销;资产支持证券发行结束后,按照资产支持证券发行主管部门和资产支持证券登记托管机构的要求,报送有关资产支持证券承销总结、登记托管文件和资料等。

---

① 《2013年中国资产证券化年度报告》,中国证券化网;国家开发银行:《2012年第一期开元信贷资产证券化信托资产证券发行说明书》;新浪财经:《开元2012-1发行影响及定价分析:国开行重启信贷资产证券化大门》,2012年9月10日;《企业资产证券化的基本运作流程》,中国资金管理网,2008年1月9日。

2. 证券化资产池

本期资产支持证券的资产池涉及43名借款人向发起机构借用的49笔贷款，全部信贷资产均为浮动计息、按季度付息，且均为正常类贷款。资产池中，全部未偿债权本金总额为101.6664亿元，单户借款人平均未偿本金余额为2.36亿元。未偿本金余额最大的借款人余额为10亿元，占比9.84%，余额最大的5个借款人占比34.26%，余额最大的10个借款人占比53.54%。全部贷款的加权平均账龄为5.80年，加权平均年利率为6.27%，加权平均贷款剩余期限为1.89年。从贷款地区分布来看，入池贷款分布于全国23省、自治区和直辖市，资产池在地区分布上具有良好的分散性。入池贷款分布于中诚信行业分类标准的12个行业，其中借款人在金属及采矿业、运输业（客运）、能源（电力）和公用事业（电力）的集中度较高，这四个行业贷款总额占未偿本金余额的72.81%。

本期资产支持证券通过设定优先级/次级的本息偿付次序来实现内部信用提升。本期证券划分为优先A档（包括优先A1、优先A2、优先A3、优先A4）、优先B档和次级档。本息偿付次序A档优于B档与次级档，B档优于次级档。若资产池违约，则损失承担次序首先为次级档，然后为B档，依此类推。其中，优先A1档证券总面值为133 000万元，优先A2档证券总面值为155 000万元，优先A3档证券总面值为228 000万元，优先A4档证券总面值为290 800万元，优先B档证券总面值为120 000万元，次级档证券总面值为89 844万元。A档、B档和次级档证券面额均为100元。资产池中贷款加权平均信用等级为AA，未偿本金余额最大的5户中有4户贷款信用等级为AAA。

中诚信国际分别授予"国家开发银行股份有限公司2012年第一期信贷资产证券化信托"项下优先A-1档、优先A-2档、优先A-3档、优先A-4档、优先B档资产支持证券的预定评级为AAA、AAA、AAA、AAA、AA，次级档证券无评级。中诚信国际将对资产池的信用表现进行持续监测，持续监控国家开发银行股份有限公司和资金保管机构的信用状况，并通过定期考察贷款服务机构、受托机构、资金保管机构的相关报告，对交易的信用状况进行动态跟踪，以判断证券的风险程度和信用质量是否发生变化。

3. 发行情况

(1)发行人向借款人提供贷款，形成资产支持。

(2)发行人向SPV信托转移支持资产。

(3)SPV委托证券承销团通过全国银行间债券市场承销优先级资产支持证券。

(4)SPV委托贷款服务机构在证券化交易续存期间对信托财产的本息回收进行日常管理和服务。

(5)SPV委托交易管理机构提供信托账户管理、编制交易管理机构报告、指示资金保管机构付款等项服务。

(6)SPV在资金保管机构开立信托账户,由资金保管机构对信托账户进行托管。

(7)证券登记服务机构为投资者提供证券登记托管服务。

(8)优先级证券投资者向证券承销团支付证券投资价款。

(9)证券承销团向SPV支付优先级证券发行收入。

(10)SPV向发起人支付支持资产信托对价(包括扣除发行费用及其他必要费用后的优先级证券发行收入和次级资产支持证券)。

(11)贷款服务机构向借款人收集贷款本息(支持资产收益)。

(12)贷款服务机构向资金保管机构解缴支持资产收益。

(13)资金保管机构通过证券登记服务机构向投资者兑付证券本息。

优先级各档资产支持证券的票面利率为固定利率,按照簿记建档结果确定;次级档证券无票面利率。

[案例分析]

自2008年美国次贷危机引发全球金融危机以来,我国信贷资产证券化也受到了重大的打击。国家开发银行发行的规模为101.6644亿元的"2012年第一期开元信贷资产支持证券"是国家开发银行发行规模最大的一期信贷资产支持证券产品,标志着暂停了4年左右的信贷资产证券化正式重启。资产池中,单户借款人平均未偿本金余额为2.36亿元,贷款加权平均信用等级为AA,未偿本金余额最大的5户中有4户贷款信用等级为AAA,信用水平相对较高。同时,借款人行业和地域的分布也具有一定的分散性。

信托公司在上述业务中主要参与方式为:商业银行作为发起人,将该行的标的资产从银行的资产中完全隔离出来设立SPV,由受托机构(中信信托有限责任公司)以上述资产所产生的现金流为偿付基础,发行"2012年第一期开元信贷资产支持证券",委托证券承销团通过全国银行间债券市场承销优先级资产支持证券。信托公司通过受托设立SPV,达到了在法律上实现风险隔离的目标。

本章小结

随着证券市场的发展,信托公司可以从事诸多的投资银行业务,包括投资基金、兼并与收购及项目融资、公司理财、风险投资、资产证券化等业务。

投资基金,也称投资信托,是指通过发售基金份额,集合众多投资者的资金,形成独立财产,委托具有专门知识和经验的基金管理人进行经营操作,并由基金托管人托管,共同分享投资收益,共担风险的一种信托形式。它具有集合理财、组合投资、专家运作、流动性高、安全性强等优势。投资基金按组织形式分为公司型基金与契约型基金;根据是否可增加和赎回分为封闭式基金与开放式基金;按基金购买的资产种类不同可以分为股票基金、债券基金、货币市场基金、基金中基金和混合型基金;根据投资基金投资风格不同分为主动型基金和被动型基金;另外还有伞型基金、保本基金、衍生基金和杠杆基金、对冲基金等。契约型基金的主体主要包括投资者、基金管理人、基金托管人三方,而公司型基金还包括基金公司。投资基金的运作主要涉及基金的募集、基金份额的交易、申购与赎回、基金的投资、基金的运作与信息披露及基金的终止等方面。

并购的含义十分广泛,它既指兼并与收购,也包括联合、接管等含义,由两个或两个以上的企业组成一个新的企业的结合,是企业资产的重新组合。公司并购的原因主要包括:追求协同效应、实现多元化经营与高速扩张、适应竞争、买壳或借壳上市、获取优惠政策以及实现企业家的自我价值。按并购双方产品与产业的联系划分为横向并购、纵向并购与混合并购;按并购的实现方式划分为承担债务式并购、现金购买式并购与换股并购;按并购双方的关系分为善意并购与敌意并购;按并购交易是否通过证券交易所划分为要约收购与协议收购。企业并购是一种高风险的资本运作,因此要做好并购标的的价值判断及风险控制。信托机构可以在其中扮演重要的角色。

项目融资是对项目进行的一项中长期融资方式,它以项目的现金流量和收益作为还款来源,以项目资产作为贷款安全保障。它涉及项目公司、项目主办人、项目融资方三方当事人,分为无追索权的项目融资和有追索权的项目融资两种形式。

公司理财是指公司为实现经营目标而对公司经营过程中的资金运动进行预测、组织、协调、分析和控制的一种决策与管理活动,包括对企业资金来源与资金运用的管理。

风险投资也称为创业资本,是指对初创时期或快速成长时期的高科技企业提供的资本。

资产证券化是指将缺乏流动性但具有可预期的未来现金流收入的资产,转换为在金融市场上可以出售的证券以获取融资的行为。

信托机构通过办理这些业务可以极大地加强与工商企业、投资者的联系。

练习与思考

【名词解释】

投资基金(投资信托)　公司型基金　契约型基金　封闭式基金　开放式基金　对冲基金　货币市场共同基金　基金中基金　混合型基金　基金公司　基金管理人　基金托管人　兼并与收购　横向并购　纵向并购　混合并购　承担债务式并购　现金购买式并购　换股并购　善意并购　敌意并购　项目融资　公司理财　风险投资　资产证券化

【简答题】

1. 简要说明公司型基金与契约型基金的区别。
2. 封闭式基金与开放式基金有什么不同之处?
3. 投资基金的主体主要包括哪些?它们各有何职责?
4. 项目融资的特点表现在哪些方面?
5. 信托机构如何运作资产证券化?

【思考题】

1. 请结合实际说明投资基金在投资中的特点与优势。
2. 请结合实际说明如何利用并购来实现特定的信托目的以及信托机构可以在并购中扮演哪些重要的角色。

第八章 其他信托业务

除了个人信托、法人信托、通用信托和投资银行业务之外,信托机构还可以经营其他一些业务,主要包括代理业务、咨询业务及担保业务,本章就对这些业务进行介绍。

第一节 代理业务

一、代理业务概述

(一)代理业务的含义

代理是指信托机构接受客户的委托,以代理人身份,为其办理指定经济事项的业务。委托人与代理人之间的代理关系必须以书面合同确定,一般不要求委托人转移其财产所有权,受托人行为的相应法律效果直接归属于被代理人,因此,信托机构在代理业务中主要发挥财务管理职能。

(二)代理业务的主体

1. 委托人

代理业务中的委托人一般就是被代理人,通常要具有民事行为能力。

委托人最主要的权利是向代理人进行授权。授权主要有以下两种方式:

(1)一般授权。这是指委托人授权代理人在代理有关事务中可以处理可能出现的各种事宜,它赋予了代理人主动处理正常业务的权力。这种授权一般时效性较长并具有连续性,但由于授权方式不具体,也会给被代理人带来麻烦,所以在实际操作中,可以采取分次授权而非一次性授权的做法。在代理过程中,信托机构对于新出现的相关代理业务,要等到委托人的进一步指示才能办理。

(2)特别授权。这是指委托人明确而具体地指示代理人办理某种或某些事务。这种授权时效较短,往往是一次性的,一旦业务完成,授权自行撤销。这是大多数代理业务采用的授权方式,因为它使得代理人(信托机构)十分明确其具体职责。

《中华人民共和国民法通则》第六十六条规定:"没有代理权、超越代理权或者代理权终止后的行为,只有经过被代理人的追认,被代理人才承担民事责任。未经追认的行为,由行为人承担民事责任。"因此,不管是哪种授权,被代理人与信托机构都必须明确授权的内容和授权的范围。

2. 受托人

代理个人业务的受托人就是代理人。代理人在代理关系中处于极为重要的地位,他代表委托人处理相应的事务。为了维护委托人的权益,代理人应具备丰富的经验和良好的设备,并要忠于职守,认真履行代理人职责。

代理人的权利可以分为:第一,明确的权利,这是委托人明确授予并在书面代理合同中规定的权利;第二,隐含的权利,这是指从明确的权利中引申出来的权利。例如,黄某委托 A 信托机构买入股票,其中隐含的权利是以对黄某最为有利的价格买入。

3. 受益人

代理个人业务的受益人通常就是委托人本人。

二、代理业务的种类

(一)代理保管

代理保管也称代理资财保管,是信托机构设置保管库,接受单位或个人的委托,代为保管各种财物和有价证券的业务。信托机构代理保管须承担的责任主要有:保持财产原形,防止财产的被盗或丢失,防止财产的损坏与残缺,防止财产被贪污等行为的发生。

1. 代理保管的范围

代理保管的财产范围一般包括以下种类:

(1)重要物品。如合同、存折、证件、图纸、文件、遗嘱、印章等。

(2)贵重物品。如金银珠宝、首饰、古玩文物、集邮簿、艺术品、珠宝翠钻、各种货币及珍贵纪念品等。

(3)有价证券。如股票、债券、商业票据与银行票据等。

(4)其他物品。对委托人具有特殊价值的物品。

在当今社会,信托机构代理保管的财产主要是有价证券、财产契约与价值较高的收藏品。

2. 代理保管方式

(1)露封保管。在露封保管中,客户不必对物品加封,在委托给信托机构保管时双方共同清点,信托公司同意收存后,给客户开出代保管收据并代为保管。双方要订立代保管契约,写明保管物品的名称、种类、数量、保管期限、保管费用、双方的责任等内容。保管期满,客户再当面检查原物品,清点无误后取回。

(2)密封保管。密封保管是客户可先将物品密封,再交给信托公司代为保管。在保管期间,不得开启密封物品,待保管期满后信托机构将该物品原封不动地交还给客户。这种做法一般适用于客户不愿公开或难以当面检点、鉴别的代保管物品。

(3)出租保管箱。这是指信托公司向客户出租保管箱,由租户(委托人)将自己的贵重物品直接存入保管箱,在租用期限内客户可随时打开保管箱存取物品。目前,出租保管箱是我国代理保管的最主要业务。

3. 代理保管业务的规定

我国的代理保管业务以出租保管箱为主,下面主要介绍出租保管箱业务的有关规定。

(1)办理代理保管业务时,单位客户须持单位介绍信,个人客户须交验本人身份证件(身份证、户口簿、工作证),并填写租用或保管申请,写明类别、租期等,客户应预留指定个人的印鉴,经信托机构审查同意后发给有效的租赁证或保管证。

(2)租户根据所租的保管箱大小缴存保证金,作为确实遵守业务章程及日后修改条款的保证。

(3)保管箱租用一般以一年为期,在有效期内租户不得自行将保管箱转让或转租给他人。

(4)信托机构在收妥租金、保证金与印鉴卡和租约后将钥匙交给租用人。每一保管箱均配有甲、乙两种钥匙:甲种钥匙是箱箱各异,并有正副两把,正把钥匙由租户收执,副把钥匙由租户会同信托公司封存,由信托机构保管;而乙种钥匙归信托公司收存,并随时会同租户开箱。在开保管箱时,必须同时插入甲、乙两种钥匙方可开箱。

(5)租户可在营业时间内申请开箱,但要由租户或其授权人填写开箱申请书,加盖预留印鉴,并出示身份证或其他证明,如不符者,信托机构有权拒绝开箱。保管箱开启、锁固、存入或取出物品时,租户应自行管理。信托投资公司除负责开启及关闭库存门、核对印鉴及陪同开启外,对其他事端,概不承担任何责任。

(6)租户必须妥善保管保管箱钥匙,直到退租时交还。如有丢失,租户应及时通知信托机构,并持单位证明或本人身份证申请挂失。经信托机构同意后可以代配钥匙或换锁,所有费用由租户承担,交款后将新钥匙交付使用。如挂失前被人冒领,则由租户自己负责。

(7)保管箱内严禁存放一切违法、违禁及危险物品。存入保管物品时,应由信托机构人员验明,确属非禁放物品,方准存放。已租用的保管箱在未到期前如违反此项规定的,信托机构可以通知租户停止租用,取回物品。

(8)租用期满或停止租用,信托机构要在前十天发出书面通知。租户要续租的,应按期办理续租手续。租期已满或停止租用后不来提取保管物品的,收取逾期租费。

(9)信托机构及其工作人员必须严格执行国家法律法规,保护租户的合法财物,并严守"为客户保密"的原则。

4. 信托机构办理代理保管业务的程序

租户到信托机构办理代理保管业务时的一般程序是:

(1)租户填写保管申请书一份,交由信托机构收存。

(2)租户要填写印鉴卡一式两份,写明委托人名称、地址,保管物的种类、数量、总价值,有价证券总金额、面额、张数、起讫号码等,并加盖印章。信托投资公司和客户各持一份。

(3)信托投资公司承接代保管业务后,当面清点所保管物品,并予以封存,给客户开具加盖公章或财务专用章的代保管证。

(4)租户在营业时间内申请开箱,提取被保管物品时,要出示印鉴卡、保管证及保管物品清单。

(二)代理收付款项

代理收付款项是指信托投资公司接受单位或个人委托,代为办理指定款项的收付事宜,它包括代收款项与代付款项两大类。

1. 代收款项

代收款项包括:第一,代收货款;第二,代收劳务费;第三,代收管理费;第四,代收股利;第五,代收人寿保险赔款或抚恤金、公积金;第六,代收私人欠款;第七,代办海外遗产继承;第八,代收其他费用,包括环保费、某项专用基金等。

2. 代付款项

代付款项包括:第一,代付货款;第二,代付运费;第三,代交租金;第四,代公司支付股票的股利,以及债券的利息和本金。

委托人向信托机构申请代理收付款项,要将发生应收、应付款项的合法依据及有关单据、证件提交信托机构审查,经信托机构同意受理后,订立代理收付款项的契约。信托投资公司只负责按规定办理代收代付,并收取手续费。因此,对于代收的款项,须待信托机构收妥后,转交给委托人;对于代付的款项,委托人须事先将委托代付的资金交存信托机构为其设立的账户内,以备支付。对业务纠纷及出现的其他问题由债权、债务双方自行解决,信托机构不负任何责任。

(三)代理有价证券业务

代理有价证券业务指信托机构接受客户委托,代为办理有价证券的买卖、过户、登记、保管以及整合代理等。这种业务是代理中最常见的业务,它可以解除委托人许多繁杂的事务性工作。

1. 购买代理业务

有价证券主要涉及发行人及投资者,信托机构可以为双方提供购买代理服务。

对于投资者而言,可以通过信托机构办理证券认购代理业务。一般来说,股份公司的老股东享有优先认购公司新发行的证券的权利,信托机构可以代公司股东办理优先认购公司股票的各项事宜,包括准备和寄发股权认购证,对认购证进行整理,收取资金并认购新证券等。

信托机构亦可代理发行企业办理优先股赎回业务。信托机构要负责证实公司董事会根据决议向信托机构发出的指示书与公司章程是否相符,向可赎回优先股的持有者发出赎回通知,接受用于赎回优先股的资金,并以赎金赎回优先股,最后将已赎回的优先股票交给过户代理人。

另外,公司在特殊情况下,按照法定程序也可以购回其部分普通股股票或不可赎回债券。信托机构可以代公司办理此类"购买"业务,包括向证券持有者发出通知、检查持券者的报价、拒绝或接受持券者的开价、收回股票并向原持券者付款等。

2. 过户代理业务

过户代理业务是指由信托机构代理客户在股权证书上签字和在股东名册上登记股票所有权转移事项的业务,通常又称为转让代理业务。

在股票交易中,股东取得股份后如果没有及时办理过户登记,仍然不能行使股东权利,也无法及时卖出股票。因此,过户对于交易者来说是十分重要的活动。

然而,上市公司的股东总是分散在各地,而信托机构在全国拥有很多分支机构,它们可以在很短的时间内代理股东做好过户事务。在提高效率的同时,信托机构也可对假的或未经批准的股票进行严格把关,防止股东受到欺骗,从而更好地维护投资者的权益。

除了股票之外,债券、存单、委托表决权证书、登记过的股权购买书也都可以委托信托机构办理过户代理业务。

信托机构办理过户代理业务的基本程序为:核实公司的签字、鉴定转让者的签字、办理过户的记录。

3. 登记代理业务

登记代理业务是信托机构代公司对记名证券(股票、债券)登记注册的业务。在此类业务中,信托机构扮演登记代理人的角色。一般来说,登记代理人和过户代理人应由不同的机构担任,比如美国纽约证券交易所原来就强调过这一点。但近年来,同一信托机构越来越倾向于一身二任,同时充当过户代理人和登记代理人,主要原因是这两种业务存在许多联系,如果在同一家机构中办理,更有利于两者之间的协调,提高办事效率。当然,同一信托机构同时办理过户和登记两种业务时,要把二者分开进行。

通过信托机构办理股票登记代理业务能更好地实现标准化、专业化和规模化,降低成本,提高公司的效益。

4. 保管代理业务

保管代理业务主要是指信托机构为公司保存证券及其代理相关事务。

在此类业务中,信托机构充当保管代理人,在收到公司交来的证券后,开出收据,保管期满后,收回公司交来的收据并偿还证券。

在保管代理业务中,值得一提的是信托机构为投资者保管外国证券的业务。这种业务一般通过存托凭证的形式进行。

【案例8-1】　　　　　　　存托凭证[①]

存托凭证(depository receipt,DR)也称为预托凭证,是一国证券市场上流通的代表外国公司有价证券(股票或者债权)的可转让凭证。

以股票为例,存托凭证是这样产生的:某国的上市公司为使其股票在外国流通,将一定数额的股票委托某一中间机构(通常为一银行,称为保管银行或受托银行)保管,由保管银行通知外国的存托机构(银行或信托机构)在当地发行代表该股份的存托凭证,之后存托凭证便开始在外国证券交易所或柜台市场交易。

存托凭证的当事人在基础证券发行国国内有发行公司、保管机构,在基础证券发行国国外有存托机构、证券承销商及投资人。存托机构是DR的发行人,在DR的基础证券发行国安排保管银行,在基础证券解入托管账户后向投资者发出DR,DR被取消后,指令保管银行把基础证券重新投入当地市场,同时,存托机构负责DR注册和过户,安排保管和清算,通知保管银行变更,派发红利利息,代理行使权利,并为DR持有者和基础证券发行人提供信息和咨询服务。保管银行通常是存托机构在基础证券发行国的分行、附属银行或者代理银行,其主要职责有:负责保管DR所代表的基础证券;根据存托机构的指令领取红利或利息用于再投资或汇回DR发行国;向存托机构提供当地市场信息。

例如,外国公司的证券可在美国通过存托凭证ADR(美国存托凭证)上市,在伦敦市场上用LDR(伦敦存托凭证)、在欧洲市场上用EDR(欧洲存托凭证)发行和买卖。

[①] 徐昭:《证监会对存托凭证发行交易做出制度安排》,《中国证券报》2018年5月5日;费杨生:《CDR试点行稳方能致远》,《中国证券报》2018年6月20日;《中国证券报》2002年4月11日;《沪伦通正式启动,意味中国股民能买英国股票了?》,中国新闻网,2019年6月17日。

美国 ADR 的发行步骤为：第一，投资者指令经纪人购买 ADR；第二，经纪人指令基础证券所在地经纪人购买证券并将其解往存托机构在当地的托管机构；第三，经纪人在当地市场上购买基础证券；第四，经纪人将购买的基础证券存入当地的托管机构；第五，托管机构解入证券后通知美国的存托机构；第六，存托机构发出 ADR，交给经纪人；第七，经纪人将 ADR 存入信托公司或交投资者，同时向当地经纪人支付外汇。

ADR 的交易有两种做法：一是市场交易，即美国市场的 ADR 持有者之间的买卖，在存托机构过户，在存券信托公司清算；二是取消，国内无买家时，委托基础证券发行国的经纪人卖出，当接到已经出售的通知时，即把 ADR 交还给存托银行，由存托银行取消 ADR，同时美国经纪人将款项在兑换成美元后支付给 ADR 的持有者。

2018 年 3 月，作为一种金融创新，我国推出了中国存托凭证（Chinese Depository Receipt，CDR）。在境外（包括中国香港），上市公司将部分已发行上市的股票托管在当地保管银行，由境内的存托银行发行在境内 A 股市场上市、以人民币交易结算、供国内投资者买卖的投资凭证，以实现股票的异地买卖。2018 年 6 月，小米公司成为国内首家申报 CDR 发行的企业（但小米公司最终选择放弃发行 CDR，而是在香港单独上市）。截至 2018 年 9 月 6 日，中国证券监督管理委员会受理首发及发行存托凭证企业 289 家，其中已过会 29 家、未过会 260 家。[①]

2018 年 10 月 16 日与 11 月 5 日，中国银行分别获得中国银行保险监督管理委员会与中国证券监督管理委员会批准的存托凭证试点存托人资格。2018 年 11 月 2 日，上海证券交易所正式发布实施了上海证券交易所与伦敦证券交易所互联互通存托凭证业务相关配套业务规则。在伦敦证券交易所上市的境外发行人取得中国证券监督管理委员会的公开发行核准后，由符合条件的境内证券公司（以下简称中国跨境转换机构）根据有关规定和业务约定，在境外市场买入或者以其他合法方式获得基础股票并交付存托人，由存托人根据相关规定和业务约定，向中国跨境转换机构签发相应的存托凭证。同样的，上海证券交易所上市公司可以把股票转换成全球存托凭证（GDR）在伦敦证券交易所交易。2019 年 6 月 17 日，沪伦通正式启动，华泰证券发行的沪伦通下首只 GDR 产品在伦敦证券交易所正式挂牌交易。

---

① 中国证券监督管理委员会，2018 年 9 月 9 日。

> 另外,上海证券交易所于2019年4月17日受理九号机器人(九号智能)科创板上市申请,它是受理名单中首例拟发行CDR的申报企业。

[案例分析]

从投资人的角度来说,存托凭证是由存托机构所签发的一种可转让股票凭证,证明一定数额的某外国公司股票已寄存该机构在外国的保管机构,而凭证的持有人实际上是寄存股票的所有人,其所有权与原股票持有人相同。

存托凭证一般代表公司股票,但有时也代表债券。它可以实现国内企业到国外上市的愿望,也可让国外投资者通过购买DR,对证券进行投资,分享收益。

存托凭证的优点在于市场容量大、筹资能力强、上市手续简单、发行成本低,同时还可避开直接发行股票、债券的法律要求。

随着中国经济的不断壮大,中国资本市场的国际化进程将不断加快,中国企业将继续在国际市场寻觅合适的融资途径,一些高新技术企业等将会通过存托凭证实现上市融资。同时,国外一些优质的上市公司也可通过发行CDR吸引中国的投资者,从而丰富投资者的投资组合并分散风险。

5. 整合代理业务

整合代理业务是信托机构代公司办理有关证券变换方面事务的业务,包括股票分割、股票转换和证券重整等。

(1)股票分割代理业务。股票分割也称为股票分裂或股票拆细,是指在保持股票价值总额不变的前提下,将股票面值减少,增加股份数的行为。公司通常在股价上涨得太高时运用,通过股票分割可使单张股票价格下降,股票的总数量变多,从而能吸引更多的投资者购买股票,增加交易。行情好的时候,在股票分割当天就会出现股价上涨。

(2)股票转换代理业务。公司在发行可转债或可转换优先股时,常附有可转换条款,即允许债券持有者或优先股股东在一定时期、一定条件下将债券或优先股转换为普通股,以获得更大的盈利空间。

(3)证券重整代理业务。证券重整代理业务是指信托机构在某些情况下代公司对其各种证券进行重新安排的业务,主要是以新证券代替旧证券。特别是在公司重组、打算调整资本结构或自愿(或被迫)处理对其他公司的所有权等情况下,就会发生证券重整业务。

(四)代理不动产管理

信托机构提供的不动产管理代理主要包括土地和房屋等不动产的代理业务。在这类业务中,信托机构可以直接代理,也可以作为总代理人。

1. 代理不动产中间保管

当不动产购买者款项不足时,可以先付部分价款给卖方,然后由信托机构暂代掌管不动产契约,待买方价款付清时,再将不动产过户到买方名下。信托机构在这类业务中起中间买卖人的作用。

2. 代理发行不动产分割证

土地所有者建房时缺乏足够的钱款,将地产过户给信托机构,委托信托机构代理发行不动产分割证,让投资者拥有部分土地所有权。信托机构把原土地所有者定期交付的租金作为投资报酬,转给不动产分割证的持有者。

3. 不动产的中介代理业务

这是指信托机构充当建筑物的媒介和代理,参与洽谈标的物的价格和交易条件,促使当事人之间签订契约,达成买卖。信托机构也可按照委托人的授权,代表委托人与对方签订契约。

4. 不动产鉴定代理业务

该业务是指信托机构接受委托,对不动产进行鉴定与估价的代理业务。

(五)其他代理业务

1. 代理催收欠款

信托机构利用和发挥自己在资金结算上的便利,代理客户催收欠款以帮助企业清理相互拖欠的资金,加速资金周转。

办理催收欠款业务的对象必须是独立的经济核算单位在合法的商品交易过程中发生的拖欠款项,当然,如果在规定的期限内,经催收后的欠款仍无法收回,代理即告结束。

2. 代理会计事务

这是指信托机构受企事业单位的委托,代其处理有关会计事务方面的业务。内容主要包括:第一,受托帮助建账;第二,制定财务会计的有关规章制度;第三,编制报告;第四,进行财务分析;第五,提出财会建议;第六,会计顾问;第七,辅导和培训财会人员;第八,代为办理受托的其他会计事务。

上述内容可以按照委托人的具体要求予以办理。

3. 代理保险

随着保险市场的发展及保险意识的普及,代理保险业务也成为信托机构的一项有潜力的中间业务。信托机构可以利用理财专业优势、社会信誉度较高、金融产品营销经验丰富等优势,介入这一市场。

第二节 咨询业务

在现代社会,信息十分重要,而信托机构可以利用自身的优势,为客户提供咨询业务。

一、咨询业务的含义

咨询业务是指信托机构接受客户委托,利用专门的知识、技术、经验和广泛的联系,为委托人提供信息以协助其决策的服务。凡与企业经营管理、市场信息、动态、财政金融制度、经济政策、法规、对外经济合作、国内经济联合等方面有关的情况,客户均可向信托机构提出咨询,由信托机构帮助调查情况、收集资料,并进行综合分析后提供具有一定价值的信息。

经济咨询是一项专业性比较强的工作,信托机构在开展经济咨询业务时,除了配备必要的专门人才外,一般还会聘请有关方面的专家、教授、律师、工程师、经济师、会计师等组成咨询委员会,负责指导经济咨询工作,以便向客户提供更为真实、全面、合理的信息,促使企业取得更好的效益。

在许多咨询业务中,信托机构一般是连同其他信托业务办理,但也单独接受客户委托开展咨询业务。

二、咨询业务的种类

目前,信托机构可办理的经济咨询业务主要包括以下几类:

(一)资信调查

1. 资信调查的含义

资信调查是委托人因业务需要或其他需求,委托信托机构收集被调查对象的信用资料,分析与验证其信用动因和信用能力以及分析与评估受信方的信用状况的过程。

资信调查的目标是通过信托机构的专业服务为客户提供系统、权威、可靠的相关资信信息,以帮助决策。例如,在经济协作项目中,需要调查有关合作对象的资信情况、经营能力、经营范围、经营作风,并了解其成立日期、经济性质、股东名册及法定(注册)或实收资本额的情况。当然,资信调查也可能是客户委托信托机构对客户自身的资信状况进行调查了解,以向其业务对象证明自身资信情况的业务。

2. 资信调查的种类

资信调查具体可分为资金信用调查与信用等级评估。

(1)资金信用调查。资金信用调查主要是为了在交易中及时了解对方的信用程度、支付能力、交货情况、执行结算、财务状况而委托信托机构开展的咨询业务。资金信用调查主要用于企业赊销、分期付款等销售方式,为减少坏账而对赊销对象进行调查分析,它不需要最终评定对象的信用等级。

资金信用调查按信托机构承担的经济责任可分为两种:一是一般的资信调查,信托机构只为委托人提供交易对方的经营情况、财务状况、支付能力等相关信用信息,并不承担其他责任;二是风险资信调查,信托机构除了对委托人提供交易对方的资信咨询资料外,还负有监督、保证按期付款或交易的经济责任。

信托机构接受委托后开展资金信用调查的程序见图8-1。

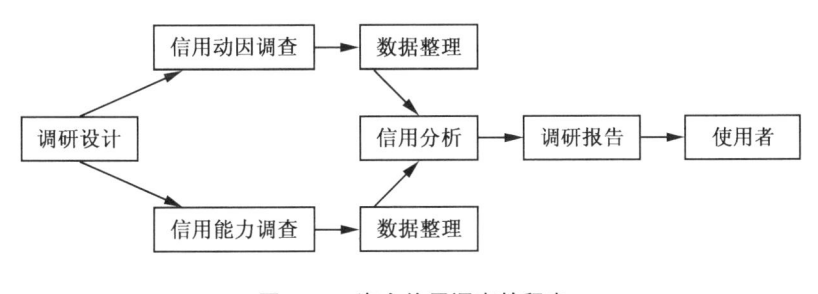

图 8-1 资金信用调查的程序

①进行调研设计,确定调查的方案。
②收集资料,对调查对象的信用动因与信用能力展开全面调查,从不同渠道及信息提供者处收集信息。
③数据整理与分析,对所收集到的资料运用计量与其他分析工具进行分析。
④撰写调查报告,得出分析结果。
⑤把信息提供给委托人。

(2)信用等级评估。信用等级评估是由信托机构接受委托,根据"公正、客观、科学"的原则,以评级事项的法律、法规、制度与有关标准化的规定为依据,运用科学的指标体系、规范化的程序与科学的方法,对评估对象特定债务或相关负债在其有效期限内及时偿付的能力和意愿进行评估,并用特定的简单、直观的等级符号标定其信用等级。通过评估信用等级,区分企业的信用状况,促进企业提高质量管理。

信托机构的信用等级评估对象一般是在工商行政管理局登记注册、经营管理情况正常的企业。评估工作是一项严肃的工作,要求信托机构对受评企业的经营管理素质、财务结构、偿债能力、经营能力、经营效益、发展前景等方面进行全面分析,科学地揭示企业的发展状况,综合反映企业的整体状况。

信托机构不仅要给出信用等级,还需要出具评估报告。信用等级评估的结果一般分为三等九级(包括 AAA、AA、A、BBB、BB、B、CCC、CC、C)或四等十级(最后加一个 D 级)。评估报告的内容主要有企业概况、资信评估、经济效益评估、经营管理能力评估、企业发展前景预测、企业信用状况总评价等。

信托机构的信用等级评估业务程序见图 8-2。

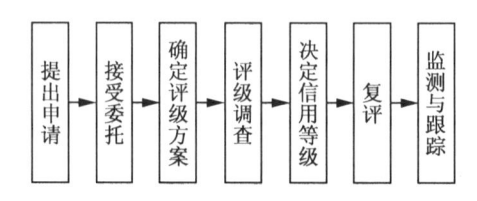

图 8-2 信用等级评估的程序

①申请。委托单位委托信托机构进行信用等级评估时要填写"评级业务申请表",说明调查要求,调查对象的名称、地址以及往来银行等。

②受理。信托机构接受委托项目时,要与申请企业签订资信评估协议书或评估合同,规定双方的权利和义务关系。申请企业要提供相应材料,并按规定支付一定金额的资信评估费。

③确定评级方案。信托机构成立评估小组,确定评级方案并制定评估计划。

④评级调查。评估小组对被评估对象或与其有交往的供应商或顾客进行联系与走访,也可以通过其他渠道获得相关信息。

⑤决定资信等级。信托机构对企业提供的材料进行分析,在客观公正、实事求是的基础上采用定量分析与定性分析相结合的评估标准完成评估报告的撰写,提出评级观点、评级级别和建议,提交资信评审专家委员会审议,并作出最终定级决定。

⑥复评。申请企业在收到评估公司资信等级证书后 10 日内,如果对评估结论有异议,可以提出理由,补充材料,要求复评。

⑦监测与跟踪。信托机构密切关注受评企业的发展动向,及时对委托企业重大事项和发展趋势对资信状况的影响进行了解,必要时调整资信级别。

(二)项目评估

1. 项目评估的含义

项目评估业务是指信托机构受托后,综合运用各种业务手段,对某项建设项目或某项经济活动进行全面、系统的调查、计算、比较与评价。

例如,预测项目的建设周期和投资时间,估算投资金额和回收期限,分析产品成本和利润,论证经济效益等,从而在财务、经营管理方面探讨其合理性和可行性,防范风险并提高资金的运用效率。

项目评估是一项综合性、系统性的工作,信托机构既要研究单个项目的微观经济效益,还要研究该项目在整个行业、地区,乃至国民经济中的宏观经济效益。

信托机构在做其他许多业务中(如投资银行业务、公司信托业务等),都是要以项目评估为基础,可以说,项目评估贯穿于信托机构的整个运作过程之中。

2. 项目评估的程序

项目评估程序是指信托机构执行项目评估业务所履行的系统性工作步骤。一般程序见图 8-3。

业务申请 → 签订业务约定书 → 编制评估计划 → 现场调查 → 收集评估资料 → 编制项目评估报告 → 提交项目评估报告

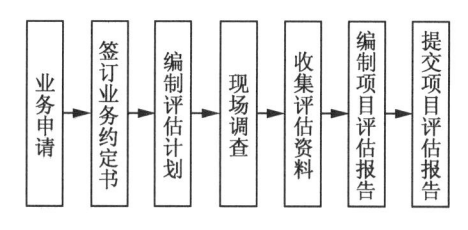

图 8-3 项目评估的程序

(1)业务申请。由委托方向信托机构提出项目评估的申请,并递交有关材料。

(2)签订业务约定书。业务约定书是指评估机构与委托方签订的,确认评估业务委托与受托关系,明确评估目的、评估对象、评估范围、评估基准日、评估类型、评估服务费、评估报告类型、评估报告提交时间和方式、评估报告使用者和使用方式等评估业务基本事项,约定其他权利、义务、违约责任和争议解决等内容的书面合同。

(3)编制评估计划。信托机构应根据委托人提供的立项报告、项目建议书及其他资料,通过当面洽谈,摸清项目的基本情况。同时,信托机构根据评估对象、评估范围、业务规模和复杂程度、评估业务时间要求、评估基础资料完备状况、委托方和相关当事方配合程度、评估机构自身条件等因素编制评估计划,确定应当履行的评估程序、时间进度、人员安排和费用预算等内容。评估计划应当涵盖评估业务实施的全过程。

(4)现场调查。信托机构应当根据评估业务具体情况对评估对象进行必要的现场调查,全面了解企业的经营能力和生产能力及其相应的技术水平和管理水平,了解市场发展动态信息,了解项目所在地的工作环境、社会环境、财务状况等,对重要情况必须取得第一手资料。调查可通过询问、核对、勘查等方式进行。企业应给予真实的材料和积极的配合。

(5)收集评估资料。信托机构的项目审查部门在现场调查基础上,根据评估业务具体情况收集评估业务需要的评估资料。评估资料包括直接从市场等渠道获取的资料,从委托方、项目相关方等相关当事方获取的资料,以及从政府部门、各类专业性中介机构和其他相关部门获取的相关资料或专业文件。

(6)编制项目评估报告。结合企业立项的可行性报告,信托机构要从动态和静态、定性和定量、经济和非经济等多方面因素进行综合分析,全面评价项目的风险和可行性,决定项目风险与利益。信托机构应当根据评估对象、价值类型、评估资料收集情况等相关条件,恰当选择评估方法,合理选取相应的计算公式和参数,正确进行分析、计算和判断,形成初步评估结论。同时,对形成的初步评估结论进行综合分析,形成最终的项目评估结论。

(7)提交项目评估报告。信托机构按照业务约定书的约定,以适当的方式向客户提交项目评估报告。

3. 项目评估报告的主要内容

信托机构在履行了必要评估程序、对评估对象在评估基准日特定目的下的价值进行分析与估算后发表专业意见的书面文件称为项目评估报告。

评估报告应当包括标题及文号、声明、摘要、正文、附件等主要内容。其中,评估报告的声明应当强调恪守独立、客观和公正的原则,遵循有关法律、法规和评估准则的规定,并承担相应的责任。评估报告摘要应当提供评估的主要信息及评估结论。评估报告正文包括以下内容:委托方和其他评估报告使用者;评估对象和评估范围;评估目的;评估基准日;评估遵循的评估准则、依据、方法;评估程序实施过程和情况;评估假设;评估结论;特别事项说明,评估报告使用限制;评估报告日及签字、盖章。

由于市场中有许多不确定因素,这会增加项目评估的难度和工作量。在项目调研时,要充分寻找这些不确定因素,采取一些措施,如运用概率论、数理统计等科学计算方法找出不确定因素的规律和变化趋势,以保证评估结果的科学性。

由于项目评估涉及许多专业领域与学科,因此信托机构的评估人员应不断提高自己的专业水平,适应科学评估的需要。有些技术问题可以向有关部门的专家进行咨询。

(三)商情咨询

商情咨询是指信托机构受理有关国外市场情况、商品价格以及贸易政策、法规及做法等方面的咨询业务。商情咨询分为对内咨询业务和对外咨询业务。

对内咨询业务是指信托机构接受客户委托,对某项产品在国内市场的销售情况进行调查与分析,反馈销售信息并对今后的销售趋势进行预测。企业可委托信托机构调查本单位和其他单位同类产品在质量、品种、价格、服务等方面的差距,提出建议,以便本单位合理组织生产,提高产品质量,改善经营管理,增强市场竞争力。信托机构也可以向国内企业提供国际市场行情和销售情况,调查有关国家或地区的贸易政策、法令和业务做法等。

对外咨询业务是指向外商提供我国进行贸易的有关咨询。例如,向外商介绍我国的贸易渠道,提供国外产品在我国销售情况的调查报告,分析国外产品进入我国市场的前景等。

（四）投资咨询

投资咨询是指信托机构接受投资企业的委托,对投资项目进行市场调查和预测,为投资者提供可供选择的投资方案和模式,帮助投资企业草拟与修订有关投资合同与公司章程等文件,为外商介绍我国合作项目在财务、税收、金融等方面的有关政策、法律和法规等。

（五）金融咨询

金融咨询是指信托公司向委托人提供的有关金融业务方面的咨询事项,包括对汇率、利率、证券市场等变化趋势的分析和预测,国家的金融与外汇政策和法令及其动向等。

（六）居间业务

2007年3月施行的《信托公司管理办法》将原来信托公司开展的"代理"业务调整为"居间"业务。

《中华人民共和国合同法》第四百二十四条规定:"居间"是指居间人向委托人报告订立合同的机会或者提供订立合同的媒介服务,是委托人支付报酬的一种制度。居间人成为为委托人与第三人进行民事法律行为信息机会的提供者或交易媒介联系的中间人。

信托机构由于具有广泛的业务联系与信息灵通的优势,因而可以作为中介人,充当客户合作或商品交易的桥梁。通过信托机构的介绍与沟通,可以"穿针引线",促使双方达成交易。

当然,作为居间人的信托机构并不代委托人进行民事法律行为,而只是为委托人提供订约机会的信息或充当订约的媒介,也不直接参与委托人与第三人之间的关系。

第三节 担保业务

担保业务是指信托机构受委托人的委托,约定以保函的形式向受益人（债权人）出具保证,当委托人对受益人不能按照合同规定履行其责任义务时,信托机构按约定代为偿付的业务。信托机构可以替客户担保某项债务的偿还、承包工程的如期完成以及合同的履行,以提升客户的资信。在担保业务中,信托机构承担了一定的经济风险和法律责任。

一、担保业务的种类

根据担保业务的特点和风险程度,信托机构可以办理的担保业务共分为三类。

(一)履约类保证业务

履约类保证是对施工企业承包工程或工业企业承包项目过程中履行投标和工程承包合同所做的保证,主要包括工程招标投标保证、工程履约保证、工程承包担保、工程分包担保、工程维修担保等。

1. 工程招标投标保证

信托机构接受工程投标方(申请人)的委托,向工程招标方(受益人)保证,在投标人的报价有效期内,一旦中标,投标人将信守诺言。如果出现投标方中标后擅自修改报价、撤销投标书或在规定时间内不签订工程承包合同,信托机构将按招标方的索赔要求,在担保的额度内向招标人支付约定违约金。

2. 工程履约保证

信托机构应劳务方或投标人(申请人)的请求和业主的要求,向工程的业主方(受益人)担保一旦投标人(申请人)中标,有能力继续向业主履约,否则担保人向受益人承担赔偿责任。

3. 工程承包担保

信托机构接受工程承包方(申请人)的委托,向工程发包方(受益人)保证,如承包方不能在规定的期限内履行合同中规定的义务,信托机构可按照发包方的索赔要求,在约定的金额内代付违约金。

4. 工程分包担保

信托机构接受工程分包方(申请人)的委托,向工程总承包方(受益人)保证,如果分包方不能在规定的期限内履行合同中规定的义务,信托机构承担约定的代付违约金责任。它适用于工程存在总分包关系时,由于总承包方要为各分包方承担连带责任,为了保证自身的权益不受损害,往往要求分包方通过担保人为其提供担保,以防止分包方违约而造成损失。

5. 工程维修担保

信托机构应施工方(申请人)的请求,作为担保人向工程业主(受益人)保证,在工程质量不符合合同规定,承包方又不按合同规定承担工程维修义务时,由担保人按保函规定在约定的金额内代付违约金给工程业主。

(二)付款类保证业务

付款类保证是对委托人向受益人的付款义务所做的保证,包括预收款退款担保、分期付款保证、信用证结算担保等。

1. 预收款退款担保

这适用于供货方预收购货方的预付款的情况,如果供货方不能提供相应的商品或服务,则应按合同规定退还货款,否则信托机构将承担相应的赔偿责任。

2. 分期付款担保

信托机构接受购货方或付款方的委托,向供货方或收款方保证,当购货方或付款方不按期支付货款时,信托机构将按供货方或收款方的付款要求分期代付货款。

3. 信用证结算担保

信托机构接受设备进口方的委托,向对外开立信用证的银行作出保证,在开证银行向外商支付货款后,如果进口方不能及时向开证银行划付相应的货款时,信托机构将按约定代付进口设备款。

(三)其他类保证业务

其他类保证业务包括向外借款担保、融资租赁担保、税收担保、司法担保、特别担保。

1. 向外借款担保

信托机构接受借款方的委托,向贷款方(受益人)开出的保证,担保在借款方不能按期偿还借款本息时由信托机构按约定代付借款本息。

2. 融资租赁担保

信托机构接受承租方的委托,向出租方(受益人)保证,如承租方不能按期支付租金,信托机构将按约定代付租金。

3. 税收担保

税收担保包括海关担保和财税担保。海关担保是指委托人为办理特定的海关事务或者申请从事海关特定经营业务时,委托信托机构保证履行其依法应当承担的海关义务的法律行为。国家设立海关担保制度的目的是为了加强海关监管,保障国家税收,提高贸易效率,方便货物的合法进出。海关担保的做法又包括海关免税担保、延期纳税担保、简化报关程序担保和转口运输报关担保等。财税担保包括税收返还担保与纳税担保等做法。

4. 司法担保

司法担保包括保释金担保、破产保护担保、诉讼财产保全担保。

5. 特别担保

信托机构还可提供海外投资担保、科技创业担保、进出口信贷担保、公害防止措施担保、捐赠担保及雇员忠诚担保等。

二、担保条件

信托机构在办理担保业务时要求委托人必须具有一定的条件。目前担保业务的

主要服务对象是企业,应满足下列条件:

(1)向信托机构申请担保的申请人必须是依法经过注册登记的法人机构,具有独立法人资格经营管理规范,已经正常生产、经营一年以上。

(2)申请人的信用等级较高(一般要在 A 以上),无重大经济、民事纠纷。

(3)申请人要求担保的经济行为符合国家法律和行政管理规定。

(4)申请人能提供符合国家法律、法令、政策、计划的合同或协议。

(5)申请人具有履行合同、协议的能力。

(6)申请人能一次交足约定的保证金或提供被认可的反担保。

三、担保程序

信托机构开展担保业务一般要经过担保的申请、草签担保协议、交存保证金、出具保函、保函的履行等程序。

(一)提出担保申请

申请人向信托机构申请担保时,应向信托投资公司提交必要的文件资料。一般的申请文件包括:

(1)担保申请书。

(2)企业基本情况的资料:历史沿革;机构设置,人员素质;主导产品品种、生产能力、近几年实际产销量、营销策略、主要市场及市场占有率、主要材料、能源、供应情况,环境污染及治理情况;生产经营是否存在国家政策、法规的限制或优惠;主要生产设备状况;技术开发能力和水平;投资项目或产品的技术、市场分析和销售、成本预测、项目预期的经济效益分析;当年及未来重大投资项目、兼并和重组事宜。

(3)法人营业执照及法人代码证。

(4)税务登记证。

(5)法定代表人资格证明。

(6)法定代表人授权书。

(7)法定代表人及授权代理人身份证。

(8)注册资本验资报告。

(9)信用等级证书。

(10)公司章程。

(11)董事会关于申请借款和担保的决议。

(12)本期和近两年财务报表(资产负债表、损益表、现金流量表)及会计师事务所出具的审计报告。

(13)法定代表人及主要经营管理者个人简历。

(14)该笔担保贷款项目可行性研究报告(需审批的应附上有关部门的批件)。

(15)主要存货、长(短)期投资、固定资产、银行借款明细表、应收(付)账款账龄分析表及或有负债情况表。

(16)房产证、土地使用权证及房屋(场地)租赁合同。

(17)当期银行对账单。

(18)有效期内未完成的和将要发生的主导产品销售合同复印件。

(19)产品鉴定证书。

(20)相关认定证书及资质证书。

(21)施工许可证或投资许可证。

(22)相关经济合同、协议。

(二)草签担保协议

信托机构接到担保申请书后,要对申请人的资信、债务以及担保内容和经营风险进行评估审查,并按规定程序核批。如果信托机构同意申请人申请后,双方需草签担保协议书,明确担保内容、担保金额、担保期限、担保责任、保证金交纳及违约处理等经济权责。经批准后,双方盖章生效,担保关系正式确立。

(三)交存保证金

担保协议书生效后,申请人应按照约定交存保证金。

对于工程招标投标担保、工程承包担保、工程维修担保,信托机构一般要求申请人一次性存足保证金;预收款退款担保,申请人应将预收款项存入"结算保证金款户",办理支付手续;其他担保首次存款不能低于应存保证金的40%,并应在保函有效期内陆续存足保证金。

如果申请人不能一次存足保证金,必须提供与应存入保证金等值的反担保,包括反担保人担保和设置财产抵押。反担保人应具有企业法人资格并有较强的担保能力,需提交不可撤销反担保函、企业法人营业执照和资产负债表等资料交信托机构审查认可;申请以财产设置抵押,其抵押物的产权属于申请人并已办理保险且便于保管、适销适用,经信托机构同意后双方须签订抵押协议并办理公证。

(四)出具保函

申请人按约定交足保证金或提供信托投资公司认可的反担保措施,并按规定向信托投资公司交纳担保费用后,信托机构按规定的保函格式出具保函交送申请人。

保函不得转让,不得贴现,不得用于抵押。

(五)保函的履行

保函一经签发,不能修改变更。如申请人因经济合同变更等原因必须改变保函内容时,须事先征得信托机构同意,注销原保函并换开新保函。

在保函有效期内,申请人要求终止保函的,应由申请人与受益人双方共同通知信托机构,信托机构接到共同正式通知后即终止保函。

申请人在规定期限内不能归还垫付资金时,信托机构将向受益人承担相应的支付或赔偿责任,并向申请人追偿。

保函到期时解除保证责任。

担保业务的风险较大,根据我国《信托公司管理办法》,担保业务规模以信托公司的固有财产为限,且信托公司开展对外担保业务的对外担保余额不得超过其净资产的50%。

本章小结

除了个人信托、法人信托、通用信托与投资银行业务之外,信托机构还可以从事代理、咨询及担保等其他业务。

代理是指信托机构接受客户的委托,以代理人身份,为其办理指定的经济事项的业务。委托人与代理人之间的代理关系必须以书面合同确定,一般不要求委托人转移其财产所有权,受托人行为的相应法律效果直接归属于被代理人。委托人向代理人授权有一般授权与特别授权两种方式。信托机构承办的代理业务的种类多样,主要有代理保管、代理收付款项、代理有价证券业务、代理不动产管理等。

咨询业务是指信托机构接受客户委托,利用专门的知识、技术、经验和广泛的联系,为委托人提供信息以协助其决策的服务。目前,信托机构可办理的经济咨询业务主要包括资信调查、项目评估、商情咨询、投资咨询、金融咨询与居间业务等。

担保业务是指信托机构受委托人的委托,约定以保函的形式向受益人(债权人)出具保证,当委托人对受益人不能按照合同规定履行其责任义务时,信托机构按约定代为偿付的业务。根据担保业务的特点和风险程度,信托机构可以办理履约类保证业务、付款类保证业务及其他类保证业务。担保业务的委托人必须具有一定的条件,并要经过担保的申请、草签担保协议、交存保证金、出具保函、保函的履行等程序。

练习与思考

【名词解释】

代理　一般授权　特别授权　代理保管　代理收付款项　代理有价证券业务　代理不动产管理　存托凭证　中国存托凭证　咨询　资信调查　项目评估　居间　担保　履约类保证

【简答题】

1. 在代理业务中,委托人的授权主要有哪两种方式?
2. 信托机构开展代理保管的范围有哪些?

3. 信托机构可办理哪些经济咨询？
4. 简要回答信托公司从事担保业务的基本种类。

【思考题】

信托机构在办理担保业务时要承担哪些风险？它一般要求委托人必须具备哪些条件？

第三编

信 托 管 理

第九章 信托机构的管理

信托机构是信托业务的主要经营者,作为一种金融机构,它也要受到中央银行的监管,同时,内部也必须加强管理。我国信托机构从 20 世纪 70 年代以来,由于定位不清,其发展经历了大起大落,直到 2012 年第六次整顿接近尾声,才对信托机构建立起全面、比较规范的框架。本章主要介绍信托机构的特点及管理内容。

第一节 信托机构管理概述

信托机构的性质不同于其他的公司或金融机构,它具有自己的特点。信托机构的管理内容是十分广泛的,包括信托监督管理部门实施的管理与信托机构的内部管理两大块,当然这一切都要建立在一定的法律法规基础之上。

一、信托机构的性质与特点

(一)信托机构的性质

信托机构是指从事信托业务,并在信托关系中充当受托人的法人机构。它具有以下性质:

1. 信托机构是法人机构

信托业的发展经历了从个人信托到法人信托,因为法人在开办信托业务时,拥有经验、能力以及信息处理等方面的优势,可以更好地完成委托人的预定目的,实现安全性与收益性的有效结合,因此,许多国家一般都规定营业性的信托机构必须是法人。

2. 信托机构以信托业务为主

信托机构以开展信托业务为主要活动,以发挥财务管理职能为其基本职能,以"受人之托,代人理财"作为本源业务。信托机构应拥有开办信托业务、提供理财服务的营业资格,具有专业理财人才,以充分发挥对财产的经营、管理、运作和处理的作用。

3. 信托机构在信托业务中充当受托人的角色

信托业务的关系人包括委托人、受益人与受托人三方,而信托机构在这一活动中一般充当受托人的角色,接受委托人的委托,按照约定的信托条件,对信托财产进行管理或处分,以实现预定的信托目的。

4. 信托机构属于金融机构

信托机构主要经营资金、不动产与动产信托,办理基金管理、兼并收购、风险投资等投资银行业务,并开展代为融通资金、代理保管、经济咨询等业务。在这些业务中一般都会涉及资金融通与运用等金融范畴的活动,因此各国一般都把信托机构定位为金融机构,由中央银行监管。

(二)信托机构的特点

信托机构不同于其他的金融机构,它具有以下特点:

1. 信托机构从事信托业务,充当受托人

在信托业务中,信托机构作为受托人,严格按照信托合同的约定对信托财产进行管理或处分,通过它的活动实现为受益人谋利的目的,而不能挪用信托财产以达到自身的目的。如果由于信托机构的不当行为而造成损失的,受托人应负责赔偿。

2. 信托机构主要发挥财产事务管理职能

信托机构通过灵活多样的信托业务,为委托人提供有效的财产管理、运用与处分服务,发挥财务管理的职能,这也是信托的基本职能。

3. 信托机构的利润来源主要是信托报酬

信托机构的业务集中在信托上,在信托关系中,作为受托人的信托机构不能分享信托收益,因为信托收益是归受益人所有的。因此,信托机构的利润来源主要依靠信托报酬或佣金收入。

4. 信托机构在业务经营中要遵循信托财产独立性的要求

信托业务的客体是信托财产,而信托机构只拥有信托财产法律上的所有权。作为管理与处分信托财产的受托人,信托机构必须严格遵循信托财产独立性的要求,既要将信托财产与自身的财产分开管理,还要将不同委托者的信托财产相互独立,这样才能对信托财产进行有效的运用,更好地保护委托人和受益人的利益。

(三)信托机构与银行的关系

我国信托业起源于银行业务,两者之间有着密切的联系和渊源,但目前我国的信托业务主要是由信托公司经营的。信托公司与银行虽同属信用范畴,但两者之间还是存在较大的不同之处,具体体现在以下方面:

1. 经济关系不同

信托体现的是委托人、受托人、受益人之间的关系,是一种多边信用关系;而银行业务多发生于银行与存款人或借款人之间,属于双边信用关系。

2. 基本职能不同

信托业务是集"融资"与"融物"于一体，业务范围较广，主要发挥财务管理职能；而银行则是以吸收存款和发放贷款为主要业务，融通资金是其主要功能。

3. 融资方式不同

信托机构作为受托人，替委托人充当直接筹资和融资的主体，起直接融资作用；而银行作为信用中介，将社会闲置资金或暂时不用的资金集中起来，借给贷款人使用，起到的是间接融资的作用。

4. 意旨的主体不同

信托业务意旨的主体是委托人，在信托业务中，受托人按委托人意旨来处理有关的业务，并接受委托人与受益人的监督；而银行业务的意旨主体是银行，银行独立经营，自主发放贷款，不受存款人和借款人的制约。

5. 承担风险不同

信托机构要按委托人的意图对信托财产进行管理与处分，只要受托人无过失，资金运用的风险由委托人承担；而银行则要承担整个存贷资金运营的风险，对于存款人来说，基本上不承担风险。

6. 收益方式不同

信托财产运用得到的收益归信托受益人所有，但信托收益是按实际结果来计算；而银行的收益归银行本身所有，对于存款人则是按银行规定的利率还本付息。

二、信托机构管理的框架

(一)信托机构管理的意义

对信托机构加强管理具有十分重要的意义，这可以从以下三方面看出：

1. 有利于保障委托人与受益人的合法利益

在信托业务中，信托财产的真实所有权并不掌握在信托机构手中，而信托收益也不归受托人所有。为了维护相关人员的合法利益不受损害，必须对受托人进行一定的监管。通过对信托机构业务的监督，可以保障信托财产的独立性，避免受托人滥用或挪用信托财产为自己谋利，从而损害受益人的利益；通过对信托机构经营行为的规范，可以使受托人严格按照信托合同运用信托财产，尽职地为受益人提供服务。

2. 有利于提高信托机构的经营能力

信托机构作为经营信托业务的主体，它的经营成败关系到信托收益的实现。通过对信托机构设立条件的管理，可以保证信托机构组织结构较完备、资本金充足、专业管理人员满足信托业务的要求，从而可以实现稳健的经营。同时，通过信托机构加强内部管理，抓好人才考核、培训等环节，严格财务管理，提高工作人员的道德水平和业务素质。

3. 有利于维护金融体系的稳定

信托机构是一种金融机构,其运行也会影响到整个金融秩序的稳定。监管当局通过信托业务准入规则的制定,避免不合格的机构开展信托业务,保证信托业的健康发展;通过业务范围的规定,可以避免信托机构和其他金融机构的恶性竞争;通过对信托机构日常经营的监管,可以防范经营中可能出现的各种意外风险。这样,可以有效地维护信托业以至国家金融的有序运作。

(二)信托机构的管理形式

对信托机构的管理包括两大部分:一是由监管部门等实施的外部管理[①];二是由信托机构自身开展的内部管理。两者互为补充,相辅相成。

1. 由信托监督管理部门实施的监管

为了保障受益人的合法利益,使信托成为一种真正的财产管理制度,各国政府都会介入信托关系的运作之中,通过一定的措施对信托关系进行监督管理,以促进信托业的稳定与健康发展。

我国的信托业经营机构主要是信托公司,原先属于中国人民银行监管。2003年4月中国银行业监督管理委员会成立之后,中国银行业监督管理委员会逐渐承担了对我国信托机构经营的监管。2007年3月1日起施行的《信托公司管理办法》第五条明确规定:"中国银行业监督管理委员会对信托公司及其业务活动实施监督管理。"2018年,我国对金融监管机构进行改革,原来的中国银行业监督管理委员会和中国保险监督管理委员会合并组建中国银行保险监督管理委员会,形成"一委一行两会"的金融监管新格局,相应的,对信托机构的监管职能也转到新成立的中国银行保险监督管理委员会。

在我国《信托公司管理办法》的规定中,中国银行业监督管理委员会对信托机构的监管主要有以下内容:

(1)设立信托公司应当经中国银行业监督管理委员会批准,并领取金融许可证。未经中国银行业监督管理委员会批准,任何单位和个人不得经营信托业务,任何经营单位不得在其名称中使用"信托公司"字样。法律、法规另有规定的除外。

(2)中国银行业监督管理委员会依照法律法规和审慎监管原则对信托公司的设立申请进行审查,作出批准或者不予批准的决定;不予批准的,应说明理由。

(3)未经中国银行业监督管理委员会批准,信托公司不得设立或变相设立分支

---

① 目前外部管理主体包括"一体三翼","一体"是中国银行保险监督管理委员会,"三翼"包括中国信托业协会、中国信托登记有限责任公司、中国信托业保障基金有限责任公司。

机构。

(4)中国银行业监督管理委员会对信托公司实行净资本管理,中国银行业监督管理委员会根据信托公司行业发展的需要,可以调整信托公司注册资本最低限额。

(5)经中国银行业监督管理委员会同意,不能清偿到期债务且资产不足以清偿债务或明显缺乏清偿能力的信托公司可向人民法院提出破产申请。中国银行业监督管理委员会可以向人民法院直接提出对该信托公司进行重整或破产清算的申请。

(6)中国银行业监督管理委员会在批准信托公司设立、变更、终止后,发现原申请材料有隐瞒、虚假的情形,可以责令补正或者撤销批准。

(7)中国银行业监督管理委员会可以定期或者不定期对信托公司的经营活动进行检查;必要时,可以要求信托公司提供由具有良好资质的中介机构出具的相关审计报告。信托公司应当按照中国银行业监督管理委员会的要求提供有关业务、财务等报表和资料,并如实介绍有关业务情况。

(8)中国银行业监督管理委员会对信托公司的董事、高级管理人员实行任职资格审查制度。未经中国银行业监督管理委员会任职资格审查或者审查不合格的,不得任职。信托公司对拟离任的董事、高级管理人员,应当进行离任审计,并将审计结果报中国银行业监督管理委员会备案。信托公司的法定代表人变更时,在新的法定代表人经中国银行业监督管理委员会核准任职资格前,原法定代表人不得离任。

(9)中国银行业监督管理委员会对信托公司的信托从业人员实行信托业务资格管理制度。符合条件的,颁发信托从业人员资格证书;未取得信托从业人员资格证书的,不得经办信托业务。

(10)信托公司的董事、高级管理人员和信托从业人员违反法律、行政法规或银监会有关规定的,中国银行业监督管理委员会有权取消其任职资格或者从业资格。

(11)中国银行业监督管理委员会根据履行职责的需要,可以与信托公司董事、高级管理人员进行监督管理谈话,要求信托公司董事、高级管理人员就信托公司的业务活动和风险管理的重大事项作出说明。

(12)信托公司已经或者可能发生信用危机,严重影响受益人合法权益的,中国银行业监督管理委员会可以依法对该信托公司实行接管或者督促机构重组。

从上述监管内容来看,由信托监管部门实施的管理主要表现为三个方面:一是对信托机构合法性的监管。这包括信托监管部门有权对信托机构的设立是否具备法律条件进行审批,对信托机构基本事项变更进行审核,对信托机构的重整或破产清算进行管理。二是对信托机构业务合规性的管理。监管部门可以定期或者不定期对信托机构的经营活动进行检查,了解信托公司的各项业务是否合乎法律的规定。三是对信托机构经营安全性的监管。通过对信托公司高级管理人员任职资格的审查,对从业人员实行信托业务资格的管理,对有关业务、财务等报表和资料的提供与审查,来防范经营中出现的各种风险。

监管部门监管的手段主要表现为:第一,对信托公司的业务及财物状况进行检查;第二,可以要求信托机构提供有关业务资料、财务报表;第三,与信托公司董事、高级管理人员进行监督管理谈话,要求后者就信托公司的业务活动和风险管理的重大事项作出说明。

对于违反监督管理规则的行为,监管机构有各种形式的处罚权,如没收非法所得、罚款、停业整顿、更换主要负责人、取消任职资格或从业资格甚至吊销营业执照。

2. 其他外部管理主体的管理

除了中国银行保险监督管理委员会外,我国信托行业的外部管理主体还包括中国信托业协会、中国信托业保障基金有限责任公司和中国信托登记有限责任公司。

(1)中国信托业协会。

中国信托业协会是中国信托业的行业自律组织,是中国银行业监督管理委员会批准成立的三大协会之一。它成立于2005年5月,是经中国银行业监督管理委员会和民政部批准并在民政部注册登记的全国性非营利社会团体,接受中国银行业监督管理委员会(现中国银行保险监督管理委员会)的业务指导和监督管理。其会员包括中国银行业监督管理委员会批准成立的、具有独立法人资格的信托业金融机构,并要承认《中国信托业协会章程》。

中国信托业协会的业务范围和主要职责包括:依据国家有关法律、法规和金融政策,制定同业公约和自律制度并积极组织实施;接受业务主管机关的委托,协助制定营业性信托机构的业务经营规则;依法维护会员的合法权益,就有关政策法规和涉及营业性信托机构共同利益的问题向业务主管机关及其他监管部门及时反映并提出建议和要求;总结交流会员经营管理经验,推进会员间的合作,开展业务交流;收集国内外有关经济、金融、信托经营方面的信息资料,提供咨询服务,编辑出版信托业务方面的刊物,开展理论研究;组织信托从业人员的培训,提高从业人员的业务技能和理论水平;组织国内外信托业的交流与合作等。

中国信托业协会的最高权力机构是会员大会,下设理事会与常务理事会,并设有秘书处来处理日常事务,以规范、发展信托业为理念,维护行业权益与信托信誉,促进中国信托业稳定长足发展。

根据中国银行业监督管理委员会2014年4月《关于信托公司风险监管的指导意见》(99号文)中建立社会责任机制的要求,中国信托业协会要公布信托公司社会责任,按年度发布行业社会责任报告。

(2)中国信托业保障基金有限责任公司。

2014年12月,我国建立了信托业保障基金管理制度。为规范信托业保障基金的管理和使用,在2014年12月19日的中国信托业年会上,中国信托业保障基金有限责任公司宣布成立。它是经国务院同意、中国银行业监督管理委员会批准,由中国信托业协会联合13家经营稳健、实力雄厚的信托公司出资设立的,注册资本115亿元人民币,于2015年1月16日获发营业执照。

中国信托业保障基金有限责任公司作为中国信托业保障基金的管理人,负责保障基金的筹集、管理和使用,以管理保障基金为主要职责,不追求利润最大化,按照市场化原则预防、化解和处置信托业风险,从而促进信托业的持续健康发展。

中国信托业保障基金有限责任公司的经营范围主要包括:受托管理保障基金;参与托管和关闭清算信托公司;通过融资、注资等方式向信托公司提供流动性支持;收购、受托经营信托公司的固有财产和信托财产,并进行管理、投资和处置;同业拆借、同业借款和向其他金融机构融资,经批准发行金融债券;买卖政府债券、中央银行债券(票据)、金融债券和货币市场基金;国务院银行业监督管理机构批准的其他业务。

中国信托业保障基金有限责任公司根据《中华人民共和国公司法》和《中国信托业保障基金有限责任公司章程》建立较为完善的公司治理结构,设立股东会、董事会、监事会和经营层。董事会下设战略发展委员会、风险管理委员会、提名与薪酬委员会三个专门委员会。公司设置综合管理部(党委办公室)、基金管理部、重组业务部、机构业务部、资金市场部、风险管理部、财务会计部、人力资源部(党委组织部)、党群工作部、运营管理与信息科技部、纪检监察室等11个部门负责日常运行。[①]

(3)中国信托登记有限责任公司。

为了促进信托业持续健康发展、保护信托当事人合法权益,2017年8月,我国建立起了全国统一的信托登记制度。在此之前的2016年12月26日,我国成立了中国信托登记有限责任公司。2017年9月1日,信托登记系统正式上线运行。

中国信托登记有限责任公司是经国务院同意、由中国银行业监督管理委员会批准设立并由其实施监督管理,现由中国银行保险监督管理委员会实施监督管理、提供信托业基础服务的非银行金融机构,在中国(上海)自由贸易试验区注册,注册资本30亿元人民币,由中央国债登记结算有限责任公司控股,中国信托业协会、中国信托业保障基金有限责任公司以及中信信托、重庆国际信托、上海国际信托等18家国内信托公司等共同参股。

中国信托登记有限责任公司的业务包括:集合信托计划发行公示;信托产品及其信托受益权登记,包括预登记、初始登记、变更登记、终止登记、更正登记等;信托产品

---

① 中国信托业保障基金有限责任公司,http://www.ctpf.com.cn/html/about/summary。

发行、交易、转让、结算等服务;信托受益权账户的设立和管理;信托产品及其权益的估值、评价、查询、咨询等相关服务;信托产品权属纠纷的查询和举证;提供其他不需要办理法定权属登记的信托财产的登记服务;银行业监督管理机构批准的其他业务。

根据《中国信托登记有限责任公司监督管理办法》等各项要求,中国信托登记有限责任公司已初步搭建起公司运营管理基本框架,下设综合管理部(党委办公室、董事会办公室、监事会办公室)、战略发展部(统计分析部)、法律与风控部、业务创新和管理部(市场推广部)、登记托管结算部(会员管理部)、信息技术部、资金财务部、人力资源部(党委组织部)、监察内审室(纪委办公室)、党委宣传部(工会办、团委)等部门。[①]

随着我国存量信托产品登记基本信息于 2018 年 8 月末的归集完成,信托产品全覆盖、全口径、全流程、全生命周期的集中登记成为现实,信托登记步入"全登"新时代。

3. 信托机构的内部管理

监管部门的监管是从外部对信托机构的运行加以约束,而信托机构为了稳健从业,自身也必须加强内部管理,不断提高抵御风险的能力。

信托机构的内部管理主要包括以下几个方面的内容:

(1)建立符合现代企业制度要求的健全的组织机构。机构组织是企业运行的基础,信托机构应当按照现代企业制度的基本原则,合理建立内部组织机构,吸收符合入股资格规定的股东提供充足的资本,完善董事会、监事会及内部职能机构的建设,为信托机构创造一个良好的运行机制。

(2)建立规范的信托业务操作规程。信托机构应当设立符合要求的营业场所,完善各种符合法律要求的信托业务操作规范与风险控制措施,以规范信托人员的行为,防范经营风险,保护委托人、受益人的利益。

(3)完善信托从业人员管理制度。信托作为一项财务管理活动,具有较强的专业性,信托机构充当了受托人,要求其从业人员应具有丰富的财产管理经验、专门的技术和知识以及高度的责任心。因此,信托机构必须建立从业人员管理制度,包括对董事、高级管理人员任职资格的审查制度;从业人员资格考试制度,未取得信托从业人员资格证书的,不得经办信托业务;建立业务档案制度,经营人员经营业绩不佳,达到一定程度和一定次数,应取消其从业资格;建立违法查处制度,员工在从业时发生违规或违法行为,不仅应追究其经济责任,还应取消其从业资格。

(三)信托机构管理的主要内容

对信托机构的管理主要包括以下内容:

[①] 中国信托登记有限责任公司官网,http://www.chinatrc.com.cn/aboutus/summary/index.html。

1. 组织管理

组织管理主要包括信托机构的设立、变更、解散和清算；信托机构的内部组织设置。

2. 业务管理

业务管理包括对业务范围、业务经营原则的规定与限制。

3. 财务管理

财务管理包括出纳管理、资金管理、财产管理、会计管理等内容。

4. 人事管理

信托机构是专业性很强的金融机构，其信托业务人员必须懂业务、会管理。人事管理包括人员的招聘与日常教育、岗前培训、在职学习、离职培训、人事考核及奖惩制度的设立。

三、信托机构管理的法律与法规体系

1979年10月4日，中国国际信托投资公司经国务院批准在北京成立。之后，信托业急剧膨胀，但由于缺乏统一管理、政出多门，信托业一直处于不规范的发展之中。从1982年到2010年底，中国先后对信托业进行了六次整顿，相继颁布了《信托法》《信托投资公司管理办法》(2007年颁布新的《信托公司管理办法》)、《信托投资公司资金信托业务管理暂行办法》(2007年修订为《信托公司集合资金信托计划管理办法》，2009年再次修订)和《信托公司净资本管理办法》(2010年9月)等一系列规范性文件，这为我国信托公司的发展提供了更为坚实的法律保障。

(一)信托法

信托法是确认、维护和发展信托业务所规定的一般信托原理和原则，是一切信托活动所必须遵循的基本准则。

信托法一般应由以下部分构成：信托法律的总则和附则、信托的设立必须具备的条件、信托财产的性质(具有独立性)、信托关系人的权利和义务、信托的终止和解除、信托业的有关规定。

2001年4月28日，第九届全国人民代表大会常务委员会第二十一次会议通过《中华人民共和国信托法》，自2001年10月1日起施行。

(二)信托业法

这是对信托机构的活动进行具体规范的法律文件，其中详细规定信托机构的创设、经营、管理、监督、财务以及机构变更、解散清算。主要内容应包括：信托机构创设管理，信托业务经营范围的规定，信托机构的业务管理规定，对信托机构的监管规定，信托机构会计财务处理和财务报表的有关规定，信托机构变更、解散和清算的有关规

定等。

2001年1月10日,中国人民银行颁布并实施《信托投资公司管理办法》,2002年5月9日又颁布了修订本,对信托机构的业务功能和经营特点进行了明确的定位,全面规定了对信托机构的管理。2007年1月23日,中国银行业监督管理委员会颁布《信托公司管理办法》,取代原来的《信托投资公司管理办法》,自2007年3月1日起施行,成为我国的准信托业法。

《信托公司管理办法》去掉了信托投资公司中的"投资"两字,主要参考了国际上信托机构的一般做法。《信托公司管理办法》旨在推动信托投资公司从"融资平台"真正转变为"受人之托、代人理财"的专业化机构,促进信托公司根据市场需要和自身实际进行业务调整和创新。

(三)信托公司资金信托管理办法

资金信托是我国信托机构经营的一项重要信托业务。为规范信托公司资金信托业务的经营行为,保障资金信托业务各方当事人的合法权益,中国银行业监督管理委员会制定了《信托投资公司资金信托管理暂行办法》,自2002年7月18日起施行。2006年12月28日,中国银行业监督管理委员会第55次主席会议通过《信托公司集合资金信托计划管理办法》,自2007年3月1日起施行。2008年12月17日,中国银行业监督管理委员会第78次主席会议通过《关于修改〈信托公司集合资金信托计划管理办法〉的决定》,于2009年2月4日公布并实施。

(四)信托公司净资本管理办法

为了控制信托公司的风险,引导信托公司发展适合自身的业务创新,2010年7月12日,中国银行业监督管理委员会第99次主席会议通过《信托公司净资本管理办法》,于8月24日正式签署,并在2010年9月7日公布并施行。

该办法共6章30条,将信托公司的信托资产规模与净资本挂钩,并对信托公司实施以净资本为核心的风险控制监管指标体系。它要求信托公司的净资本不得低于2亿元、不得低于各项风险资本之和的100%、不得低于净资产的40%。这将有力地约束信托公司的净资本,推动信托公司建立并完善内部风险预警和风险控制机制。

为了落实对信托机构的净资本管理,2011年1月27日,中国银行业监督管理委员会发布《关于印发信托公司净资本计算标准有关事项的通知》,规定了对《净资本管理办法》的操作细则;2011年6月16日又下发《非银部关于做好信托公司净资本监管、银信合作业务转表及信托产品营销等有关事项的通知》,对信托公司净资本管理提出了具体要求。

(五)其他主要规章

除了以上四项重要的信托规范性文件外,2001年以来,中国银行业监督管理委员会还发布了一系列规章,如2004年7月19日发布《关于进一步加强信托投资公司监管的通知》(银监发〔2004〕46号),2004年12月7日发布《关于进一步规范集合资金信托业务有关问题的通知》(银监发〔2004〕91号)、《关于加强信托投资公司部分业务风险提示的通知》(银监办通〔2005〕212号)、《关于加强信托投资公司集合资金信托业务项下财产托管和信息披露等有关问题的通知》(银监发〔2006〕53号)、《关于信托投资公司资金信托业务有关问题的通知》(银发〔2002〕314号)等,但这些规范性文件经2007年清理后被废止或不再适用。与此同时,中国银行业监督管理委员会等也不断推出新的规章等文件,具体包括[①]:

2005年1月18日,中国银行业监督管理委员会颁布《信托投资公司信息披露管理暂行办法》,自2005年1月1日起施行。该暂行办法要求信托投资公司真实、准确、及时、完整地向客户及相关利益人披露反映其经营状况的主要信息。

为了进一步完善信托公司治理,加强风险控制,促进信托公司的规范经营和健康发展,保障信托公司股东、受益人及其他利益相关者的合法权益,中国银行业监督管理委员会于2007年1月22日发布《信托公司治理指引》,自2007年3月1日起施行。该指引规定各信托公司应根据公司实际情况和指引的要求,于2007年12月31日前修订公司章程。

2006年4月初,中国银行业监督管理委员会颁布《关于进一步加强信托投资公司证券业务合规监管的通知》(银监办发〔2006〕97号),要求中国银行业监督管理委员会各地监管局加强日常监管:严禁信托公司承诺保底,要求落实信托财产独立管理、组合投资、设立止损制度,审慎选择证券经纪机构,落实信息披露、内部控制、外部审计等。

2007年3月12日,中国银行业监督管理委员会发布《信托公司受托境外理财业务管理暂行办法》,规范信托公司受托境外理财业务。

2008年7月,中国银行业监督管理委员会发布《信托公司私人股权投资信托业务操作指引》,为信托公司PE投资界定了门槛,允许信托公司以固有资金参与私人股权投资信托计划。

2008年10月28日,中国银行业监督管理委员会发布《关于加强信托公司房地产、证券业务监管有关问题的通知》,对房地产类信托产品加强监管。

2008年12月23日,中国银行业监督管理委员会印发《银行与信托公司业务合作指引》,促进两者的合作与金融产品的创新。

2009年1月23日,中国银行业监督管理委员会发布《信托公司证券投资信托业

---

① 国银行业监督管理委员会官方网站,http://www.cbrc.gov.cn/index.html;中国信托业协会网站,http://www.xtxh.net/index.html。

务操作指引》,进一步严格规范了证券类信托投资业务行为。同年,中国信托业协会组织制定了《信托公司证券投资信托业务自律公约》。

2010年2月,中国银行业监督管理委员会发布《关于加强信托公司房地产信托业务监管有关问题的通知》,对信托计划投资的项目有了严格要求,进一步收紧房地产的信托融资渠道。

2010年8月10日,中国银行业监督管理委员会发布《关于规范银信理财合作业务有关事项的通知》,要求银行将表外业务转入表内。

2010年11月12日,中国银行业监督管理委员会颁布《关于信托公司房地产信托业务风险提示的通知》,对信托公司房地产信托业务进行风险提示,要求信托公司对房地产信托业务进行合规性自查和核查。

2011年1月13日,中国银行业监督管理委员会发布《关于进一步规范银信理财合作业务的通知》(银监发〔2011〕7号),进一步防范了银信理财合作业务风险,促进商业银行和信托公司理财合作业务健康发展,对银信合作业务产生重大影响。

2011年6月27日,中国银行业监督管理委员会发布《信托公司参与股指期货交易业务指引》,规范了信托公司参与股指期货交易行为,有效防范了衍生品风险。

2012年8月31日,中国证券登记结算有限责任公司发布《关于信托产品开户与结算有关问题的通知》,准许信托公司开立证券账户,信托公司大规模发行证券投资信托的基本要求得以满足。

2014年1月,国务院办公厅发布《国务院办公厅关于加强影子银行业务若干问题的通知》,提出加快推动信托公司业务转型,回归信托主业。运用净资本管理约束信托公司信贷类业务,信托公司不得开展非标准化理财资金池等具有影子银行特征的业务。

2014年4月,中国银行业监督管理委员会下发《关于信托公司风险监管的指导意见》(99号文),被信托业界称为"史上最全面"的信托公司风险监管文件。

2014年12月10日,中国银行业监督管理委员会联合财政部发布《信托业保障基金管理办法》,规范了中国信托业保障基金的筹集、管理和使用,建立起市场化的风险处置机制,从而促进信托业持续健康发展。

2016年3月18日,中国银行业监督管理委员会发布《中国银监会办公厅关于进一步加强信托公司风险监管工作的意见》(58号文),提出了新形势下信托业风险监管工作的新要求,从资产质量管理、重点领域风控、实质化解信托项目风险等多方面明确了加强风险监管的政策措施。

2017年1月,中国银行业监督管理委员会下发《信托公司监管评级办法》,确定了定性和定量两部分监管评级要素。

2017年8月30日,中国银行业监督管理委员会发布《信托登记管理办法》。信托业正式建立了统一的登记制度,市场规范化和透明度大大提升。

2017年12月25日,中国银行业监督管理委员会发布《关于规范银信类业务的通知》(55号文),首次明确界定银信类业务定义及银信合作通道,在此前银信理财合作业务的基础上,扩充了银行表内资金和财产权信托,并对银信类业务中商业银行和信托公司的行为进行规范。

2018年4月27日,由中国人民银行、中国银行保险监督管理委员会、中国证券监督管理委员会及国家外汇管理局联合发布的《关于规范金融机构资产管理业务的指导意见》(资管新规)正式落地。资管新规将所有的资管产品纳入统一监管,规范资管业务。

2018年8月17日,中国银行保险监督管理委员会下发《信托部关于加强规范资产管理业务过渡期内信托监管工作的通知》。业内视其为信托行业实施资管新规的细则。该通知要求按照"实质重于形式"的原则,加强信托业务及创新产品监管,推进信托产品过渡期整改,促进信托公司加快转型发展,引领信托行业高质量发展。

2018年9月19日,由中国信托业协会组织制定的《信托公司受托责任尽职指引》正式发布,进一步明确了信托公司在信托业务流程中的相应职责。

第二节 信托机构的组织管理

信托机构的组织是开展信托业务的基础,构建一个科学合理的组织体系有利于信托机构更好地开展信托活动,降低风险。

一、信托机构的组织形式

各国的信托业发展情况各不相同,因此,信托业务也由不同类型的信托机构经营。各国信托机构在其不断完善的过程中各自形成了不同的信托管理模式。综观各国的信托市场,信托机构的组织形式主要分为以下两大类。

(一)单一信托机构

单一信托机构也称为专业信托机构,它具有完全独立的法人资格,专门办理金融信托业务,一般不太涉及其他经营内容。这种纯粹的信托机构现在国外已经比较少见,如英国的信托机构就只办理居民的民事信托。我国目前实行分业经营、分业管理的金融体制,信托业务由信托公司经营。我国目前单一信托机构主要有两种:一种是国家控股的信托投资机构,如中国国际信托投资公司、中国对外经济贸易信托投资公司、中诚信托有限责任公司；另外一类是其他股份制信托公司，这是我国目前信托公司的主要形式。

（二）附属于其他机构的信托机构

这是指本身不具有独立法人资格或本身虽具有独立的法人资格但受到另一机构控制的信托机构。这种组织形式在各国比较普遍，如美国的大部分信托业务都是由商业银行设立的信托部经营的，我国原先的银行系统所属的信托投资机构也属于这种类型的信托机构。目前，我国在实际操作中也允许其他金融机构兼营信托业务，如银行与证券公司的代客理财业务。

二、信托机构组织管理的内容

（一）信托机构的设立

信托机构属于金融机构，关系到整个经济的稳定，为保证金融市场和信托业的健康发展，每一个国家对信托机构的设立都有一定的法律规定。我国《信托公司管理办法》第二章及2015年6月发布的《中国银监会信托公司行政许可事项实施办法》第二章对信托机构的设立进行了一定的规定。

1. 信托机构设立的基本要求

(1)要经批准。《信托公司管理办法》第七条规定：设立信托公司，应当经中国银行业监督管理委员会批准，并领取金融许可证。未经中国银行业监督管理委员会批准，任何单位和个人不得经营信托业务，任何经营单位不得在其名称中使用"信托公司"字样。法律、法规另有规定的除外。

(2)要符合一定的条件。《信托公司管理办法》规定设立信托投资公司，应当采取有限责任公司或者股份有限公司的形式，具备的条件包括：

①有符合《中华人民共和国公司法》和中国银行业监督管理委员会规定的公司章程。

②有具备中国银行业监督管理委员会规定的入股资格的股东。

③具有规定的最低限额的注册资本。

④有具备中国银行业监督管理委员会规定任职资格的董事、高级管理人员和与其业务相适应的信托从业人员。

⑤具有健全的组织机构、信托业务操作规程和风险控制制度。

⑥有符合要求的营业场所、安全防范措施和与业务有关的其他设施。

⑦中国银行业监督管理委员会规定的其他条件。

中国银行业监督管理委员会依照法律法规和审慎监管原则对信托公司的设立申请进行审查，作出批准或者不予批准的决定；不予批准的，应说明理由。

(3)要有足够的资本。信托机构的资本是经营能力和资信的象征,也是信托机构独立从事经营活动、承担民事责任的物质保证,因此信托机构必须具有一定的最低实收资本金。

目前,我国信托公司的注册资本最低限额为 3 亿元人民币或等值的可自由兑换货币,注册资本为一次性实缴货币资本。处理信托事务不履行亲自管理职责,即不承担投资管理人职责的,最低限额为 1 亿元人民币或等值的可自由兑换货币。

申请经营企业年金基金、证券承销、资产证券化等业务,应当符合相关法律法规规定的最低注册资本要求。

中国银行业监督管理委员会根据信托公司行业发展的需要,可以调整信托公司注册资本最低限额。

另外,根据中国银行业监督管理委会员 2010 年 8 月颁布的《信托公司净资本管理办法》,信托机构的净资本要满足相关风险控制指标:

①净资本不得低于人民币 2 亿元。
②净资本不得低于各项风险资本之和的 100%。
③净资本不得低于净资产的 40%。

其中:

净资本＝净资产－各类资产的风险扣除项－或有负债的风险扣除项
－中国银行业监督管理委员会认定的其他风险扣除项
风险资本＝固有业务风险资本＋信托业务风险资本＋其他业务风险资本

2. 信托机构设立的程序

信托机构的设立必须经过一定的程序,由于各国的信托机构的组织形式不同,信托立法有所差别,因此,设立的程序也有所不同,但一般包括以下五个环节:

(1)申请,即由信托机构的发起人递交各项文件向监管当局申请设立信托机构。

(2)报批,监管当局根据有关规定对信托机构的能否设立进行审核与批准。

(3)认股交款。

(4)缴纳股款与验资。

(5)召开创立大会。

2015 年《中国银监会信托公司行政许可事项实施办法》规定,信托公司设立须经筹建和开业两个阶段。

(1)筹建。筹建信托公司,应由出资比例最大的出资人各方共同作为申请人向中国银行业监督管理委员会拟设地监管局提交申请,由中国银行业监督管理委员会拟设地监管局受理并初步审查、中国银行业监督管理委员会审查并决定。中国银行业监督管理委员会自收到完整申请材料之日起 4 个月内作出批准或不批准的书面决定。

信托公司的筹建期为批准决定之日起6个月。未能按期筹建的,应当在筹建期限届满前1个月向中国银行业监督管理委员会和中国银行业监督管理委员会拟设地监管局提交筹建延期报告。筹建延期不得超过一次,延长期限不得超过3个月。

申请人应在前款规定的期限届满前提交开业申请,逾期未提交的,筹建批准文件失效,由决定机关注销筹建许可。

(2)开业。信托公司开业,应由出资比例最大的出资人作为申请人向中国银行业监督管理委员会拟设地监管局提交申请,由中国银行业监督管理委员会拟设地监管局受理、审查并决定。中国银行业监督管理委员会拟设地监管局自受理之日起2个月内作出核准或不予核准的书面决定,并抄报中国银行业监督管理委员会。

申请人应在收到开业核准文件并领取金融许可证后,办理工商登记,领取营业执照。

信托公司应当自领取营业执照之日起6个月内开业。不能按期开业的,应当在开业期限届满前1个月向中国银行业监督管理委员会拟设地监管局提交开业延期报告。开业延期不得超过一次,延长期限不得超过3个月。未在规定期限内开业的,开业核准文件失效,由决定机关注销开业许可,收回金融许可证,并予以公告。

(二)信托公司内部组织机构

信托公司应当建立以股东(大)会、董事会、监事会、高级管理层等为主体的组织架构,明确各自的职责划分,保证相互之间独立运行、有效制衡,形成科学高效的决策、激励与约束机制。尽管我国各家信托投资公司的组织机构设置不完全相同,但一般都设有如下组织机构:

1. 股东(大)会

2016年3月18日实施的《中国银监会办公厅关于进一步加强信托公司风险监管工作的意见》要求信托公司优化股权结构,深化治理体系改革,推动信托公司落实股东实名制,如实披露股东关联关系信息,推进实际控制人信息"阳光化",落实股东责任。

股东(大)会是股东行使所有权的最高权力机构。信托公司股东(大)会的召集、表决方式和程序、职权范围等内容,应在公司章程中明确规定。

信托公司股东单独或与关联方合并持有公司50%以上股权的,股东(大)会选举董事、监事应当实行累积投票制。

股东(大)会会议记录应做到真实、完整,并自做出之日起至少保存15年。

2. 董事会

董事会是信托投资公司的常设权力机构。董事会对股东(大)会负责,并依据《中华人民共和国公司法》等法律法规的规定和公司章程行使职权。

董事会设董事长、副董事长、常务董事、董事若干人。董事会的主要职责是:

(1)制定信托公司的战略发展目标和相应的发展规划,了解信托公司的风险状况,明确信托公司的风险管理政策和管理规章。

(2)聘请总经理,并审批任用总经理提名的副总经理。

(3)决定公司业务方针和计划,并检查执行情况。

(4)听取、审查总经理的工作报告。

(5)审查总经理提出的公司年终财务决算报告。

董事会每年至少召开两次会议。董事会会议记录应做到真实、完整,并自作出之日起至少保存15年。出席会议的董事和记录人应当在会议记录上签字。董事会决议应当经董事会一半以上董事通过方为有效,但表决重大投资、重大资产处置、变更高级管理人员和利润分配方案等事项,须经董事会2/3以上董事通过。

董事会应当设董事会秘书或专门机构,负责股东(大)会、董事会的筹备,会议记录和会议文件的保管,信息披露及其他日常事务,并负责将股东(大)会、董事会等会议文件报中国银监会或其派出机构备案。

3. 监事会

监事会负责监督董事会及其他有关部门的活动,监事会应当制定规范的议事规则,经股东(大)会审议通过后执行,并报中国银行业监督管理委员会或其派出机构备案。

监事会由监事会主席负责召集,下设专门机构,负责监事会会议的筹备、会议记录和会议文件保管等事项,为监事依法履行职责提供服务。

监事会每年至少召开两次会议。监事会会议记录应当真实、完整,并自做出之日起至少保存15年。出席会议的监事和记录人应当在会议记录上签字。

监事会可以要求公司董事或高级管理人员出席监事会会议,回答所关注的问题。公司应将其内部稽核报告、合规检查报告、财务会计报告及其他重大事项及时报监事会。

基于履行职责的需要,监事会经协商一致,可以聘请外部审计机构或咨询机构,费用由信托公司承担。

4. 总经理

总经理全面负责信托公司的经营管理工作,副总经理协助总经理工作。信托公司总经理和董事长不得为同一人。总经理向董事会负责,未担任董事职务的总经理可以列席董事会会议。

总经理的主要职责是:

(1)组织实施董事会确定的业务方针和计划。

(2)组织公司内部职能部门开展业务,选用工作人员。

(3)审定信托投资项目,负责重大经营业务活动的决策。

(4)代表公司或授权公司有关人员代表公司对外签订业务合同和文件。

(5)向董事会或监事会报告公司重大合同的签订与执行情况、资金运用情况和盈亏情况。总经理必须保证该报告的真实性。

5.职能部门

根据业务工作需要,本着效益的原则,信托公司内部设立若干职能部门,办理各自的业务。一般的职能部门包括办公室、计划财务部、金融部、房地产部、外汇部、证券部、信托部、咨询部、投资部、租赁部、人事部等。信托公司的信托业务部门应当在业务上独立于公司的其他部门,其人员不得与公司其他部门的人员相互兼职,具体业务信息不得与公司的其他部门共享。

(三)信托机构的内部组织机构的设置模式

信托机构内部组织机构的设置模式分为以下三种类型:

1.按职能分工的组织机构

这种模式是指按照信托机构内的不同职能来划分,具体结构见图9-1。这种模式的优点非常明显,各职能部门分工明确,可以利用特殊专长来处理不同的工作,而且管理也较简单。但各个职能部门容易造成各自为政的局面,过分强调本部门功能的重要性,可能在协调上花费大量精力,影响了信托机构的长远发展。

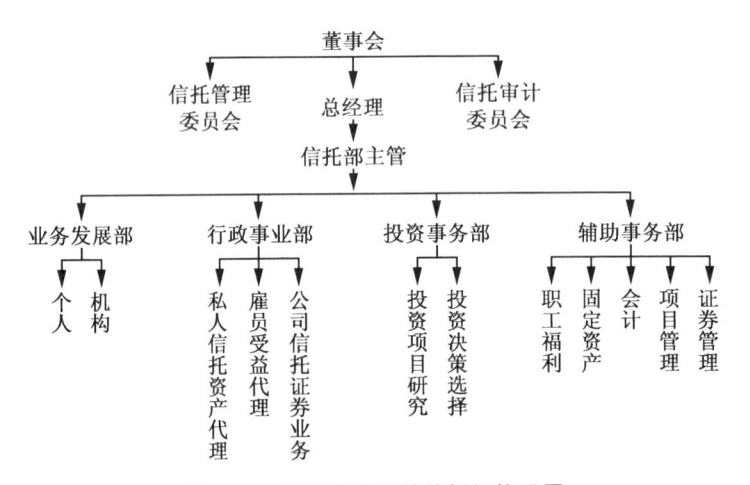

图9-1 按职能分工的信托机构设置

2.按服务对象分工的组织机构

这是按照不同种类的客户与提供的服务进行管理的组织模式,较适合于规模较大、拥有较多产品的信托机构,其基本结构如图9-2所示。

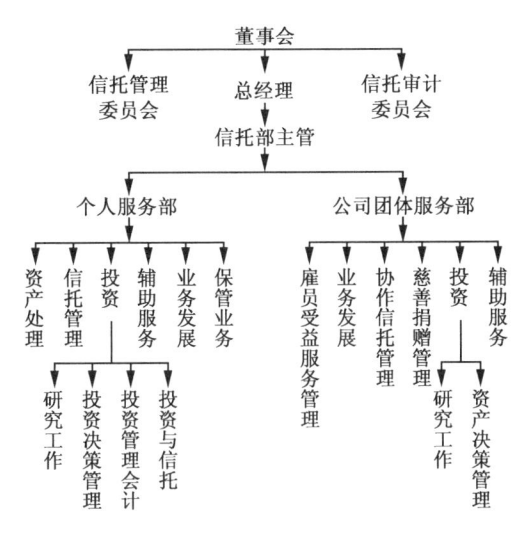

图 9-2　按服务对象分工的信托机构设置

这一模式的优点是：第一，不同产品由专人负责，使各种产品都不会被忽视，产品成长较快；第二，便于对产品的管理，可使信托机构针对市场上出现的问题迅速作出反应，为开发新产品而协调好各方面的力量。

但该模式的缺点突出表现在：第一，成本较高，因为由专人负责一种或几种产品，故对人员配置及开销的要求较大；第二，整体性较差，主要是各产品的负责人可能致力于他所管辖的产品管理而忽视了整个市场的状况。

3. 综合型的组织机构

金融市场是复杂多变的，随着信托机构经营规模与业务范围的不断扩大，单一的组织模式已不能适应竞争的需要。为了相互弥补各自的缺点，将不同模式相互融合、搭配使用，就出现了综合型模式，其基本结构如图 9-3 所示。

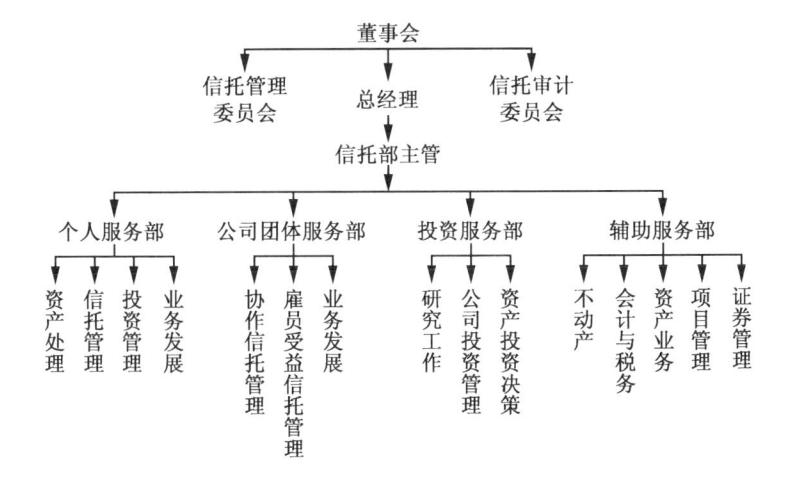

图 9-3　综合型信托机构设置

该模式既能够使业务、人事、财务、研发和其他后勤部门各负其责、协调工作和相互制约,充分体现业务部门的"受人之托,代人理财"的信托特色,又能够保证客户在信托公司的同一部门内部解决其所有的业务需求,提高对客户的服务效率,提高市场竞争能力。

我国信托公司经过整顿和规范之后,其机构设置既要考虑按职能分工的要求,又要考虑按服务对象(如个人信托、公司和团体信托、公司自有资金的运作等)分工的要求;多采用综合型的组织结构。

【案例 9-1】 兴业国际信托有限公司的组织结构[①]

兴业国际信托有限公司的注册地为福建省福州市,其前身是 2003 年 1 月 30 日经中国人民银行批准在福建成立的福建联华国际信托投资有限公司,成立时注册资本为 3.6 亿元人民币,2003 年 3 月 18 日获得福建省工商行政管理局颁发的工商营业执照,并从 2003 年 6 月 2 日起正式营业。

2003 年 12 月,经中国银行业监督管理委员会福建监管局批准,公司注册资本从 3.6 亿元人民币增加到 5.1 亿元人民币。2009 年 9 月,经中国银行业监督管理委员会批复同意,公司由"联华国际信托投资有限公司"更名为"联华国际信托有限公司",并获发新的《金融许可证》。2012 年 10 月,经中国银行业监督管理委员会福建监管局批准,公司以资本公积转增注册资本金方式将注册资本金增加至人民币 25.76 亿元,各股东持股比例保持不变。2014 年 2 月,经中国银行业监督管理委员会福建监管局批准,公司注册资本金由 25.76 亿元人民币增加至 50 亿元人民币,并相应调整股权结构,2017 年末管理的资产规模达 11 325.51 亿元,是我国大型的信托公司之一。

公司拥有一支由高级管理人才带领、高起点建设起来的经营团队,员工中具有本科以上学历的占 99% 以上,公司员工来自银行、证券、信托、房地产、法律、会计等行业,具备多年金融理财、风险管理、房地产开发等方面的专业知识和丰富的从业经验,高素质的队伍为公司业务发展、客户服务奠定了良好的基础。

公司的法人治理结构与内部组织结构见图 9-4 与图 9-5。

---

① 《兴业国际信托有限公司 2017 年年度报告》,兴业国际信托有限公司网站。

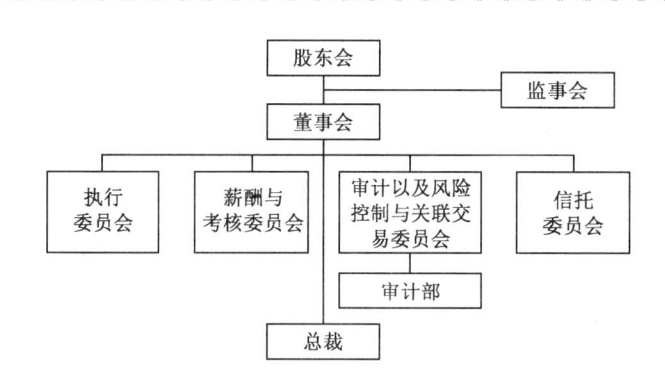

图 9-4 兴业国际信托有限公司组织结构

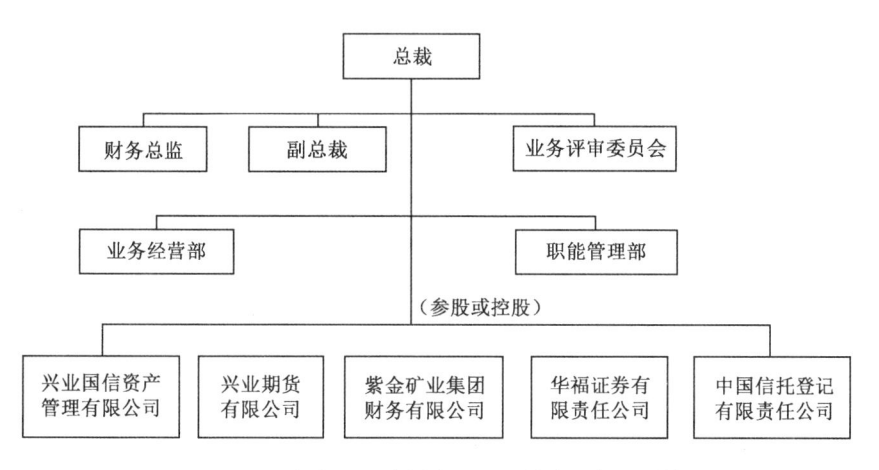

图 9-5 兴业国际信托有限公司的内设部门结构

执行委员会：主要负责研究制定本公司中长期发展战略等重大事项；审议本公司重大业务规章和重大业务政策方案、内部机构设置、董事会权限内的对外金融股权投资及其处置的方案等；根据董事会的授权，审议批准公司开展有关的固有及信托业务等。

薪酬与考核委员会：主要负责拟定董事和高级管理人员的薪酬方案、考核标准，监督方案的实施。

审计以及风险控制与关联交易委员会：主要负责本公司审计与风险的控制、管理、评估和监督，同时负责本公司内、外部审计的沟通、监督和核查工作以及重大关联交易的审核。

信托委员会:主要负责督促本公司依法履行受托职责;关注信托业务的信息披露情况;审查本公司是否有侵占受益人利益获取不正当信托报酬的行为;当本公司或其股东利益与受益人利益发生冲突时,保证本公司为受益人的最大利益服务。

[案例分析]

兴业国际信托有限公司成立于2009年9月,其前身是成立于2003年3月的联华国际信托有限公司。2011年1月,经国务院和中国银行业监督管理委员会批准,由兴业银行股份有限公司控股,成为经国务院特批的我国第三家由商业银行控股的信托公司,同时也是福建省(不含厦门特区)唯一一家信托公司以及我国第一批引进境外战略投资者的信托公司。

作为股份制金融企业,公司自成立起就积极推进现代企业制度建设,公司现有的内部控制制度符合我国有关法律法规和监管部门的要求,符合公司当前实际经营情况,在公司管理全过程、对外投资、业务开展、风险控制等方面发挥了积极的控制和防范作用。公司"三会一层"的职责和运行机制规范有效,决策程序和议事规则民主、科学,内部监督和反馈体系基本健全。公司完成了董事长、监事长、总裁的分设工作,法人治理结构符合法律和监管要求,组织控制、信息披露、财务管理、业务开展、内部审计等制定了健全的规章制度并得到了有效而良好的执行,保障了公司内部控制体系完整、有效和公司规范、安全、顺畅运营。

【案例9-2】 北京国际信托有限公司的组织结构及风险控制[①]

北京国际信托有限公司(简称北京信托)是一家专业从事金融信托业务的大型非银行金融机构,是中国改革开放之初首批成立的信托公司之一,是新中国金融信托业从起步到规范发展的重要历史见证人和实践者。2000年3月增资改制成为国内多家知名企业参股的有限公司;2002年3月经中国人民银行批准重新登记;2007年实施公司股权重组,引进了境外战略投资人。目前,公司的注册资本金为22亿元人民币。

---

① 《北京国际信托有限公司2017年年度报告》,北京国际信托有限公司网站。

当前的北京信托在金融领域不断创新,已成为一家资产质量高、流动性良好、抗风险能力强,以追求并实现投资人、受益人利益最大化为目标的金融机构;北京信托拥有优质的高端客户群体、完善的法人治理结构、高素质的专业管理团队、雄厚的产品研发实力、有效的风险管理体系和卓越的公司品牌。截至2017年末,北京信托净资产达到84.14亿元,受托管理的信托财产余额3 101.89亿元,分配信托财产收益118.43亿元。

北京信托以自身不断提升的综合实力为投资人创造安全、稳定的信托财产增值收益,成为广大投资人值得信赖的金融机构。北京信托的组织结构见图9-6。

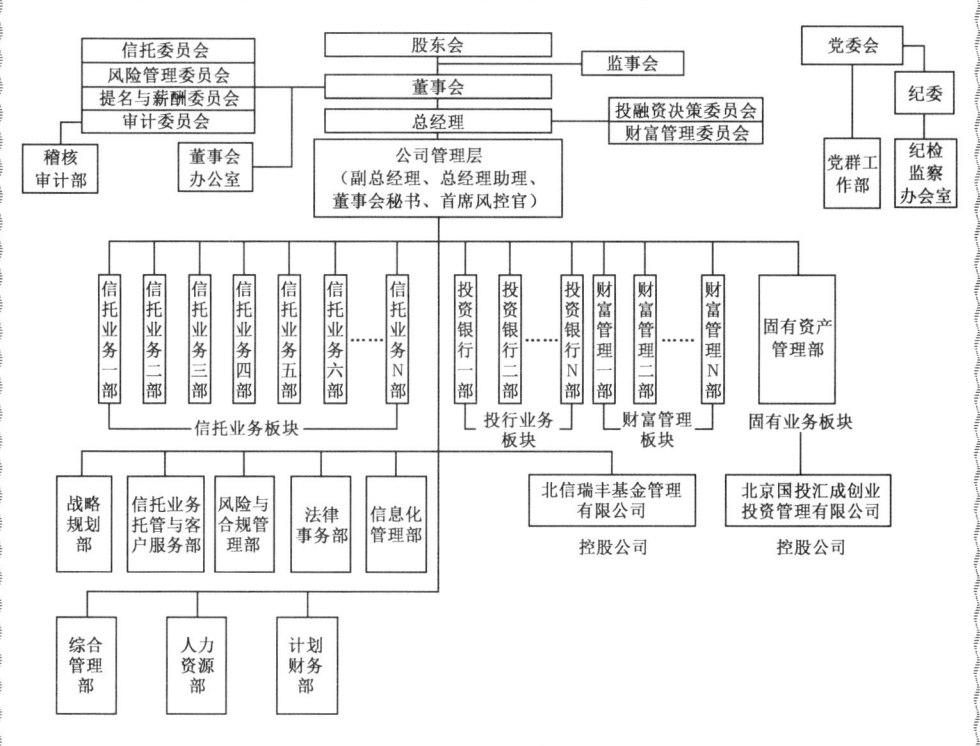

图9-6 北京信托的组织结构

北京信托注重执行力管理和程序管理,在既有的五道防范业务风险的"防火墙"的基础上,将每一道防火墙继续细化和对接,使业务流程上下环节协调和相互制衡。

● 项目前期尽职调查。审慎进行项目前期尽职调查,切实做好项目的基础调研工作。

● 实行初审制度。公司所有项目的前期尽职调查资料提交风险与合规管理部门、法律事务部门、信托业务托管部门和客户服务部门进行前期审核。初审各部门负责组织项目风险审核与控制工作,重点把握项目的合规性、资料的完整性、经济的可行性、风险揭示的充分性、法律文件的严谨性以及中后期管理方案的可行性、营销与消费者权益保护方案的合理性等内容。

● 投融资决策委员会决策。实行委员问责制的投融资决策委员会对项目进行综合评分、直接审查,这是防范业务风险最重要的环节。

● 风险与合规管理部门在资金拨付前把关控制,信托业务托管部门对信托项目实行标准化的集中管理。

● 风险与合规管理部门和稽核审计部门追踪监控和评价预警。严格执行风险控制制度和稽核审计制度,着重对信托项目进行始点管理和过程管理。依据信托项目日常管理及重大事项管理制度、信托财产风险评估制度、信息披露制度及危机处理制度,把控流程。

[案例分析]

北京国际信托有限公司始终恪守"谨慎、诚信、尽职、创新"的理念,坚持防范风险、合规经营、持续创新、稳健发展的方针。公司在现代企业制度的基础上建立了日臻完善的法人治理结构;拥有高素质、专业化的业务管理团队;具备较雄厚的产品研发、创新实力,并已形成系列品牌;建立了涵盖各类业务操作流程、内控制度在内的较为完备的风险管理体系。基于健全的内部管理架构和有效的激励机制,并依托于良好和谐的外部环境,公司业务取得了快速发展。

董事会层面的董事会风险管理委员会侧重于宏观、中观的风险管理,执行公司风险管理的目标和政策,履行建立、健全公司风险管理体系和流程管控程序等职责。投融资决策委员会作为董事会风险管理委员会下设的经营层面的风险管理机构,侧重于微观具体工作,在董事会授权范围内审议公司业务方案及具体项目,对公司经营管理及业务开展过程中的风险防范提出指导意见,审议业务经营管理过程中风险监控的措施,对显现的风险制定化解措施。

(四)信托机构的变更与终止

1. 信托机构的变更

根据《信托公司管理办法》第十二条规定,信托公司有下列情形之一的,应当经中国银行业监督管理委员会批准:

(1)变更名称。

(2)变更注册资本。

(3)变更公司住所。

(4)改变组织形式。

(5)调整业务范围。

(6)更换董事或高级管理人员。

(7)变更股东或者调整股权结构,但持有上市公司流通股份未达到公司总股份5%的除外。

(8)修改公司章程。

(9)合并或者分立。

(10)中国银行业监督管理委员会规定的其他情形。

2. 信托机构的终止

信托公司出现分立、合并或者公司章程规定的解散事由,申请解散的,经中国银行业监督管理委员会批准后解散,并依法组织清算组进行清算。

信托公司不能清偿到期债务,且资产不足以清偿债务或明显缺乏清偿能力的,经中国银行业监督管理委员会同意,可向人民法院提出破产申请。

中国银行业监督管理委员会可以向人民法院直接提出对该信托公司进行重整或破产清算的申请。

信托公司终止时,其管理信托事务的职责同时终止。清算组应当妥善保管信托财产,作出处理信托事务的报告并向新受托人办理信托财产的移交。信托文件另有约定的,从其约定。

信托投资公司设立、变更、终止的审批程序,按照中国银行业监督管理委员会的规定执行。

第三节 信托机构的业务管理

信托业的外部环境存在着很大的风险和不确定性,为了更好地把握未来的发展方向,信托机构必须搞好业务管理,按照有关法律法规确定的业务范围与经营原则开展信托业务。

一、信托机构的业务范围

根据《信托公司管理办法》的规定,信托公司可以申请经营下列部分或者全部本外币业务:

(1)资金信托。

(2)动产信托。

(3)不动产信托。

(4)有价证券信托。

(5)其他财产或财产权信托。

(6)作为投资基金或者基金管理公司的发起人从事投资基金业务。

(7)经营企业资产的重组、购并及项目融资、公司理财、财务顾问等业务。

(8)受托经营国务院有关部门批准的证券承销业务。

(9)办理居间、咨询、资信调查等业务。

(10)代保管及保管箱业务。

(11)法律、法规规定或中国银行业监督管理委员会批准的其他业务。

另外,信托公司可以根据我国《信托法》等法律、法规的有关规定开展公益信托活动。

信托公司可以根据市场需要,按照信托目的、信托财产的种类或者对信托财产管理方式的不同设置信托业务品种。信托公司管理运用或处分信托财产时,可以依照信托文件的约定,采取投资、出售、存放同业、买入返售、租赁、贷款等方式进行。信托公司不得以卖出回购方式管理运用信托财产。

信托公司固有业务项下可以开展存放同业、拆放同业、贷款、租赁、投资等业务。投资业务限定为金融类公司股权投资、金融产品投资和自用固定资产投资。信托公司不得以固有财产进行实业投资,但中国银行业监督管理委员会另有规定的除外。

二、信托机构业务经营原则

为了保障委托人和受益人的利益,信托投资公司开展信托业务时应遵循一定的经营规则。《信托公司管理办法》立足于信托的本质和特点,确定了信托业务的一些基本经营规则。这些规则主要有:

(一)忠诚于受益人的原则

作为受托人,信托机构应该忠诚、尽力和谨慎地管理信托财产。不得利用受托人地位谋取不正当利益,也不得将信托财产挪用于非信托目的的用途。《信托公司管理办法》第二十四条规定:"信托公司管理运用或者处分信托财产,必须恪尽职守,履行诚实、信用、谨慎、有效管理的义务,维护受益人的最大利益。"

(二)分别管理的原则

信托财产具有独立性特征,信托一旦成立,信托财产即从委托人、受托人及受益人的自有财产中分离出来,而成为一项独立运作的财产。

信托公司应当将信托财产与其固有财产分别管理、分别记账,并将不同委托人的信托财产分别管理、分别记账。

信托公司应当依法建账,对信托业务与非信托业务分别核算,并对每项信托业务单独核算。

为了更好地保障信托财产的独立性,信托公司的信托业务部门应当独立于公司的其他部门,其人员不得与公司其他部门的人员相互兼职,业务信息不得与公司的其他部门共享。

(三)妥善管理的原则

信托公司应当妥善保存、处理信托事务的完整记录,定期向委托人、受益人报告信托财产及其管理运用、处分及收支的情况。委托人、受益人有权向信托公司了解对其信托财产的管理运用、处分及收支情况,并要求信托公司作出说明。

(四)亲自执行的原则

信托公司应当亲自处理信托事务。信托文件另有约定或有不得已事由时,可委托他人代为处理,但信托公司应尽足够的监督义务,并对他人处理信托事务的行为承担责任。

(五)防范利益冲突的原则

信托机构应避免因自己与关系人的利益而产生的一些行为。

1. 信托公司开展固有业务不得出现的行为

(1)向关联方融出资金或转移财产。

(2)为关联方提供担保。

(3)以股东持有的本公司股权作为质押进行融资。

信托公司的关联方按照《中华人民共和国公司法》和企业会计准则的有关标准界定。

2. 信托公司开展信托业务不得出现的行为

(1)利用受托人地位谋取不当利益。

(2)将信托财产挪用于非信托目的的用途。

(3)承诺信托财产不受损失或者保证最低收益。

(4)以信托财产提供担保。

(5)法律、法规和中国银行业监督管理委员会禁止的其他行为。

信托公司开展关联交易,应以公平的市场价格进行,逐笔向中国银行业监督管理委员会作事前报告,并按照有关规定进行信息披露。

(六)信托管理的延续性原则

延续性是指信托不因受托人而终止,除信托文件另有规定外,信托公司解散、破产、被撤销或者解除受托人职务,信托不终止,信托财产及信托事务应当移交给其他信托公司继续处理。

(七)保密原则

信托公司对委托人、受益人以及所处理信托事务的情况和资料负有依法保密的义务,禁止从业人员议论和泄露信托业务及其他有关客户的情况,但法律、法规另有规定或者信托文件另有约定的除外。

(八)赔偿原则

信托公司违反信托目的处分信托财产,或者因违背管理职责、处理信托事务不当致使信托财产受到损失的,在恢复信托财产的原状或者予以赔偿前,信托公司不得请求给付报酬。

因信托公司违背管理职责或者管理信托事务不当所负债务及所受到的损害,以其固有财产承担。

三、对信托公司业务的风险控制

为了有效控制风险,信托机构在开展业务时应遵守一些规定。

(一)自有资金及有关兼营业务的比例限制

《信托公司管理办法》规定信托公司在固有业务方面不得开展除同业拆入业务以外的其他负债业务,且同业拆入余额不得超过其净资产的20%。中国银行业监督管理委员会另有规定的除外。

信托公司可以开展对外担保业务,但对外担保余额不得超过其净资产的50%。

信托公司经营外汇信托业务,应当遵守国家外汇管理的有关规定,并接受外汇主管部门的检查、监督。

(二)设立集合资金信托计划的要求

信托公司设立集合资金信托计划,应当符合以下要求:

(1)委托人为合格投资者。

(2)参与信托计划的委托人为唯一受益人。

(3)单个信托计划的自然人人数不得超过50人,但单笔委托金额在300万元以上的自然人投资者和合格的机构投资者数量不受限制。

(4)信托期限不少于1年。

(5)信托资金有明确的投资方向和投资策略,且符合国家产业政策以及其他有关规定。

(6)信托受益权划分为等额份额的信托单位。

(7)信托合同应约定受托人报酬,除合理报酬外,信托公司不得以任何名义直接或间接以信托财产为自己或他人谋利。

(8)中国银行业监督管理委员会规定的其他要求。

(三)建立信托登记制度

2017年8月,中国银行业监督管理委员会《关于印发信托登记管理办法的通知》(银监发〔2017〕47号)规定,自2017年9月1日起,"信托机构开展信托业务,应当办理信托登记,但法律、行政法规或者国务院银行业监督管理机构另有规定的除外",从而构建起全国统一的信托登记制度,以促进信托业持续健康发展,保护信托当事人的合法权益。

1. 需要登记的信托信息

信托登记信息包括信托产品名称、信托类别、信托目的、信托期限、信托当事人、信托财产、信托利益分配等信托产品及其受益权信息及其变动情况。

2. 信托登记的种类

信托登记包括预登记、初始登记、变更登记、终止登记和更正登记。

信托机构应当在集合资金信托计划发行日5个工作日前或者在单一资金信托和财产权信托成立日两个工作日前申请办理信托产品预登记(简称信托预登记),并在信托登记公司取得唯一产品编码;信托机构应当在信托成立或者生效后10个工作日内申请办理信托产品及其受益权初始登记(简称信托初始登记);信托存续期间,信托登记信息发生重大变动的,信托机构应当在相关事项发生变动之日起10个工作日内就变动事项申请办理信托产品及其受益权变更登记(简称信托变更登记);信托终止后,信托机构应当在按照信托合同约定解除受托人责任后10个工作日内申请办理信托产品及其受益权终止登记(简称信托终止登记);信托机构发现信托登记信息错误需要更正的,应当在发现之日起10个工作日内申请办理信托产品及其受益权更正登记(简称信托更正登记)。

3. 信托登记的管理

中国信托登记有限责任公司接受信托登记申请,依法办理信托登记业务。中国信托登记有限责任公司为受益人开立并集中管理信托受益权账户,作为记载其信托受益权及其变动情况的簿记账户。委托人或者受益人根据自愿原则申请开立信托受益权账户,任一民事主体仅可以开立一个信托受益权账户,任一信托产品或者其他承担特定目的载体功能的金融产品仅可以开立一个信托受益权账户,户名应当采用作为管理人的金融机构全称加金融产品全称的模式。

中国信托登记有限责任公司应当确保信托登记基础建设规范、有效运转,中国信托登记有限责任公司、信托机构在信托登记活动中接受银行业监督管理机构的监管。

(四)信托业务风险防控的要求

自2016年3月18日起,中国银行业监督管理委员会实施《关于进一步加强信托公司风险监管工作的意见》,要求信托公司在风险防控中做好以下几项工作:

1. 建立信托风险防控长效机制

(1)完善全面风险管理框架。信托公司要重视风险并表管理,将固有表内外业务和信托业务纳入全面风险管理体系,杜绝风险管理盲区。

(2)研究开展压力测试工作。信托公司要研究建立压力测试体系,合理确定情景设置,定期开展压力测试,将压力测试结果充分运用于制定经营管理决策、应急预案和恢复与处置计划。

(3)强化数据质量管理。信托公司要高度重视非现场监管报表、信托项目要素表和风险项目要素表的质量,切实加强数据审核工作,严格执行"四单"制度。

2. 加强风险监测分析,提高风险识别和防控能力

(1)切实加强信用风险防控。信托公司要完善资产质量管理,将承担信用风险的固有非信贷资产、表外资产及信托资产纳入资产质量管理体系;加强对房地产、地方政府融资平台、产能过剩等重点领域信用风险防控,定期开展风险排查并做好风险缓释准备;提升风险处置质效,完善信托产品违约处理机制,综合运用追加担保、资产置换、并购重组、诉讼追偿等方式,积极化解信托存量风险;加大固有不良资产风险化解和核销力度。

(2)高度重视流动性风险防控。信托公司要实现流动性风险防控全覆盖,要持续监测传统的表内流动性风险指标与表外担保业务及信托业务带来的流动性管理压力,将各类显性或隐性表外担保纳入流动性管理范畴;加强信托产品资金来源与运用的期限结构分析,特别是资金来源为开放式、滚动发行、分期发行的信托产品期限错配情况,对复杂信托产品要按"穿透"原则监测底层资产流动性状况,加大非标资金池信托排查清理力度,积极推进存量非标资金池清理,严禁新设非标资金池。

(3)充分重视市场风险防控。信托公司要加强固有业务的市场风险防控,不断完善固有业务市场风险管理政策、程序、方法和系统支持,加强交易性资产和可供出售类资产估值管理,及时反映资产公允价值变化对当期损益和资本的影响;加强信托业务市场风险防控,依法合规开展股票投资等信托业务,配备专业管理团队和信息系统支持,建立健全风险管理和内控机制,切实做好风险揭示、尽职管理和信息披露,合理控制结构化股票投资信托产品杠杆比例,优先受益人与劣后受益人投资资金配置比例原则上不超过1∶1,最高不超过2∶1,不得变相放大劣后受益人的杠杆比例。

(4)提升操作风险防控水平。信托公司要明确案件防控主体责任和第一责任人的责任,实行案防目标责任制和一把手负责制;完善操作风险管理体系,充分发挥业务管理、风险合规、内部审计三道防线作用,建立并落实内部问责制度,提升内控管理水平,完善全流程操作风险防控,覆盖信托产品设计、发行、销售、管理、信息披露等各个环节,尤其不能忽视信托产品营销过程的操作风险管理,不得通过第三方互联网平台、理财机构向不特定客户或非合格投资者进行产品推介,不得进行夸大收益和风险承担承诺的误导性销售,严格执行"双录"制度,完善合同约定,明确风险承担责任;强化从业人员管理,强化职业操守和法制观念教育,加强员工行为排查、岗位制衡和岗外监测,加强对重点人员、重要岗位、案件多发部位、异地展业团队的监控;完善员工违规处罚信息库,建立"灰名单",杜绝违规人员"带病提拔""带病流动"。

(5)加强跨行业、跨市场的交叉产品风险防控。信托公司要建立交叉产品风险防控机制,在合同中落实各参与方的风险管理责任,建立针对"具有交叉传染性"特征信托产品的风险识别、计量、监测、预警和管理体系;提高复杂信托产品透明度,按"穿透"原则向上识别信托产品最终投资者,不得突破合格投资者各项规定,防止风险蔓延;同时按"穿透"原则向下识别产品底层资产,资金最终投向应符合银行、证券、保险各类监管规定和合同约定,将相关信息向投资者充分披露。

3. 推动加强拨备和资本管理,提升风险抵补能力

(1)足额计提拨备。信托公司要根据"穿透"原则对承担信用风险的表内外资产足额计提风险拨备。其中,对信托公司贷款和非信贷资产根据资产质量分别足额计提贷款损失准备和资产减值准备;对担保等表外资产根据资产质量足额确认预计负债;对信托风险项目,根据资产质量,综合考虑其推介销售、尽职管理、信息披露等方面的管理瑕疵以及声誉风险管理需求,客观判断风险损失向表内传导的可能性,足额确认预计负债;对公允价值大幅下跌或持续下跌的可供出售类资产要及时确认减值损失。

(2)强化资本管理。信托公司要严格落实净资本管理制度,提高资本计量的准确性,强化资本约束;建立资本平仓和补仓制度,风险拨备缺口应在净资本中全额扣减,避免资本虚高;净资本不足部分,应推动股东及时补足。

(3)加大利润留存。信托公司要进一步增强利润的真实性和可持续性,加快发展转型,培育新的利润增长点;审慎制定利润分配政策,优先补充资本,增强资本自我积累能力。

(4)完善恢复和处置计划。信托公司要及时更新、完善恢复和处置计划。当信托公司业务模式、管理架构和整体风险状况发生重大变化时,应及时进行更新,确保涉及资本和流动性的相关恢复处置措施具有可操作性和有效性。

(五)建立信托业保障基金制度

《信托公司管理办法》规定:信托公司每年应当从税后利润中提取5%作为信托赔偿准备金,但该赔偿准备金累计总额达到公司注册资本的20%时,可不再提取。

2014年12月10日,中国银行业监督管理委员会联合财政部发布《信托业保障基金管理办法》(银监发〔2014〕50号),规范了中国信托业保障基金的筹集与管理,并由2015年2月25日下发的《关于做好信托业保障基金筹集和管理等有关具体事项的通知》(银监办发〔2015〕32号)具体加以落实。

1. 保障基金的管理

中国专门设立中国信托业保障基金有限责任公司(简称保障基金公司)作为保障基金管理人,依法负责保障基金的筹集、管理和使用。保障基金公司应将保障基金资产与保障基金公司所有的资产分别列为受托资产和自有资产管理,实行分别管理、分账核算。保障基金应当按照安全性原则建立托管制度。

2. 保障基金的筹集

现行认购执行下列统一标准,条件成熟后再依据信托公司风险状况实行差别认购标准:

(1)信托公司按净资产余额的1%认购,每年4月底前以上年度末的净资产余额为基数动态调整。

(2)资金信托按(每个季度)新发行金额的1%认购,其中:属于购买标准化产品的投资性资金信托的,由信托公司认购;属于融资性资金信托的,由融资者认购。在每个资金信托产品发行结束时,缴入信托公司基金专户,由信托公司按季向保障基金公司集中划缴。

(3)新设立(2015年4月1日起)的财产信托按信托公司收取报酬的5%计算,由信托公司认购。以后年度,信托公司应按经审计的前一年度实际收取财产信托报酬的5%认购保障基金,并将认购资金缴入保障基金公司在托管银行开立的专用账户。

信托公司基金余额不满足以上要求时,应当按规定补足。

3. 保障基金的使用

具备下列情形之一的,保障基金公司可以使用保障基金:

(1)信托公司因资不抵债,在实施恢复与处置计划后,仍需重组的。

(2)信托公司依法进入破产程序,并进行重整的。

(3)信托公司因违法违规经营,被责令关闭、撤销的。

(4)信托公司因临时资金周转困难,需要提供短期流动性支持的。

(5)需要使用保障基金的其他情形。

【案例 9-3】　　上海国际信托公司的业务简介[①]

上海国际信托公司(简称上海信托)成立于1981年7月24日,2001年经中国人民银行核准首批获得重新登记,更名为"上海国际信托投资有限公司",注册资本金为人民币25亿元,公司股东增至13家。2007年7月,按照实施"新两规"的要求,经中国银行业监督管理委员会批准更名为"上海国际信托有限公司",并成功换发了新的金融许可证。2015年11月,经中国证券监督管理委员会批准,浦东发展银行向上海国际集团等11家公司发行股份收购上海信托。2016年10月,经中国银行业监督管理委员会上海监管局批准,上海信托实施增资,注册资本增至50亿元。

近年来,上海信托加大创新力度,不断推出新产品,完善产品系列。目前,上海信托的业务主要包括以下几类:

1. 证券投资类信托业务

这类信托业务以股票、债券、基金及其他各类交易所和银行间市场发行的有价证券作为主要投资标的,分为"紫晶石"稳优系列证券投资信托计划、"紫晶石"选优系列证券投资信托计划、大宗交易投融资系列资金信托计划。

2. 股权及并购信托业务

上海信托可以通过信托贷款、股权受益权融资、股权投资、并购融资、受托股权管理、财务顾问等形式为发展前景良好、具有一定经营规模和稳定现金流的各类企业提供一系列金融服务,信托收益主要包括股权现金分红、股权变现收益和信托服务费用。目前,上海信托已经开发了"股权受益权投资信托""私人股权投资信托""并购融资类信托及中介服务"等股权信托产品系列。

3. 金融产品配置组合类信托业务

(1)现金丰利业务。上海信托较早开始着手设计针对客户的现金管理工具,通过对固定收益市场和相关投资品种的深入研究,于2006年1月成功开发了"现金丰利集合资金信托",主要投资于风险系数低的银行间固定收益品种。产品实行开放式运作,赎回资金预计可于T+1个工作日内划付,投资者在申购日和赎回日均享受当日信托收益。

(2)红宝石系列资产配置信托。红宝石系列是由上海信托主动投资管理团队自主开发、管理,将信托资金投资于债券、基金、股票、大宗商品等资本市场以及同业拆借、国债回购、银行存款等货币市场,从而分散风险、获取收益的信托产品。

---

① 《上海国际信托有限公司2017年年度报告》,上海国际信托公司网站。

4. 公司及项目金融类信托业务

此类业务包括基础设施项目投融资类信托、企业投融资类信托、企业资产支持信托,可以根据基础设施项目及企业的个性化融资需求,设计并发行相应的信托计划募集资金,以多种方式投向事先指定的项目或企业。

5. 不动产金融类信托业务

上海信托不动产金融总部以"信利正、睿见远"为开展业务的基本理念,多年来与国内房地产行业的多家优秀企业合作,通过健全严格的风险控制体系筛选出优质的不动产项目。针对各项目风险侧重、企业融资需求等不同,采用债权融资、夹层融资、股权投资、资产收购和财务顾问等灵活多样的业务手段,设计"风险适度、期限灵活、回报丰厚"的信托产品,让投资者分享行业的成长收益。

6. 固定收益类信托业务

上海信托针对高端个人投资者及机构投资者的低风险投资需求,利用信托平台发挥类货币市场基金的投资功能,开发了具有较高流动性和稳定收益的信托理财产品。信托资金主要投资于各种定息型、低风险、高流动性的短期金融产品,以及在融资方提供足值担保的情况下,向上市公司限售股股东、优质房地产企业及其他资信优良的企业等融资方发放信托贷款等。

7. 国际理财类信托业务

上海信托铂金系列受托境外理财业务,累计发行规模超过4亿美元,2012年发行了国内第一个受托境外理财集合资金信托计划。目前上海信托铂金系列产品分为单一信托业务模式和集合信托业务模式。

8. 其他业务

上海信托的业务还包括:投资于另类理财市场的香花石系列产品;推出养老保障、福利计划信托,为企业年金管理提供服务;等等。

[案例分析]

上海信托长期致力于推进产品创新,较早获得资产证券化业务、代客境外理财(QDII)、企业年金业务受托人资格,并在全国率先推出"优先劣后"受益权的结构性信托产品,在证券投资、不动产和股权投资领域,逐渐形成产品特色,打造了"蓝宝石""红宝石""紫晶石""白金""明珠""现金丰利"等系列品牌,为不同风险偏好和理财需求的投资者提供产品选择和服务。

现金丰利业务满足投资者可以随时申购、赎回的要求,较货币基金多一天的收益,满足了客户兼具安全性、流动性及收益性的现金管理需要。截至2012年12月7日,现金丰利的信托规模已经突破了180亿元。红宝石系列资产配置信托形成了红宝石安心稳健系列证券投资信托(上信—H—7001)、红宝石安心稳健系列证券投资信托(上信—H—3×××)、红宝石安心进取系列证券投资信托等系列产品。不动产信托根据不同物业类型涵盖了"金宅""金铺""金宇""金砖"等产品系列,给予投资者多样的投资选择。2012年11月,上海信托成功发行业内首单海外投资集合资金信托计划——"上海信托铂金系列·大中华债券投资集合资金信托计划",且首次引入信用增信的风险管理模式,成为国内首创的产品和运营管理模式。

上海信托不断完善公司法人治理结构,取得了良好的业绩。近年来,它先后荣获权威媒体评选的多项行业大奖;公司的资产配置、QDII、新一代信息系统、ABS等项目先后获得上海市政府金融创新奖(均为唯一入围的信托公司),获得行业内外的广泛好评。依托浦东发展银行强大的股东背景和雄厚的资金实力,上海信托一直位于信托行业的第一梯队,在金融领域具有较高的声望和地位。根据年报,上海信托2017年营业收入为26.38亿元,归母公司的净利润为15.6亿元,同比2016年均实现正增长,截至2017年末,其管理信托资产总规模高达9 123.91亿元,其中占比最高的为基础设施类3 526.28亿元,占资产总规模的38.65%。

第四节 信托机构的财务管理

财务管理也是金融企业管理的一个不可或缺的内容,信托机构的财务管理是通过信托机构的内部财务核算实现的,主要包括了出纳管理、资金管理、财产管理、会计管理等内容。

一、信托机构财务管理概述

(一)信托机构财务管理的意义

财务管理涉及信托机构的资金活动,与其他业务活动的关系十分密切,可以说它直接影响着信托机构的经济效益。我们需要正确认识财务管理的意义,充分发挥财务管理的作用,保证信托机构经营目标的实现。

1. 反映信托机构的经营,参与决策

财务管理是运用价值形式对信托机构的经营活动和经营结果进行反映。财务管理活动是整个机构活动的基础,在信托机构的经营活动中,各项工作的进展情况都可反映到企业财务上,影响各项财务指标。由于信托机构的经营活动是一个整体系统,任何一个环节出了问题,都会影响到其他环节,从而影响整个机构的运转。而财务管理涉及的面相当广泛,经营活动的各个方面基本上都有财务管理的存在。因此,出现的问题可以通过财务分析来加以了解,财务人员经过分析,可以准确掌握信托机构的经营状况,及时向管理者提供相关准确、可靠的信息,促使管理者作出正确的决策。

2. 核算财务成本,合理使用信托财产

作为一个金融企业,信托机构财务管理的目标也是企业价值的最大化,实现长期稳定的利润,并且能同时带来现金净流量。信托机构从各种来源筹集到的资金,必须合理运用,加速资金的周转,创造更多的价值。通过财务核算,可以充分了解业务的成本,降低资金运用消耗,提高资金的使用效率。

3. 监督财经纪律的贯彻,保证安全

财务管理监督资金的过程,实质上是借助于价值形式对信托机构的经营活动进行控制和调节的过程。只要有资金的活动,财务就可以发挥监督作用。通过监督,财务管理可以保证各项方针政策及财经制度法令在信托机构得到贯彻与执行,防止舞弊、过失、违反财务规章制度等行为的发生。同时,通过财务管理,可以保证信托机构遵守有关资金运用的规定,避免出现风险的过度集中,保证资金安全、有效地运作。

4. 加强信托机构的预测,提高效益

财务管理是信托机构管理的一个重要组成部分,在整个管理工作中居于核心地位。财务管理工作具有很强的综合性。现代财务管理在管理手段上已经广泛实行财务预测,加强预算控制,进行时间价值和风险价值分析;在管理方法上,普遍建立数学模型,进行计算机分析,从而使财务管理的预测效果大为加强。这些特点对于合理地运用信托机构的资产,提高经济效益具有重要的意义。

(二)财务管理的要求与构成

财务管理作为信托机构管理的一项核心内容,其最重要的是能向管理者提供决策的依据。因此要求财务管理人员给出的财务信息符合完整性、准确性与真实性的要求,符合成本—效益原则,能促进信托机构降低成本、改善经营。

财务管理涉及信托机构的各个部门,它不只是财务部门的事情,财务部门必须与其他组成部门一起工作,才能完成成本与收益的计算,反映有关纪律的执行。

另外,财务管理也需要花费一定的成本,也要讲求效益。但不是企业的每一个部门都要求同样的财务管理能力,各部门的财务管理能力应当与该部门的业务性质、复杂性及可能出现的风险相适应。

总的来说,信托公司的财务管理分为出纳管理、资金管理、财产管理、会计管理等主要方面。

二、出纳管理

(一)出纳管理的范围与任务

在信托机构中,出纳业务的范围主要包括以下方面:

(1)现金,包括本外币库存现金,又分为信托现金和自有现金。

(2)银行存款,包括本币存款和外币存款,又分为信托银行存款和自有银行存款。

(3)有价证券,包括政府债券、国库券、公司债券、股票、印花税票等,又分为信托有价证券和自有有价证券。

(4)贵重物品。

为规范以上资产的收入、支出、登记、保管及报告,必须加强出纳管理。一般来说,出纳管理的目标主要包括:一是收支清楚,无盈亏短溢现象发生;二是安全保管,避免丢失与被盗事件的发生;三是记录正确全面;四是严格区分固有资金账号与信托资金账号,严禁混用不同性质的资金。

(二)出纳管理的有关规定

(1)现金和银行存款应按信托资金和自有资金设置两个出纳岗位,不得交叉。

(2)有价证券由财会出纳员保管。为了区分不同性质的证券,信托有价证券和自有有价证券也应由不同的出纳员保管。

(3)贵重物品由指定的部门或人员保管,信托和自有的贵重物品由不同的部门或出纳员保管。

(三)出纳管理的有关政策

(1)凭合法凭证付款。出纳人员要按规定程序对合法凭证审核无误才能付款,凡手续不全或不符合公司规章制度及国家法令规定的款项不得支付。禁止出纳人员在自有资金账号和信托资金账号之间划转款项,也不能在未经委托人允许情况下在不同的信托资金账号之间划转款项。

(2)及时盘点。财会部门或其他主管应定期或不定期地组织对库存现金与保管的有价证券等进行盘点,作出详细记录并与账面记录进行核对。

(3)遵守最低库存(现金)限额的规定。

(4)报告制度。为保证信托机构的资金顺利调度,出纳应于每日早晨将资金报表报财务部经理及其他需报送的领导及部门。

(5)职责分离。出纳人员不兼管收入、费用、债权、债务账簿的登记,以及稽核、会计档案保管工作,确保不同岗位之间权责分明,相互协调,相互制约。

(6)对账。出纳应按时与会计及银行对账,做到账账相符、账实相符。

(7)严守信托机构的有关秘密。

(8)印鉴保管。在银行预留的印鉴应由出纳及会计主管分别保管,不能将支票与印鉴交由一人同时保管。

三、资金管理

(一)资金管理的范围与目标

这里所说的资金是指库存现金、银行存款以及可以迅速变现的有价证券(包括在证券交易所挂牌交易的人民币普通股及人民币特种股、基金券、国债、认股权证与公司债券等)。

资金管理的目标是要保证资金的安全性、流动性和盈利性,实现资金计划、调度和控制的集中统一,满足信托公司的投融资需求。在资金运用过程中要严格区分信托资金和自有资金,并严格遵守法规规定的一些比例限制。

(二)资金管理的职责划分

1. 计划财务部

计划财务部为信托公司系统资金计划和调度的职能部门,负责公司系统资金的统筹安排,定期对公司资金管理工作作出统一计划,并检查监督具体的实施情况。

2. 投资部

信托公司投资部负责自有资金业务。信托公司固有业务项下可以开展存放同业、拆放同业、贷款、租赁、投资等业务。投资业务限定为金融类公司股权投资、金融产品投资和自用固定资产投资。信托公司一般不得以固有财产进行实业投资,中国银监会另有规定的除外。

3. 信托管理部

信托管理部包括个人信托管理部与团体信托管理部,负责信托资金业务。信托公司管理、运用或处分信托财产时,可以依照信托文件的约定,采取投资、出售、存放同业、买入返售、租赁、贷款等方式进行。

信托管理部门要和投资部、投资银行部配合和协调相关业务以实现公司整体利益的最大化,并应调节好合作部门之间的利益关系。

4. 董事会

董事会作为信托公司资金管理的最高决策机构,主要是对各业务部门和财务部门、财务总监、总经理、董事长的资金管理权限进行设定,内容包括信托资金和自有资金的计划、调度、投资、融资和控制等。

5. 审计部

审计部直接对董事会负责,它的职责主要表现为根据经济和金融法规、公司内控制度,定期和不定期对公司资金管理的合法性和资金管理成本与效率进行内部审计,并提出意见和建议。

(三)资金管理的有关限制

《信托公司管理办法》规定了公司资金管理应遵循相关的比例指标,包括信托公司同业拆入余额不得超过其净资产的20%,信托公司对外担保余额不得超过其净资产的50%。

资金信托计划的资金实行保管制。对非现金类的信托财产,信托当事人可约定实行第三方保管,但中国银行业监督管理委员会另有规定的,从其规定。信托计划存续期间,信托公司应当选择经营稳健的商业银行担任保管人。信托财产的保管账户和信托财产专户应当为同一账户。信托公司依信托计划文件约定需要运用信托资金时,应当向保管人书面提供信托合同复印件及资金用途说明。

信托公司管理资金信托计划应当遵守以下规定:

(1)不得向他人提供担保。

(2)向他人提供贷款不得超过其管理的所有信托计划实收余额的30%。

(3)不得将信托资金直接或间接运用于信托公司的股东及其关联人,但信托资金全部来源于股东或其关联人的除外。

(4)不得以固有财产与信托财产进行交易。

(5)不得将不同信托财产进行相互交易。

(6)不得将同一公司管理的不同信托计划投资于同一项目。

四、财产管理

(一)财产管理的范围与目标

财产管理的范围包括:

(1)自有财产,又分为固定资产、低值易耗品、无形资产等。

(2)信托财产,又分为资金、有价证券、动产、不动产和其他财产及财产权。由于资金和有价证券已列入资金管理的范畴,所以,此处的信托财产仅包括动产、不动产和其他财产及财产权。

财产管理的目标主要包括节约自有财产的采购成本;实现财产在运用过程中的保值与增值;保证财产安全,避免丢失、挪用、盗窃等现象的发生;确保记录的准确、及时、全面,做到账实相符。

(二)财产管理的职责分工

财产的保管按归口分级管理的原则,区分不同的财产,分别由不同部门负责管理。

1. 自有财产的管理

对于信托机构所拥有的自有财产,由实际领用部门及领用人负责实物的保管,财务部门负责价值的管理,行政部门负责实物的管理。

2. 信托财产的管理

信托业务管理部门负责信托财产的实物保管和管理,应严格按照信托契约的要求和金融法规的限定,保管和运用信托财产。如发生偷盗、丢失、毁损和违反信托契约,对信托公司造成赔偿责任的人员应有相应的处罚措施。公司计财部负责信托财产的价值管理。

3. 公司董事会

财产管理的最高决策机构是公司董事会。董事会应对每一级涉及财产管理的业务部门、行政部门和财务部门、相关人员设定财产管理权限。其内容包括自有财产和信托财产的获取、运用和处置等方面。

(三)财产管理政策

(1)自有固定资产应根据经营的需要购置,不得盲目购置。有关人员应定期或不定期地对固定资产(含部分低值易耗品)进行检修,以确保其性能良好。自有固定资产折旧摊销依照财政部的有关规定执行。

(2)在信托资金投资于动产、不动产或其他财产之前,应对所投资项目的经济效益和风险进行合理评价,分析优势、劣势,以作出合理的决策,提高资金运用效率。

(3)自有固定资产和信托财产由财会部门分别按各自类别设置明细账、行政部门或信托业务管理部门按品种及使用部门或使用人进行详细记录;低值易耗品由行政部门按品种进行详细记录;无形资产由财会部门设置明细账;行政部门应和信托业务管理部门将固定资产或信托财产建卡、分类、编号,归档保管,并设置实物账本。

(4)建立健全实物盘点制度。财会部门、业务部门和行政部门应相互配合,定期或不定期地对财产物品的实存情况进行盘查,一般情况下,应不定期进行局部轮换盘点,每年年末进行一次全面盘点。

(5)行政部门与实物的保管或运用部门应经常核对,并与财会部门建立定期的对账制度。

(6)行政部门应及时调剂各使用部门固定资产的余缺,以提高固定资产的使用效率。固定资产在分支机构和部门内转移应填写固定资产转移单,移交部门签认。

(7)出租或出借固定资产要经核准,并在契约中详细写明租借事由、内容、条件、归还期限、双方的责任与义务、附属设备等详细资料。

(8)固定资产或信托财产的出售,应由行政部门或信托管理部门填列出售固定资产的名称、规格、数量、原取得日期、金额、折旧、使用情况及出售理由,并根据其利用价值或参考市价或委托人在信托契约中的要求,由责任人核准。

(9)固定资产或信托财产损坏不能使用,并在技术上无法修复或修复不经济,应填报固定资产报废单并说明报废的理由,经责任人核准后办理报废手续。报废资产的残值收入应按有关规定处理。

(10)无形资产的取得方式一般包括购入、创新、其他单位投入、长期经营中形成等,其成本包括为取得该项无形资产所发生的一切费用,在投入时作价,对没有发生费用而在长期经营中形成的无形资产(如商誉)不记账,但应予以保护。无形资产折旧摊销依照财政部的有关规定执行。以所拥有的无形资产对外投资,应采取适当的方式进行估价(如未来收益现值法)。

五、会计管理

(一)信托公司会计报告的法律环境

会计报告的作用是对信托机构的业务活动进行反映与监督,为不同决策者提供相关的财务信息,以便于这些主体进行决策。

信托机构作为一种金融企业,它的会计工作也必须遵循国家的有关法律规定。信托公司会计报告的法律环境包括:

1. 基本的公司会计制度

基本的公司会计制度包括《中华人民共和国公司法》《中华人民共和国会计法》《企业会计准则与具体应用会计准则》《会计档案管理办法》等。

2. 行业会计制度

行业会计制度包括《金融保险企业会计制度》《信托法》《信托公司管理办法》《股份制企业会计制度》和《信托业务会计核算办法》等。

(二)信托公司财务会计报告的管理

1. 严格区分两大类业务

《信托公司管理办法》第三十条规定:"信托公司应当依法建账,对信托业务与非信托业务分别核算,并对每项信托业务单独核算。"

信托公司的会计核算区分为自有资金业务和信托业务两大业务,在科目和账户的设置上严格加以区分。

自有资金业务的核算包括:信托公司办公用固定资金的核算、营业费用(管理费用)的核算、各类自有资金运用(如同业拆放、融资租赁、投资不动产和有价证券等)的核算、股东权益的核算、特种金融债券的核算等。

信托业务的核算包括:资金信托业务核算,有价证券信托业务核算,动产、不动产和其他财产信托业务的核算,兼营业务(代理业务、同业拆借、保管箱业务和咨询业务)

的核算。原则上每一信托设立独立的会计账簿,对于委托人委托信托公司决定信托资金运用方式的,可以合并。

2. 妥善保管记录

委托人、受益人可以随时了解信托事务处理情况,并要求信托公司作出说明。信托公司应当妥善保存处理信托事务的完整记录,至少每年定期向委托人及受益人报告信托财产及其管理运用、处分及收支的情况。

3. 健全内部控制制度

信托公司应当按规定制定本公司的信托业务及其他业务规则,建立、健全本公司的各项业务管理制度和内部控制制度,并报金融监管部门备案。

信托公司应当设立内部审计部门,对本公司的业务经营活动进行审计和监督。信托公司的内部审计部门应当至少每半年向公司董事会提交内部审计报告,同时向金融监管部门报送上述报告的副本。

信托公司应当按照国家有关规定建立、健全本公司的财务会计制度,真实记录并全面反映其业务活动和财务状况。公司年度财务会计报表应当经具有相应资格的注册会计师审计。

4. 建立会计信息电算化管理

通过迅速、高效的电算化管理,能及时客观地反映信托机构的财务情况,便于深入分析,寻找经营管理中的薄弱环节,从而提出措施、堵塞漏洞、提高效益。

5. 健全财务报告制度

信托投资公司应当按照规定向金融监管部门报送营业报告书、信托业务及非信托业务的财务会计报表和信托账户目录等有关资料。

(三)信托业务具体会计核算

2005年1月5日,财政部印发《信托业务会计核算办法》,对涉及的信托项目的核算进行了规定。这里的"信托项目"是指受托人根据信托文件的约定,单独或者集合管理运用、处分信托财产的基本单位。

1. 委托人信托业务的会计处理

(1)委托人设立信托时,应视信托财产所有权上相关的风险和报酬是否已实质性转移,判断信托财产是否应终止确认(即将信托财产从其账上和资产负债表内转出)。

①委托人不是受益人且受益人支付对价取得信托受益权的,如委托人将该信托财产所有权上的风险和报酬已实质性转移给了信托项目,则应终止确认该信托财产;否则,不应终止确认该信托财产。

(a)信托财产终止确认的,委托人应将收到的对价与信托财产账面价值的差额确认为资产处置损益,计入当期损益。

(b)信托财产未终止确认的,委托人仍应将其保留在账上和资产负债表内。

②委托人不是受益人且受益人没有支付对价取得信托受益权的,委托人应终止确认该信托财产,将信托财产视同对外捐赠,确认为当期营业外支出。

③委托人同是受益人且委托人是唯一受益人的,委托人不应终止确认信托财产,仍应将其保留在账上和资产负债表内。

信托项目宣布分派信托利润时,委托人应按享有的份额确认信托收益,并通过"其他业务收入——信托收益"等科目核算。

④委托人同是受益人但不是唯一受益人,且其他受益人支付对价取得信托受益权的情况下,应按如下原则处理:

(a)如委托人将该信托财产所有权上部分相关风险和报酬已实质性转移给了信托项目,委托人应将该信托财产的账面价值在终止确认和持续确认两部分之间按其相对公允价值进行分摊,并比照上述(1)①的有关规定处理。

(b)如委托人未将该信托财产所有权上相关的风险和报酬实质性转移给信托项目,委托人应比照(1)①(b)的有关规定处理。

⑤委托人同是受益人但不是唯一受益人,且其他受益人未支付对价取得信托受益权的情况下,委托人应将该信托财产的账面价值在终止确认和持续确认两部分之间按其相对公允价值进行分摊,并分别比照上述(1)①和(1)②的有关规定处理。

(2)委托人为上市公司且为受益人的,如与其他受益人(委托人不是唯一受益人的情况下)或受托人存在关联方关系的,其信托收益的计量,按《关联方之间出售资产等有关会计处理问题暂行规定》所规定的原则办理。

(3)委托人对信托项目具有控制权的,应将其纳入合并会计报表的合并范围。

2. 受托人信托业务的会计处理

(1)受托人应按信托文件规定的计提方法、计提标准,计算确认应由信托项目承担的受托人报酬。

受托人为上市公司,且与委托人或受益人存在关联方关系的,其受托人报酬的计量,按《关联方之间出售资产等有关会计处理问题暂行规定》(财会〔2001〕64号)所规定的原则办理。

(2)受托人发生的为信托项目代垫的信托营业费用,应确认为对信托项目的债权。

(3)受托人按规定计提的信托赔偿准备金,通过"信托赔偿准备金"科目核算;按信托文件的约定向受益人支付赔偿款时,按实际支付额,冲减"信托赔偿准备金"科目余额,不足冲减的部分直接计入营业外支出。

(4)受托人对于已终止信托项目未被取回的信托财产,应作为代保管业务进行管理和核算,如信托财产是货币资金的,应开立银行存款专户存储。

(5)由委托人等有关当事人直接承担的受托人报酬,应按相关合同直接记入受托人的"手续费收入"科目,不与信托项目发生往来。

3. 受益人信托业务的会计处理

(1)受益人不是委托人且受益人没有支付对价取得信托受益权的,受益人应将该信托受益权视同接受捐赠,按信托项目最近公布的信托权益中属于该受益人享有的份额,确定该信托受益权的入账价值。

受益人对取得的信托受益权,应设置"信托受益权"科目核算。取得信托受益权时,借记"信托受益权"科目,贷记"资本公积——信托收益权转入"科目;信托受益权处置完毕时,应将"资本公积——信托收益权转入"科目余额全部转入"资本公积——其他资本公积"科目。

(2)受益人不是委托人且受益人支付对价取得信托受益权的,受益人应按支付的对价确认该信托受益权的入账价值。

受益人取得信托受益权时,借记"信托受益权"科目,贷记"银行存款"等科目。

(3)受益人是委托人的,受益人应按"委托人信托业务会计处理"的有关规定进行处理。

(4)信托项目宣布分派信托利润时,受益人应按享有的份额确认信托收益,通过"其他业务收入——信托收益"等科目核算。

(5)受益人应定期或至少于每年年度终了,对信托项目运营情况进行查询;如有证据表明信托受益权已发生减值,受益人应对信托受益权合理计提减值准备。对信托受益权计提减值准备,借记"营业外支出""资产减值损失"等科目,贷记"信托受益权减值准备"科目。

如有客观证据表明,已计提减值准备的信托受益权的价值其后又得以恢复,应按不考虑减值因素情况下计算确定的信托受益权账面价值与其可收回金额进行比较,以两者中较低者,与价值恢复前的信托受益权账面价值之间的差额,借记"信托受益权减值准备"科目,贷记"营业外支出""资产减值损失"等科目。

(6)受益人不应在信托存续期间对信托收益权价值进行摊销。受益人于信托期间实际收到的相当于信托收益权价值返还的金额,应冲减信托收益权的账面余额。

(7)信托收益权持有期限未超过1年的,在期末资产负债表中"一年内到期的长期债权投资"项目之后、"其他流动资产"项目之前单列"信托收益权"项目反映,并在会计报表附注中予以说明。

信托收益权持有期限超过1年的,在期末资产负债表中"无形资产及其他资产"项目之后、"递延税项"项目之前单列"信托收益权"项目反映,并在会计报表附注中予以说明。

(8)信托终止,受益人取得信托清算财产的价值与"信托受益权"账面价值的差额,确认为当期营业外收入或营业外支出。

(9)受益人为上市公司,且与委托人或受托人存在关联方关系的,其信托收益的计量,按《关联方之间出售资产等有关会计处理问题暂行规定》(财会〔2001〕64号)所规定的原则办理。

(10)受益人对信托项目具有控制权的,应将其纳入合并会计报表的合并范围。

本章小结

信托机构是指从事信托业务,并在信托关系中充当受托人的法人机构。其作为一种金融机构,主要发挥财产事务管理职能,利润来源主要是信托报酬,在业务经营中要遵循信托财产独立性的要求。对信托机构的管理包括两大部分:一是由监管部门等(目前包括中国银行保险监督管理委员会、中国信托业协会、中国信托登记有限责任公司和中国信托业保障基金有限责任公司)实施的外部管理;二是由信托机构自身开展的内部管理。两者互为补充,相辅相成。

我国已颁布了《信托法》《信托公司管理办法》《信托公司集合资金信托计划管理办法》《信托公司净资本管理办法》《中国银监会信托公司行政许可事项实施办法》《关于信托公司风险监管的指导意见》《关于进一步加强信托公司风险监管工作的意见》等一系列规范性文件,为信托公司的发展提供了更为坚实的法律保障。

各国信托机构的组织形式主要分为单一信托机构与附属于其他机构的信托机构两大类。信托机构组织管理的内容包括设立、内部组织机构设置、信托机构的变更与终止等。

信托机构的业务范围要符合《信托公司管理办法》的规定,在经营中要遵循忠诚于受益人、分别管理、妥善管理、亲自执行、防范利益冲突、保密等原则,并实施有效的风险控制。

财务管理涉及信托机构的资金活动,与其他业务活动的关系十分密切,直接影响着信托机构的经济效益。信托机构的财务管理是通过信托机构的内部财务核算实现的,主要包括出纳管理、资金管理、财产管理、会计管理等内容。

练习与思考

【名词解释】
信托机构　净资本　信托机构组织管理　单一信托机构　信托机构的终止
信托机构的业务管理　信托登记制度　信托业保障基金　信托机构的财务管理

【简答题】
1. 简要说明信托机构的性质与特点。
2. 在中国,信托机构管理的法律与法规体系由哪几部分构成?
3. 信托机构组织管理有哪些内容?
4. 信托机构内部组织机构的设置模式有哪几种类型?
5. 信托机构在开展信托业务时如何防范利益冲突?

【思考题】

1. 请结合实际,说明信托机构管理的必要性,以及如何实现对信托机构的有效管理。
2. 为了保障委托人和受托人的利益,信托投资公司在开展信托业务时应遵循哪些经营规则?
3. 请分析我国为什么要建立信托业保障基金管理制度。

第四编

租赁管理

第十章 租赁概述

租赁是日常生活中一种普遍存在的经济现象,也是一种重要的信用形式,它为资金缺乏者提供了提前获得物品使用权的重要渠道。本章主要介绍租赁的基本概念及其发展历史,分析租赁的种类及在现代社会中发挥的功能。

第一节 租赁的概念与特点

一、租赁的含义

我们经常在报纸、杂志、电视、电台、网络等媒体中看到各种租赁广告,例如汽车租赁、房屋租赁、照相机租赁、自行车租赁等,事实上租赁已经渗透到我们生活的方方面面。那么,租赁的确切含义到底是什么呢?

租赁是指人们在不拥有物品所有权的情况下,通过支付费用在一定的期限内获得物品的使用权。作为一种信用形式,租赁具有信用的基本特征——价值的单方面转移以及所有权和使用权的分离。物品的所有者以收取报酬为条件,让渡使用价值;而承租人则在不拥有物品所有权的情况下,通过支付费用在一定的期限内获得物品的使用权。

2016年1月,国际会计准则委员会(IASB)发布的《国际财务报告准则第16号——租赁》(IFRS 16)对租赁的定义为:"一项合同(无论使用条款是否明确)若通过转移可辨认资产的使用控制权来获取对价,且实质上通过使用该可辨认资产能获得全部的经济利益,那么该合同就属于租赁或包含租赁。"[①]

我国财政部于2018年12月7日修订的《企业会计准则第21号——租赁》对租赁的定义为:"租赁,是指在一定期间内,出租人将资产的使用权让与承租人以获取对价的合同。"

当然,租赁作为一种特殊的信用形式,与银行信用、商业信用等信用形式存在很大

---

① 国际会计准则理事会:《国际财务报告准则第16号——租赁》,中国财经出版传媒集团2017年版。

的不同之处,这在后面会具体谈到。

二、租赁的基本要素

租赁的构成要素主要包括租赁当事人、租赁标的、租赁期限与租赁费用四个方面。

(一)租赁当事人

1. 基本当事人

租赁这一经济关系包括两个最基本的当事人:出租人和承租人。

(1)出租人。出租人是出租物件的所有者,他应拥有对租赁物件的所有权,通过将物品租给他人使用,收取报酬。在现代租赁中,出租人一般是法人,这是因为个人很难承担与巨额财产相对应的巨额风险。

(2)承租人。承租人是出租物件的使用者,他租用出租人物品,并向出租人支付一定的费用。但在有些租赁形式(如转租赁业务)中,承租人不一定就是物件的直接使用者。承租人可以是法人或自然人,但在大额财产的租赁中,承租人通常也是法人。

当然,在一项租赁业务中,出租人和承租人可以分别由一人充当,也可以由多人共同充当出租人或承租人。

2. 其他当事人

租赁业务还可能涉及销售商、贷款人、受托人等其他当事人。

(二)租赁标的

租赁标的是用于租赁的物件,也是经济合同中当事人权利和义务共同指向的对象。从理论上讲,可以转让使用权的物品都可以作为租赁标的。然而,租赁业务中出租人转让使用权后一般要求承租人在租赁终了时归还在租赁开始时出租人交付的原物。因此,租赁物件不能由于使用而改变原状或变成其他物品。一般来说,原材料、低值易耗品等消耗性的物品就不能作为租赁标的。

【案例 10-1】 租赁法律制度中有关租赁标的的规定

国际上有关组织及国家对租赁标的的规定各不相同。

1. 国际会计准则

国际会计标准委员会于1982年9月颁布并于1997年修订的《国际会计准则第17号——租赁的会计处理》(IAS17)以及国际会计准则委员会(IASB)于2016年1月发布并从2019年1月1日起生效的《国际财务报告准则第16号——租赁》(IFRS16)对租赁标的的规定采用的是排除法。

IFRS 16 规定:

主体应将本准则应用于所有租赁,包括转租赁中的使用权资产租赁,下列项目除外:

(1)勘探或使用矿产、石油、天然气及类似非可再生资源的租赁。

(2)承租人持有的属于《国际会计准则第41号——农业》(IAS41)范围内的生物资产的租赁。

(3)属于《国际财务报告解释公告第12号——特许服务安排》(IFRIC12)范围内的特许服务安排。

(4)出租人授予的属于《(国际财务报告准则第15号——客户合同收入》范围内的知识产权许可。

(5)承租人通过许可使用协议取得的属于《国际会计准则第38号——无形资产》(IAS38)范围内的诸如电影、录像、剧本、文稿、专利、版权等项目的权利。

2. 国际租赁公约

1988年5月,国际统一私法协会公布了《国际融资租赁公约》,其中第一条规定:在(融资租赁)这种交易中,一方(出租人)根据另一方(承租人)提供的规格,与第三方(供应商)订立一项协议(供应协议)。根据此协议,出租人按照承租人在与其利益有关的范围内所同意的条款取得工厂、资本货物或其他设备。

3. 中国

中华人民共和国财政部于2001年1月颁布了《企业会计准则——租赁》,并于2018年12月7日进行了修订。其中第三条规定:

"本准则适用于所有租赁,但下列各项除外:

(一)承租人通过许可使用协议取得的电影、录像、剧本、文稿等版权、专利等项目的权利,以出让、划拨或转让方式取得的土地使用权,适用《企业会计准则第6号——无形资产》;

(二)出租人授予的知识产权许可,适用《企业会计准则第14号——收入》。

勘探或使用矿产、石油、天然气及类似不可再生资源的租赁,承租人承租生物资产,采用建设经营移交等方式参与公共基础设施建设、运营的特许经营权合同,不适用本准则。"

[案例分析]

租赁标的是租赁业务的一个重要构成要素,从有关会计准则的规定中可以看出,作为租赁标的的物品应具有以下性质:第一,一般应具有实物形态并在使用之后保持原有形态;第二,可识别,在合同中明确指定(如通过序列号或建筑物的指定楼层来确定)或在资产可供客户使用时被隐含指定;第三,可以独立发挥效用;第四,承租人有权在资产使用期间获得其所产生的几乎全部经济利益并可主导其使用或者可"控制资产";第五,应具有一定的经济寿命,且随着时间的延续,价值逐渐降低。

因此,在实际操作中,租赁标的多为设备,特别是通用性强的设备,如飞机、汽车等运输设备以及计算机设备与工业制造设备;而不可再生资源、无形资产、土地使用权等不适合作为租赁标的。

(三)租赁期限

租赁期限简称租期,是指出租人出让物件给承租人使用的期限。《国际财务报告准则第 16 号——租赁》(IFRS 16)和我国《企业会计准则第 21 号——租赁》规定:租赁期是指承租人有权使用租赁资产且不可撤销的期间。租赁期包括:续租选择权所涵盖的期间,前提是承租人合理确定将行使该选择权;以及终止租赁选择权所涵盖的期间,前提是承租人合理确定不会行使该选择权。

租期对于出租人和承租人都十分重要,因为它会影响费用的高低。一般来说,租期越长,租金越大,出租人收取的报酬也就越多。

租赁期限会因不同租赁种类而有差异。一般来说经营性租赁的租期不超过 1 年;融资租赁的租期是与设备的使用年限密切相关的,原则上与物件的使用寿命(折旧年限)相同。对于国家鼓励的特殊项目,租期最短为 3 年,否则在法律上就没有依据了。随着租赁创新的发展,经营性租赁超过 3 年的物品有可能转换成融资租赁方式。

我国《企业会计准则第 21 号——租赁》特别提到:短期租赁是指在租赁期开始日,租赁期不超过 12 个月的租赁,但包含购买选择权的租赁不属于短期租赁。对于短期租赁,承租人可以选择不确认使用权资产和租赁负债的方式进行简化处理。

(四)租赁费用

租赁费用是承租人在租期内为获得租赁物品的使用权而支付的代价,主要是租金。租金是租赁各方利益的集中体现,它对出租人来说是收回在租赁物品上的投资并获得利润的手段,对承租人来说是取得租赁物品使用而发生的成本。要注意的是,租赁费用是根据租期长短,而不是根据支付次数的多少计算的,在承租期间,不管承租人有无使用设备,一般都要支付事先约定的租金。

三、租赁的特征

租赁从早期的物件租赁发展到以金融租赁为代表的现代租赁,已成为一种以融资为目的而进行的经营活动。然而,租赁又与社会中存在的其他一些信用活动有着显著的差异,这可以通过一些概念的比较加以理解。

(一)租赁与贷款的区别

租赁作为一种融资方式,起到与银行贷款相似的作用,但是,两者的融资方式和形式是不同的。它们存在以下区别:

1. 两者性质不同

虽然租赁与贷款都为企业融通了资金,但租赁是租赁信用,而贷款是银行信用。从信用范畴上讲,两者的性质是不同的。

2. 两者涉及的主要合同不同

租赁是以融物形式来融资,涉及租赁合同及购货合同。租赁融资合同的标的是设备,出租人以向承租人提供设备的形式为承租人融资,给予承租人设备的使用权。为了获得设备,出租人一般要与供货商联系,甚至要亲自购买设备。

贷款只涉及借贷双方之间的借贷关系,他们只签订借款合同,贷款合同的标的是资金。即使借款人借款的目的也是用于购置设备,贷款人不直接介入购买行为,也不与供货商直接发生关系。

3. 两者的融资比例不同

租赁可以是百分之百的融资,而贷款则是一种不完全融资,这是两者对承租人或借款人来讲的最大区别之一。

租赁的主要优点是能获得百分之百的融资,承租人可以通过租赁,获得相当于同额资产的机器设备的使用权。而借款人在向银行贷款时,银行通常要求借款人提供担保或抵押,为了控制贷款的风险,银行往往会按一定的抵押率来给予贷款,贷款的数量必然低于抵押资产的实际价值,而且银行通常要求企业在银行保留一部分贷款作为补偿性余额存款,这些都在一定程度上限制了融资比例。根据银行的做法,一般贷款大体上也只有其抵押资产价值的60%～75%能够转化为资金。

4. 两者对借款人的影响不同

部分租赁可以不增加企业的负债。例如,短期租赁与低价值资产租赁可不作为企业负债,不计入资产负债表的负债项目,也不改变企业的负债比率。而贷款则是作为企业的负债,会提高企业的负债比率,影响其偿债能力,使其对金融机构的贷款受到限制。

(二)租赁与分期付款的区别

租赁与分期付款在还款形式上十分相似。在租赁业务中,承租人分期向出租人支付租金;在分期付款中,买方向卖方分期支付货款,两者都涉及资金的分期支付。但分期付款是商业信用,与租赁有着根本区别。

1. 物品所有权的归属不同

分期付款是买方从卖方手中购入设备,尽管大部分货款在以后分期支付,但在支付第一笔款项后,买方就获得了设备的所有权,可以对设备进行自主处理。而租赁的承租人在整个租赁期内只获得使用权,设备的所有权仍属于出租人,因此承租人在租期内不能对设备进行任意的处置。

2. 两者涉及的合同不同

在分期付款方式下,买卖双方签订的是购货合同,由卖方向买方提供商业信用,收取利息。而在租赁中,承租人与出租人之间签订的是租赁合同,而租赁中涉及的购货合同是由出租人根据承租人指定的设备及其条件与供货人签订。

3. 两者的会计处理有很大区别

由于以上区别,分期付款和租赁在会计处理方面有很大区别。在会计处理上,分期付款由于买方一开始就获得了货物的所有权,因此,应为设备设置相应的资产账户,并提取折旧。而租赁则因不同的形式而异:在经营租赁中,承租人完全不必设置资产账户,不必提取折旧;在融资租赁中,则需要由承租人作会计处理。但是,从2019年1月1日起实施的《企业会计准则第21号——租赁》要求承租人在租赁期间对使用权资产计提折旧,短期租赁与低价值资产租赁除外。

4. 两者的税收待遇不同

为了鼓励采用租赁方式,许多国家都对租赁作出税收的优惠规定,如果以租赁方式得到设备的使用权,在税收上可以享受租赁的好处。但分期付款只是作为买卖交易看待,不能享受租赁在税收上的优惠。

第二节　租赁的产生与发展

租赁是一种非常古老的信用形式,它出现在私有制之后,并随着经济的发展而演进,经历了古代租赁、传统租赁、近代租赁和现代租赁四个阶段。在我国,现代租赁业务的起步较晚,发展中也还存在较多的问题。

一、租赁产生的基础

租赁作为一种信用形式,其产生的社会经济基础是私有制。由于租赁是在保持财产所有权的条件下对使用权的让渡,因此,出租人首先必须拥有财产的所有权。

在原始社会中,人们共同拥有财产,没有所有权的差异,也就不会采用租赁这种形式去获得使用权了。

当人类出现了私有制,就产生了人们对不同物品的不同所有权。随着人类生产技术的提高,发展出现了不平衡,一部分人掌握的生产资料富余,另一部分人却不足,生产资料所有者之间需要调配余缺以解决不平衡的问题。于是,具有财产物品所有权的人暂时出让使用权,并收取一定的使用费以调剂余缺,从而产生了租赁。

二、租赁发展的四个阶段

随着生产力的发展,租赁业也逐渐发展起来。租赁的发展一般划分为古代租赁、传统租赁、近代租赁和现代租赁四个阶段。

(一)古代租赁

租赁的悠久历史可以从一些古老的历史文献中看出。

在古埃及的文献里,记录了公元前20世纪腓尼基人对船只的出租与承租。

公元前5世纪中叶古罗马著名的《十二铜表法》对租赁也有记载,规定出租牲畜时,租用人若不付租金,出租人有权收取租用人的财产。

当然,古代租赁只是一种古老的、不完整的实物信用形式,它具有以下特点:第一,租赁的主要对象是房屋、土地、船只及农具等生活用品;第二,租赁的目的主要是满足对物件使用的需要,出租人和承租人相互交换使用物件,而不是像现代租赁以融资为目的;第三,出租人和承租人没有采取固定的契约形式,双方的权利义务不十分明确,也没有固定的报酬。

(二)传统租赁

当商品经济有了一定发展,慢慢地出现了传统租赁,尽管租赁的目的仍是为了获得使用价值,但与古代租赁相比,传统租赁中的出租人和承租人之间已经签订契约以明确双方的权利和义务,并收取报酬。

传统租赁的租赁对象是闲置物品,是否出租取决于货物所有者是否有闲置物件,故仍有一定的偶然性,但此时的租赁范围已比以前扩大了许多。在中国,周、秦时期出现了传统租赁,汉唐之后,房产与土地租赁已十分普遍;而中世纪的欧洲,租赁标的则从生产农具、马匹、房屋发展到几乎所有的物件。

在租赁标的扩大的同时,有关租赁的法律条文也陆续出现。在中世纪的欧洲,已经出现了关于租赁的专门法律规定,如公元6世纪中叶,古罗马尤斯丁尼安皇帝法典汇编中就有关于租赁关系的详细条文,公元1289年制定的《威尔士法则》是一份关于租赁的专门法律文件。

传统租赁的期限短,一般不超过1年。租赁的目的仍然只限于使用设备本身,租赁设备只租不售,租赁期满时承租人必须归还租赁资产,承租人对租赁物件只有使用权,没有所有权。出租人对承租人提供全面的服务,负责对租赁物件的维修保养和对承租人的使用培训等。

(三)近代租赁

进入19世纪,随着科学技术和社会化大生产的发展,租赁进入了新的发展时期。英国19世纪的工业革命为近代租赁的出现提供了基础。1849年,伦敦至格林尼治的铁路被租给了东南铁路公司经营。之后,近代租赁在美国也得到了发展,1861年,美国联合缝纫机械公司出租制鞋机械,1877年,美国贝尔电话公司出租电话设备给客户。

近代租赁的特点主要表现为:第一,以设备租赁为主要标的。随着机器化大工业的发展,租赁的对象已从原来的房屋、土地、农具、马匹等,逐渐发展到机器设备、现代化交通运输工具等设备。第二,以厂商租赁为主。设备的制造厂商直接与承租人开展业务,租赁类似于一种分期付款的商业信用,其目的是要控制客户与市场。

(四)现代租赁

从20世纪50年代开始,以融资租赁为代表的现代租赁形式逐渐形成。

1. 现代租赁的发展阶段

第二次世界大战以后,美国工业化生产出现过剩,生产厂商开始为用户提供金融服务,将销售的物件所有权保留在销售方,购买人只享有使用权,直到出租人融通的资金全部以租金的方式收回后,才将所有权转移给购买人,这便是"融资租赁"业务。

1952年,美国的亨利·斯克菲尔德成立了世界第一家融资租赁公司——美国租赁公司,这成为现代租赁体制确立的标志。亨利原是美国一家食品厂的老板,当他拿到了大批生产订单,但自己的生产设备不足又无力筹措资金购置设备,于是利用租赁方式租进设备进行生产,顺利完成了订单,受此启示,他建立起了第一家现代租赁公司。随后,美国又出现了一批现代化租赁公司。

从20世纪60年代开始,现代租赁在欧美各国获得了很大的发展。70年代,大批非银行金融机构涉足租赁领域,租赁规模急剧增加,租赁成为一种重要的融资方式,许多设备制造厂商也把租赁作为扩大产品市场的一种手段。80年代,银行也开始进军租赁业务,大大促进了租赁业的系统化、规范化与国际化。在国际市场上,租赁被用于吸引外资、引进设备、促进投资及推动出口,租赁对象也扩大到了飞机、汽车、计算机、通信设备、工业机械与设备、医疗设备、办公用品、火车车厢、卡车、家具等。

现代租赁是融资与融物相结合、以融资为目的的租赁。根据美国的经验,现代租赁的发展具体又可分为以下五个阶段:

(1)简单金融租赁服务阶段。这个阶段的租赁主要呈现以下几个特点:第一,承租人有意向承租自己选定的租赁物件,出租人有意向为承租人选定的租赁物件提供金融服务;第二,签订的相关融资租赁合同不可取消;第三,出租人承担全额付款购买租赁物件的责任,承租人承担全额支付租金的责任;第四,期限结束后,出租人以象征性价格将设备所有权转卖给承租人;第五,每期租金一般是等额付款;第六,不含任何服务地提供租赁物件。

(2)创造性的金融租赁服务阶段。随着融资租赁的飞速发展,市场竞争逐渐激烈,利润不断下降,出租人为了适应竞争,创造新的金融服务方式。比如,在租期结束后承租人对租赁物件可以选择续租、买断和退还租赁物件等不同做法;租赁的方式衍生出杠杆租赁、返还式租赁和转租赁,融资租赁业进入新的增长时期。

(3)经营性融资租赁阶段。作为融资租赁发展的一个高级阶段,社会上已经有成熟的二级市场,同时已经有具体的融资租赁会计准则界定金融租赁的概念。经营性租赁由出租人提取折旧,相对于传统租赁,经营性租赁推出长期出租概念,租期可以超过1年;出租人一般提供全面服务,包括设备的维修和保养;期限结束后,承租人可以非全额付款,有多项选择;资产风险由出租人承担。

(4)新租赁产品阶段。出租人为了降低风险,提高收益率,开发出新的融资租赁方式,如合成租赁、风险租赁、结构式参与租赁和租赁债权证券化等。这时的租赁已经从简单的租借服务扩大到包括金融服务、经营服务和资产管理在内的多方式、全方位服务。

(5)成熟期。这个阶段租赁公司之间竞争更为激烈,不断出现租赁公司的并购与重组,实现优胜劣汰。租赁公司的盈利率进一步下降,租赁公司经营更加关注资产增值的重要性,租赁业最终与其他行业形成联盟关系。

因各国租赁的发展基础和环境不平衡,所以上述各发展阶段相互之间可能会有所交叉与并存。

2. 现代租赁的发展特点

近几十年,全球租赁业的发展体现在以下几个方面:

(1)世界租赁的交易量不断上升。从全球的统计数字(见表10-1)来看,融资租赁额从1978年至1996年基本上是逐年递增的,1997年由于受到亚洲金融危机的影响而出现下跌,1998年之后又开始复苏。目前,世界上设备销售的20%通过融资租赁来完成,而发达国家的工程机械、飞机船舶、各种车辆、医疗设备、通讯和信息设备等60%以上都是通过租赁方式销售的,租赁已成为世界上仅次于银行信贷的第二大融资方式。

2001年,随着美国国内租赁交易量的下滑,以及美元相对于其他国际货币的升值,全球租赁额排名前50位的国家租赁交易总额从2000年的4 989.5亿美元下降到2001年的4 765.5亿美元。2003年全球租赁业的总交易额为4 616亿美元,其中,美国的营业额为 2 040 亿美元,日本为 621 亿美元,德国为 398 亿美元,在世界上位列前三。[1]

2007 年的全球金融租赁额达到 7 804 亿美元。之后,由于受金融危机的影响,全球金融租赁额有所下降。2009 年,全球融资租赁业经历了历史上最严重的衰退,交易额下降至 5 573 亿美元,回落 24.95 个百分点。2010 年,全球租赁业开始复苏。2011 年,交易额增长 25.21%,达到 7 400 亿美元。之后,全球租赁业稳步发展,截至 2017 年,全球金融租赁额创历史新高,达到 12 827.3 亿美元。[2]

(2) 租赁渗透率不断提高。1981—2015 年世界租赁发达国家设备租赁市场渗透率见表 10-2,从中可以看出,澳大利亚的这一指标高达 40%,而英国、加拿大超过 30%,美国、瑞典也在 20% 以上,德国、法国、意大利在 15% 左右,日本、韩国约为 10%。

表 10-1　　　　　　　　　　1978—2017 年世界租赁增长额

年份	交易额(10 亿美元)	增长(%)	年份	交易额(10 亿美元)	增长(%)
1978	40.8		1998	432.5	6.6
1979	53	29.9	1999	473.5	9.5
1980	63.6	20.0	2000	498.95	5.4
1981	79.6	25.2	2001	476.55	−4.5
1982	84.9	6.7	2002	NA	NA
1983	93.5	10.1	2003	461.6	—
1984	110.2	17.9	2004	579.13	25.46
1985	138.1	25.3	2005	582.0	0.50
1986	173.4	25.6	2006	633.7	8.88
1987	225.2	29.9	2007	780.4	23.15
1988	273.8	21.6	2008	732.8	−6.10
1989	302.4	10.4	2009	557.3	−24.95
1990	331.6	9.7	2010	591	8.44
1991	345.3	4.1	2011	740	25.21
1992	323.3	−6.4	2012	868	8.9
1993	309.6	−4.2	2013	884	1.8
1994	356.4	15.1	2014	944.3	6.8

[1] 《2004 年世界租赁年报》。
[2] White Clarke, *White Clarke Global Leasing Report 2017*.

续表

年份	交易额(10亿美元)	增长(%)	年份	交易额(10亿美元)	增长(%)
1995	409.1	14.8	2015	1 005.3	6.5
1996	428.1	4.6	2016	1 099.77	9.4
1997	405.8	−5.2	2017	1 282.73	16.6

资料来源:《世界租赁年报》各年;搜狐财经:《融资租赁直达实体经济 美MLFI-25指数强劲反弹》,http://business.sohu.com/20120511/n342906973.shtml;White Clarke,*White Clarke Global Leasing Report 2019*。

表 10-2　　　　　　世界租赁发达国家设备租赁市场渗透率对比　　　　　　单位:%

年份	美国	日本	德国	韩国	英国	法国	意大利	巴西	加拿大	澳大利亚	瑞典
1981	20.1	4.1	2.8		13.3	7.3	6.2		4.7	22.2	8.5
1985	27.1	7.8	4.0	6.0	19.4	4.5	11.5		8.4	35.8	14.5
1990	32.0	9.0	15.7	16.1	20.3	17.3	21.3	1.0	9.3	25.8	15.4
1995	28.1	9.4	16.9	30.0	17.9	15.2	16.8	20.5	15.9	22.3	27.0
2000	31.7	9.1	14.8	2.4	13.8	9.2	12.3	11.4	22.5	20.0	12.9
2005	26.9	9.3	18.6	7.7	14.5	11.7	15.1	13.5	23.9	20.0	11.8
2006	27.7	9.3	23.6	9.4	12.7	11.0	15.2	16.9	22.0	18.0	11.8
2007	26.0	7.8	15.5	N/A	11.6	12.0	11.4	19.0	22.0	14.2	14.3
2008	16.4	7.2	16.2	10.5	20.6	12.2	16.9	23.8	19.6	10.0	19.4
2009	17.1	7.0	13.9	4.4	17.6	3.1	10.0	N/A	14.0	10.0	17.5
2010	17.1	6.3	14.3	4.8	18.5	10.5	13.1	N/A	15.1	12.0	19.2
2011	21.0	6.8	14.7	8.7	19.8	11.1	12.3	NA	20.8	27.5	18.2
2012	22.0	7.2	5.8	8.5	23.8	12.8	10.0	NA	20.8	27.5	24.6
2013	22.0	9.8	16.6	8.1	31.0	12.5	9.4	NA	32.0	40.0	24.4
2014	22.0	8.9	16.4	9.8	28.6	13.1	11.7	NA	31.0	40.0	22.7
2015	22.0	9.6	16.7	9.4	31.1	14.2	13.0	NA	32.0	40.0	22.9
2016	21.5	8.4	17.0	9.1	33.7	15.3	14.1	NA	32.0	40.0	26
2017	21.6	9.0	17.2	8.9	32.4	16.1	15.2	NA	38.0	40.0	27.1

注:市场渗透率是指租赁设备价值占固定资产投资的比例。

资料来源:《世界租赁年报》各年;White Clarke,*White Clarke Global Leasing Report 2019*.

(3)经济发展与租赁发展相互推动。经济发达地区的租赁交易量大,渗透率高。从图10-1中世界各地区的租赁交易量来看,北美洲、欧洲和亚洲的租赁交易金额较大,这主要是经济的发展带动的。

(10亿美元)

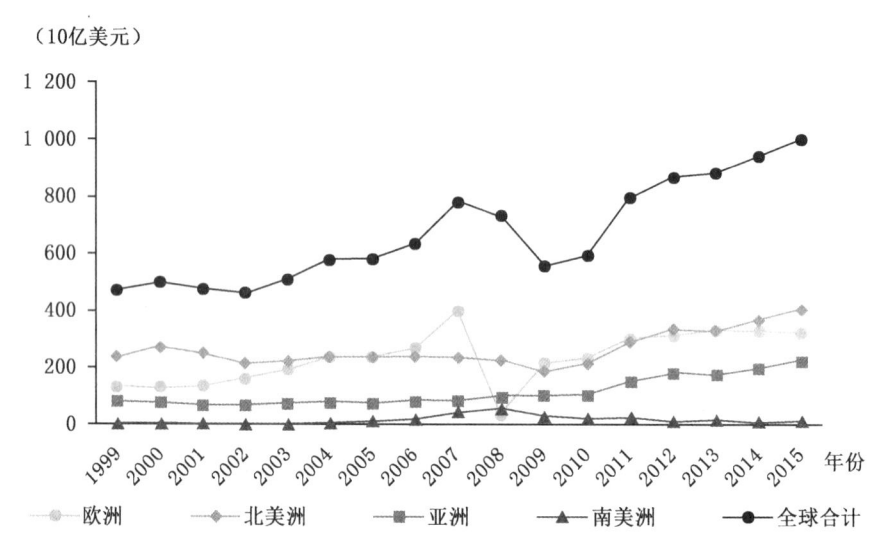

资料来源:White Clarke,*White Clarke Global Leasing Report* 2017.

图 10-1　1999—2015 年世界各地区租赁交易量

(4)并购风潮渐起。以全球的视野来看,并购一直伴随着融资租赁的发展。从 1987 年至 2013 年 9 月,全球发生了 1 058 起有据可查的融资租赁并购事件,平均每起并购案资金规模达到了 1.5 亿美元。[①]

3. 现代租赁与传统租赁的不同

(1)租赁目的不同。现代租赁以融资为主要目的,是融资与融物相结合,出租人的营利动机非常明确;而在传统租赁中,承租人的主要目的在于获得租赁物件的使用权。

(2)租赁物件选择权不同。传统租赁的出租物件是出租人原来就有或是自己生产的设备;而现代租赁的出租物件大多是出租人根据承租人的要求购得后出租给承租人。

(3)租赁当事人不同。传统租赁只有出租人和承租人两个当事人,而现代租赁一般会涉及出租人、承租人和供货人三方当事人。

(4)租赁物件期末处理方式不同。传统租赁,租期期满后只有退租与续租两种选择;而现代租赁除以上两种选择,还有留购的选择权。

(5)租期长短不同。传统租赁的租期一般较短;而现代租赁的租期长,很多设备租期接近设备的使用年限,而且不得中途解除合同,承租人必须按期交付租金。

(6)租金构成不同。传统租赁租金由购置成本除以设备使用期限再加一定管理费构成;现代租赁则由全部货款加相应利息和管理费等项目构成。

---

① 肖旺:《融资租赁并购风潮渐起》,《金融时报》2013 年 11 月 25 日。

(7)利润来源不同。传统租赁的利润来源由出租率高低决定;而现代租赁则由利息和税收优惠构成。

三、各国租赁业的发展简介

从世界范围看,目前租赁业最发达的国家还是美国、日本、德国和英国。

(一)美国租赁业的发展

美国是第二次世界大战后现代租赁的发源地,从20世纪50年代起租赁在各行各业中就得到广泛应用,目前美国已成为世界上最大的租赁市场。美国政府在政策上一贯积极支持租赁业的发展,比如,美国在税收上为租赁提供了诸多优惠,如加速折旧和投资抵税等,仅在1982年财政年度政府就给租赁业提供了67亿美元的赋税优惠,这对租赁的发展起到了促进作用。

美国对租赁业的限制比较少,因此从事租赁业务的机构形式多样、数量众多,有银行附属或与银行资本有关的租赁公司、有制造商兼营的租赁机构(主要出租厂家自己生产的产品)以及独立经营的租赁公司。另外,投资银行、养老基金、保险公司等金融机构也是租赁市场的参与者。据统计,目前美国约有3 000多家租赁公司。

租赁在美国经济中发挥着重要作用,设备租赁额增长迅速,1980年为435亿美元,1982年增至576亿美元,1984年为744亿美元。1986年美国的商业固定耐用设备投资金额为3 161亿美元,其中设备租赁金额为948亿美元,占全部耐用设备投资金额的28.7%。到1992年设备租赁金额增长到1 289亿美元,租赁在整个设备投资中占到32%。美国有80%以上的企业采用设备租赁的做法,以节省投资。

1992—2011年,美国租赁市场渗透率整体呈下滑趋势,特别是2008年金融危机使得美国租赁业渗透率从2007年的26%下降到2008年的16.4%,也说明租赁业务和经济的景气程度有较大联系。有关数据显示,2017年美国租赁业成交额已达到4 103.5亿美元,占世界租赁业的32%左右,居世界首位。2017年美国设备融资(包括租赁、担保贷款和信用贷款等)业务额超过1万亿美元,通过租赁方式进行的设备投资占全社会投资比重为21.6%。[1]

目前,美国租赁市场上的租赁对象包括飞机、信息处理设备(如电子计算机等)以及价格昂贵的医疗设备(如X光机、心脏护理装置、诊断设备)等,还包括汽车等交通工具。另外,电讯电话设备、办公设备、铁路、建筑机械、农业机械、灌溉系统及其他运输车辆等,也是美国租赁市场上比较重要的租赁对象。

---

[1] White Clarke, *White Clarke Global Leasing Report 2019*.

(二)日本租赁业的发展

日本租赁业出现的时间晚于欧美,但发展迅速。1963年"日本租赁株式会社"的成立标志着日本租赁业的诞生,1964年成立了东方租赁公司和东京租赁公司。由于这些公司的积极宣传、介绍和努力开拓、推广,租赁受到了各大企业的注目。日本经济界逐渐认识到租赁这个新兴行业对经济发展所具有的积极意义和重要作用,1968—1972年,一批全国性、综合性租赁公司成立。日本通产省于1970年和1973年先后颁布了两项有助于发展租赁业的法规,使越来越多的大银行、大商社参与了租赁业务。1971年10月,经通产省批准,由19家租赁公司发起成立"社团法人租赁协会",使租赁业取得了法人地位。进入80年代之后,日本租赁业以平均23%的年增长率持续高速递增,远远高于同期国民生产总值年增长率。20世纪90年代,大量的资金开始进入金融和房地产领域,大萧条发生后租赁公司出现严重的不良资产,多家租赁公司破产,日本的租赁业进入整顿期。1997年,在亚洲金融风暴的冲击下,日本第一家租赁公司——日本租赁公司被迫宣布倒闭。

2000年以后,随着日本经济出现复苏迹象,日本政府对相关租赁法律进行了修订和完善,放宽了对租赁经营的限制,日本租赁业出现恢复势头。但2006年之后,日本租赁业务渗透率不断下滑,直到2011年才有所回升。尽管日本租赁业仍未摆脱经济困境的干扰,日本的租赁额仍然在世界处于领先地位。日本2017年的租赁交易额达到604.7亿美元,居世界第五位,租赁市场渗透率为9%。[1]

日本的租赁对象主要是计算机、通信设备、办公设备、工业机械、交通设备、医疗器械、服务业设施等。日本租赁公司主要为专营性租赁公司,有些租赁公司是由银行出资建立的。日本在税收上对租赁没有特别的优惠,但通过"租赁制度"和"租赁信用保险"也极大地促进了租赁业的发展。

(三)德国租赁业的发展

德国最早的租赁公司成立于1962年,从1974年到1984年的10年中,租赁投资额增加了3.52倍,但同期设备总投资额只增加了1.59倍,租赁占设备投资总额的比例已从1974年的3.2%增至1984年的7.1%。进入90年代,德国的租赁业发展迅速,1992—2011年,德国租赁市场渗透率整体保持上升的趋势,2006年达到了近20年来的最高点,为23.6%。之后,随着金融危机的到来,德国的租赁渗透率不断下降,2012年达到低点5.8%以后反弹至16%以上。2017年德国租赁交易额为783.2亿美元,居全球第四位,租赁市场渗透率为17.2%。

德国是欧洲第二大租赁市场,在设备融资领域,融资租赁约占48%,经营租赁约

---

[1] White Clarke, *White Clarke Global Leasing Report 2019*.

占39%,租购仅占13%。租赁在德国得到广泛应用,特别是在设备和建筑业等领域。在租赁资产的类别方面,道路车辆仍然是德国最主要的租赁资产(约占75%),其次是机器设备、办公设备和IT系统。[1]

在德国银行法中,纯租赁公司不属于银行类,不受银行业的管制,但租赁公司在大项目及日常业务中都必须保证不从事那些专属于银行的交易。

(四)英国租赁业的发展

英国在历史上是租赁业比较发达的国家。19世纪工业大生产的发展使英国出现了租赁业的繁荣局面,铁路货车长期租赁、制靴机与制鞋机租赁十分盛行。

第二次世界大战后,随着英国金融机构把投资重点从消费信贷转向工业信贷市场,租赁业开始被英国金融界和工商业界所重视。1960年,英国第一家租赁公司——英美合资的商业租赁公司正式成立,开始了英国现代设备租赁的新时期。其后,大部分融资机构、商业银行很快都开办了租赁业务,以此作为它们推进发展工业融资业务的手段。

20世纪60年代,英国现代租赁业务有了稳步发展,70年代逐步形成了一个新产业部门。1971年8月,英国设备租赁协会成立,当时只有13家成员。该协会成立不久,立即联合那些经营租赁的融资机构、清算银行、商业银行、外国银行、保险公司和工业附属机构,很快成为英国租赁业的代表机构。1978年已有38家会员,到1985年增至76家,加上非正式成员,目前约有90家公司。协会成员公司的成交额占了融资租赁市场的很大份额。1979年还成立了租赁经纪人协会,拥有16个会员公司。

在1976年到1985年的10年中,英国的租赁成交额增长近13倍,租赁增长率大大超过了整个投资增长率。英国1985年租赁成交额为57.7亿英镑,比历史创纪录年的1984年的40.1亿英镑增长了43%。20世纪80年代英国成为欧洲最大的租赁市场。20世纪90年代中期以来,英国的租赁业发展受到来自德国、意大利和法国的巨大挑战,在租赁总量上遭遇了小幅滑坡,但在排名上仍在全球靠前。得益于2014年经济的飞速发展,2015年英国的租赁交易额达到871.3亿美元,位居世界第三位,2017年英国的租赁交易额达到924.5亿美元,租赁市场渗透率为32.4%。[2]

英国租赁业务的对象多为各种动产,如机器设备、计算机、办公设备、汽车、船舶、飞机和油田设备等,2015年IT设备的租赁业务增长幅度达到38%,其次是商用车和汽车租赁,均保持两位数的增长速度。英国的租赁机构大多是银行和其他金融机构的附属公司。

---

[1] White Clarke, *White Clarke Global Leasing Report 2019*.
[2] White Clarke, *White Clarke Global Leasing Report 2019*.

(五)法国租赁业的发展

法国于1961年从美国引进了设备租赁的概念,并成立了第一家租赁公司。由于法国中小企业自有资金不足和自筹资金能力较低,面临日益增长的设备投资需求,它们对租赁方式表现出特别的兴趣,另外,法国的法院支持租赁合同明文规定违约罚款条款以保证合同的执行,这也促使租赁业在法国迅速发展。

在20世纪70年代期间,法国的租赁业务年均增长18%,1984年新的租赁额为22亿法郎(按购货金额计),占国内设备投资总额的比例为7.3%,比1970年的3.8%几乎翻了一倍。1989年,法国的租赁市场渗透率达到创纪录的19.7%,此后有所下降,2011年以后,法国租赁市场渗透率稳步回升。2017年法国的租赁交易额为497.8亿美元,位居世界第六位,租赁市场渗透率16.1%。

法国经营设备租赁的公司1966年为15家,1981年增至43家,1984年已达51家,它们一般都是经政府批准的银行系统的子公司。

法国的设备租赁公司主要经营动产和不动产租赁,其中电子计算机和卡车约占租赁金额的一半。

(六)韩国租赁业的发展

韩国自1972年首次引入融资租赁模式,40多年来取得了一定的发展。其租赁业的发展可以分为引入期、巩固期、成长期、竞争期和调整期五个阶段。[①]

1. 引入期(1972—1978年)

随着经济的发展,设备投资和资金需求迅速增加。1972年韩国第一家融资租赁公司——产业租赁公司应运而生,标志着融资租赁业开始在韩国生根发芽。在此期间,韩国政府制定了《设备租赁法》,为行业发展提供了法律基础和保障。随后,韩国开发租赁公司和华信泰租赁公司(现花旗租赁)相继成立。

2. 巩固期(1979—1983年)

融资租赁相关理念和经营方式开始得到广泛认可,综合性金融公司开始涉足该领域。随着融资租赁巨大融资作用的发挥,政府开始放宽对融资租赁公司的限制。

3. 成长期(1984—1989年)

融资租赁业获得较快发展,新成立了5家融资租赁公司。综合性金融公司的融资租赁业务获得较快发展,到1988年融资租赁业务占综合性金融公司业务总量的48%。

4. 竞争期(1990—1997年)

随着市场规模扩大和融资租赁公司数量的不断增加,行业竞争日趋激烈,使得收

---

① 中国租赁会展网,http://www.chinarental.org。

益恶化,发展面临危机。此间,17家地方性租赁公司相继成立,从事融资租赁业务的公司增加到40家。同时,市场规模也不断扩大,1994年市场规模达到100亿美元,成为世界第五大融资租赁市场。

5. 调整期(1998年至今)

租赁企业实施"章鱼式"扩张战略,但金融危机致使韩国融资租赁业也掉入"冰窖"。金融危机前,韩国政府修改法律,将《设备租赁法》并入《专业信贷金融业法》,放宽准入条件,并将许可制改成备案制,租赁登记和监管职能由财经部转移到金融监督院。国家放松监管,企业通过贷款方式大规模扩展海内外业务,导致坏账堆积如山,危机加重。金融危机爆发后,设备投资大规模萎缩,韩国企业开始收缩业务,融资租赁陷入前所未有的困境。经历金融危机的洗礼,韩国的租赁业开始结构调整。

韩国2017年的租赁交易额为120亿美元,居全球第十四位,租赁市场渗透率为8.9%。

在韩国,银行背景类、厂商背景类和独立的租赁公司所占的比重分别是40%、45%和15%。租赁公司的资金来源主要靠发行公司债券,约占70%。韩国经济主要依托于大型的跨国制造业,所以,在韩国参与融资租赁的主要是制造业企业。但目前,韩国租赁业务中制造业的比重有所下降(从1994年的61.1%到2013年的32.8%),服务业(包括个人的租赁服务)的比重大幅提高。据统计,2017年韩国的交通运输设备租赁(占比73.8%)与工业机器设备租赁(占比13.0%)合计占整个租赁市场的85%以上,其他的包括医疗设施租赁(占比7.2%)、教育与科技设备租赁(占比3.1%)等。[①]

四、中国租赁业的发展

中国租赁业尽管起源早,但其发展却落后于发达国家。目前,中国租赁业还存在着诸多问题需要解决。

(一)中国租赁业的发展历史

在中国历史上,文献记载的租赁可追溯到西周时期的土地出租。根据《卫鼎(甲)铭》记载,邦君厉把周王赐给他的五田,出租了四田。据历史学家们考证,涉及租赁的诉讼,在西周中期以后已不少见了。但中国长期以来处于封建社会,出租人往往都是些"地主"或"财主",他们和承租人的关系是"剥削与被剥削"的关系。

我国现代租赁的真正出现则是在改革开放之后,其发展过程可以分为以下五个阶段:

---

① White Clarke, *White Clarke Global Leasing Report 2019*.

1. 第一阶段(1979—1983年)

1981年2月,在荣毅仁先生的倡导下,由中信以及日本当时的东方租赁有限公司等组成了中国第一家中外合资租赁有限公司——中国东方租赁有限公司,成为中国现代租赁业开始的标志。同年7月,由中信公司与国内有关单位合资成立了中国第一家作为非银行金融机构类的租赁公司——中国租赁有限公司。此后,不少合资租赁公司和中资租赁公司相继成立。

在这一阶段,租赁业务成交量虽然小,但成交金额却是不断增长的。1981年租赁成交金额为1 300万美元,1982年为4 100万美元,1983年超过了1亿美元。

2. 第二阶段(1984—1987年)

20世纪80年代中期开始,许多物资和机电公司也开始积极探索设备流通中的融资租赁业务,各类租赁公司大量出现。到1987年底,已有14家合资租赁公司和15家中资租赁公司。伴随着租赁公司的大量组建,租赁业务迅速增长,到1987年底,租赁合同金额超过13亿美元。

3. 第三阶段(1988—1999年)

1988年经济过热后,国家采取了有效措施进行降温,租赁业也受到冲击。20世纪90年代初,邓小平南方重要讲话后又掀起了新一轮建设高潮,中国的租赁业也于1992年达到了最高峰,当年的租赁额为38.33亿美元。之后,中国租赁业的增长速度明显放慢,原因主要是:第一,不良资产增加。1993—1999年前后,一些租赁公司脱离租赁主业,违规高息揽储,滥用职权,乱购设备,导致不良债权占比激增。第二,租金拖欠。租赁公司面临很大的租金拖欠问题,这在合资租赁公司中更加突出。第三,实力不足。个别公司注册资金少,高负债运营。1997年经中国人民银行批准的金融租赁公司共16家,1996年末租赁公司总资产达到近140亿元人民币,但注册资本金总计只有6亿多元人民币加500万美元,资本充足率普遍较低,隐含极大的风险。

这些不良状况使租赁公司受到了巨大挫折,相当多的租赁公司陷入困境,业务量迅速萎缩,近半数的租赁企业停业。

4. 第四阶段(2000—2006年)

这一阶段,中国监管当局致力于对金融租赁公司进行规范。主要措施包括:

(1)机构整顿。2000年8月,中国华阳金融租赁有限公司因严重违规经营,不能支付到期债务,成为第一家被中国人民银行依法撤销的金融租赁公司,这也拉开了央行实质性整顿租赁公司的序幕。之后,中国人民银行又相继关闭了经营陷入严重困境的海南国际租赁有限公司和武汉国际租赁公司。2004年以来,又相继有两家金融租赁公司进入破产,两家公司被停业整顿。

(2)法律出台。2000年6月,中国人民银行颁布了《金融租赁公司管理办法》,为从业者和监管者提供了法律依据,使金融租赁业有了发展的根基。2001年1月1日,财政部发布的《企业会计准则——租赁》开始实施,为租赁交易规范提供了会计条件。2004年10月,商务部、国家税务总局发布的《关于从事融资租赁业务有关问题的通知》,开始对内资企业开展融资租赁业务进行试点。2005年2月18日,商务部又根据中国政府加入世界贸易组织的承诺,颁布了新的《外商投资租赁业管理办法》,自2005年3月5日起正式施行。

5. 第五阶段(2007年至今)

2007年3月1日,新的《金融租赁公司管理办法》开始施行,银行再次获准进入租赁业。中国工商银行、中国建设银行、交通银行、民生银行、招商银行分别设立金融租赁公司,由此揭开了中国金融租赁业务的新篇章。

2011年12月15日,商务部发布《商务部关于"十二五"期间促进融资租赁业发展的指导意见》,提出在"十二五"期间将创新融资租赁企业经营模式,优化融资租赁业发展布局,拓宽企业融资渠道,进一步促进融资租赁业的发展。

2012年开始,中国银行业监督管理委员会和商务部致力于对金融租赁公司和外资租赁公司两个管理办法进行修正。

2013年7月,国务院办公厅下发《关于金融支持经济结构调整和转型升级的指导意见》,鼓励民间资本进入金融业。

2014年3月17日,修订后的《金融租赁公司管理办法》正式发布,主要从准入条件、业务范围、经营规则和监督管理等六个方面予以修订完善,引导各种所有制资本进入金融租赁行业,进一步推动商业银行设立金融租赁公司。

2015年8月26日,时任国务院总理的李克强主持召开国务院常务会议,确定加快融资租赁行业发展的多项措施,以便租赁业更好地服务实体经济。

2015年9月1日,国务院办公厅下发《关于促进金融租赁行业健康发展的指导意见》,从八个方面提出了发展金融租赁行业的具体措施。目标是到2020年,融资租赁成为企业设备投资和技术更新的重要手段;一批龙头企业基本形成,融资租赁业市场规模和竞争力水平位居世界前列。

2017年5月,商务部办公厅发布《关于开展融资租赁业风险排查工作的通知》,对融资租赁企业进行重点排查。

2018年5月,商务部发布了《商务部办公厅关于融资租赁公司、商业保理公司和典当行管理职责调整有关事宜的通知》,将制定融资租赁公司经营和监管规则的职责划给中国银行保险监督管理委员会。

2018年12月7日,财政部修订发布了《企业会计准则第21号——租赁》,对租赁的会计处理有了较大的改变。

通过这些措施,中国租赁业的经营更加规范,业务量得到不断提高,租赁业为我国的经济发展作出了重要贡献。

(二)中国租赁业的现状及问题

中国租赁业的起步较晚,发展道路也很曲折,目前仍存在许多问题。

1. 租赁业务的从业机构种类较多

中国目前经营租赁业务的机构主要有以下几类:一是非银行金融机构类的金融租赁公司;二是中外合资租赁公司;三是独资租赁公司;四是厂商类租赁公司;五是其他机构,如财务公司、信托公司及金融资产管理公司经中国人民银行批准可以兼营融资租赁业务。

2. 租赁行业发展较快

近10年来,我国的租赁行业发展较快,主要表现在以下几个方面:

(1)融资租赁企业数量大幅增加。2012年后,随着外商租赁企业数量大幅增加,我国的融资租赁企业数量从2010年的182家增加到2018年的11 777家,增长了近65倍(见图10-2)。

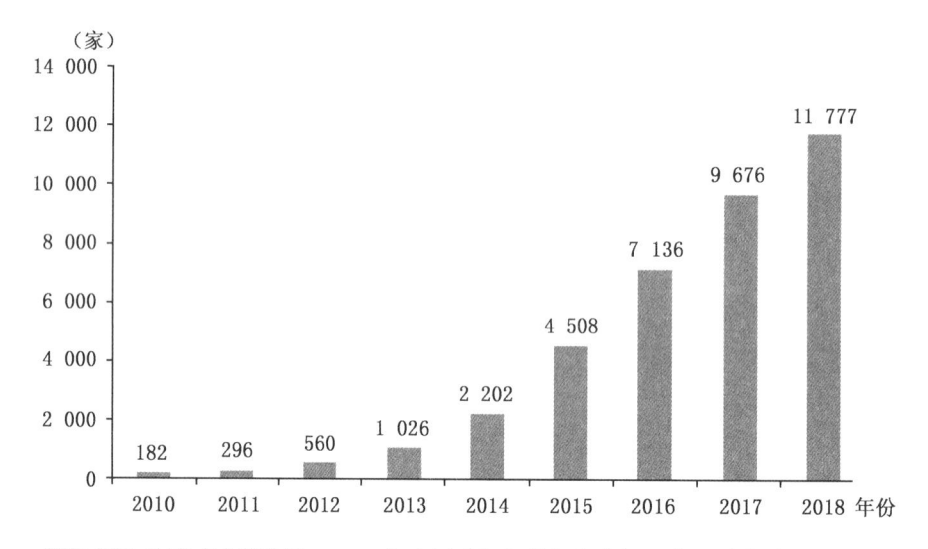

资料来源:前瞻产业研究院,《2018年中国融资租赁行业市场现状及趋势分析》,2019年3月14日。

图10-2 2010—2018年中国融资租赁企业数量变化

(2)租赁行业的资本增长较快。2012年以来,我国租赁企业的注册资金持续上升,行业的实力和信心不断提升。截至2018年底,全国融资租赁行业注册资金折合约33 763亿元人民币,比2017年底的32 031亿元增加5.4%(见图10-3)。其中,天津渤海租赁(2008年成立)、工银金融租赁(2007成立)、平安国际融资租赁(2012成立)

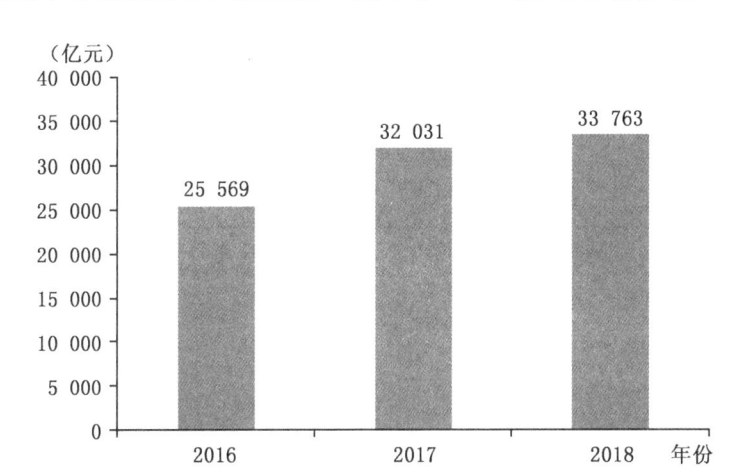

三家公司的资本分别达到 221 亿元、180 亿元与 132.4 亿元,位居前三。

资料来源:前瞻产业研究院,《2018 年中国融资租赁行业市场现状及趋势分析》,2019 年 3 月 14 日。

图 10-3　2016—2018 年中国金融租赁行业注册资金变化

(3)租赁资产的行业应用较广。随着经济的发展,我国租赁业的资产在各个行业都有所涉及。目前,融资租赁资产分布排名前五的行业为能源设备、交通运输设备、基础设施及不动产、通用机械设备和工业装备,它们的占比合计达到 80.9%(见图 10-4)。伴随我国经济热点的切换与新经济的崛起,未来融资租赁有望进一步开拓新行业。

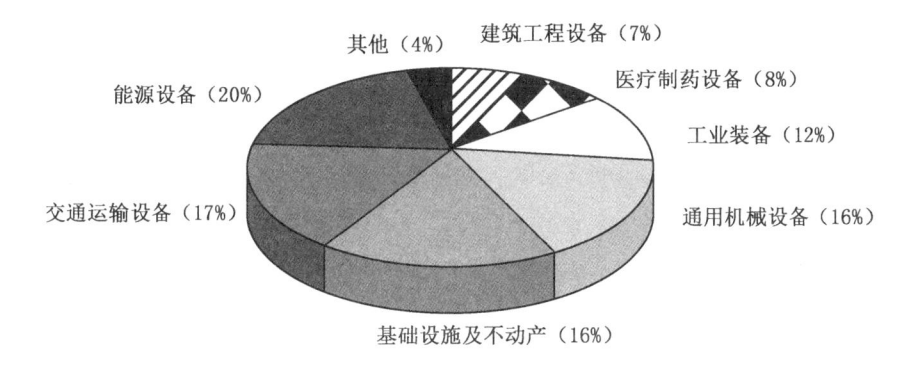

资料来源:前瞻产业研究院,《2018 年中国融资租赁行业市场现状及趋势分析》,2019 年 3 月 14 日。

图 10-4　融资租赁资产行业分布

3. 租赁业的总体水平与发达国家差距仍然较大

尽管我国这几年租赁业取得了非常大的成绩,但是,不管是交易额还是渗透率,与发达国家的水平对比,我国融资租赁行业仍然处于发展滞后的状态,租赁发展规模与我国经济持续快速增长的态势极不相称。例如,尽管我国的融资租赁市场渗透率由2007年的0.17%提高至2017年底的6.8%左右(见表10-3),但与欧美等发达国家融资租赁行业15%~30%的渗透率相比还是偏低,这说明租赁业在我国仍然存在很大的发展潜力。

表10-3　　　　　　　　1981—2017年中国租赁市场渗透率

年份	租赁资产(百万美元)	市场渗透率(%)	经济渗透率(%)
1981	1.86	0.01	0.000 7
1985	404.72	1.17	0.132 6
1990	1 279.06	3.39	0.329 9
1995	1 750.41	1.83	0.25
2000	约200	1.5	0.19
2005	425	1.3	0.16
2009	410	1.65	0.38
2010	634	2.52	0.82
2011	603.9	2.99	0.94
2012	886.6	3.8	1.24
2013	876.3	3.1	1.11
2014	1 148.5	5.14	1.29
2015	1 364.5	4	1.37
2016	2 200	7.12	1.84
2017	2 656.8	6.8	2.21

注:市场渗透率是指租赁交易量占年固定资产投资额的比例;经济渗透率是指租赁交易量占GDP的比例。

资料来源:中国租赁网;《世界租赁年报》各期。

另外,从租赁业务总量上看,尽管全国的融资租赁合同余额在增长,但自2014年以后,租赁合同余额的增速不断下降。截至2018年底,全国融资租赁合同余额为66 500亿元人民币,同比仅增长9.38%(见图10-5)。

当前中国的租赁业与西方发达国家的差距还较大,主要表现在以下几个方面:

(1)租赁的社会认知度较低。金融租赁公司的对外宣传及产品的营销力度不够,导致很多企业不太了解租赁的特点,也不知道利用租赁方式给企业带来的好处。因此,企业在有设备融资需求时想不到去找租赁公司。

(2)租赁业务动机定位不准。目前,西方发达国家的租赁已相当普及,租赁业务已

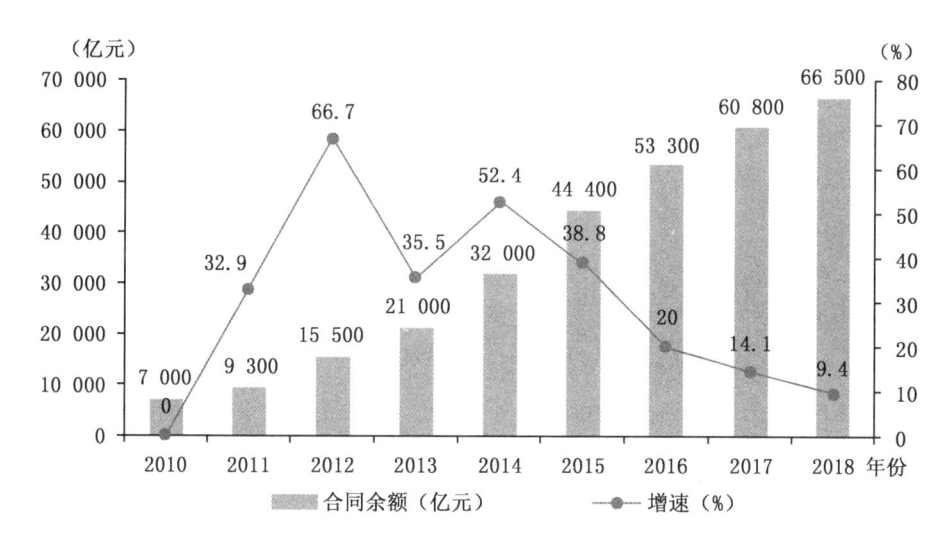

资料来源:中国租赁联盟,《2018年中国融资租赁业发展报告》。

图 10-5 2010—2018 年中国融资租赁行业合同余额及增速的变化

经渗透到各行各业,进入千家万户,而在中国最初开展租赁的动机是引进外资、促进工业企业的技术改造,因此,在动机上就有所不同,这直接导致了目前中国租赁形式单一。

(3)租赁项目审查不合理。发达国家的租赁公司审查项目时主要看项目本身,即看承租人的现金流入状况和支付租金的能力,租赁交易的安全性由财产自身决定。而中国的租赁公司在审查项目时首先考虑的是行业,其次才选择企业,企业的偿付能力主要来自企业的综合效益,而不是某个项目新增的效益部分。

(4)金融租赁公司经营管理水平低。在中国,由于租赁业还缺乏专业人才,租赁业务创新不够,不能提供真正满足客户需要的产品。长期以来,租赁公司并没有真正专注于租赁业务本身,而是进行多元化经营,乱投资、炒股票、炒房地产等,甚至变相吸收公众存款。很多情况下租赁公司开展的业务只不过是简单的信贷类产品,与银行竞争;但租赁公司的资金成本无法同银行相比,因而经常处于劣势。

(5)租赁业的风险不断集聚。由于租赁行业内大多数公司的产品较为单一,以直接租赁和售后回租为主(特别回租业务占比较大),导致行业风险积累加剧,而风险处置模式尚不成熟,从而使风险逐步显现,需要引起关注。

(6)租赁业的法律环境仍不完善。在西方国家,现代租赁业经过50多年的发展,已有高度发达的金融、法律、税务、会计制度与其相适应,市场也比较成熟。而我国在上述各方面则存在许多问题,租赁法律不健全,对出租人的利益和承租人的权力没有充分的保障和约束,造成任意拖欠、拒交租金等现象的发生,大大损害了出租人的利益,影响了租赁业的发展。

(7)租赁行业的监管还有待于改进。中国融资租赁业务的经营机构分为内资试点租赁公司、外资租赁公司和金融租赁公司三类,原先内资试点租赁公司的设立需要商务部和国家税务总局审批,外资租赁公司设立的审批权限则下放到省级商务部门,金融租赁公司由中国银行业监督管理委员会审批监管。这种监管不统一的局面容易导致监管多头,在政策之间产生不配套、不衔接甚至相互矛盾的现象。从2018年4月20日起,商务部将制定融资租赁公司经营和监管规则的职责划给中国银行保险监督管理委员会,租赁业向着统一监管大方向迈出了关键一步。在监管环境趋严的背景下,新的监管机制如何发挥作用,如何规范资租赁公司的经营、防控租赁业务风险,还有待于进一步探索。

(8)租赁缺少优惠政策。西方发达国家通过税收、信贷、外汇等多种政策为租赁业的发展提供支持,而中国缺少专门针对租赁业的优惠政策,对融资租赁公司的业务有着严格的要求,这在一定程度上束缚了租赁业的灵活发展。

正是由于上述问题的存在,中国租赁融资方式对促进企业设备销售与技术更新的巨大拉动作用还远未发挥出来。随着中国经济的高速发展,租赁业前景广阔,商机无限,租赁公司应抓住契机,努力改善经营。

【案例10-2】上海新世纪金融租赁有限责任公司破产[①]

1992年11月,国内贸易部和交通银行开始筹建新世纪金融租赁有限责任公司,并于1994年经中国人民银行批准在上海成立。上海新世纪金融租赁有限责任公司(以下简称新世纪金融租赁公司)注册资本为5亿元人民币,主要从事工业设备、医疗设备、工程机械、办公设备、商业设施、不动产、交通工具、通信网络的租赁业务。经营范围包括融资租赁、出售回租、杠杆租赁、转租赁、委托租赁,各类型设备的经营性租赁,租赁项下的流动资金贷款,担保业务,等等。

1995年,德隆系的新疆屯河参股新世纪金融租赁公司;2000年10月,新疆屯河和湘火炬分别受让新世纪金融租赁公司31.46%和23.04%的股权,德隆成为新世纪金融租赁公司的实际控制人。此后,新世纪金融租赁公司进行增资扩股,ST屯河和湘火炬的持股比例相应下降到20.5%和11.22%,德隆仍相对控股新世纪金融租赁公司,并将其发展成为自己资本运作的重要平台。

---

① 中国路面机械网,http://www.lmjx.net,2005年3月8日。

2004年4月,德隆系股票崩盘后,德隆借用新世纪金融租赁公司和新疆金融租赁公司的金融牌照为其贷款提供担保被曝光。2004年6月,中国工商银行浦东分行诉德隆国际8 000万元贷款案,新世纪金融租赁公司成为第二被告;之后,多家债权银行将其告上法庭,新世纪金融租赁公司处于停业状态。2005年3月14日,新世纪金融租赁公司接到了中国银行业监督管理委员会上海监管局发布的《关于责令新世纪金融租赁有限责任公司停业整顿的决定》的通知,自2005年3月11日起停业整顿。中国银行业监督管理委员会委托中国华融资产管理公司组成停业整顿工作组进驻新世纪金融租赁公司,负责停业整顿工作。2007年,新世纪金融租赁公司进入破产程序。

[案例分析]

2000年以来,租赁业国退民进,但民营企业的不规范运作使中国租赁业蒙上了一层阴影。

德隆控股后,新世纪金融租赁公司一直成为德隆进行资本运作的平台,而没有把租赁业务作为业务重心。其中一个重要的工作就是为德隆系的融资提供担保。由于按照《金融租赁公司管理办法》的有关规定,租赁资产最多可放大到自有资本金的10倍,新世纪金融租赁有5亿元资本金,租赁资产就能够放大到50亿元。通过金融租赁的平台,注册资金为5亿元的新世纪金融租赁公司为德隆提供了超过10亿元的担保。

2004年4月,德隆东窗事发后,新世纪金融租赁公司一直处于应诉状态,原本计划好的租赁业务也基本上全部停掉,最后走上了破产的道路。

由此可见,中国金融租赁业的资产重组需要十分谨慎。业界人士认为,这起金融租赁公司破产案的最大教训就是要找好"婆婆"。中国外商投资企业协会租赁委员会某负责人也认为,"婆婆"的投资动机,仍是租赁公司成功与否的重要因素。

第三节 租赁的种类

租赁的业务形式多种多样,我们可以按照不同标准划分不同的租赁种类,它们有着不同的特点与操作程序。

一、融资租赁与经营租赁

以租赁目的和投资回收方式为标准,租赁可以分为融资租赁与经营租赁两大类。

(一)融资租赁

1. 融资租赁的概念

融资租赁也称为金融租赁,是指租赁的当事人约定,由出租人根据承租人的决定,向承租人选定的第三者(供货人)购买承租人选定的设备,租给承租人使用,在一个不间断的长期租赁期间内,出租人通过收取租金的方式,收回全部或大部分投资。融资租赁在实质上转移了与资产所有权有关的全部风险和报酬,是一种以"融物"形式进行的中长期融资活动,让承租人从出租人那里得到了百分之百的设备信贷。

2. 融资租赁的特点

融资租赁的特点主要表现在以下几个方面:

(1)融资租赁一般涉及出租人、承租人和供货商三方当事人。

(2)融资租赁要签订两个或两个以上的合同,即租赁合同、购买合同和贷款合同。

(3)融资租赁的标的物是特定设备,由承租人选定设备及供货商。

(4)承租人一般情况下不得中途解约。

(5)出租人一般可在一个租期内完全收回投资并盈利。

(6)租赁期满后,承租人一般对设备有留购、续租和退租三种选择。

(二)经营租赁

1. 经营租赁的概念

经营租赁也称为服务性租赁或操作租赁,是一种短期租赁形式,指出租人向承租人出租设备并提供设备的保养维修服务,租赁合同可在中途解约,出租人需反复出租设备才可收回对租赁设备的投资。

国际会计准则委员会(IASB)于2016年发布了《国际财务报告准则第16号——租赁》,将经营租赁定义为"实质上没有转移与标的资产所有权相关的全部风险和报酬的租赁"。

2. 经营租赁的特点

(1)租赁关系简单,一般只涉及出租人与承租人两个当事人,一个租赁合同。

(2)租赁目的主要是为了短期使用某种设备。

(3)租赁物件一般是通用设备或技术含量很高、更新速度较快的设备,由出租人选择。

(4)承租人是不特定的多数人。

(5)租金的支付具有不完全支付性。

(6)租赁物件的使用有较大的限制条件。

3. 融资租赁与经营租赁的比较

区分融资租赁与经营租赁是会计处理中一个不可缺少的环节,表10-4对两者作了一个全面的比较。

表 10-4　　　　　　　　　融资租赁与经营租赁的比较

项　目	经营租赁	融资租赁
租赁目的	让承租人使用租赁物件	为承租人融资
租赁物件的选择	出租人	承租人
租赁期限	短,一般在1年以内	长,至少3年
租赁物件的维护、保养、保险	出租人	承租人
会计处理	短期租赁与低价值资产租赁的租赁物可以不纳入承租人的资产负债表	租赁物要纳入承租人的资产负债表
租期结束时处理	退回、续租或留购	一般以象征性价格留购
中途解约	可以	不可以

2016年1月,国际会计准则委员会(IASB)发布了《国际财务报告准则第16号——租赁》(IFRS16),替换原来的《国际会计准则第17号——租赁》(IAS17),并于2019年1月1日生效。该准则将租赁从"所有权"模型转变为"使用权"模型,承租人不再区分经营租赁和融资租赁。

2018年我国新的《企业会计准则第21号——租赁》中也取消了原先对承租人的区分要求,只规定出租人应当在租赁开始日将租赁分为融资租赁和经营租赁。

根据这些准则,融资租赁是指实质上转移了与租赁资产所有权有关的几乎全部风险和报酬的租赁。其所有权最终可能转移,也可能不转移。除融资租赁以外的其他租赁均为经营租赁。

一项租赁属于融资租赁还是经营租赁,取决于交易的实质,而不是合同的形式。如果一项租赁实质上转移了与租赁资产所有权有关的几乎全部风险和报酬,出租人应当将该项租赁分类为融资租赁。

一项租赁存在下列一种或多种情形的,通常分类为融资租赁:

(1)在租赁期届满时,租赁资产的所有权转移给承租人。

(2)承租人有购买租赁资产的选择权,所订立的购买价款与预计行使选择权时租赁资产的公允价值相比足够低,因而在租赁开始日就可以合理确定承租人将行使该选择权。

(3)资产的所有权虽然不转移,但租赁期占租赁资产使用寿命的大部分。

(4)在租赁开始日,租赁收款额的现值几乎相当于租赁资产的公允价值。

(5)租赁资产性质特殊,如果不作较大改造,只有承租人才能使用。

一项租赁存在下列一项或多项迹象的,也可能分类为融资租赁:

(1)若承租人撤销租赁,撤销租赁对出租人造成的损失由承租人承担。

(2)资产余值的公允价值波动所产生的利得或损失归属于承租人。

(3)承租人有能力以远低于市场水平的租金继续租赁至下一期间。

另外,原租赁为短期租赁,且转租出租人应用准则的相关规定进行简化处理的,转租出租人应当将该转租赁分类为经营租赁。

二、节税租赁和非节税租赁

这是从租赁能不能享受税收优惠的角度划分租赁种类的。

(一)节税租赁

节税租赁也称为真实租赁,是指可以享受税收优惠的租赁。

美国税法所规定的真实租赁的条件包括:

(1)出租人对资产拥有所有权。

(2)租期结束后,承租人可按公平市价续租或留购,也可退还设备,但不能无偿享受期末残值。

(3)合同开始时预计期末资产的公平市价不能低于设备成本的15%~20%。

(4)租期末租赁资产应有两年的服务能力或到期资产的有效寿命为原资产的20%。

(5)出租人投资至少应占设备购置成本的20%。

(6)出租人从所得租金中至少可获投资金额的7%~12%的合理报酬,租期不超过30年。

作出上述规定的主要目的是要区分租赁与分期付款式的买卖行为,从而给真实租赁以税收优惠,包括出租人有资格获得加速折旧及投资减税等优惠,出租人可以降低租金向承租人转让部分税收优惠。承租人可以将其租金从应纳税所得中扣除,从而减少应税金额。

德国税制规定了节税租赁的标准:

(1)租赁合同规定的租期既不低于设备有效寿命的40%,又不超过90%。

(2)租赁合同如规定承租人有留购权,留购的价格或为公平市场价或不低于按直线折旧法计算设备账面剩余净值。

符合上述两个条件的租赁业务可被联邦德国税务当局认定是一项节税租赁,即出租人不仅在法律上拥有这项设备的所有权,而且在经济上享有所有权利益——出租人享受折旧,获得延迟付税的好处,承租人支付的租金,可当作费用从成本中列支。否则将由承租人作为经济利益上的所有权人,享受折旧等投资方面的税务优惠,且承租人在会计处理上把租赁设备资本化,即将租金总额的折现值当作资产列入资产负债表。

(二)非节税租赁

非节税租赁也称为销售式租赁或租购,是指不能享受税收优惠的租赁。

一般来说,凡符合下列其中一项者,即可被视为销售式租赁:

(1)租金中有部分金额是承租人为获得资产所有权而专门支出的。

(2)在支付一定数额的租金后,资产所有权即自动转移给承租人。

(3)承租人在短期内交付的租金,相当于购买这项设备所需要的大部分金额。

(4)一部分租金支出实际上是利息或被认为相当于利息。

(5)按名义价格留购一项资产。

(6)租金和留购价的总和接近购买设备的买价加运费。

(7)承租人承担出租人投资损失的风险。

(8)租期实质上等于租赁资产的全部有效寿命。

三、单一投资租赁和杠杆租赁

这是按租赁中的出资比例为标准划分的。

(一)单一投资租赁

单一投资租赁是指由出租人自身负责承担购买租赁设备全部投资金额的租赁,相应的,租赁风险也由出租人独自承担。这是租赁的基本方式和传统做法。

(二)杠杆租赁

1. 杠杆租赁的概念

杠杆租赁是一种融资性节税租赁,出租人一般只需提供全部设备金额的20%～40%的投资,即可获得设备所有权,享受百分之百设备投资优惠。租赁设备成本的60%～80%的资金是以设备为抵押向银行和其他金融机构贷款得到的,贷款可以设备本身和租赁费为保证,同时需出租人以设备第一抵押权、租赁合同及收取租金的受让权为该贷款的担保。杠杆租赁主要用于资本密集型设备的长期租赁。

杠杆租赁对各方当事人来说都有较大的好处。对于出租人来说,只须出部分资金便可获设备所有权及税收优惠,对贷款的责任仅限于出租物价值;对于承租人来说也可获得税收优惠,因为出租人往往转移部分好处给承租人,可降低租金;对贷款人来说,由于有了设备作为还款的抵押,因此贷款有保障。

2. 杠杆租赁的当事人与合同

(1)杠杆租赁的操作较为复杂,主要涉及以下当事人:

①承租人(一般是具有较大实力的大用户)。

②制造供应厂商。

③物主出租人(拥有租赁资产产权的多个大公司与银行)。

④物主受托人(受物主出租人的委托经管租赁资产,拥有出租资产法律上的所有者、承租人的出租人、债权人的借款人三重身份,是杠杆租赁中的核心)。

⑤债权人或贷款人(提供资金的多个主体)。

⑥合同受托人(接受多个债权人的委托,联系物主受托人,办理出租与收取租金事宜)。

⑦包租人或经纪人(在承租人与出租人之间的中介,安排起草合同,联系借款,促成交易,收取佣金)。

(2)杠杆租赁涉及的合同主要包括:

①参加协议——所有当事人同时签订。

②购买和制造协议——承租人与制造商签订。

③购买协议的转让协议——承租人与物主受托人签订,由前者向后者转让购买设备的权利,以便为筹资作担保。

④信托协议——物主出租人与物主受托人签订,前者授权后者执行购买权力。

⑤合同信托协议——包括信托合同与抵押契约,由物主受托人与合同受托人签订,后者获得抵押权。

⑥租赁合同——承租人与物主受托人签订,明确由后者具体办理购买设备事宜。

⑦保证协议——由担保人签署(如母公司为子公司的担保)。

3. 杠杆租赁的交易程序

杠杆租赁的操作分为筹备阶段与正式进行阶段,其具体交易程序见图10-6。

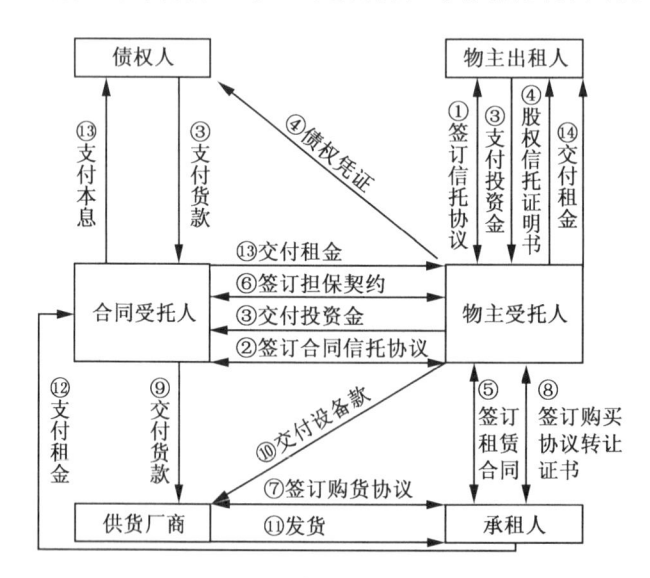

图10-6 杠杆租赁的交易程序

四、直接租赁、转租赁与售后回租

这是根据出租人设备租赁的资金来源和付款对象划分的租赁种类。

(一)直接租赁

1. 直接租赁的含义

直接租赁是由出租人直接向供货厂商购买设备,然后租给承租人,设备所付款项由出租人自行筹措。

2. 直接租赁的程序

直接租赁一般包括两个合同:一个是由出租人与承租人签订的租赁合同,另一个是由出租人与供货商签订的购货合同。直接租赁的程序见图 10-7。

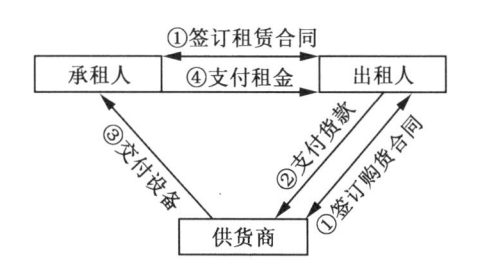

图 10-7 直接租赁的程序

(二)转租赁

转租赁是由出租人先从别的租赁公司租进设备,然后再租给承租人使用的租赁方式。2016 年发布的《国际财务报告准则第 16 号——租赁》将转租赁定义为:在原出租人与原承租人之间的租赁("原租赁")仍然有效的情况下,原承租人("中间出租人")将标的资产转租给第三方的交易。

转租赁涉及的当事人包括设备供应商、第一出租人、第二出租人(同时也是第一承租人)、第二承租人四方。合同主要包括购货合同、租赁合同与转让租赁合同。转租赁的程序见图 10-8。

(三)售后回租

售后回租是指设备物主将自己拥有的资产卖给租赁公司,然后再从租赁公司租回使用的一种租赁方式。

售后回租其实是企业缺乏资金、急需改善财务状况所采取的一种筹资方式。与普通融资租赁相比,其特点在于其承租人与资产出售人为同一人。在企业实际的运营中,售后回租是一种不错的融资、避税的筹资手段。

在回租业务中涉及的关系人包括承租人与出租人两方,其中承租人是拥有原资产

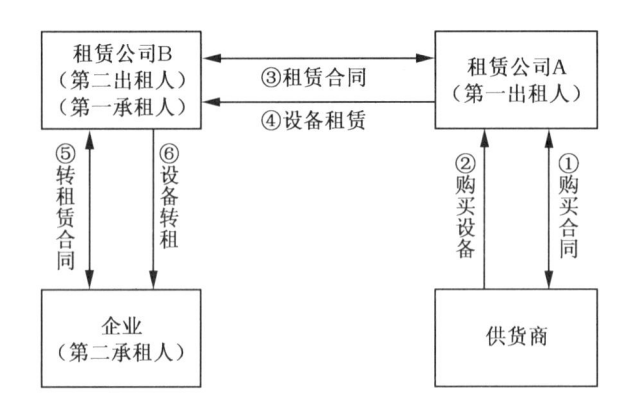

图 10-8 转租赁的程序

的企业,为了盘活资金而出售了自己的设备等资产;出租人是买入资产的租赁公司。回租的合同包括买卖合同与租赁合同。

2014 年 3 月 13 日起实施的《金融租赁公司管理办法》对融资租赁业务中的售后回租交易提出了明确的要求:售后回租业务必须有明确的标的物,标的物应当符合规定;售后回租业务的标的物必须由承租人真实拥有并有权处分。金融租赁公司不得接受已设置任何抵押、权属存在争议或已被司法机关查封、扣押的财产或其所有权存在任何其他瑕疵的财产作为售后回租业务的标的物;售后回租业务中,金融租赁公司对标的物的买入价格应有合理的、不违反会计准则的定价依据作为参考,不得低值高买;从事售后回租业务的金融租赁公司应真实取得相应标的物的所有权。标的物属于国家法律法规规定其产权转移必须到登记部门进行登记的财产类别的,金融租赁公司应进行相关登记。

【案例 10-3】　　　　江西水泥公司的售后回租[①]

2010 年 10 月 29 日,江西水泥公司的子公司瑞金万年青与中国外贸签订《融资租赁合同》(合同编号:中贸租(2010)Z 字第 35 号)、《租赁物买卖合同》(合同编号:中贸租(2010)Z 字第 35－2 号),以回租使用、筹措资金为目的将拥有合法产权且不存在任何权利瑕疵的自有设备(账面价值 16 171 万元),以售后回租的方式出售给中国外贸,售价 1 亿元。租赁期限 3 年,租赁利率为同期中国人民银行贷款基准利率下浮 10%(即 5.04%),租赁款分 12 期支付,每期支付 903.15 万元,累计支付融资租赁款 10 837.8 元。融资租赁设备列入固定资产中,江西水泥公司和中国外贸签订了担保合同。

---

① 黄安冉、肖康元:《融资租赁财务决策研究——基于江西水泥售后回租案例分析》,《新会计》2015 年第 8 期。

> 通过此次交易,江西水泥公司的授信额度增加了,具体表现为:公司在第五届第六次临时会议审议批准的2010年1—6月新增不超过6.146亿元综合授信的基础上,在2010年度拟增加新增综合授信不超过3.45亿元的额度内,2010年度共合计新增综合授信9.596亿元。

[案例分析]

江西水泥公司的售后回租业务有着较大的意义:第一,江西水泥公司售后回租业务的成功为我国中西部地区融资租赁的发展起到了推动作用,有望打破地区发展的不平衡状态;第二,在当前我国制造业产能过剩、企业融资难度大的背景下,由于传统的工程设备购置成本比较高,工期后闲置时间长,再加上受季节性和宏观环境的影响,建筑、钢材、水泥等行业就偏重售后回租业务,意味着这类行业已经突破直接租赁模式的限制,开始探讨多样化的融资租赁方式;第三,江西水泥公司的这一业务体现出融资租赁公司在支持重点领域、扶助"三农"和小微企业发展、助推制造业升级改造等方面的积极作用。融资租赁公司在不断开拓新业务,积累自身经验,提升自身的专业性水平。第四,由于天津等地自由贸易区的税收优惠政策,融资租赁公司的资金不仅来源广而且融资成本低,这样租赁公司便可根据以往的合作情况,更好更快地给其目标客户融资。

融资租赁财务决策是一项复杂的系统工程,需要在结合自身因素的前提下,进行定性和定量的分析。江西水泥公司结合自身行业特点与国家宏微观政策,在本身流动资金不足的状况下,通过售后回租生产设备获得所需资金,盘活了固定资产,自身得到了发展,鼓舞了中部地区企业发展融资租赁业务的信心,为我国融资租赁业的发展作出了贡献。

随着自由贸易试验区席卷全国,政府不断加大对融资租赁政策的支持力度,各地区如天津、武汉、福州等也在积极出台更加优惠的政策措施,企业进入各地自由贸易试验区开办业务将不再是难题。然而,由于行业不同,国家相关的政策也不同,因而企业不能盲目复制已有的成功经验,要选择适合自己的融资租赁方式,积极探索技术创新等间接融资渠道。除了具有实体标的物的制造业外,现代服务行业也应该利用自己的优势开展不同形式的融资租赁业务。

五、国内租赁和国际租赁

这是按租赁所涉及区域划分的租赁形式。

(一)国内租赁

当租赁交易只涉及国内区域,租赁交易的当事人同属一国居民时,这样的租赁称为国内租赁。这是在国内融通资金的一种形式。

(二)国际租赁

当租赁交易的范围扩展到国外,即租赁交易的当事人分属不同国家时,这样的租赁可以称为国际租赁或跨国租赁。国际租赁又分为进口租赁和出口租赁。

1. 进口租赁

进口租赁是指从国外引进租赁设备,再租给国内承租人使用,往往采用的是转租赁方式。进口租赁常被用作引进国际先进技术设备或引进国际资金的一种有效手段。

2. 出口租赁

出口租赁是指将国内设备出租到国外,由国外承租人租用。出口租赁可以扩大国内产品的出口。

六、其他租赁形式

除了上面一些常见的租赁形式之外,还有一些租赁的形式。

(一)风险租赁

风险租赁是指出租人以租赁债权和投资方式将设备出租给特定的承租人,出租人获得租金和股东权益作为投资回报的一项租赁交易。租赁公司以承租人的部分股东权益作为租金。

(二)百分比租赁

这是一种把租赁收益和设备运用收益相联系的租赁形式。承租人向出租人缴纳一定的基本租金后,其余的租金按承租人营业收入的一定比例支付。

(三)结构式参与租赁

这种租赁是以推销为主要目的,主要特点是:融资不需要担保;出租人是以供货商为背景组成的;没有固定的租金约定,而是按照承租人的现金流量折现计算融资回收;没有固定的租期;出租人除了取得租赁收益外,还取得部分年限参与经营的营业收入。

(四)共同委托租赁

共同委托租赁是由多个委托人提供资金,委托租赁公司来做租赁项目,通过租赁公司形成委托人和承租人之间"多对一"的委托关系。

(五)联合租赁

联合租赁类似于银团贷款,由两家以上租赁公司共同对一个项目进行联合融资,提供租赁服务。联合的方式可以是紧密的,也可以是松散型的。联合的主体可以是融资租赁公司,也可以是非融资租赁公司或其他战略投资人。

(六)合成租赁

合成租赁也称为湿租赁,在这种租赁中,租赁公司除了提供金融服务外还提供经营服务和资产管理服务,是一种综合性全方位的租赁服务,它大大扩展了融资租赁的内涵。

第四节 现代租赁的功能

租赁是一种特殊的融资形式,它在现代经济中具有了十分重要的功能,对于承租人与出租人而言,租赁都有着显著的作用。

一、租赁对承租人的作用

(一)融通资金

现代租赁是借助实物方式实现长期融资的一种有效手段,租赁公司要用它们筹措的资金,购买承租人指定的设备,解决了承租人资金短缺的问题。承租企业在获得设备使用权的同时,实际上减少了长期资本支出,起到了长期融资作用。

租赁可以发挥贷款融资的作用,但它在一些方面又优于贷款:

(1)租赁手续简单。银行借款一般需要经过严格审查,以便银行控制风险;而租赁相对简单,企业容易得到需要的设备。

(2)租赁融资的比例高于贷款。贷款一般只能满足企业的部分融资需求,而租赁则可以获得百分之百的融资。

(3)降低了企业的融资成本。租赁可获得税收优惠及加速折旧优惠,而出租人一般会将他所享受的税收优惠转让给承租人,使承租人的融资成本也大大降低。

正是由于这些优点的存在,近年来在欧美资本市场上,融资租赁交易额有超过债券和信贷等融资方式的趋势。

【案例 10-4】 小微企业与融资租赁[1]

广州建恒机电设备安装有限公司(以下简称建恒公司)是一家专门从事轨道交通建设的劳务和技术服务的民营企业。由于施工设备昂贵,建恒公司从 2010 年开始,一直靠租用别人的设备进行隧道施工。"小微企业资金不宽裕,只能往着轻资产方向发展,盾构机每挖掘一米大约交纳租金 6 000~8 000 元,同时租用还有期限,超期就得收回,而且还要收取闲置费,压力非常大。"公司负责人刘建说。

---

[1] 网易新闻,http://news.163.com/15/1230/08/BC2OUP8R00014AED.html。

就在刘建为融资而苦恼时,广州市全通融资租赁有限公司(以下简称全通租赁)找到了他。在详细了解建恒的融资需求后,全通租赁给出了售后回租的合作方案,即全通租赁出资购买建恒公司需要的盾构机等大型工程设备,再返租给建恒公司使用,建恒公司只需要按合同约定分期还款。采用这种融资租赁的方式,全通租赁为建恒公司盘活7 000多万元资产。

"借助全通租赁,我们缓过气来,现在已经在南昌投第三个标了。"刘建兴奋地说。

[案例分析]

建恒公司只是在金融租赁支持下迅速发展起来的众多小微企业的微缩样本。

目前中小企业、民营企业融资贵、融资难问题已经成为制约我国经济进一步发展的一个重要"瓶颈",融资租赁是一个很好的解决途径。当前,随着融资租赁业的快速发展,融资租赁正在为中小企业的发展提供越来越多的支持。

2015年9月,国务院办公厅正式下发了《关于加快融资租赁业发展的指导意见》(国办发〔2015〕68号),提出加快发展中小微企业融资租赁服务。

融资租赁是与实体经济结合最紧密的金融业态,在风险可控的前提下,通过融资租赁的形式可以更好地服务业绩优良的中小微企业,促进实体经济更好更快发展。租赁公司基于客户信息的收集,通过加工单、原材料消耗量、大客户业务状况、员工访谈等一手资料了解企业经营状况,并与省市金融办公室、开发区管理委员会等政府职能部门、行业协会、小贷公司、担保公司、咨询公司、进出口代理商等中介公司以及大型设备制造商、销售商合作,加快项目的审批,解决小微企业担保难的问题,为小微企业提供资金,可以实实在在帮助企业渡过难关。

从全通租赁与恒建公司合作盘活大型设备的案例中,可以看到融资租赁企业正在以不同的形式为中小微企业发展注入新动力。

(二)减少资金占用

一个企业要扩大生产,就必须先拥有设备,但为了占有设备,企业必须在投产之前投入大量资金,这无疑会加重企业的负担。

而租赁则为企业获得设备提供了一条便捷的途径,企业不必事先投入巨额的资金来购买设备,而只要定期支付一笔租金就可以获得设备的长期使用,这样就大大减少了企业固定资本的支出,可以将资金用于收益更高的用途上,大大提高了资金利用率。当年美国租赁公司提出的经营口号——"利润不是通过占有机器生产出来的,而是通过机器的使用带来的",无疑在很大程度上说明了租赁的这一作用。

(三)提高资金流动性

在租赁业务中有一项称为售后回租的业务,它可以使企业将拥有的固定资产出售给银行或租赁机构,再租回来加以使用,这样就可以盘活原先被固定资产所占用的巨额资金,变为企业可以自由支配的流动财产。

(四)避免设备陈旧过时的风险

当代社会,科技进步日新月异,新设备、新技术不断涌现,设备的经济寿命周期越来越短。如果由企业自己购买设备,一旦新设备推出后,就会使企业面临设备陈旧过时的风险。而租赁方式则可以让企业避免这种风险,由于设备所有权在别人手中,承租人只不过使用设备,企业可以根据对设备技术更新周期来确定租赁期,一旦设备陈旧过时,就换掉旧设备,租用更新的设备。

(五)减少通货膨胀损失

通货膨胀是现代经济中的一个常见现象。通货膨胀会影响企业机器设备的正常更新,这是因为企业设备的更新是依靠积累折旧来进行的。目前,中国多数企业采用的是直线折旧法,企业按照固定的法定折旧年限和折旧率逐年提取折旧,一旦发生通货膨胀,企业已经积累起来的折旧的实际价值就会减少,而设备的价格又不断上涨,这便会造成企业积累折旧与设备价款之间的差额扩大,一些企业可能因此而无法正常更新设备。利用租赁就可以避免通货膨胀的这一影响。因为设备的租金在租赁开始时就确定下来了,一般不会因通货膨胀而提高,相反,租金成本随通胀率上升而下降,也就是说,货币贬值会减少企业租金的实际价值。可见,当通货膨胀发生时,租赁既减轻了企业的资金压力,又避免了企业积累折旧的损失。

二、租赁对出租人的作用

(一)促进企业销售

对生产厂家来说,融资租赁是一种营销方式,它可以有效地刺激消费、扩大产品销售。对于一些企业来说,如果要其全额支付设备价款,可能无法承受,但通过租赁方式就可以提前获得设备的使用,这就使生产厂家能够更多地推销产品。

另外,租赁还有利于新技术、新产品的推广,促使新技术、新产品更快地进入市场。利用租赁方式向客户推销新产品,可以大大减轻客户对产品不了解而产生的顾虑,使客户更容易接受新产品。

(二)降低出租企业的资金成本

在许多国家,租赁可以享受税收上的诸多优惠,包括投资税收减免、加速折旧等优惠,出租人享受的税收优惠可以大大减少其经营的成本。

(三)加强服务

随着租赁业务的发展,租赁公司不仅要对设备进行有形管理,还要对其无形的价值形态加强管理,通过向客户提供更为全面和专业化的服务,与客户保持经常的往来,可以改善企业与客户的关系,提升企业的信誉,从而保护产品的市场份额。

(四)降低投资风险,扩大投资规模

为了支撑企业的租赁业务,出租人可能要通过吸收股东投资,或在货币市场、资本市场采取借贷、拆借、发债、上市等融资手段筹集资金,这样又会吸收社会投资,加大投资力度。

总之,租赁自产生以来,凭借其灵活多样的方式,在社会中发挥了多种作用,在融通资金、刺激消费、促进投资等方面具有重要的意义。

本章小结

租赁是人们在不拥有物品所有权的情况下,通过支付费用在一定的期限内获得物品的使用权。作为一种信用形式,租赁具有信用的基本特征——价值的单方面转移,是所有权和使用权的分离。它包括租赁当事人、租赁标的、租赁期限与租赁费用四个构成要素。

租赁出现在私有制之后,并随着经济的发展而演进,经历了古代租赁、传统租赁、近代租赁和现代租赁四个阶段,现代租赁以融资租赁为代表。近几十年,世界租赁的交易量不断上升,租赁市场渗透率不断提高,对经济发展起了较大的推动作用。目前租赁业最发达的国家还是美国、加拿大、德国和英国等。在我国,现代租赁业务的起步较晚,发展中还存在较大的问题。2000年后,中国监管当局致力于对租赁公司进行规范,出台了一系列法律、法规,特别是新的《金融租赁公司管理办法》于2007年3月1日起施行。我国目前从事租赁业务的机构数量大大增加,租赁行业的资本增长较快,租赁资产的应用较广,但是不管从交易额还是渗透率,我国融资租赁行业与发达国家差距仍然较大。从2018年4月20日起,商务部将制定融资租赁公司经营和监管规则的职责划给中国银行保险监督管理委员会,标志着我国租赁业向着统一监管大方向迈出了关键一步。

我们可以按照不同标准将租赁划分为不同的种类。

最基本的分类方法是以租赁目的和投资回收方式为标准,分为融资租赁与经营租赁两大类。融资租赁又称为金融租赁,是指租赁的当事人约定,由出租人根据承租人的决定,向承租人选定的第三者(供货人)购买承租人选定的设备,租给承租人使用,在一个不间断的长期租赁期间内,出租人通过收取租金的方式,收回全部或大部分投资;经营租赁也称为服务性租赁或操作性租赁,是一种短期租赁形式,指出租人向承租人出租设备并提供设备的保养维修服务,租赁合同可在中途解约,出租人需反复出租设备才可收回对租赁设备的投资。一项租赁属于融资租赁还是经营租赁,取决于交易的实质。如果一项租赁在实质上转移了与租赁资产所有权有关的几乎全部风险和报酬的,就是融资租赁。

从租赁能不能享受税收优惠的角度,租赁可分为节税租赁和非节税租赁;按租赁中的出资比例为标准划分,租赁可分为单一投资租赁和杠杆租赁;根据出租人设备租赁的资金来源和付款对象划分,租赁可分为直接租赁、转租赁与售后回租;按租赁所涉及区域划分,租赁可分为国内租赁和国际租赁。

租赁是一种特殊的融资形式,它在现代经济中具有十分重要的功能,对于承租人与出租人都能起到显著的作用。

练习与思考

【名词解释】

租赁　租赁标的　租赁期限　租赁费用　现代租赁　融资租赁　经营租赁　节税租赁
非节税租赁　单一投资租赁　杠杆租赁　直接租赁　转租赁　售后回租

【简答题】

1. 简要说明租赁的基本构成要素。
2. 租赁与分期付款有何区别?
3. 租赁的发展经历了哪几个阶段?
4. 试比较融资租赁与经营租赁。
5. 杠杆租赁对当事人有何好处?
6. 作为一种特殊的融资形式,租赁在现代经济中发挥了哪些重要的功能?

【思考题】

从中国的租赁业发展历程来看,存在什么问题? 如何促进该行业的健康发展?

第十一章 租金管理

租金是租赁业务的核心要素,它直接关系着承租人和出租人双方的利益,是租赁合同的基本内容。租金的计算方法很多,能否选择合适的方法缴纳租金,直接影响到企业的经营。本章主要分析租金的构成及影响因素,并介绍租金计算的基本方法。

第一节 租金的构成

在计算租金之前,首先必须了解租金的性质,知道租金是由哪些要素构成的,这样才能从基本要素出发,灵活设计租金。

一、租金的性质

租金是指出租人转让某项资产的使用权给承租人,并由承租人按约定条件定期分次向承租人支付的费用。

租赁有两种形式:一种是租赁资产的风险在实质上发生转移,如融资租赁;另一种是资产所有权在实质上一直在出租人手中,只是使用权发生转移,如经营租赁。不论哪种形式的租赁,租赁都是按照等价原则进行的,体现了在商品经济条件下出租人和承租人之间的一种商品交换关系,租金成为租赁交换关系中的交换价格。而租金的实质是承租人对租赁物件的使用而付出的代价。对于出租人来说,租金意味着其在让渡资产的使用价值后可以定期获得补偿和收益;而对于承租人来说,租金则是获得某种资产的使用权分次支付给出租人的费用。

由于租金直接关系到租赁业务双方的经济利益,因此租金的构成和计算是双方最为关心的问题,租金是租赁业务中敏感性最强的问题,也是签订租赁合同的一项重要内容。

传统租赁是以承租人对租赁物件的使用时间计算租金的;而融资租赁的主要目的是实现融资,因此是以承租人占用出租人资金的时间来计算租金的。

二、租金的价值构成

租金的价值构成取决于租赁方式,不同种类的租赁,其租金构成要素也不尽相同。但总体上来说,租金应以耗费在租赁资产上的价值为基础,因此,租金的构成一般有三部分:一是租赁设备的购置成本,二是为购买租赁设备向银行贷款而支付的利息,三是为租赁业务而支付的营业费用。

(一)租赁设备的购置成本

设备的购置成本(或概算成本)是计算租金的基础,也是构成租金的主要部分。出租人为开展租赁业务而购买设备所支付的资金,必然要在租赁业务成交后从租金中得到补偿。同时,在购置设备过程中,出租人所支付的运输费、保险费也要计入租赁设备总成本中,一起从租金中分次收回。因此,租赁设备的购置成本包括设备原价、设备运输费、保险费等,即:

租赁设备的购置成本＝设备原价＋运费＋保险费

对于从国外进口的租赁设备,应考虑设备价款与设备进口价格之间的关系。如果设备进口价为到岸价(CIF),该价格即为设备价款;如果设备进口价为成本＋运费价(C&F),则应加上途中的保险费作为设备价款;如果设备进口价为离岸价(FOB),则还要在FOB价之上加上运输费和途中保险费才构成设备价款。如果租赁项目的运输费是由承租人直接支付的,那么在租金计算时设备的购置成本就不应包括运输费。租赁设备的安装调试费、技术培训费等一般都包括在租赁设备的货价之中,就不需另行计算,但如果未纳入货价并且由出租人支付给供货人,则应将相关费用计算入设备概算成本。

在一些租赁物件所有权最终发生转移的租赁(主要是融资租赁)业务中,由于承租人最后要向出租人支付一定的"设备残值价款"[①],以留购设备,获得设备的所有权,因此,设备残值的名义价款不应成为构成租金的内容,应从租赁设备的总成本中扣除。

(二)利息

租赁公司为了购买租赁设备,可以从不同渠道筹措资金,但不论资金如何获得,都需支付利息,特别是出租人向银行贷款而购买设备时,出租人向银行支付的利息要从承租人处收回。因此,在租金中应包括租赁公司支付的利息费用。

利率的高低取决于签订租赁合同时金融市场的行情、资金的来源、租赁公司筹措资金的能力和利差风险费等不确定因素,一般以复利率来计算。

[①] 所谓设备残值,是指租赁期满时,按租赁设备的市场售价估算的租赁设备的残余价值,其大小因租赁设备的种类、性质和市场情况等条件而异。

这里特别值得一提的是利差风险费。这是由于实行期限差额利率和浮动利率所引起的利息加成。影响利差风险费的因素包括：贷款期限差额利率；浮动利率，即贷款利率按月、季、半年、一年档次浮动；如果客户需要1年以上的固定利率贷款，则需参照国际上商业银行采取的"加息"或"加利差风险"的办法办理。出租人收取利差风险费的目的是为了保值并赚取合理的盈利。

(三)营业费用

营业费用是指出租人在租赁业务经营过程中所发生的开支费用，一般包括办公费、租赁业务人员的工资、旅差费和必要的盈利。有的租赁公司将营业费用分成手续费和利润两部分，即将手续费列入成本，利润则从租金中直接收取。

第二节 租金的计算

不懂得租金计算，就不会分析与管理租赁项目。为了保证租赁公司的有效管理，需要认真对待租金的计算问题。

一、计算租金需用的几个概念

(一)利息的计算方式

利息的计算有两种不同的方式：单利与复利。

1. 单利

按单利法计算利息时，不论借贷期限长短，仅按本金计算利息，上期本金新生利息不作为计算下期利息的依据。单利法的计算公式为：

$$I = P \cdot r \cdot n \tag{11-1}$$

$$S = p \cdot (1 + n \cdot r) \tag{11-2}$$

式中：I 为利息额；P 为本金；r 为利率；n 为借贷期限；S 为本金与利息之和（本利和）。

2. 复利

按复利法计算利息时，要将上一期本金所生利息并入本金一起计算下一期利息，即按上年末本利和来计算本年的利息。复利法的计算公式为：

$$S = P \cdot (1 + i)^n \tag{11-3}$$

$$I = S - P \tag{11-4}$$

对于相同的本金、利率、借贷期限等借款条件，按复利计算出来的利息要大于按单利计算的利息。

(二)货币的时间价值

货币在周转使用中由于时间因素而形成的差额价值称为"货币的时间价值",这是货币随时间的推移而发生的增值。

由于我们可以利用今天收到的货币来挣得利息,因此,早收到比晚收到更好,今天得到的一元钱比未来得到的一元钱更有价值。

货币时间价值对于资产评估、投资项目分析、资本成本、租赁分析等都有着重要的意义。

与货币的时间价值相关的基本概念是"终值"与"现值"。所谓"终值"(FV),是指现在拥有的一笔资金在未来的价值;而"现值"(PV)则是指未来一笔资金折合到现在所具有的价值。用于现值计算的利率称为折现率或所要求的收益率。

终值与现值的计算会因单利与复利而异。

1. 单利的终值与现值

在单利这种计息方式下,由于不考虑利息所产生的利息,因而其终值是仅按最初本金计算的本利和。其公式为:

$$FV = V_0 \cdot (1 + i \cdot n) \tag{11-5}$$

式中:V_0 是最初的本金。

按单利计算现值,其计算公式为:

$$PV = \frac{V_n}{1 + i \cdot n} \tag{11-6}$$

式中:V_n 是 n 年之后的价值。

2. 复利的终值与现值

(1)复利终值。复利终值是指一定量的货币,按复利计算的若干期后的本利和。其计算公式为:

$$FV = V_0 \cdot (1 + i)^n \tag{11-7}$$

式中:$(1+i)^n$ 称为复利终值系数,记作 $FVIF_{i,n}$。因此,公式(11-7)又可写作:

$$FV = V_0 \cdot FVIF_{i,n} \tag{11-8}$$

复利终值系数可以通过查复利终值系数表得出。

(2)复利现值。复利现值指未来某时的一定量的货币 V_n,按复利计算折合成现在的价值。其计算公式为:

$$PV = \frac{V_n}{(1+i)^n} \tag{11-9}$$

式中:$1/(1+i)^n$ 称为复利现值系数,记作:$PVIF_{i,n}$。因此,公式(11-9)又可写作:

$$FV = V_n \cdot PVIF_{i,n} \tag{11-10}$$

复利现值系数可以通过查复利现值系数表得出。

> 【案例 11-1】　　　　复利的终值与现值的应用
> 某人现在投资一个项目 10 000 元,预期每年投资报酬率为 10%,按复利计算,他在 5 年后获得本利为多少?如果他拟在 5 年后获得本利和 10 000 元,现在应投入多少元?

[案例分析]

这是计算复利的终值与现值。

当本金 $V_0 = 10\ 000$ 元,预期每年投资报酬率 $i = 10\%$,期限 $n = 5$ 时,终值为:

$FV = V_0 \cdot (1+i)^n = 10\ 000 \times (1+10\%)^5 = 10\ 000 \times FVIF_{10\%,5}$

查复利终值系数表横向为 10%,纵向期数为 5,得到系数为 1.610 5,终值为:

$FV = 10\ 000 \times 1.610\ 5 = 16\ 105(元)$

当 5 年后的本利和 $V_n = 10\ 000$ 元,投资报酬率 $i = 10\%$,期限 $n = 5$ 时,现值为:

$PV = V_n / (1+i)^n = 10\ 000\ /(1+10\%)^5 = 10\ 000 \times PVIF_{10\%,5} = 10\ 000 \times 0.620\ 9 = 6\ 209(元)$

(3)计息频率。计息频率指一年内的计息次数(m 次)。考虑到计息频率,则复利的终值与现值公式为:

$$FV = V_0 \cdot (1 + \frac{i}{m})^{m \times n} \tag{11-11}$$

$$PV = V_n \div (1 + \frac{i}{m})^{m \times n} \tag{11-12}$$

可见在复利条件下,对于相同的本金、利率与期限,计息频率越高,则本利和就越大。这是因为利息提前实现而且并入了本金后再计息。

(三)年金

年金是指间隔期相同的时间(如一年、半年等)连续支付(或收取)的一系列等额款项(每期收付的款项记作 A)。年金的典型例子如利息、分期付款赊购、分期偿还贷款、养老金支付等,租金交纳往往也采用年金方式。年金按发生的时点不同可分为普通年金、预付年金、递延年金和永续年金,不同形式的年金具有不同的终值与现值计算公式。

1. 普通年金

普通年金也称为后付年金,是指每次等额收付都发生在期末的年金。

(1)普通年金的终值。普通年金的终值是指每期收付款项的复利终值之和。其公式为：

$$FVA = A \cdot \sum_{t=1}^{n}(1+i)^{t-1} = A \cdot \frac{(1+i)^n - 1}{i} \qquad (11-13)$$

式中：FVA 为年金终值；A 为等额收付款项；i 为利率；n 为期数；$\sum_{t=1}^{n}(1+i)^{t-1}$ 或 $\frac{(1+i)^n - 1}{i}$ 被称为普通年金终值系数或1元年金终值，它反映的是1元年金在利率为 i 时，经过 n 期的复利终值，用符号 $FVIFA_{i,n}$ 表示，可通过查年金终值系数表得到其数值。

(2)普通年金的现值。普通年金现值是指每期期末等额系列收付款项的现值之和。其公式为：

$$PVA = A \cdot \sum_{t=1}^{n} \frac{1}{(1+i)^t} = A \cdot \frac{1-(1+i)^{-n}}{i} \qquad (11-14)$$

式中：PVA 为年金现值；$\sum_{t=1}^{n}\frac{1}{(1+i)^t}$ 或 $\frac{1-(1+i)^{-n}}{i}$ 被称为年金现值系数或1元年金现值，它表示1元年金在利率为 i 时，经过 n 期复利的现值，记为 $PVIFA_{i,n}$，可通过查普通年金现值系数表得到其数值。

2. 预付年金

预付年金也称先付年金或即付年金，是指每次等额收付款项都发生在期初的年金。

(1)预付年金的终值。预付年金终值是指每期期初等额收付款项的复利终值之和。其公式为：

$$FVA = A \cdot \sum_{t=1}^{n}(1+i)^t = A \cdot \frac{(1+i)^n - 1}{i} \cdot (1+i) \qquad (11-15)$$

式中：$\sum_{t=1}^{n}(1+i)^t$ 或 $\frac{(1+i)^n - 1}{i} \cdot (1+i)$ 是预付年金终值系数，是普通年金终值系数的 $(1+i)$ 倍。

(2)预付年金现值。预付年金现值是指每期期初等额收付款项的复利现值之和。其计算公式为：

$$PVA = A \cdot \sum_{t=1}^{n} \frac{1}{(1+i)^{t-1}} = A \cdot \left[\frac{1-(1+i)^{-(n-1)}}{i} + 1\right] \qquad (11-16)$$

式中：$\sum_{t=1}^{n}\frac{1}{(1+i)^{t-1}}$ 或 $\left[\frac{1-(1+i)^{-(n-1)}}{i} + 1\right]$ 是预付年金现值系数，是普通年金现值系数的 $(1+i)$ 倍。

3. 递延年金

递延年金是最初若干期(称为递延期)没有收付款项,之后各期发生等额收付。

(1)递延年金的终值。递延年金终值的计算与递延期无关,即递延年金终值的计算不考虑递延期。

递延期后的等额系列收付款项若发生在各期期末,则其终值计算与普通年金终值计算方法完全相同;递延期后的等额系列收付款项若发生在各期期初,则其终值计算与预付年金终值计算方法完全相同。

(2)递延年金的现值。假设递延期为 m,递延期后发生 n 期年金,利率为 i,则递延年金现值有以下两种计算方法:

方法一:若递延期后年金为普通年金,则先求出递延期末 n 期普通年金的现值,即折算到第 n 期期初,第 m 期期末,再依据复利现值的计算方法将此数值折算到第一期期初。其公式为:

$$PVA = A \cdot PVIFA_{i,n} \cdot PVIF_{i,m} \qquad (11-17)$$

方法二:先假设递延期也发生年金,若递延期后年金为普通年金,则根据假设发生年金的总期数为 $(m+n)$,可依据普通年金现值的计算方法求出 $(m+n)$ 期普通年金的现值,再扣除递延期 (m) 实际并未发生年金的现值。其公式为:

$$PVA = A \cdot (PVIFA_{i,m+n} - PVIFA_{i,m}) \qquad (11-18)$$

4. 永续年金

永续年金是指无限期定额支付的年金,如优先股股利。

永续年金没有期限,因而没有终值。

其现值可通过普通年金现值公式推导:

$$PVA = A \cdot \sum_{t=1}^{\infty} \frac{1}{(1+i)^t} = A \cdot \lim_{n \to \infty} \frac{1-(1+i)^{-n}}{i} = \frac{A}{i} \qquad (11-19)$$

(四)资金回收额

资金回收额也称投资回收额或资本回收额,是指现在有一定量的投资 PVA,按复利计算未来每期支付或者收取的等额货币。其计算公式为:

$$A = PVA \cdot \frac{i}{1-(1+i)^{-n}} \qquad (11-20)$$

式中:$\frac{i}{1-(1+i)^{-n}}$ 称为资金回收系数或称为投资回收系数,是年金现值系数的倒数。

例如,某银行向某项目贷款 1 000 万元,期限 5 年,年利率 10%,每年等额还本付息,则银行每年至少应收回 1 000×(1/3.791)=263.8(万元),才能如期收回本息。

(五)资金存储公式

资金存储公式也称为偿债基金,是指为了得到一定量的货币终值 FVA,按复利计息的每期支付或收取的等额货币的数量,即用年金终值来求普通年金。其公式为:

$$A = FVA \cdot \frac{i}{(1+i)^n - 1} \tag{11-21}$$

式中的 $\frac{i}{(1+i)^n - 1}$ 可查年金终值表取倒数求得。

与货币时间价值计算相关的公式汇总在表 11-1 中。

表 11-1 货币时间价值的计算公式汇总

序号	项目	已知	求解	系数	公式
1	单利的终值	V_0	FV	$(1+i \cdot n)$	$FV = V_0 \cdot (1+i \cdot n)$
2	单利的现值	V_n	PV	$\frac{1}{1+i \cdot n}$	$PV = \frac{V_n}{1+i \cdot n}$
3	复利的终值	V_0	FV	$FVIF_{i,n} = (1+i)^n$	$FV = V_0 \cdot (1+i)^n = V_0 \cdot FVIF_{i,n}$
4	复利的现值	V_n	PV	$PVIF_{i,n} = \frac{1}{(1+i)^n}$	$PV = \frac{V_n}{(1+i)^n} = V_n \cdot PVIF_{i,n}$
5	普通年金的终值	A	FVA	$FVIFA_{i,n} = \sum_{t=1}^{n}(1+i)^{t-1} = \frac{(1+i)^n - 1}{i}$	$FVA = A \cdot \sum_{t=1}^{n}(1+i)^{t-1} = A \cdot \frac{(1+i)^n - 1}{i}$
6	普通年金的现值	A	PVA	$PVIFA_{i,n} = \sum_{t=1}^{n}\frac{1}{(1+i)^t} = \frac{1-(1+i)^{-n}}{i}$	$PVA = A \cdot \sum_{t=1}^{n}\frac{1}{(1+i)^t} = A \cdot \frac{1-(1+i)^{-n}}{i}$
7	资金回收额	PVA	A	$\frac{i}{1-(1+i)^{-n}} = 1/PVIFA_{i,n}$	$A = PVA \cdot \frac{i}{1-(1+i)^{-n}}$
8	资金存储公式	FVA	A	$\frac{i}{(1+i)^{-n}-1} = 1/FVIFA_{i,n}$	$A = FVA \cdot \frac{i}{(1+i)^n - 1}$
9	预付年金的终值	A	FVA	$FVIFA_{i,n} \cdot (1+i)$	$FVA = A \cdot \sum_{t=1}^{n}(1+i)^t = A \cdot \frac{(1+i)^n - 1}{i} \cdot (1+i)$
10	预付年金现值	A	PVA	$PVIFA_{i,n} \cdot (1+i)$	$PVA = A \cdot \sum_{t=1}^{n}\frac{1}{(1+i)^{t-1}} = A \cdot [\frac{1-(1+i)^{-(n-1)}}{i} + 1]$
11	永续年金现值	A	PVA	$\frac{1}{i}$	$PVA = A \cdot \sum_{t=1}^{\infty}\frac{1}{(1+i)^t} = \frac{A}{i}$

二、租金的计算方法

租金计算方法分为浮动利率法和固定利率法两大类。固定利率法一般使用长期利率,按固定利率计算,又分为附加率法、年金法、成本回收法和不规则租金计算法。

(一) 附加率法

附加率法是指每期租金在租赁资产的设备价款或者概算成本之上加上一个特定的比率来计算的方法。附加率是一固定利率,其率值租赁公司一般不事先公布,而是根据营业费用和预期利润等因素来确定,按单利计算。

尽管附加率法在表面看利率不高,但由于每期租金都直接附加了一部分费用,因此租金总额变得很高。这种方法一般适用于经营租赁或使用特殊的租赁物件,主要是经营租赁中,租赁公司要提供额外的服务,因此要发生额外的费用。

附加率法每期租金的计算公式为:

$$R = \frac{PV(1+ni)}{n} + PV \cdot r = \frac{PV}{n} + PV \cdot i + PV \cdot r \tag{11-22}$$

式中:R 为每期租金;PV 为租赁资产的货价或概算成本;n 为还款次数(可按月、季、半年、年计算);i 为利息率,与还款次数相对应;r 为附加率。

从公式(11-22)中可以看出,在附加率法中,租赁设备的成本分期均匀收回,但每期均按货价或概算成本来收取利息 $PV \cdot i$ 与附加费 $PV \cdot r$,故这种计算租金的方法所收取的租金较高。

【案例 11-2】 附加率法租金计算

租赁公司将某设备出租给 Y 企业使用,设备的概算成本为 100 万元,租期 3 年,双方约定每隔半年付一次租金,年利率 10%,每次付租附加率 4%。求按附加率法计算的每期应付租金及租金总额。

[案例分析]

在租金计算中需注意的是要将利率与付租次数相匹配,由于半年付一次租金,共计付 6 次,半年的利率为 $r = 10\%/2 = 5\%$。

每期租金 = 1 000 000 × (1 + 6 × 5%)/6 + 1 000 000 × 4% = 256 666.67(元)

租金总额 = 256 666.67 × 6 = 1 540 000(元)

租金总额中有 1 000 000 × 4% × 6 = 240 000(元)是由于附加率所增加的费用。

(二) 年金法

年金法以年金现值为基础计算租金,是一种比较科学、合理的计算方法。

年金法的核心思想是将一项租赁资产在未来各租赁期的租金按一定的折现率换算成现值,使其现值总和等于租赁资产的概算成本或货款。在计算租金时要根据双方约定的利率和期数,以复利计算利息,每个租金还款期先结利息后结本金。

年金法可分为等额年金法和变额年金法。

1. 等额年金法

等额年金法是运用年金法,使各期租金的金额都相等的计算方法。由于租金的支付可以在期初或期末进行,因而等额年金法又分为后付年金法与先付年金法两种。

(1)后付年金法。后付年金法是以普通年金法为基础计算的,先求得普通年金现值系数,再取倒数与概算成本相乘即可。其计算公式为:

$$R = PV/\sum_{t=1}^{n}\frac{1}{(1+i)^t} = PV \cdot \frac{i}{1-(1+i)^{-n}} = PV/PVIFA_{i,n} \quad (11-23)$$

(2)先付年金法。先付年金法是以预付年金为基础计算的,其计算公式如下:

$$R = PV/\sum_{t=1}^{n}\frac{1}{(1+i)^{t-1}}$$

$$= PV/[\frac{1-(1+i)^{-(n-1)}}{i}+1]$$

$$= PV/[PVIFA_{i,n}(1+i)] \quad (11-24)$$

【案例 11-3】　　　　　等额年金法租金计算

租赁公司将某设备出租给 Y 企业使用,设备的概算成本为 100 万元,租期 3 年,双方约定每隔半年付一次租金,年利率 10%。求按后付年金与先付年金法计算每期应付租金及租金总额。

[案例分析]根据利率与付租次数相匹配的原则,3 年付租金 6 次,半年的利率为 $r=10\%/2=5\%$。

(1)后付年金法

每期租金 $= 1\,000\,000/PVIFA_{5\%,6} = 1\,000\,000/5.075\,7 = 197\,017.16$(元)

租金总额 $= 197\,017.16 \times 6 = 1\,182\,102.96$(元)

(2)先付年金法

每期租金 $= 1\,000\,000/[PVIFA_{5\%,6}(1+5\%)]$

$= 1\,000\,000/5.329\,5$

$= 187\,634.86$(元)

租金总额 $= 187\,634.86 \times 6 = 1\,125\,809.2$(元)

2. 变额年金法

变额年金法是运用年金的原理,但各期租金又按一定规律变化的方法。变额年金法按变化形式又分等差变额年金法和等比变额年金法。在租金计算时,只有先计算出首期租金,才能根据变化规律和期数的情况得到其他各期的租金。

为了方便说明,下面假定租金的支付都在期末进行,期初付租的原理也是一样的,公式只要稍作变换即可。

(1)等差变额年金法。等差变额年金法是指运用年金法,并从第二期开始,使每期租金比前一期增加一个常数 d 的租金计算方法。d 可以为正,表示各期租金递增;d 也可以为负,表示各期租金递减。其计算公式为:

$$PV = \frac{R_1}{1+i} + \frac{R_1+d}{(1+i)^2} + \cdots + \frac{R_1+(n-1)d}{(1+i)^n} \qquad (11-25)$$

两边同除以 $(1+i)$,两式相减,并整理得到:

$$R_1 = [PV + (n - PVIFA) \cdot d/i] / PVIFA - n \cdot d \qquad (11-26)$$

$$TR = [2R_1 + (n-1) \cdot d] \cdot n/2 \qquad (11-27)$$

式中:d 是每期租金比前期租金增加数,$d>0$ 时为等差递增变额年金法,$d<0$ 时为等差递减变额年金法;n 为期数。

(2)等比变额年金法。等比变额年金法是指运用年金法,并从第二期开始,使每期租金与前一期的比值是同一个常数 $q(q \neq 1)$ 的租金计算方法。其计算公式为:

$$PV = R_1/(1+i) + (R_1 \cdot q)/(1+i)^2 + \cdots + [R_1 \cdot q^{n-1}] / (1+i)^{n-1}$$

$$(11-28)$$

整理得到:

$$R_1 = \frac{PV \cdot (1+i-q)}{1 - (\frac{q}{1+i})^n} \qquad (q \neq 1+i) \qquad (11-29)$$

或

$$R_1 = PV \cdot (1+i)/n \qquad (q = 1+i) \qquad (11-30)$$

$$TR = R_1 + R_1 q + R_1 q^2 + \cdots + R_1 q^{n-1} = \frac{R_1(1-q^n)}{1-q} \qquad (11-31)$$

式中,q 为每期租金与前一期的比值,$q>1$ 时为等比递增法,$q<1$ 时为等比递减法。

【案例 11-4】　　　　　变额年金法租金计算

租赁公司将某设备出租给 Y 企业使用,设备的概算成本为 100 万元,租期 3 年,双方约定每隔半年付一次租金,年利率 10%。求下列情况下的第一期应付租金及租金总额。

(1)从第二期开始,使每期租金比前一期增加 30 000 元。

(2)从第二期开始,使每期租金比前一期减少 30 000 元。

(3)从第二期开始,使每期租金比前一期递增 10%。

(4)从第二期开始,使每期租金比前一期递减 10%。

[案例分析]

3年付租金6次,半年的利率为5%,查年金现值系数表得$PVIFA_{5\%,6}=5.0757$。

(1)本例中使用的是等差递增法,$d=30\,000$元。

$R_1=[1\,000\,000+(6-5.0757)\times 30\,000/5\%]/5.0757-6\times 30\,000$
$\quad =126\,278.94$(元)

$TR=[2\times 126\,278.94+(6-1)\times 30\,000]\times 6/2=1\,207\,673.62$(元)

(2)在本例中使用的是等差递减法,$d=-30\,000$元。

$R_1=[1\,000\,000-(6-5.0757)\times 30\,000/5\%]/5.0757+6\times 30\,000$
$\quad =267\,755.38$(元)

$TR=[2\times 267\,755.38-(6-1)\times 30\,000]\times 6/2=1\,156\,532.30$(元)

(3)在本例中使用的是等比递增法,$q=1+10\%=1.1$。

$R_1=1\,000\,000\times(1+5\%-1.1)/[1-1.1^6/(1+5\%)^6]=155\,295.86$(元)

$TR=155\,295.86\times(1-1.1^6)/(1-1.1)=1\,198\,202.29$(元)

(4)本例中使用的是等比递减法,$q=1-10\%=0.9$。

$R_1=1\,000\,000\times(1+5\%-0.9)/[1-0.9^6/(1+5\%)^6]=248\,578.73$(元)

$TR=248\,578.73\times(1-0.9^6)/(1-0.9)=1\,164\,738.03$(元)

(三)成本回收法

成本回收法是指由租赁双方在签订租赁合同时商定,各期按照一定的规律收回本金,再加上按未收本金计算的应收利息作为各期租金的计算方法。各期成本的回收额由双方事先商定,可以是等额的,可以是等差或等比变额,也可以是无规律的。

【案例11-5】　　　　成本回收法租金计算

租赁公司将某设备出租给Y企业使用,设备的概算成本为100万元,租期3年,双方约定每隔半年付一次租金,年利率10%。求下列情况下的第一期应付租金及租金总额。

(1)每期等额还本一次。

(2)第一期租金中还本10万元,以后每期还本等额增加。

[案例分析]

根据题意,分3年付租金6次,半年的利率为5%。

(1)成本回收等额时,各期收回本金$1\,000\,000/6=166\,666.67$(元),利息根据未收回的本金计算。各期租金与租金总额计算如表11-2所示。

表 11-2　　　　　　　　　　成本回收等额的租金收回状况　　　　　　　　单位:元

期　数	未回收本金	应收利息	回收本金	租　金
1	1 000 000	50 000	166 666.67	216 666.67
2	833 333.33	41 666.667	166 666.67	208 333.34
3	666 666.66	33 333.333	166 666.67	200 000
4	499 999.99	25 000	166 666.67	191 666.67
5	333 333.32	16 666.666	166 666.67	183 333.34
6	166 666.65	8 333.332 5	166 666.67	175 000
合计	—	175 000	1 000 000	1 175 000

(2)第一期租金中还本 10 万元,以后每期还本等额增加,应先推出各期增加的本金大小。设每期本金增加额为 X,则各期还本分别为 10 万元,$(10+X)$ 万元,…,$(10+5X)$ 万元。本金和 $=10+(10+X)+\cdots+(10+5X)=100$ 万元,故 $X=26\ 666.67$ 万元。

利息根据未收回的本金计算。各期租金与租金总额计算如表 11-3 所示。

表 11-3　　　　　　　　成本回收等额递增的租金收回状况　　　　　　　　单位:元

期　数	未回收本金	应收利息	回收本金	租　金
1	1 000 000	50 000	100 000	150 000
2	900 000	45 000	126 666.67	171 666.67
3	773 333.333 3	38 666.667	153 333.33	192 000
4	620 000	31 000	180 000.00	211 000
5	440 000	22 000	206 666.67	228 666.67
6	233 333.333 3	11 666.667	233 333.33	245 000
合计	—	198 333.33	1 000 000	1 198 333.3

(四)不规则租金的计算方法

不规则租金的计算方法一般是指带有付租宽限期(或称免租期)的租金计算方法。由于承租人在引进设备后,从安装、调试到投产需要一定的时间,在这一段时间内承租人没有偿还租金的资金来源,因此,双方可以确定从起租日起的一个时间期限(如三个月或半年)作为付租宽限期,之后开始付租。在宽限期内承租人可以不付租金,但要计算利息,也就是说在计算租金时要将宽限期内的利息累计加入租赁设备的概算成本之中,然后用等额年金法计算每期租金。

【案例 11-6】　　　　　　　不规则租金计算

租赁公司将某设备出租给 Y 企业使用,设备的概算成本为 100 万元,租期 3 年,双方约定半年的付租宽限期,在第一年末付第一笔租金,金额为成本的 1/5 加上当年利息,之后每隔半年在期末等额付一次租金,年利率 10%。

[案例分析]

第一年收回的本金＝100/5＝20(万元),利息＝100×10%＝10(万元),总计收租金 30 万元。

第二年至第三年每年收租金根据后付年金法计算可得:

$R_2 - R_5 = (100-20)/PVIFA_{5\%,4} = 80/3.5460 = 225\,606.3(元)$

总共支付的租金为 $TR = 300\,000 + 225\,606.3 \times 4 = 1\,202\,425(元)$

(五)浮动利率的租金计算

为了控制利率风险,租金的计算也可以采用浮动利率,也就是说,各期租金计算时的利率随市场利率而变化。在国际上,最常见的浮动利率是伦敦国际银行间拆放利率(LIBOR)。租金利率也可以此为基础加上一定的利差,比如以起租日的 LIBOR 利率加利差作为计算第一期租金的利率,第一期租金偿还日的 LIBOR 利率加利差则作为计算第二期租金的利率,以此类推,得到各期利率。租金是以上期末未回收的本金结算出的利息,加上应回收本金得出,然后再用上期末未回收的本金减去已回收的本金,作为下期租金计息基数。

浮动利率租金计算法的特点是:未回收本金占压时间越长,租金总额就越高;在整个租赁期内,利率随租期而改变,计算出的各期租金可能存在较大差额。

【案例 11-7】　　　　　　　浮动利率租金计算

租赁公司将某设备出租给 A 企业使用,设备的概算成本为 100 万元,租期 3 年,双方约定半年付一次,各期利率根据期初的 3 个月 LIBOR＋0.5% 得到,成本根据未归还本金余额等额年金法计算。通过观察市场利率,得到各期期初的 LIBOR 分别为 6.125%、6.5%、6.625%、6.5%、7.125% 与 7.375%,求各期应付的租金。

[案例分析]

这是一个浮动利率租金的计算例子。各期利率根据期初的 LIBOR＋0.5%,分别为 6.625%、7.0%、7.125%、7.0%、7.625% 与 7.875%。

各期支付的本金根据未归还本金余额采用等额年金法计算,但要注意未归还本金余额及租期数都在不断减少,因而各期算出的本金都不同。

在第一期末,未归还本金余额=1 000 000元,第一期应支付的利息=1 000 000×6.625%/2=33 125.00(元),应归还本利和=1 000 000/PVIFA6.625%/2,6=186 513.99(元),其中,第一期还本=186 513.99-33 125.00=153 388.99(元)。

在第二期末,未归还本金余额=1 000 000-153 388.99=846 611.01(元),第二期应支付的利息=846 611.01×7.0%/2=29 631.39(元),应归还本利和=846 611.01/PVIFA7.0%/2,5=187 508.57(元),其中,第二期还本=187 508.57-29 631.39=157 877.18(元)。

以此类推,最后一年的未回收本金=181 488.64元,利息=181 488.64×7.875%/2=7 146.12(元),所以应交租金=181 488.64+7 146.12=188 634.76(元)。

该方法下计算出的租金总额为1 126 414.95元,各期租金缴纳情况见表11-4。

表11-4　　　　　　　　　浮动利率法的租金收回状况　　　　　　　　　单位:元

期　数	未回收本金	利率	应收利息	回收本金	租　金
1	1 000 000.00	0.033 125	33 125.00	153 388.99	186 513.99
2	846 611.01	0.035 000	29 631.39	157 877.18	187 508.57
3	688 733.83	0.035 625	24 536.14	163 250.71	187 786.86
4	525 483.11	0.035 000	18 391.91	169 170.98	187 562.88
5	356 312.14	0.038 125	13 584.40	174 823.50	188 407.90
6	181 488.64	0.039 375	7 146.12	181 488.64	188 634.76
合计	—	—	126 414.95	1 000 000.00	1 126 414.95

(六)不同方法的比较

以上五种方法各有特点,表11-5对这五种方法作了一个比较。

表11-5　　　　　　　　　各种租金计算方法的比较

方　法	利率(%)	首期付租(元)	末期付租(元)	租金合计(元)	利息(元)
附加率法	10	256 666.67	256 666.67	1 540 000	540 000.00
后付租金法	10	197 017.16	197 017.16	1 182 102.96	182 102.96
先付租金法	10	187 634.86	187 634.86	1 125 809.2	125 809.20
等差递增法	10	126 278.94	276 278.94	1 207 673.62	207 673.62
等差递减法	10	267 755.38	117 755.38	1 156 532.30	156 532.30
等比递增法	10	155 295.86	275 116.09	1 198 202.29	198 202.29

续表

方　法	利率(%)	首期付租(元)	末期付租(元)	租金合计(元)	利息(元)
等比递减法	10	248 578.73	132 104.93	1 164 738.03	164 738.03
成本回收法 (等额还本)	10	216 666.67	175 000	1 175 000	175 000
浮动利率法	6.625,7.0, 7.125,7.0, 7.625 和 7.875	186 513.99	188 634.76	1 126 414.95	126 414.95

注：表中除先付租金法外均为后付租金。

通过表 11-5，我们可以看出：附加率法对承租人而言，支付的租金最多；先付租金比后付租金的租金总额要少；在变额年金法中，递减比递增租金总额少；在变额年金法中，租金总额的多少要看具体的 d 或 q 的大小，d 或 q 越大，租金总额就越多，反之，结论则相反。

第三节　租金的影响因素

第二节介绍的租金计算方法主要是以租赁设备的概算成本为基础计算租金额，实际上除了概算成本外，还存在着许多影响租金的因素，包括利率、租赁期限、付租方式、相关费用、付租币种、起租日与计息日等。

一、利率

在租赁设备的概算成本一定的情况下，利率是影响租金总额的最重要因素。利率对租金的影响主要表现在因计算方式不同及利率水平的高低会产生不同的利息额。

(一)利率计算方式的影响

利率的计算方式涉及生息天数和基础天数，年利率按基础天数分割得到日利率，再乘以生息天数则得到实际利率。目前在国际上大体分为三种方式。

1. 大陆法

生息天数与基础天数一致，把一年中各个月份的天数都视作 30 天，合计 360 天，以 360/360 表示生息天数与实际天数的关系。

2. 英国法

基础天数为 365 天，生息天数则严格按照日历计算，以 365/365 表示生息天数和基础天数的关系，逢闰年改为 366/365，即将日历天数作为实际天数。

3. 欧洲货币法

基础天数固定为 360 天，生息天数按实际日历天数计算，为 365 天(闰年 366 天)，故以 365/360 表示生息天数和基础天数的关系,逢闰年改为 366/360。

不同的计算方法对实际利率将产生一定的影响,从而影响租金总额。如以名义年利率为 12% 为例,则:

大陆法下的实际利率为:12%×360/360=12%

欧洲货币法下的实际利率为:12%×365/360=12.17%

欧洲货币法比大陆法的实际年利率提高了 0.17%。

(二)利率水平的影响

一般而言,在固定利率条件下,若其他因素不变,利率越高,租金总额就越大;反之租金总额越低。在浮动利率条件下,浮动利率一般以 LIBOR 利率再加上一定的利差作为当期租金利率。因此,若其他因素不变,LIBOR 利率加上利差之和越高,当期的租金越大;反之相反。

在租赁项目谈判中,承租人最关心的是租赁公司的利率报价,因为它直接影响承租人的利益,他们希望利率越低越好。对于出租人来说,在提供利率报价时除了要考虑融资成本、融资杂费外,还要考虑承租人的资信等级。一般地,租赁公司报出的利率都高于市场利率。

为了降低融资成本,承租人在利率水平较高且预期利率下降时应使用浮动利率签订租赁合同,在利率水平较低且存在上升预期时使用固定利率。出租人为了避免利率风险,使用的租赁利率种类应和融资利率相匹配。

二、租赁期限

租期长短直接影响租金总额的大小。租赁期限越长,承租企业占用租赁机构资金的时间就越长,租赁机构承受的融资利息负担也就越重,必然要通过租金的方式收回利息,因此,租金总额也就越大。可见,利率一定时,租期越长,租金总额越高;反之,则相反。

当然,租期在客观上受租赁物件的使用寿命、法定折旧年限规定以及项目可行性报告财务分析中投资回收期的限制。

租赁期限对租金的影响还表现在付租间隔期上。付租间隔期是指上期租金支付日与当期租金支付日之间的时间间隔。承租人付租的时间一般有月付、季付、半年付、年付等。付租间隔期长,承租人占用出租人资金的时间将延长,这时,租金总额就大;反之,租金数额就小。

对于承租人来说,一般希望租期长,每年支付期数多,使每期租金相对少一些,以减少每期的还债压力,但实际利率会因此而增加,最后提高了租金总额。出租人则希望租期不要过长,避免加大资金回收风险,但每期租赁金额的增加反而会提高租赁回收的难度,容易降低租赁资产的质量。

三、付租方式

不同的付租方式会影响各期租金及租金总额。

(一)期初付租与期末付租

付租方式有期初付租与期末付租两种。期初付租是指承租人在各个付租间隔期的期初支付租金;期末付租是指承租人在各个付租间隔期的期末支付租金。在期初付租情况下,承租人占用出租人资金的时间相对缩短,因此,租金要比期末付租少一些。

有时也涉及付租宽限期的情况,从起租日起,确定一个期限作为承租人付租宽限期,宽限期内,承租人可以不支付租金,但要计息,宽限期的利息可加入租赁物件的总成本中,然后再计算租金。

(二)均等支付和不均等支付

均等支付是指每期支付的租金数量相等;不均等支付是根据双方商定的金额支付不同的各期租金。不均等支付的原因可能是承租人的收入有季节性的特点,不同时期得到的收入不同,因此,可确定不同的租金数额。不均等的情况可以是逐期递增或逐期递减的支付,即每期租金数额随实际付租日期的推移而逐期增加或递减。

(三)租金付款方式

租金付款可采用期票或银行汇款。凭期票付款,应在租赁期开始时发出注有每次付款约定日与付款次数的期票;利用银行汇款,则凭租赁公司每次发送的账单,在约定日通过银行向租赁公司指定户头汇入。

四、相关费用

(一)残值

残值即租赁设备的残余价值,是指在租赁期满时,按租赁设备的市场售价估算的租赁设备的残余价值。残值会因租赁设备的种类、性能和市场情况等条件而异,一般保持在设备原价的10%～20%,以区别租赁与买卖的性质。租期结束时,若租赁残值低于租赁物件的公允价值时,承租人可以优先按租赁残值购买,支付了残值费,承租人可以最终获得设备所有权。因此,计算租金时,残值应从货价中减掉。实际上,残值对租金的影响是很大的,它可以减轻承租人的经济负担。

(二)手续费

租赁公司在出租设备时常要收取一定的手续费,作为租赁公司的一项收入,也是承租人的一项经济支出。租赁手续费计算方法不同,会对每期租金和租金总额产生影响。

手续费的计算方式多种多样，主要有：

(1)按租赁设备价款单独计算，并于租赁开始时一次性收取。此时，租赁手续费＝租赁物件的成本×手续费率。一般来说，这种方式对承租人最优惠，平均年费率最低。

(2)按租金总额单独计算，并于租赁开始时一次性收取。此时，租赁手续费＝租金总额×手续费率。

(3)将手续费率纳入利率，提高租赁利率水平，在租赁期内并入租金分次收取。在这种情况下，计算租金实际使用的利率会上升，租金总额会增加，对承租人最不利。实际利率＝原定利率＋租赁手续费率。

(4)把租赁手续费率换算成年费率，再纳入利率计算，调整为新利率，随每期租金等额收回。此时，实际利率＝(原定利率＋租赁手续费率)÷平均贷款期限。

(5)将租赁手续费计入设备概算成本，在租赁期内随每期租金逐步回收。此时，设备概算成本＝原设备价款＋租赁手续费。这种计算方法实际增加了租赁项目的概算成本，会在一定程度上增加承租人的租金负担水平。

(三)保证金

保证金是指承租人在签订租赁合同时向出租人缴纳的一定数额的资金，作为履约保证资金。由于这部分资金在租赁期间归出租人使用，相当于租赁公司无偿占用了承租人一笔资金，实际上提高了利息率。因此，在一般情况下，承租人向出租人支付的保证金越多，租金总额越少。

保证金处理有两种方式：一种是在计算租金时，把承租人已付的保证金从概算成本中减去；另一种是概算成本不降低，只是在最后一期租金中抵免。对于承租人来说，第一种方式比较合理。而租赁公司当然希望采取第二种处理方式，因为这相当于租赁公司从承租人手中借得一部分钱(保证金)，不付利息而在最后一期支付中偿还。

保证金是从概算成本中扣除，还是用作抵交最后一期租金的一部分，会对租金总额产生较大影响。当保证金冲减租赁设备概算成本时，租金总额就小；反之，租金总额就大。

五、付租币种

在国际租赁中应考虑租金的支付币种。由于在国际金融市场上各种货币的利率和相互之间的汇率瞬息万变，汇率的波动影响本国货币与支付币种的兑换比率，进而影响租金总额。一般而言，利率高、汇率高的支付币种，租金就高些。

租金支付货币的使用原则是：以什么货币签订租赁合同，就以什么货币完成支付行为。承租人在其他条件不变的情况下，应选择软货币为合同订立的币种；而对于出租人而言，应尽量使用硬货币。当然，具体情况还要结合利率水平。

六、起租日与计息日

(一)起租日

起租日是指租赁合同法定正式生效日,也是租赁期的起算日。起租日在租赁合同中要作出明确规定,因为这是分清出租人与承租人经济责任的法定日期,是租赁合同中很重要的条款。确定起租日一般有下列几种形式:

1. 提单日起租

这以设备制造商或供应商在租赁设备装载完毕后,承运人在提单上签字确认的日期为起租日。

2. 到货日起租

这是以租赁设备运抵承租人所在国港口或指定的使用地点的时间为起租日。

3. 投产日起租

这是以租赁设备的试生产日期或竣工交付正常生产日期为起租日。

4. 开信用证日起租

这是以承租人开出进口信用证的日期为起租日。

(二)计息日

这是指出租人为租赁项目的各类开支开始计息之日。计息日的确定有以下几种方式:

1. 开信用证日起息

在对外贸易中,供货商在交货前一般要求购买方委托银行开立信用证,而银行一般要购买方提供100%的现汇,因此,开证日可以作为此笔款项的计息日。如果20%定金由承租人支付,则以80%资金开证日开始计息。20%定金由出租人支付,则定金支付日为此20%资金的起息日,另80%同样按开证日起息。

2. 对外支付货款日起息

计息日与起租日不同,起租日只是租赁合同上的名义计息日,实际上起租日并不一定是计息日,可先计息后起租,也可以相反,两者间隔有长有短。实际计息日与起租日之间的利息累计一般要摊入租赁设备的概算成本中,所以影响租金大小。

(三)租金的支付日期

国际上确定租金支付日期的一般做法是"算尾不算头"。例如,有一笔租赁交易,起租日期是2019年1月1日,租赁合同中所规定的租金支付期限是每半年支付一次,那么第一期支付租金的到期日就是2019年6月30日。在计算支付日期时,应包括6月30日(为下一期的"头"),但不包括1月1日这一天。以后各期租金支付的到期日以此类推。

本章小结

租金是指出租人转让某项资产的使用权给承租人,并由承租人按约定条件定期分次向出租人支付的费用。租金是租赁业务的核心要素,它直接关系到承租人和出租人双方的利益,是租赁合同的基本内容。

租金的构成一般包括租赁设备的购置成本、为购买租赁设备向银行贷款而支付的利息以及为租赁业务而支付的营业费用三部分。

计算租金需用到单利、复利与年金的相关概念。

租金计算方法分为浮动利率法和固定利率法两大类,其中固定利率法一般使用长期利率,按固定利率计算。固定利率法又分为附加率法、年金法、成本回收法和不规则租金计算法。附加率法是指每期租金在租赁资产的设备价款或者概算成本之上加上一个特定的比率来计算的方法;年金法是将一项租赁资产在未来各租赁期的租金按一定的折现率换算成现值,使其现值总和等于租赁资产的概算成本或货款;成本回收法指由租赁双方在签订租赁合同时商定,各期按照一定的规律收回本金,再加上按未收本金计算的应收利息作为各期租金的计算方法;不规则租金的计算方法一般是指带有付租宽限期的租金计算方法。浮动利率法是指各期租金计算时的利率随市场利率而变化,最常用的是以伦敦银行间拆放利率(LIBOR)为基础计算的浮动利率。

除了概算成本外,还存在着许多影响租金的因素,包括利率、租赁期限、付租方式、相关费用、付租币种、起租日与计息日等。

练习与思考

【名词解释】

租金　计息频率　浮动利率法　固定利率法　附加率法　年金法　成本回收法
不规则租金　起租日　计息日

【简答题】

1. 简要说明租金的基本构成。
2. 租金计算方法有哪几种?
3. 除了概算成本外,还存在哪些影响租金的因素?
4. 付租方式如何影响租金?

【思考题】

请通过例子比较各种租金计算方法,并说明它们之间的差异。

第十二章　租赁会计

租赁业务是一项经济活动,为了对它进行有效的反映,必须灵活运用会计手段。本章主要介绍租赁会计的含义与分类、有关的租赁会计规范,并结合实例分别对融资租赁与经营租赁业务中承租人及出租人的会计处理进行分析。

第一节　租赁会计概述

一、租赁会计的含义与分类

(一)租赁会计的含义

租赁会计是以货币为主要计量单位,全面、连续、系统、规范地反映和监督因租赁业务而产生的企业资产、权益、收入和费用变化情况的核算体系。它可以运用设置账户、复式记账等会计核算方法对租赁业务过程中的资金运动进行系统地记载、分类、计算、检查和管理,以获得各项综合性的价值指标,并据此进行比较、分析、预测,辅助参与决策。

租赁会计的核算对象因每个企业的经营范围、业务种类和具体方式的不同而有所区别。

(二)租赁会计的分类

租赁会计有不同的分类:按租赁资产所有权的归属,分为经营性租赁会计和融资性租赁会计;按租赁业务所涉及的关系人,分为承租人会计和出租人会计;按出租人会计处理的目的不同,分为直接融资租赁会计、销售型租赁会计、杠杆租赁会计和经营性租赁会计;按承租人会计处理的目的各异,分为融资性(资本性)租赁会计和经营性(营业性)租赁会计。

图 12-1 对租赁会计的分类进行了总结。

```
                    ┌─ 出租人租赁会计 ┬─ 直接融资性租赁会计 ┐
                    │                 ├─ 销售型租赁会计     ├─ 融资性租赁会计
租赁会计 ┤                 ├─ 杠杆租赁会计       ┘
                    │                 └─ 经营性租赁会计
                    │
                    └─ 承租人租赁会计 ┬─ 经营性租赁会计      （营业性租赁会计）
                                      └─ 融资性租赁会计      （资本性租赁会计）
```

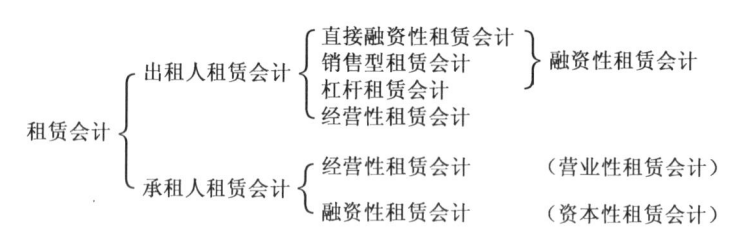

图 12-1　租赁会计的分类

二、租赁会计规范

(一)美国租赁会计规范的形成和发展

美国不仅是当今世界经济高度发达的国家,也是金融租赁的发祥地。综观美国租赁的发展历史,不难看出美国租赁会计规范的形成和发展对现代国际租赁会计有着举足轻重的作用。

最初,美国企业对于租赁这种方式情有独钟,是由于传统的会计处理方法中,租赁所引起的负债无需纳入资产负债表,这样企业便可粉饰自身的财务状况。然而,随着美国租赁业务的不断发展,这个问题便引起了会计行业管理人士的关注,并制定了相关的会计准则来规范企业的租赁会计行为。

1949 年,美国执业会计师协会所属会计程序委员会第一次专门就租赁会计问题发表研究报告——《会计研究公告第 38 号:长期租赁在财务报表中的列示》。公告指出:租金固定、期限较长的租赁业务,其未偿付的租金余额以及其他相关事实足以影响企业财务报表使用者的判断,必须在财务报表中予以列示或说明。自此,长期租赁通常以脚注的方式在企业财务报表中列示,但仍未作为一项独立的项目反映在企业的资产负债表中。

之后,该委员会于 1953 年先后颁布了两份专门针对租赁会计的研究公告,即《会计研究公告第 42 号》和《会计研究公告第 43 号》,重申了《会计研究公告第 38 号》的基本思想,并进一步提出,如果交易的实质是一种购买,则该项租赁资产应纳入承租人的资产范围,并反映相应的负债。

随着租赁业尤其是融资租赁的迅猛发展,有关租赁在财务报表上的列示问题日益受到报表使用者和会计界人士的密切关注,并引发热烈讨论,讨论的焦点是融资租赁设备是否应由承租人资本化问题(即租赁设备列入承租人的资产负债表并由承租人提取折旧)。1962 年,会计程序委员会出版《会计专题研究报告第 4 号:租赁编列财务报表的方法》,讨论了租赁会计的理论与实务。1964 年与 1965 年,会计原则委员会分别颁布了《意见书第 5 号:租赁编入承租人财务报表的方法》和《意见书第 7 号:租赁编入出租人财务报表的方法》,更加详细地指出了财务报表中融资租赁与经营租赁的区别。

支持承租人应对融资租赁资产资本化的理由主要有:一是实质高于形式,融资租赁是实质转移随附于资产所有权的全部风险和报酬的协议,虽然形式上并没有转移所有权,但承租人拥有实际的经济所有权,融资租赁的资产与利用分期付款方式购买的资产对财务状况和经营成果的影响基本相同,应采用相同的会计处理方法;二是融资租赁作为一项不可撤销的协议,承租人在长期内拥有资产带来的收益并支付租金,承担租赁物的风险责任,承租人具有持续支付租金的责任,对承租人的资产、负债、费用有实质影响,如果不纳入资产负债表反映,承租人的经济资源和债务责任会被低估,导致会计信息虚假和失真。然而,反对者则认为:法律形式至高无上,将租赁资产从出租人资产转移到承租人的资产负债表中,出租人的所有权何以体现和受到保护。

1973年,美国执业会计师协会所属会计程序委员会更名为美国财务会计准则委员会(FASB),成为美国制定公认会计准则的权威机构。为了建立公认的租赁会计准则,该委员会不遗余力地推进对租赁会计的研究,并于1976年发表了《财务会计准则第13号——租赁会计》(FAS13),它取代了之前颁布的所有有关租赁会计的文件,比较全面、系统地明确了租赁会计业务处理中的问题,将租赁业务从出租人和承租人的不同角度依据交易目的进行了分类,并制定了具体分类标准和不同租赁类型的会计处理方法。这一准则成为权威性的租赁会计处理准则,有力地推动了世界各国租赁会计标准的形成,并促进了《国际会计准则第17号——租赁会计》的颁布。

(二)国际租赁会计规范的形成和发展

第二次世界大战之后,随着国际经济交往的日益扩大,会计作为一项经济管理的重要手段也日趋国际化。然而,由于政治、经济和文化等背景的不同,各国的理论与实务存在不同程度的差异。为此,国际会计学界为全球或区域内会计理论和实务的协调作出了不懈的努力。1973年,一个国际性的会计组织——国际会计准则委员会(IASB)宣告成立。

1982年9月,国际会计准则委员会公布了《国际会计准则第17号——租赁会计》(IAS17)。该准则于1984年1月1日起生效,为在全球范围内统一租赁业务会计处理的原则迈出了重要一步。IAS17与FAS13的处理原则基本一致,即规定了融资租赁由承租人予以资本化、经营租赁由出租人资本化的原则。FAS13和IAS17颁布后,有些国家(如美国、德国、比利时、日本、韩国等)采取了融资租赁由承租人予以资本化、经营租赁由出租人资本化的准则,另外一些国家(如英国、巴西、意大利、法国等)继续按照传统租赁会计实行所有类型的租赁由出租人予以资本化的政策。

1994年11月,国际会计准则委员会根据可比性及改进计划的要求,对准则进行了格式重排,即国际会计准则不再分为正文和说明两大部分,也就是说,不再在准则正文之后单独提供说明,而是将说明性内容与正文融合。

《国际会计准则第 17 号——租赁会计》是第一个专门针对租赁会计而制定的国际性文件,该准则共 64 条,分为 8 个部分,对租赁各方的会计处理都作了详细的规定。这 8 个部分分别是范围、定义、租赁的分类、在出租人财务报表中的租赁、在承租人财务报表中的租赁、售后回租、生效日期以及对金融租赁的过渡性的规定。

1997 年 12 月,国际会计准则委员会发布《国际会计准则第 17 号——租赁》(IAS17),取代了 1982 年 9 月发布的《国际会计准则第 17 号——租赁会计》。

1998 年 12 月,国际会计准则委员会常设解释委员会发布《解释公告第 15 号——经营租赁:激励措施》(SIC15)。

2001 年 4 月,国际会计准则理事会(IASB)采纳了 IAS17 与 SIC15,于同年 12 月发布了《解释公告第 27 号——评价涉及租赁法律形式的交易的实质》(SIC27),为确定涉及租赁法律形式的安排是否符合 IAS17 下的租赁定义提供指南。

国际会计准则理事会于 2003 年 12 月发布了修订的《国际会计准则第 17 号——租赁》,并于 2004 年 12 月发布了《国际财务报告解释公告第 4 号——确定一项协议是否包含租赁》(IFRIC4)。

当然,当时的租赁会计还存在诸多的问题,国际会计准则委员会(IASB)和美国会计准则委员会(FASB)于 2010 年 8 月 17 日联合发布租赁准则的征求意见稿,提出对租赁会计进行改革。2013 年 5 月,国际会计准则理事会再次发布了《国际会计准则——租赁(征求意见稿)》,在全球范围内征求意见。

2016 年 1 月,国际会计准则委员会(IASB)发布《国际财务报告准则第 16 号——租赁》(IFRS16),从 2019 年 1 月 1 日起生效。它取代了《国际会计准则第 17 号——租赁》《国际财务报告解释公告第 4 号——确定一项协议是否包含租赁》《公告第 15 号——经营租赁:激励措施》和《解释公告第 27 号——评价涉及租赁法律形式的交易的实质》,为租赁的确认、计量、列报和披露制定了新的基本原则。

IFRS 16 对承租人不再区分经营租赁和融资租赁,采用同样的会计处理方式。新国际租赁准则将对很多公司产生重大影响,特别是航空、交通运输、零售、电信、能源及设施等行业。

(三)中国的租赁会计规范的形成和发展

现代租赁在中国起步较晚,在相当长的时期内,我国并不存在以融资为主要目的的现代租赁业务,因此,有关的租赁财务、会计制度相当简单。基本会计处理原则与国际会计准则的经营租赁处理原则相似,即承租人无需将租赁资产入账,也无需确认相应的负债。各期所付租金则作为费用于支付期确认。

这些原则集中体现在我国财政部于 1981 年 1 月 1 日发布的《国营工业企业会计

制度——会计科目和会计报表》中。该规定指出:第一,租赁的固定资产产权在出租方,不能作为租入单位的财产,但租入单位要设立备查簿进行登记。第二,对于各期租金,租入单位应列为车间经费或企业管理费,如果是按年一次支付的,则通过"待摊费用"或"其他应付款"账户分摊计入各月成本;出租单位应把所收租金作为更新改造基金记入"专用基金"账户。第三,租赁资产折旧应由出租单位计提。

1982年12月9日,财政部下发《关于租赁费用的财务处理的暂行规定》,明确规定了承租企业可用专用基金(如更新改造基金、生产发展基金)来支付租金中构成设备价值的部分,不构成设备价值的租赁手续费及利息费用可列入成本。

1985年4月24日,财政部发布《中外合资工业企业会计科目和会计报表》,首次根据国际通行的租赁会计规范,要求采用融资租赁方式租入固定资产的合资企业增设账户,将租入资产及承担的债务分别入账。

1985年6月30日与10月12日,财政部分别发布《关于国营工业企业租赁费用财务处理的规定》与《关于国营工业企业租赁固定资产有关会计处理问题的规定》。这两个规定有三个特点:一是放弃长期坚持的财产所有权观,要求承租方将以融资租赁形式租入的资产视同自有固定资产入账,并确认相应的负债;二是采用金融租赁形式租入的设备,租赁期满后,不论租赁的财产所有权是否转归承租方,其财务、会计处理均适用相同的原则;三是增加了租赁费的资金渠道,不仅允许用租赁设备的折旧基金、企业的更新改造资金和生产发展基金支付相当于设备价值的那一部分租赁费,还允许在一定条件下用新增利润在缴纳所得税前支付租赁费,或者在不减少企业原有上缴税利的前提下,直接列入成本。

1993年7月1日,《企业会计准则》与《企业财务通则》开始实施,规定租入固定资产改造支出应当在租赁期内平均摊销。

2001年1月1日,财政部发布了8项会计准则并开始实施,其中《企业会计准则——租赁》是我国第一部专门针对租赁业务而拟定的会计准则。该准则对租赁各方的会计核算和信息披露都作了详细的规定,成为我国租赁会计发展的里程碑。2006年又对其进行了修订,这对我国租赁业务的规范和发展起到重要的促进作用。

2016年《国际财务报告准则第16号——租赁》(IFRS 16)推出后,我国对此进行了充分的研究,并在听取国内专家及各界代表意见的基础上结合我国实际起草了《企业会计准则第21号——租赁(修订)》(征求意见稿),于2018年1月公开征求意见。

有关部门在收到反馈意见后会同准则咨询专家、相关企业和专业机构进行了深入探讨、认真研究,对征求意见稿作了进一步完善修改,经过财政部审核批准程序后形成终稿,于2018年12月7日对外正式发布了新的《企业会计准则第21号——租赁》。在境内外同时上市的企业以及在境外上市并采用国际财务报告准则或企业会计准则编制财务报表的企业自 2019 年 1 月 1 日起实施新准则,其他企业(包括 A 股上市公司)自 2021 年 1 月 1 日起实施新准则。

三、租赁会计所使用的一些基本术语

为了明确与租赁有关的会计概念,《国际财务报告准则第 16 号——租赁》(IFRS 16)的附录一对相关术语进行了定义,主要涉及以下术语:

(一)租赁合同

1. 合同

合同(contract)是对双方或多方之间产生强制性权利和义务的协议。

2. 租赁

租赁是指让渡在一段时间内使用资产(标的资产)的权利以换取对价的合同或合同的一部分。

3. 出租人

出租人(lessor)是提供在一段时间内使用标的资产的权利以换取对价的主体。

4. 承租人

承租人(lessee)是支付对价以获得在一段时间内使用标的资产的权利的主体。

(二)租赁的种类

1. 融资租赁

融资租赁(finance lease)是指实质上转移了与标的资产所有权相关的全部风险和报酬的租赁。

2. 经营租赁

经营租赁(operating lease)是实质上没有转移与标的资产所有权相关的全部风险和报酬的租赁。

3. 短期租赁

短期租赁(short-term lease)是在租赁期开始日,租赁期为 12 个月或更短期间的租赁,但包含购买选择权的租赁不属于短期租赁。

4. 转租赁

转租赁(sub-lease)是在原出租人与原承租人之间的租赁("原租赁")仍然有效的情况下,原承租人("中间出租人")将标的资产转租给第三方的交易。

(三)与期限相关的概念

1. 租赁开始日

租赁开始日(inception date of the lease)是指租赁协议日与租赁各方就主要租赁条款和条件作出承诺日中的较早者。

2. 租赁期开始日

租赁期开始日(commencement date of the lease)是出租人提供标的资产使其可供承租人使用的日期。

3. 租赁期

租赁期(lease term)是承租人有权使用标的资产的不可撤销的期间,包括续租选择权所涵盖的期间(前提是承租人合理确定将行使该选择权),以及终止租赁选择权所涵盖的期间(前提是承租人合理确定不会行使该选择权)。

在租赁期开始日,主体应评估承租人是否合理确定将行使续租或购买标的资产的选择权,或者将不行使终止租赁选择权。主体考虑对承租人行使或者不行使这些选择权产生经济激励的所有相关事实和情况,包括自租赁期开始日至选择权行使日之间的事实和情况的预期变动。需考虑的因素包括但不限于以下方面:

(1)选择权期间的合同条款和条件(与市价相比),例如:

①选择权期间的租金金额,一般来说,如果租赁合同规定承租人有优惠续租选择权,即承租人续租的租金预计远低于(一般指≤70%)行使优惠续租选择权日的正常租金,在租赁开始日就可以合理地确定承租人将会行使这种选择权。

②可变付款额或其他或有款项的金额,如因终止租赁罚款和余值担保导致的应付款项。

③初始选择权期间后可行使选择权的条款和条件(例如,续租期结束时可按低于市价的价格行使购买选择权,这种低价购只是一种象征性的,在实务中一般可按照≤公允价值的5%来掌握)。

(2)在合同期内进行(或预期进行)的重大的租赁资产改良,在可行使续租选择权、终止租赁选择权或者购买标的资产选择权时,预期能为承租人带来重大经济利益。

(3)与终止租赁相关的成本,例如,谈判成本、迁移成本、鉴别适合承租人需求的其他标的资产所发生的成本、将新资产融入承租人运营所发生的整合成本以及终止租赁罚款和类似成本(包括与将标的资产恢复至合同规定的状态或将其归还至合同规定的地点相关的成本)。

(4)该标的资产对承租人运营的重要程度,例如,考虑标的资产是否为一项专门资产,标的资产位于何地,以及是否可获得适合的替换资产等。

(5)与行使选择权相关的条件(即仅在满足一项或多项条件时方可行使选择权),以及满足这些条件的可能性。

租赁期自租赁期开始日起计算,并包括出租人为承租人提供的免租期。

【案例 12-1】　　　　　租赁期的确定

假设20×4年10月1日,甲租赁公司与乙公司签订了一份租赁合同。合同规定:

租赁期开始日:20×5年1月1日。

租赁期:20×5年1月1日—20×7年12月31日。

租金支付:于每年年末支付150 000元。

(1)如果租赁期届满后承租人可以每年30 000元的租金续租2年,即续租期为20×8年1月1日—20×9年12月31日,估计租赁期届满时该项租赁资产每年的正常租金为100 000元。

(2)如果甲租赁公司于合同规定租赁期届满日将租赁标的物以20 000元卖给乙公司,在签订租赁协议时估计该租赁资产的公允价值为800 000元。

[案例分析]

根据上述资料,合同规定的租赁期为3年,从20×5年1月1日开始。

(1)续租租金为正常租金的30%,可以合理确定承租人将来会续租。

因此,本例中的租赁期应为5年(=3+2),即20×5年1月1日—20×9年12月31日。

(2)由于购买价格仅为公允价值的2.5%(20 000/800 000),如果没有特殊的情况,承租人在租赁期届满时会购买该项资产。因此,此时的租赁期则为3年,即20×5年1月1日—20×7年12月31日。

4. 经济寿命

经济寿命(economic life)是指从经济角度看,某项资产预期可为一个或多个使用者使用的期间,或者一个或多个使用者预期可从该项资产获得的产量或类似计量单位的数量。

5. 使用寿命

使用寿命(useful life)是主体预期可使用某项资产的期间或者主体预期从某项资产中获得产量或类似单位的数量。

6. 使用期间

使用期间(period of use)是某项资产被用于履行与客户之间的合同的总期间(包括任何非连续期间)。

7. 修改生效日

修改生效日指双方就某项租赁修改达成一致的日期。

> **【案例 12-2】** "使用年限"与"使用寿命"的确定
>
> 20×1年1月5日,A租赁公司与B公司签订了一份租赁合同。合同规定:
>
> 租赁标的物:全新的某生产线,价值为120万元,使用年限为10年。
>
> 租赁期开始日:20×1年2月1日。
>
> 租赁期:20×1年2月1日—20×3年1月31日。
>
> 20×3年1月1日,A租赁公司又与C公司签订了另一份租赁合同,将该生产线出租给C公司。
>
> 租赁期开始日:20×3年2月1日。
>
> 租赁期:20×3年2月1日—20×7年1月31日。

[案例分析]

根据上述资料,可知:

(1)该生产线的经济寿命为10年。

(2)对于B公司而言该生产线的使用寿命为10年,使用期间为2年。

(3)对于C公司而言该生产线的使用寿命为8年(=10-2),使用期间为4年。

(四)与价值相关的术语

1. 公允价值

公允价值(fair value)是出于应用出租人会计处理要求的目的,在公平交易中,熟悉情况的当事人自愿据以进行资产交换或债务清偿的金额。

2. 担保余值

担保余值(residual value guarantee)是由与出租人无关的一方向出租人提供的在租赁结束时标的资产的价值(或价值的一部分)至少为某指定金额的担保。

3. 未担保余值

未担保余值(unguaranteed residual value)是指标的资产余值中,出租人无法保证能够实现或仅由与出租人有关的一方予以担保的部分。

担保余值是相对于未担保余值而言的。为了促使承租人谨慎地使用租赁资产,尽量减少出租人自身的风险和损失,租赁合同有时要求承租人或与其有关的第三方对租赁资产的余值进行担保,此时的担保余值是针对承租人而言的。这里"与其有关的第三方"是指在业务经营或财务上与承租人有关的各方,如母公司、子公司、联营企业、合营企业、主要原料供应商等。此外,担保人还可能是与承租人和出租人均无关、但在财务上有能力担保的第三方,如担保公司,此时的担保余值是针对出租人而言的。未担保余值没有人担保或只有与出租人相关的一方作担保,主要由出租人自身负担,能否收回没有切实可靠的保证。

> 【案例 12-3】　　"担保余值"和"未担保余值"
> 　　A 租赁公司将一台大型专用设备以融资租赁方式租赁给 B 企业。租赁开始日估计的租赁期届满时租赁资产的公允价值(即资产余值)为 2 300 万元。双方合同中规定,B 企业担保的资产余值为 400 万元,B 企业的子公司担保的资产余值为 650 万元,另外担保公司担保金额为 750 万元,则租赁期开始日该租赁公司记录的未担保余值应为多少万元?

[案例分析]

根据上述资料,可知:

B 企业(承租人)的资产担保余值=400+650=1 050(万元)

担保公司担保金额=750 万元

因此,

A 租赁公司(出租人)的资产担保余值=400+650+750=1 800(万元)

A 租赁公司(出租人)的未担保余值=2 300-1 800=500(万元)

4. 租赁付款额

租赁付款额(lease payments)是指承租人向出租人支付的与在租赁期内使用标的资产的权利相关的款项,包括下列项目:

(1)固定付款额(包括实质固定付款额),扣除租赁激励。

(2)取决于指数或比率的可变租赁付款额。

(3)购买选择权的行权价,前提是承租人合理确定将行使该选择权。

(4)终止租赁的罚款,前提是租赁期反映出承租人将行使终止租赁选择权。

对于承租人而言,租赁付款额还包括承租人根据余值担保预计应付的金额。

租赁付款额不包括分摊至合同非租赁组成部分的金额,除非承租人选择将非租赁组成部分与租赁组成部分合并作为一项单独的租赁组成部分进行会计处理。

对于出租人,租赁付款额还包括由承租人、与承租人有关联的一方或与出租人无关但在经济上有能力履行担保义务的第三方向出租人提供的余值担保。租赁付款额不包括分摊至非租赁组成部分的金额。

注意:租赁付款额实际上涉及承租人的租赁付款额与出租人的租赁收款额两个概念,出租人租赁收款额通常大于承租人租赁付款额,因为它还包括与承租人或出租人有关一方以及第三方提供的余值担保。

【案例 12-4】　　　　"租赁付款额"的确定

假设 A 租赁公司将一台大型设备以融资租赁方式出租给 B 工厂。双方签订了租赁协议,该设备租赁期为 5 年,租赁期届满 B 工厂归还给 A 租赁公司设备。每半年末支付租金 687.4 万元,B 工厂担保的资产余值为 300 万元,B 工厂的母公司担保的资产余值为 760 万元,另外担保公司担保金额为 540 万元,未担保余值为 200 万元,A 租赁公司给 B 工厂的租赁激励为 10 万元。求:

(1)B 工厂的租赁付款额。

(2)A 租赁公司的租赁收款额。

[案例分析]

根据上述资料,可知:

(1)承租人租赁付款额＝各期租金之和－租赁激励＋承租人担保的资产余值＋承租人购买选择权的行权价(如果合理确定承租人未来将行权)

B 工厂的租赁付款额＝687.4×(5×2)－10＋300＝7 164(万元)

(2)出租人租赁收款额＝承租人租赁付款额＋与承租人有关联的一方或第三方向出租人提供的余值担保

A 租赁公司的租赁收款额＝[687.4×(5×2)－10＋300]＋760＋540＝8 464(万元)

5. 租赁投资总额

租赁投资总额(gross investment in the lease)是在融资租赁下出租人应收的租赁付款额与应归属于出租人的未担保余值之和。

6. 租赁投资净额

租赁投资净额(net investment in the lease)是按照租赁内含利率折现的租赁投资总额。

7. 未实现融资收益

未实现融资收益(unearned finance income)是租赁投资总额与租赁投资净额之差。

8. 初始直接费用

初始直接费用(initial direct costs)是为获取租赁所发生的增量成本。若不获取该租赁,则不会发生该成本。初始直接费用不包括生产商或经销商出租人发生的与融资租赁有关的此类成本。

(五)与利率相关的概念

1. 租赁内含利率

租赁内含利率(interest rate implicit in the lease)是使租赁付款额与未担保余值之和的现值等于标的资产的公允价值与出租人的所有初始直接费用之和的利率。

2. 承租人的增量借款利率

承租人的增量借款利率(lessee's incremental borrowing rate)是承租人在类似经济环境下获得与使用权资产价值接近的资产,在类似期间以类似抵押条件借入资金而必须支付的利率。

第二节 承租人的会计处理

2016年1月,国际会计准则理事会修订发布了《国际财务报告准则第16号——租赁》,自2019年1月1日起实施,相应的,我国财政部于2018年12月7日修订发布了《企业会计准则第21号——租赁》(以下简称《新租赁准则》),规定采用使用权模型,对租赁的会计处理有了较大的改变。

一、租赁的识别

《新租赁准则》规定:在合同开始日,企业应当评估合同是否为租赁或者包含租赁。如果合同中一方让渡了在一定期间内控制一项或多项已识别资产使用的权利以换取对价,则该合同为租赁或者包含租赁。这又包含了几个层次:

(一)已识别资产

(1)已识别资产通常由合同明确指定,也可以在资产可供客户使用时隐性指定。

(2)即使合同已对资产进行指定,如果资产的供应方在整个使用期间拥有对该资产的实质性替换权,则该资产也不属于已识别资产。

《新租赁准则》规定,同时符合下列条件时,表明供应方拥有资产的实质性替换权:
①资产供应方拥有在整个使用期间替换资产的实际能力。
②资产供应方通过行使替换资产的权利将获得经济利益。

企业难以确定供应方是否拥有对该资产的实质性替换权的,应当视为供应方没有对该资产的实质性替换权。

(3)如果资产的某部分产能或其他部分在物理上不可区分,则该部分不属于已识别资产,除非其实质上代表该资产的全部产能,从而使客户获得因使用该资产所产生的几乎全部经济利益。

(二)控制已识别资产的使用

为确定合同是否让渡了在一定期间内控制已识别资产使用的权利,企业应当评估合同中的客户是否:

(1)有权获得在使用期间内因使用已识别资产所产生的几乎全部经济利益。在评估是否有权获得因使用已识别资产所产生的几乎全部经济利益时,企业应当在约定的客户可使用资产的权利范围内考虑其所产生的经济利益。

(2)有权在该使用期间主导已识别资产的使用。

《新租赁准则》规定,存在下列情况之一的,可视为客户有权主导对已识别资产在整个使用期间内的使用:

①客户有权在整个使用期间主导已识别资产的使用目的和使用方式。

②已识别资产的使用目的和使用方式在使用期开始前已预先确定,并且客户有权在整个使用期间自行或主导他人按照其确定的方式运营该资产,或者客户设计了已识别资产并在设计时已预先确定了该资产在整个使用期间的使用目的和使用方式。

是否为租赁的识别流程见图 12-2。

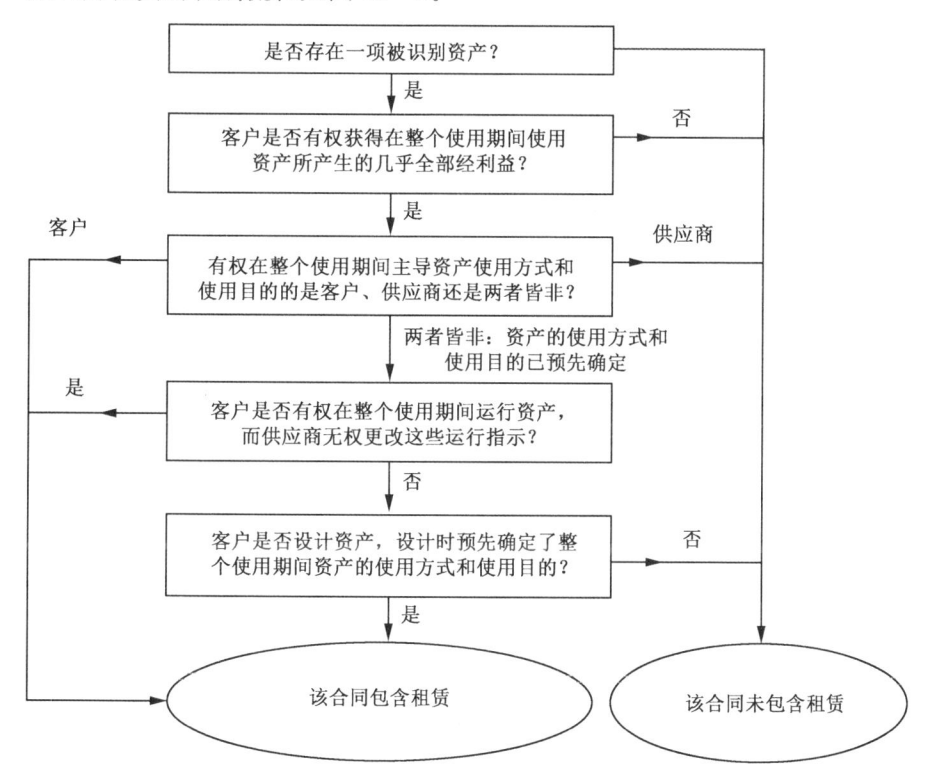

资料来源:国际会计准则理事会,《国际财务报告准则第 16 号——租赁》,中国财经出版传媒集团,2017 年 8 月。

图 12-2 新租赁准则下租赁的识别

【案例 12-5】　　　　租赁的识别（一）[①]

2018 年 12 月 17 日，A 公司与供应商 B 公司签订合同，在合同中规定，自 2019 年 1 月 1 日起至 2023 年 12 月 31 日止 A 公司租用 B 公司的 10 辆福田欧曼 EST 卡车（全新，车牌号为××××等），每年租金 100 万元，在每年的年初支付。合同期满后，A 公司应及时将卡车通过年检后归还 B 公司。在合同期间，A 公司拥有卡车的使用权，车辆的保管、维修、保养等也均由 A 公司派专人负责，如造成车辆丢失，A 公司应负责赔偿并承担全部责任。试分析该合同是否为租赁合同。

[案例分析]

对于该合同是否为租赁合同的分析如下：

（1）合同明确指定了 A 公司（承租人）向 B 公司（出租人）租用卡车的具体品牌型号、车牌号、数量等，所以合同中存在特定资产。

（2）合同中规定合同期满后，供应商才有权收回卡车，说明卡车仅在特定未来日期（合同到期时）或者特定事件发生时才能收回，所以 B 公司的替换权利不具有实质性。

（3）合同显示，A 公司在合同期内拥有对合同规定的卡车拥有独家使用权，有权获得使用车辆所产生的几乎所有经济利益。"如造成车辆丢失，A 公司应负责赔偿并承担全部责任"只是出租人的保护性条款，不影响 A 公司对资产的使用。

（4）在合同期间，A 公司能够主导卡车的使用时间、地点和具体运输的货物，有权变更车辆的使用方式和使用目的，说明 A 公司可控制已识别资产的使用。

综上四点可以判断出该项合同为租赁合同。

【案例 12-6】　　　　租赁的识别（二）[②]

X 企业（客户）与 Y 机场运营商（供应商）签订使用机场某处空间设立易于移动的售货亭销售商品的 3 年期合同。合同规定了 X 企业销售空间（售货亭）的大小，以及空间可位于机场内的任一登机区域。在使用期内，供应商 Y 有权随时变更分配给客户 X 企业的空间位置。由于客户使用的（自有的）售货亭易于移动，因而供应商 Y 变更客户空间位置的相关成本极小，在机场也有很多符合合同规定的可供 Y 分配给 X 使用的空间区域。试分析该合同是否包含租赁。

[①] 鲁昊：《浅析新租赁准则首次执行日财务处理实例》，《纳税》2019 年第 5 期。
[②] 国际会计准则理事会：《国际财务报告准则第 16 号——租赁》，中国财经出版传媒集团 2017 年版。

[案例分析]

该合同不包含租赁。理由如下：

（1）合同中并不存在被识别资产。尽管在合同中具体规定了客户 X 企业所使用的是机场内的空间及空间的大小，客户也可控制自有的售货亭，但供应商没有明确空间的具体位置，只说售货亭可位于机场内的任一登机区域，且供应商可以随意变更该空间。

（2）供应商有替换客户使用空间的实质性权利：

①在整个使用期内，供应商有权利并有实际能力变更客户使用的空间。机场内有许多区域符合合同规定的空间，且供应商有权随时将空间的位置变更至符合规定的其他空间，而不需要客户的批准。

②供应商将通过替换空间获得经济利益。因为售货亭易于移动，Y 变更客户所使用空间的相关成本极低，因此，供应商 Y 能够根据实际情况最有效地利用机场登机区域的空间，通过合理布局、替换机场内的空间获益。

二、承租人在租赁开始日的会计处理

（一）租赁开始日租赁会计的变化

租赁开始日的会计处理是指承租人在存在租赁协议的条件下，在租赁开始日应进行的会计处理。租赁开始日一般是租赁协议签订的日期，但如果租赁各方就主要租赁条款和条件作出承诺日的时间早于协议签订日，则以其作为租赁开始日。

2006 年 2 月，财政部发布《企业会计准则第 21 号——租赁》（以下简称《旧租赁准则》），规定承租人和出租人在租赁开始日，应当根据与资产所有权有关的全部风险和报酬是否转移，将租赁分为融资租赁和经营租赁。对于融资租赁，承租人在资产负债表中确认租入资产和相关负债；对于经营租赁，承租人在资产负债表中不确认其取得的资产使用权和租金支付义务。

《旧租赁准则》的处理可能会产生一些问题：一是承租人的财务报表未能全面反映租赁交易取得的权利和承担的义务；二是对于同一类交易可能出现两种完全不同的处理方式，相关交易主体可通过构建某种交易以符合特定类型的租赁进行盈余管理；三是降低了不同承租人财务报表的可比性。

《新租赁准则》则取消了承租人关于融资租赁与经营租赁的分类，其中第十四条规定："在租赁期开始日，承租人应当对租赁确认使用权资产和租赁负债，应用本准则第三章第三节进行简化处理的短期租赁和低价值资产租赁除外。"这说明不管是融资租赁还是经营租赁，除了"短期租赁"和"低价值资产租赁"之外都要统一进表，以更全面、真实地反映承租企业的财务状况和财务风险。

(二)会计处理

根据《新租赁准则》的规定,在租赁期开始日,除了"短期租赁"和"低价值资产租赁"外,承租人均应当对租赁确认使用权资产和租赁负债。

1. 使用权资产

使用权资产是指承租人可在租赁期内使用租赁资产的权利,该资产应当按照成本进行初始计量,成本包括:

(1)租赁负债的初始计量金额。

(2)在租赁期开始日或之前支付的租赁付款额。存在租赁激励的,扣除已享受的租赁激励相关金额。所谓租赁激励,是指出租人为达成租赁向承租人提供的优惠,包括出租人向承租人支付的与租赁有关的款项、出租人为承租人偿付或承担的成本等。

(3)承租人发生的初始直接费用。

(4)承租人为拆卸及移除租赁资产、复原租赁资产所在场地或将租赁资产恢复至租赁条款约定状态预计将发生的成本。如果前述成本属于为生产存货而发生的,适用《企业会计准则第1号——存货》。

承租人应当按照《企业会计准则第13号——或有事项》对第(4)项所述成本进行确认和计量。

2. 租赁负债

租赁负债应当按照租赁期开始日尚未支付的租赁付款额的现值进行初始计量。

在计算租赁付款额的现值时,承租人应当采用租赁内含利率作为折现率。租赁内含利率是指使出租人的租赁收款额的现值与未担保余值的现值之和等于租赁资产公允价值与出租人的初始直接费用之和的利率。

如果承租人无法确定租赁内含利率,《旧租赁准则》规定采用租赁合同规定的利率,而《新租赁准则》则规定采用承租人增量借款利率作为折现率。

承租人增量借款利率是承租人在类似经济环境下为获得与使用权资产价值接近的资产,在类似期间以类似抵押条件借入与租赁期匹配的资金而须支付的利率。

> **【案例12-7】 承租人在租赁开始日的会计处理**[①]
>
> 20×9年1月1日,A公司(承租人)从B公司(出租人)租入某栋建筑物一个楼层,租期为10年,具有5年的续租选择权。租赁期内A公司每年向B公司支付租金50 000元,选择权期间为每年55 000元,所有租金均在各年年初支付。20×9年1月1日,A公司向B公司支付第一笔租金。

[①] 国际会计准则理事会:《国际财务报告准则第16号——租赁》,中国财经出版传媒集团2017年版。

> 另外,为获得该层楼的租赁,承租人向提前搬离该楼层的前任租户支付15 000元款项,向安排此笔租赁的房地产中介支付5 000元佣金。
>
> 作为对签署此项租赁的承租人的激励,出租人B公司同意为承租人报销5 000元的房地产中介佣金以及7 000元的装修费。
>
> 合同未规定内含利率,但承租人在20×9年1月1日以类似的抵押条件借入期限为10年的类似等值借款须支付的固定利率为每年5%。

[案例分析]

根据以上已知条件可分析得出:

(1)租赁期开始日为20×9年1月1日,也是合同执行日。

(2)租期为10年,具有5年的续租选择权。在租赁期开始日,应评估承租人是否合理确定将行使续租的选择权。考虑到选择权期间租金高于租期内租金,承租人不能合理确定将行使续租选择权,因此,将租赁期确定为10年。

(3)租赁期内每年年初的租金为50 000元,属于期初年金。在租赁期开始日支付的租赁付款额为50 000元,后续9年租金形成租赁负债,须按照租赁期开始日尚未支付的租赁付款额的现值进行初始计量。

(4)由于租赁内含利率无法直接确定,而承租人的增量借款利率为每年5%,故以此为折现率计算租赁负债的初始计量金额,得租赁负债 $LL = 50\,000 \times PVIFA_{5\%,9} = 355\,391.08$(元)。

(5)发生的初始直接费用为20 000元,要计入使用权资产。

(6)租赁激励相关金额要从使用权资产扣除,但此处只能算B公司同意为承租人报销的房地产中介佣金5 000元,由于使用权资产的成本不包括承租人发生的装修费,承租人对7 000元的装修费应按照其他相关准则对装修费报销进行会计处理。

综上,编制会计分录如下:

借:使用权资产　　　　　　　　　　　　　　　405 391.08
　　贷:租赁负债　　　　　　　　　　　　　　　　355 391.08
　　　　现金(第一年的租赁付款额)　　　　　　　 50 000.00
借:使用权资产　　　　　　　　　　　　　　　 20 000.00
　　贷:现金(初始直接费用)　　　　　　　　　　　20 000.00
借:现金(租赁激励)　　　　　　　　　　　　　 5 000.00
　　贷:使用权资产　　　　　　　　　　　　　　　 5 000.00

这样,账面上最终的使用权资产为 405 391.08 + 20 000.00 − 5 000.00 = 420 391.08(元)。

三、承租人租赁后续计量的会计处理

在租赁期开始日后，承租人应按照相关规定，采用成本模式对使用权资产进行后续计量。实务中主要涉及折旧计提、减值损失、利息费用计提等事项。

（一）折旧计提

承租人应当参照《企业会计准则第 4 号——固定资产》有关折旧规定，对使用权资产计提折旧。

如果承租人能够合理确定租赁期届满时取得租赁资产所有权的，应当在租赁资产剩余使用寿命内计提折旧。

如果承租人无法合理确定租赁期届满时能够取得租赁资产所有权的，应当在租赁期与租赁资产剩余使用寿命两者孰短的期间内计提折旧。

（二）减值损失

承租人应当按照《企业会计准则第 8 号——资产减值》的规定，确定使用权资产是否发生减值，并对已识别的减值损失进行会计处理。

（三）利息费用

承租人应当按照固定的周期性利率计算租赁负债在租赁期内各期间的利息费用，并计入当期损益。按照《企业会计准则第 17 号——借款费用》等其他准则规定应当计入相关资产成本的，从其规定。

该周期性利率是按照前面所采用的折现率，或者按照规定采用修订后的折现率。

四、租赁变动的会计处理

当出现一些特殊情况，导致租赁发生一些改变或发生租赁变更时，需要对租赁付款额等进行重新计算。

（1）在租赁期开始日后，发生下列情形的，承租人应当重新确定租赁付款额，并按变动后租赁付款额和修订后的折现率计算的现值重新计量租赁负债：

①因依据准则规定，续租选择权或终止租赁选择权的评估结果发生变化，或者前述选择权的实际行使情况与原评估结果不一致等导致租赁期变化的，应当根据新的租赁期重新确定租赁付款额。

②因依据准则规定，购买选择权的评估结果发生变化的，应当根据新的评估结果重新确定租赁付款额。

在计算变动后租赁付款额的现值时，承租人应当采用剩余租赁期间的租赁内含利率作为修订后的折现率；无法确定剩余租赁期间的租赁内含利率的，应当采用重估日的承租人增量借款利率作为修订后的折现率。

(2)租赁期开始日后,根据担保余值预计的应付金额发生变动,或者因用于确定租赁付款额的指数或比率变动而导致未来租赁付款额发生变动的,承租人应当按照变动后租赁付款额的现值重新计量租赁负债。在这些情形下,承租人采用的折现率不变;但是,租赁付款额的变动源自浮动利率变动的,使用修订后的折现率。

承租人在根据《新租赁准则》上述两条规定或因实质固定付款额变动重新计量租赁负债时,应当相应调整使用权资产的账面价值。使用权资产的账面价值已调减至零,但租赁负债仍需进一步调减的,承租人应当将剩余金额计入当期损益。

(3)租赁变更作为一项单独租赁。租赁变更是指原合同条款之外的租赁范围、租赁对价、租赁期限的变更,包括增加或终止一项或多项租赁资产的使用权,延长或缩短合同规定的租赁期等。

租赁发生变更且同时符合下列条件的,承租人应当将该租赁变更作为一项单独租赁进行会计处理:

①该租赁变更通过增加一项或多项租赁资产的使用权而扩大了租赁范围。
②增加的对价与租赁范围扩大部分的单独价格按该合同情况调整后的金额相当。

(4)租赁变更未作为一项单独租赁。租赁变更未作为一项单独租赁进行会计处理的,在租赁变更生效日,承租人应当按照《新租赁准则》的规定分摊变更后合同的对价,重新确定租赁期,并按照变更后租赁付款额和修订后的折现率计算的现值重新计量租赁负债。

在计算变更后租赁付款额的现值时,承租人应当采用剩余租赁期间的租赁内含利率作为修订后的折现率;无法确定剩余租赁期间的租赁内含利率的,应当采用租赁变更生效日的承租人增量借款利率作为修订后的折现率。租赁变更生效日是指双方就租赁变更达成一致的日期。

租赁变更导致租赁范围缩小或租赁期缩短的,承租人应当相应调减使用权资产的账面价值,并将部分终止或完全终止租赁的相关利得或损失计入当期损益。其他租赁变更导致租赁负债重新计量的,承租人应当相应调整使用权资产的账面价值。

【案例 12-8】 **承租人后续计量的会计处理**[①]

续案例 12—8,20×9 年 1 月 1 日租赁期开始后,承租人 A 按规定进行后续会计处理。但到了租赁期的第六年时 A 收购了一家企业甲。甲原来在另一建筑物中租了办公室,签订的租赁合同包含可由企业甲行使的终止租赁选择权。收购甲之后,承租人 A 员工人数增加较多,为了统一办公,就其所租的建筑物中单独

---

① 国际会计准则理事会:《国际财务报告准则第 16 号——租赁》,中国财经出版传媒集团 2017 年版。

的另外一楼层与 B 公司(出租人)签订了另一份为期 8 年的租赁合同,该楼层在第七年年末时可供使用,同时甲自第八年年初终止了原租赁合同。

第六年年末时,承租人 A 的增量借款利率为 6%,该利率反映的是承租人以类似的抵押条件借入期限为 9 年、与使用权资产等值的相似借款而必须支付的固定利率。

[案例分析]

根据上述资料,承租人 A 作相关的会计处理。

1. 租赁开始后第一年至第六年的会计处理

如果不考虑资产减值损失,这一期间承租人的会计处理主要涉及折旧计提、利息费用计算。

(1)计提折旧。

对于租入资产,在计提租赁资产折旧时,承租人应采用与自有应折旧资产一致的折旧政策。同自有应折旧资产一样,租赁资产的折旧方法一般有直线法(即平均年限法)、年数总和法、双倍余额递减法、工作量法等。

此例中,承租人预计在 10 年的租赁期内平均地消耗该使用权资产的未来经济利益,因而按直线法对使用权资产计提折旧。租赁期开始日账面上的使用权资产为 420 391.08 元,故每年提 42 039.11 元。会计分录为:

借:折旧费用——使用权资产　　　　　　　　　　　42 039.11
　　贷:使用权资产　　　　　　　　　　　　　　　　42 039.11

(2)计提利息。

根据《新租赁准则》的规定,承租人应当按照固定的周期性利率计算租赁负债在租赁期内各期间的利息费用,并计入当期损益。该周期性利率是前面采用的折现率,或者按照准则相关规定所采用的修订后的折现率。

本题中,承租人的增量借款利率为每年 5%,因此,以各年年初的租赁负债余额乘以 5% 计算当年该计提的利息费用。

初始租赁负债=355 391.08 元

第一年的利息费用=355 391.08×5%=17 769.55(元)

第一年期末的租赁负债总额=初始租赁负债+当年的利息费用
　　　　　　　　　　　　=355 391.08+17 769.55
　　　　　　　　　　　　=373 160.63(元)

(3)支付租金。

第二年年初支付第二笔租金 50 000 元,其中包括利息费用 17 769.55 元、差额 32 230.45 元(作为租赁负债的减少)。

支付租金的会计分录:

借:租赁负债(差额)   32 230.45
    财务费用(利息)   17 769.55
    贷:银行存款(支付租金)   50 000

50 000 元租金支付后减少第二年的负债,第二年利息费用=(373 160.63－50 000)×5%＝16 158.03(元)。第三年年初支付的 50 000 元则包括了 16158.03 元利息费用与 33 841.97 元租赁负债的减少。

(4)综合列表。

各年度根据上面类推,第一年至第六年的使用权资产和租赁负债如表 12－1 所示。

表 12－1　　　　　　　承租人 A 的使用权资产和租赁负债　　　　　　单位:元

年份	租赁负债					使用权资产		
	期初余额	租赁付款额	利息费用(5%)	租赁负债减少	期末余额	期初余额	折旧费用	期末余额
	(1)	(2)	(3)=[(1)-(2)]×5%	(4)=下行的(2)-(3)	(5)	(6)	(7)	(8)=(6)-(7)
1	355 391.08		17 769.55	32 230.45	373 160.63	420 391.00	42 039.11	378 351.89
2	373 160.63	50 000.00	16 158.03	33 841.97	339 318.67	378 351.89	42 039.11	336 312.78
3	339 318.67	50 000.00	14 465.93	35 534.07	303 784.60	336 312.78	42 039.11	294 273.67
4	303 784.60	50 000.00	12 689.23	37 310.77	266 473.83	294 273.67	42 039.11	252 234.56
5	266 473.83	50 000.00	10 823.69	39 176.31	227 297.52	252 234.56	42 039.11	210 195.45
6	227 297.52	50 000.00	8 864.88	41 135.12	186 162.40	210 195.45	42 039.11	168 156.34

由表 12－1 可知,在第六年年末时,租赁负债为 186 162.4 元(正好等于剩余 4 期年付款额 50 000 元按利率 5%折现的现值)。第六年确认利息费用 8 864.88 元,承租人的使用权资产为 168 156.34 元。

2.租赁变更后的会计处理

(1)调整租期与利率。

第六年 A 收购了企业甲并将员工搬迁至承租人所使用的同一建筑物中,签订了另一份为期 8 年的租赁合同,这是在承租人控制范围内的重大事件,会对承租人在 10 年不可撤销期间结束时进行续租选择权的决策产生经济激励。原因在于,与用等额租金在选择权期间租赁替代资产相比,租赁原来的楼层对承租人具有更大的效用(也具有更大的收益)。如果承租人在其他建筑物中租赁相似的楼层,则会因劳动力分散而产生额外成本。

因此,在第六年年末,承租人A可合理确定原合同到期时将行使续租选择权,5年的续租期应纳入租赁期,故余下的租赁期应调整为4+5=9(年)。

第六年年末,承租人以类似抵押条件借入期限为9年、相似借款而必须支付的固定利率(增量借款利率)为6%。

(2)调整租赁负债与使用权资产。

承租人将重新计量租赁负债,以剩余4期付款额50 000元和续租期内的5期付款额55 000元按照修改后的年折现率6%进行折现,现值为378 173.60元。

这样,可以发现承租人的租赁负债增加378 173.60－186 162.4＝192 011.20(元),承租人要对使用权资产进行相应调整,以反映新增使用权资产的成本,编制会计分录如下:

借:使用权资产　　　　　　　　　　　　　　192 011.2
　　贷:租赁负债　　　　　　　　　　　　　　192 011.2

重新计量之后,承租人使用权资产的账面金额为168 156.34＋192 011.20＝360 167.54(元)。

(3)计提折旧。

按直线折旧法在9年内计提折旧,每年提折旧40 018.62元,第七年至第十五年编制计提折旧的会计分录如下:

借:折旧费用——使用权资产　　　　　　　　40 018.62
　　贷:使用权资产　　　　　　　　　　　　　40 018.62

(4)计算利息费用。

自第七年年初起,承租人按照修改后的年折现率6%对租赁负债计算利息费用。

(5)综合列表。

第七年至第十五年的使用权资产和租赁负债重新计算如表12-2所示。

表12-2　　　　　　　　承租人A的使用权资产和租赁负债调整　　　　　　　　单位:元

年份	租赁负债					使用权资产		
	期初余额	租赁付款额	利息费用(6%)	租赁负债的减少	租赁负债期末余额	期初余额	折旧费用	期末余额
	(1)	(2)	(3)=[(1)-(2)]×6%	(4)=(2)-(3)	(5)	(6)	(7)	(8)=(6)-(7)
7	378 173.60	50 000.00	19 690.42	30 309.58	347 864.02	360 167.54	40 018.62	320 148.92
8	347 864.02	50 000.00	17 871.84	32 128.16	315 735.86	320 148.92	40 018.62	280130.31

续表

年份	租赁负债 期初余额 (1)	租赁付款额 (2)	利息费用 (6%) (3)=[(1)−(2)]×6%	租赁负债的减少 (4)=(2)−(3)	租赁负债期末余额 (5)	使用权资产 期初余额 (6)	折旧费用 (7)	期末余额 (8)=(6)−(7)
9	315 735.86	50 000.00	15 944.15	34 055.85	281 680.01	280 130.31	40 018.62	240111.69
10	281 680.01	50 000.00	13 900.80	36 099.20	245 580.81	240 111.69	40 018.62	200 093.08
11	245 580.81	55 000.00	11 434.85	43 565.15	202 015.66	200 093.08	40 018.62	160 074.46
12	202 015.66	55 000.00	8 820.94	46 179.06	155 836.60	160 074.46	40 018.62	120 055.85
13	155 836.60	55 000.00	6 050.20	48 949.80	106 886.79	120 055.85	40 018.62	80 037.231
14	106 886.79	55 000.00	3 113.21	51 886.79	55 000.00	80 037.231	40 018.62	40 018.616
15	55 000.00	55 000.00		55 000.00		40 018.616	40 018.62	0

五、短期租赁与低价值资产租赁的处理

《新租赁准则》还规定,对于短期租赁和低价值资产租赁,承租人可以选择在租赁期开始日不确认使用权资产和租赁负债,而进行简化处理。

(一)短期租赁与低价值资产租赁的识别

承租人在首次执行日需要对短期租赁和低价值资产租赁加以识别。

1. 短期租赁

短期租赁是指在租赁期开始日,租赁期在12个月及以内的租赁。值得注意的是,包含购买选择权的租赁不属于短期租赁。

2. 低价值资产租赁

低价值资产租赁是指单项租赁资产为全新资产时价值较低的租赁。注意:必须是在资产为全新时的价值,而非根据租赁开始日的价值。

低价值资产租赁的判定仅与资产的绝对价值有关,不受承租人规模、性质或其他情况影响。对于单项低价值资产的具体标准,在《新租赁准则》中并没有明确的规定,在《国际财务报告准则第16号——租赁》中则规定为价值≤5 000美元的单项资产。

低价值资产租赁必须是使用已识别资产的权利构成合同中的一项单独租赁:第一,承租人可从单独使用该资产或将其与易于获得的其他资源一起使用中获利;第二,该资产与合同中的其他资产不存在高度依赖或高度关联关系。

一般来说,企业租入的供个人使用的电脑与通信设备、打印机、饮水机或是办公家具等可作为低价值资产。服务器中多个组件租赁就不符合低价值资产租赁的条件,因

为它们之间及与其他部分可能高度相关。

承租人转租或预期转租租赁资产的,原租赁不属于低价值资产租赁。

(二)短期租赁与低价值资产租赁的处理

对于短期租赁和低价值资产租赁,承租人可以选择不确认使用权资产和租赁负债。短期租赁的承租人应当按照租赁资产的类别作出简化会计处理选择;低价值资产租赁的承租人可根据每项租赁的具体情况作出简化会计处理选择。

作出简化会计处理选择的,承租人应当将短期租赁和低价值资产租赁的租赁付款额,在租赁期内各个期间按照直线法或其他系统、合理的方法计入相关资产成本或当期损益。如果有其他系统合理的方法能够更好地反映承租人的受益模式的,承租人应当采用该方法。

进行简化处理的短期租赁发生租赁变更或者因租赁变更之外的原因导致租赁期发生变化的,承租人应当将其视为一项新租赁进行会计处理。

六、租赁期届满时的会计处理

租赁期届满时,承租人对租赁资产的处理通常有三种情况:返还、续租和留购。

(一)返还租赁资产

新会计准则采用的是使用权模型,承租人在归还资产时不要作任何会计处理,既不是资产的减少,也不是负债的减少。

一方面,它不是资产的减少。承租人获得租赁资产的使用权建立在租赁期的基础上,使用权资产的初始确认在租赁期开始日,租赁期结束时使用权资产的资产余额已经为零,而归还资产的行为发生在租赁期结束之后,其资产价值并没有被算在使用权资产内,归还租赁资产不能贷记使用权资产。

另一方面,它也不是负债的减少。在签订租赁合同后,承租人拥有了使用权资产,同时承担了按时缴纳租金与租赁期结束时归还租赁资产两个义务。交付租金是租赁负债;而在租赁期结束时归还租赁资产义务的履行,不会导致企业未来经济利益的流出。企业在租赁期结束时,便不再享有租赁资产的控制权,也就无权享有该资产所创造出的经济利益,不满足负债的定义。

(二)续租租赁资产

如果承租人行使续租选择权,则应视同该项租赁一直存在而作出相应的账务处理。

如果在租赁期未满的某个时间点能合理确定将行使该选择权的,选择权涵盖的期间应被包含在租赁期内,这会导致租赁期的变化,应当根据新的租赁期重新确定租赁付款额,可参见案例 12-8。

如果租赁期届满时没有续租,根据租赁合同规定须向出租人支付违约金的,会计分录为:

  借:营业外支出
    贷:银行存款

(三)留购租赁资产

租赁期届满时,承租人在对所租赁的资产享有优惠购买选择权的情况下,按照合同的规定支付价款购买,则应确认固定资产的价值,会计分录为:

  借:固定资产
    贷:累计折旧
      银行存款

七、承租人相关会计信息的列报与披露

《新租赁准则》对承租人的会计报表披露产生较大的影响。

(一)会计报表披露

承租人应当在资产负债表中单独列示使用权资产和租赁负债。其中,租赁负债通常分非流动负债和一年内到期的非流动负债列示。

在利润表中,承租人应当分别列示租赁负债的利息费用与使用权资产的折旧费用。租赁负债的利息费用在财务费用项目列示。

在现金流量表中,偿还租赁负债本金和利息所支付的现金应当计入筹资活动现金流出,支付的按《新租赁准则》简化处理的短期租赁付款额和低价值资产租赁付款额以及未纳入租赁负债计量的可变租赁付款额应当计入经营活动现金流出。

(二)会计报表附注披露

承租人应当在附注中披露与租赁有关的下列信息:

(1)各类使用权资产的期初余额、本期增加额、期末余额以及累计折旧额和减值金额。

(2)租赁负债的利息费用。

(3)计入当期损益的按《新租赁准则》简化处理的短期租赁费用和低价值资产租赁费用。

(4)未纳入租赁负债计量的可变租赁付款额。

(5)转租使用权资产取得的收入。

(6)与租赁相关的总现金流出。

(7)售后回租交易产生的相关损益。

(8)其他按照《企业会计准则第 37 号——金融工具列报》应当披露的有关租赁负

债的信息。

承租人应用《新租赁准则》对短期租赁和低价值资产租赁进行简化处理的,应当披露这一事实。

(三)其他租赁活动信息

承租人应当根据理解财务报表的需要,披露有关租赁活动的其他定性和定量信息。此类信息包括:

(1)租赁活动的性质,如对租赁活动基本情况的描述。

(2)未纳入租赁负债计量的未来潜在现金流出。

(3)租赁导致的限制或承诺。

(4)售后租回交易除前面之外的其他信息。

(5)其他相关信息。

第三节　出租人的会计处理

与承租人相比,《新租赁准则》对出租人的影响较小,基本还是沿用了以前的双重会计处理模型,区分融资租赁和经营租赁分别处理。

一、出租人的租赁分类

国际会计准则理事会(IASB)2016年1月发布的《国际财务报告准则第16号——租赁》(IFRS 16)与我国2018年制定的《企业会计准则第21号——租赁》均规定出租人应当在租赁开始日将租赁分为融资租赁和经营租赁。

融资租赁是实质上转移了与租赁资产所有权有关的几乎全部风险和报酬的租赁,其所有权最终可能转移,也可能不转移。除融资租赁以外的其他租赁均为经营租赁。

租赁分类时要注意以下两点:第一,一项租赁到底属于融资租赁还是经营租赁的判断取决于交易的实质,而非合同的形式,具体判断请参见第十章第三节;第二,租赁分类应当在租赁开始日进行,且仅在租赁修改时进行重新评估。出于会计处理目的的估计的变更(如标的资产预计经济寿命或预计余值的变动)或情况的变化(如承租人违约)不会导致租赁的重新分类。

【案例 12-9】　　　　　融资租赁的确定

某项租赁设备全新时可用年限为 10 年,已使用了 2 年,从第三年开始出租,租赁期为 7 年,在租赁会计处理时应作为何种租赁认定?如从第五年开始,租赁期为 2 年,结果又如何?假如该项设备已使用了 8 年,从第九年开始出租,租赁期为 2 年,则又如何?

[案例分析]

由于租赁开始时该设备使用寿命为 8 年,租赁期占使用寿命的 87.5%(7 年/8 年),符合租赁期占租赁资产使用寿命的大部分(≥75%),因此,该项租赁可以归为融资租赁。

但如果从第五年开始,租赁期为 2 年,租赁期占租赁资产使用寿命的 40%(=2 年/5 年),就不符合相应的规定,因此,该项租赁不应认定为融资租赁。

假如该项设备已使用了 8 年,从第九年开始租赁,租赁期为 2 年,此时,该设备使用寿命为 2 年,尽管租期为使用寿命的 100%(2 年/2 年),但由于在租赁前该设备的已使用年限超过了可使用年限(10 年)的 75%(8 年/10 年=80%>75%),因此,也不能认定为融资租赁。

二、融资租赁中出租人的会计处理

(一)确认与初始计量

在租赁期开始日,出租人应在财务状况表中确认其在融资租赁下持有的资产,并以等于租赁投资净额的金额列报为应收融资租赁款,同时终止确认融资租赁资产。

租赁投资净额为未担保余值和租赁期开始日尚未收到的租赁收款额按照租赁内含利率折现的现值之和。

租赁收款额是指出租人因让渡在租赁期内使用租赁资产的权利而应向承租人收取的款项,包括:

(1)承租人需支付的固定付款额及实质固定付款额。存在租赁激励的,扣除租赁激励相关金额。

(2)取决于指数或比率的可变租赁付款额。该款项在初始计量时根据租赁期开始日的指数或比率确定。

(3)购买选择权的行权价格。前提是合理确定承租人将行使该选择权。

(4)承租人行使终止租赁选择权需支付的款项。前提是租赁期反映出承租人将行使终止租赁选择权。

(5)由承租人、与承租人有关的一方以及有经济能力履行担保义务的独立第三方向出租人提供的担保余值。

租赁内含利率是指使出租人的租赁收款额的现值与未担保余值的现值之和等于租赁资产公允价值与出租人的初始直接费用之和的利率。

在转租的情况下,若转租的租赁内含利率无法确定,转租出租人可采用原租赁的折现率(根据与转租有关的初始直接费用进行调整)计量转租投资净额。

（二）后续计量

出租人应当按照固定的周期性利率计算并确认租赁期内各个期间的利息收入。该周期性利率是初始计量时所采用的折现率,或者按照《新租赁准则》规定所采用的修订后的折现率。

出租人应当按照《企业会计准则第22号——金融工具确认和计量》和《企业会计准则第23号——金融资产转移》的规定,对应收融资租赁款的终止确认和减值进行会计处理。

出租人将应收融资租赁款或其所在的处置组划分为持有待售类别的,应当按照《企业会计准则第42号——持有待售的非流动资产、处置组和终止经营》进行会计处理。

出租人取得的未纳入租赁投资净额计量的可变租赁付款额应当在实际发生时计入当期损益。

（三）生产商或经销商作为出租人的会计处理

如果融资租赁的出租人为生产商或经销商的,在租赁期开始日,该出租人应当按照租赁资产公允价值与租赁收款额按市场利率折现的现值两者孰低确认收入,并按照租赁资产账面价值扣除未担保余值的现值后的余额结转销售成本。

生产商或经销商出租人为取得融资租赁发生的成本,应当在租赁期开始日计入当期损益。

（四）租赁变更

(1)融资租赁发生变更且同时符合下列条件的,出租人应当将该变更作为一项单独租赁进行会计处理：

①该变更通过增加一项或多项租赁资产的使用权而扩大了租赁范围。

②增加的对价与租赁范围扩大部分的单独价格按该合同情况调整后的金额相当。

(2)融资租赁的变更未作为一项单独租赁进行会计处理的,出租人应当分别下列情形对变更后的租赁进行处理：

①假如变更在租赁开始日生效,该租赁会被分类为经营租赁的,出租人应当自租赁变更生效日开始将其作为一项新租赁进行会计处理,并以租赁变更生效日前的租赁

投资净额作为租赁资产的账面价值。

②假如变更在租赁开始日生效,该租赁会被分类为融资租赁的,出租人应当按照《企业会计准则第 22 号——金融工具确认和计量》关于修改或重新议定合同的规定进行会计处理。

【案例 12-10】　　融资租赁的出租人会计处理

A 租赁公司与 B 工厂于 20×0 年 12 月 15 日签订了一份关于大型设备的租赁合同。合同主要条款如下:

(1)租赁标的物:×大型机械设备。

(2)租赁期开始日:该设备运抵 B 工厂生产部门之日(即 20×1 年 1 月 1 日)。

(3)租赁期:20×1 年 1 月 1 日—20×3 年 12 月 31 日(共计 36 个月)。

(4)该机械设备 20×1 年 1 月 1 日在 A 租赁公司的账面价值为 265 万元。

(5)租金支付方式:自租赁开始日起每年年末支付租金 100 万元。

(6)A 租赁公司发生初始直接费用为 2 万元。

(7)该设备为全新设备,估计使用年限为 5 年,期满无残值。

(8)20×3 年 12 月 31 日,B 工厂将该设备退还给 A 租赁公司。

[案例分析]

1. 计算租赁内含利率 R

根据《新租赁准则》的定义,租赁内含利率是指租赁开始日,使出租人的租赁收款额的现值与未担保余值的现值之和等于租赁资产公允价值与出租人的初始直接费用之和的利率。

租赁收款额=承租人需支付的固定付款额+承租人担保余值+承租人行使优惠购买权而支付的任何款项+第三方担保余值

本案例中没有担保余值,因此,

$1\,000\,000 \times PVIFA_{3,R} + 0 = 2\,650\,000 + 20\,000 = 2\,670\,000$(元)

查年金现值系数表可得:

$1\,000\,000 \times PVIFA_{3,6\%} = 1\,000\,000 \times 2.673\,0 = 2\,673\,000$(元)

$1\,000\,000 \times PVIFA_{3,7\%} = 1\,000\,000 \times 2.624\,3 = 2\,624\,300$(元)

故租赁内含利率 R 应介于 6% 与 7% 之间,运用插值法进行估算:

$(2\,673\,000 - 2\,670\,000)/(2\,673\,000 - 2\,624\,300) = (6\% - R)/(6\% - 7\%)$

得到:$R = 6.06\%$,即租赁内含利率为 6.06%。

2. 计算租赁开始日租赁收款额及其现值和未实现融资收益

不考虑未担保余值,租赁收款额计算公式如下:

租赁收款额＝最低租赁付款额＋购买选择权的行权价格(如能合理确定承租人将行使该选择权)＋终止租赁选择权收到的款项(如能合理确定承租人将行使终止租赁选择权)＋承租人、承租人有关的一方及独立第三方提供的担保余值＝各期租金之和＋购买选择权的行权价格(如能合理确定承租人将行使该选择权)＋终止租赁选择权收到的款项(如能合理确定承租人将行使终止租赁选择权)＋承租人提供的担保余值＋与承租人有关的一方提供的担保余值＋独立第三方提供的担保余值

在本例中,

租赁收款额＝1 000 000×3＝3 000 000(元)

租赁收款额的现值＝1 000 000×$PVIFA_{3,6.06\%}$＝2 670 000(元)

未实现融资收益＝租赁收款额－租赁收款额的现值＝3 000 000－2 670 000＝330 000(元)

3. 判断租赁类型

案例中设备的租赁期(3年)占租赁资产可使用年限(5年)的60%,租赁收款额的现值大于租赁资产原账面价值的90%,因此,A租赁公司将该项租赁视为融资租赁。

4. 租赁期开始日的账务处理

租赁收款额的现值(267万元)＞设备的账面价值(265万元),根据《新租赁准则》规定的孰低原则,租赁资产的入账价值应为机械设备在A租赁公司的账面价值为价值2 650 000元。

20×1年1月1日,租出机械设备的会计分录:

借:应收融资租赁款		3 000 000
贷:融资租赁资产		2 650 000
递延收益——未实现融资收入		350 000

发生初始直接费用的会计分录:

借:管理费用		20 000
贷:银行存款		20 000

5. 计算未实现融资收入的分配

首先确认未实现融资收入的分摊率,租赁收款额的现值＝融资租赁资产,1 000 000×$PVIFA_{3,i}$＝2650 000(元),利用插值法可得分摊率＝6.47%,以此计算租赁期内各租金收取期应分配的未实现融资收益,见表12-3。

表 12-3　　　　　　　　　　　未实现融资收益的分配

20×3年1月1日　　　　　　　　　　　　　　　　　　单位:元

日期 ①	租金 ②	确认的融资收入 ③=期初⑤×6.47%	租赁投资净额减少额 ④=②-③	租赁投资净额 期末⑤=期初⑤-④
20×1年1月1日				2 650 000
20×1年12月31日	1 000 000	171 455	828 545	1 821 455
20×2年12月31日	1 000 000	117 848.14	882 151.86	939 303.14
20×3年12月31日	1 000 000	60 696.86*	939 303.14	0
合　计	3 000 000	350 000	2 650 000	

注:*表示该数据经过调整。

6. 租赁期的后续账务处理

租赁期内的账务处理如下:

(1)20×1年1—12月,每月确认融资收入14 287.92元(=171 455/12)时编制会计分录:

　　借:递延收益——未实现融资收入　　　　　　　14 287.92
　　　　贷:主营业务收入——融资租赁收入　　　　　　14 287.92

(2)20×1年12月31日,收到第一期租金1 000 000元时编制会计分录:

　　借:银行存款　　　　　　　　　　　　　　　1 000 000
　　　　贷:应收融资租赁款　　　　　　　　　　　　1 000 000

(3)20×2年1—12月,每月确认融资收入9 820.68元(=117 848.14/12)时编制会计分录:

　　借:递延收益——未实现融资收益　　　　　　　9 820.68
　　　　贷:主营业务收入——租赁收入　　　　　　　　9 820.68

(4)20×2年12月31日,收到第二期租金1 000 000元时编制会计分录:

　　借:银行存款　　　　　　　　　　　　　　　1 000 000
　　　　贷:应收融资租赁款　　　　　　　　　　　　1 000 000

(5)20×3年1—12月,每月确认融资收入5 058.07元(=60 696.86/12)时编制会计分录:

　　借:递延收益——未实现融资收益　　　　　　　5 058.07
　　　　贷:主营业务收入——租赁收入　　　　　　　　5 058.07

(6)20×3年12月31日,收到第三期租金1 000 000元时编制会计分录:

　　借:银行存款　　　　　　　　　　　　　　　1 000 000

贷：应收融资租赁款　　　　　　　　　　　　　　　　　　　1 000 000

7. 租赁期届满时的会计处理

20×3年12月31日，A租赁公司将该机械设备从B工厂收回，作备查登记。

三、经营租赁中出租人的会计处理

在经营租赁下，与租赁资产所有权有关的风险和报酬并没有实质上转移给承租人，所以出租人对经营租赁的会计处理也就相应比较简单，主要是解决应收的租金与确认为当期收入之间的关系以及经营租赁资产折旧的计提等问题。

(一)折旧计提与资产减值处理

在经营租赁下，租赁资产的所有权始终归出租人所有，因此，出租人应当按资产的性质，将用作经营租赁的资产包括在资产负债表上的相关项目内。如果出租的资产属于固定资产，则列在资产负债表固定资产项下，出租人应当采用类似资产的折旧政策计提折旧；对于其他经营租赁资产，应当根据该资产适用的企业会计准则，采用系统合理的方法进行摊销。

另外，出租人应当按照《企业会计准则第8号——资产减值》的规定，确定经营租赁资产是否发生减值，并进行相应的会计处理。

(二)租金收入确认

在租赁期内各个期间，出租人应当采用直线法或其他系统合理的方法，将经营租赁的租赁收款额确认为租金收入。如果其他系统合理的方法能够更好地反映因使用租赁资产所产生经济利益的消耗模式的，出租人应当采用该方法。

例如，出租一台起重机，根据起重机的工作小时来确认当期租赁收益就比按直线法确认更为合理。有时，出租人可能对经营租赁提供激励措施，如免租期、承担承租人某些费用等。在出租人提供了免租期的情况下，出租人应将租金总额在整个租赁期内，而不是在租赁期扣除免租期后的期间内按直线法或其他合理的方法进行分配，免租期内应确认租赁收入；在出租人承担了承租人的某些费用(如租赁激励)的情况下，出租人应将该费用从租金总额中予以扣除，并将租金余额在租赁期内进行分配。

出租人取得的与经营租赁有关的未计入租赁收款额的可变租赁付款额，应当在实际发生时计入当期损益。

(三)其他

出租人发生的与经营租赁有关的初始直接费用应当资本化，在租赁期内按照与租金收入确认相同的基础进行分摊，分期计入当期损益。

经营租赁发生变更的，出租人应当自变更生效日起将其作为一项新租赁进行会计处理，与变更前租赁有关的预收或应收租赁收款额应当视为新租赁的收款额。

【案例 12-11】　　经营租赁中出租人的会计处理

甲租赁公司出租给 A 公司一台大型采掘机,价值 25 000 元,经济寿命为 12 年,残值为 1 250 元。租赁合同规定,租期为 4 年,年租金为 3 000 元,租金在每 6 个月月末支付。设备每年日常维修费用为 650 元,由出租方承担。4 年后,甲租赁公司从 A 公司收回采掘机。

[案例分析]

(1)根据上述业务,租赁期仅占租赁资产使用寿命的 1/3,租赁收款额的现值不到租赁资产价值的一半,维修费用由出租方承担,到期甲租赁公司从 A 公司收回租赁设备。由此,可以判断甲租赁公司未在实质上转移与租赁资产所有权有关的几乎全部风险和报酬,故采用的是经营租赁。

(2)甲按直线折旧法计提折旧。

每月应计提的折旧额 = (25 000 - 1 250)/(12×12) = 164.93(元)

(3)A 公司租金半年一付。

甲租赁公司每期(6 个月)应收租金额 = 3 000/2 = 1 500(元)

采用直线法分摊到每月应计租金额 = 1 500/6 = 250(元)

(4)相关的会计处理如下:

①购入设备时:

借:固定资产	25 000	
贷:银行存款		25 000

②出租给 A 公司时:

借:经营租赁资产——A 公司	25 000	
贷:固定资产		25 000

③在 4 年的租赁期内,每月确认各期租金收入时(共 48 次):

借:应收经营租赁款——A 公司	250	
贷:主营业务收入——租金收入		250

④每 6 个月实际收到 A 公司的租金时(共 8 次):

借:银行存款	1 500	
贷:应收经营租赁款——A 公司		1 500

⑤每期计提折旧时(共 48 次):

借:管理费用	164.93	
贷:累计折旧——经营租赁资产累计折旧		164.93

⑥每年末进行维修时(共 4 次):

借:管理费用 650

  贷:银行存款 650

⑦租赁期届满,收回出租的设备时:

借:固定资产 25 000

  贷:经营租赁资产——A 公司 25 000

四、出租人相关会计信息的列报与披露

(1)出租人应当根据资产的性质,在资产负债表中列示经营租赁资产。

(2)出租人应当在附注中披露与融资租赁有关的下列信息:

①销售损益、租赁投资净额的融资收益以及与未纳入租赁投资净额的可变租赁付款额相关的收入。

②资产负债表日后连续 5 个会计年度每年将收到的未折现租赁收款额,以及剩余年度将收到的未折现租赁收款额总额。

③未折现租赁收款额与租赁投资净额的调节表。

(3)出租人应当在附注中披露与经营租赁有关的下列信息:

①租赁收入,并单独披露与未计入租赁收款额的可变租赁付款额相关的收入。

②将经营租赁固定资产与出租人持有自用的固定资产分开,并按经营租赁固定资产的类别提供《企业会计准则第 4 号——固定资产》要求披露的信息。

③资产负债表日后连续 5 个会计年度每年将收到的未折现租赁收款额,以及剩余年度将收到的未折现租赁收款额总额。

(4)出租人应当根据理解财务报表的需要,披露有关租赁活动的其他定性和定量信息。此类信息包括:

①租赁活动的性质,如对租赁活动基本情况的描述。

②对其在租赁资产中保留的权利进行风险管理的情况。

③其他相关信息。

本章小结

租赁会计是以货币为主要计量单位,全面、连续、系统、规范地反映和监督因租赁业务而产生的企业资产、权益、收入和费用变化情况的核算体系。租赁会计核算的内容因企业的经营范围、业务的处理方法的区别而有所不同,因而就有不同的租赁会计的种类。

租赁会计规范主要包括美国《财务会计准则第 13 号——租赁会计》(FAS13)、国际会计准则理

事会《国际财务报告准则第 16 号——租赁》以及中国财政部 2018 年 12 月 7 日修订发布的《企业会计准则第 21 号——租赁》。

租赁会计所使用的一些基本术语包括公允价值、使用年限、租赁期、租赁开始日、租赁期开始日、担保余值、未担保余值、租赁付款额、租赁投资总额、租赁的内含利率、承租人的增量借款利率等。

《新租赁准则》规定采用使用权模型,对租赁的会计处理有了较大的改变,要求承租人在租赁期开始日对租赁确认使用权资产和租赁负债,短期租赁(租赁期不超过 12 个月的租赁)和低价值资产租赁除外。

出租人在融资租赁与经营租赁业务中的会计处理不同,故应当在租赁开始日将租赁区分为融资租赁和经营租赁两种,并设置不同的账户,采用不同的程序进行会计核算。

练习与思考

【名词解释】

租赁会计　租约　租赁期　租赁开始日　租赁期开始日　公允价值　担保余值　未担保余值　租赁付款额　租赁收款额　租赁的内含利率　承租人的增量借款利率　使用权资产　租赁负债　短期租赁

【简答题】

1. 简要说明主要的租赁会计规范。
2. 租赁会计中如何确定租赁期?
3. 根据《新租赁准则》相关规定,在租赁开始日承租人如何确认租赁业务?

【思考题】

1. 请结合实际说明融资租赁与经营租赁业务中承租人及出租人的会计处理的不同之处。
2. 原有的租赁会计存在哪些不足?国际租赁会计改革的主要内容有哪些?

第十三章 租赁机构管理

各国租赁业务的管理组织各不相同。一般来说,对租赁的管理包括监管当局的管理、行业的自律性组织、租赁公司的内部管理三个层次;管理内容包括租赁资金管理、租赁合同管理、租赁风险管理与租赁税收管理四个方面。

第一节 租赁资金管理

作为金融机构,租赁公司的运作也要以资金的流动作为基础,在设立租赁公司时要满足一定的资本金要求,就必须通过不同的途径获得资金,在开展业务时要对资金进行合理的配置。

一、租赁公司的设立

租赁公司的设立必须满足一定条件。

(一)租赁公司的组织形式

从世界角度来看,租赁公司的组织形式是多种多样的,根据控制权的不同分为独立出租人、作为银行和非银行金融机构的租赁公司以及母公司或制造商附属的租赁公司三大类。不同类型的租赁公司在不同国家的市场主体份额有着较大的差异(见表13-1),但发达国家租赁市场上超过80%的份额由银行及制造商背景的租赁公司所占据。

表13-1　　　　不同类型租赁公司在市场主体中的份额(2010年)　　　　单位:%

国家	独立类公司	银行/金融机构类公司	厂商背景
美国	19	49	32
韩国	15	40	45
日本	25	35	40

资料来源:中国建设证券研究发展部。

中国目前的租赁公司可以根据性质不同分为以下几类：

1. 非银行金融机构类的金融租赁公司

这类公司由中国银行保险监督管理委员会（原中国银行业监督管理委员会）批准设立，主要目的是扶持企业技术改造，通过融资租赁的方式引进先进设备，促进企业产品更新换代。截至 2018 年底，已经获批开业的金融租赁企业达到 69 家，注册资本为 2 262 亿元，合同金额达到 25 000 亿元。[1]

2007 年 3 月 1 日开始实施的《金融租赁公司管理办法》明确规定了金融机构可以设立融资租赁公司，融资租赁业将向中国金融机构开放，不仅是银行，包括保险等各类金融机构都可设立融资租赁公司。2007 年 6 月，已有 5 家商业银行试办金融租赁公司得到了国务院的批准。2007 年 8 月，中国工商银行开始筹建金融租赁公司。中国银行业监督管理委员会于 2014 年发布新的《金融租赁公司管理办法》，降低了金融租赁公司设立门槛，一些城市商业银行、农村商业银行纷纷进军金融租赁公司。截至 2018 年 6 月底，已有中国工商银行、中国建设银行、中国农业银行、交通银行、民生银行等 40 多家银行成立独资金融租赁公司或控股、参股金融租赁公司，其中，银行独资 9 家、控股 34 家、参股 4 家金融租赁公司。从参与的银行类别来看，全国性银行（包括国家开发银行）参与设立的金融租赁公司有 13 家，城市商业银行参与设立的有 23 家，农村商业银行参与设立的有 11 家。[2]

2. 内资租赁公司

这类公司由商务部主管，由地方政府审批与管理。因其由国内生产流通企业成立，多附属于制造厂商，以促进本企业产品销售为目的，从 2016 年 4 月开始，商务部和国家税务总局将从事融资租赁业务试点企业的确认工作下放到自由贸易试验区所在省市商务主管部门和国家税务局。天津、上海、山东等地抓紧操作，到 2018 年底，全国内资融资租赁试点企业总数达到 397 家，融资租赁业务量达到 20 800 亿元。

3. 外资租赁公司

外资租赁公司是从事租赁业务的外商投资企业，以有限责任公司的形式设立。对外贸易经济合作部（2003 年整合入商务部）于 2001 年 9 月 1 日颁布了《外商投资租赁公司管理办法》，2010 年下放外资租赁公司的审批权。近年来，外资租赁公司发展迅猛，截至 2018 年底，全国共有 11 311 家外资租赁公司，融资租赁业务量达到 20 700 亿元。

另外，中国的信托公司、财务公司及金融资产管理公司经中国人民银行批准可以

---

[1] 数据来源于零壹融资租赁研究所、中国租赁联盟。
[2] 《银行系中国融资租赁公司史上最新最全名录》，https://www.sohu.com/a/270674063_100295262，2018 年 10 月 23 日。

兼营融资租赁业务。

从2018年4月20日起,商务部将制定融资租赁公司经营和监管规则的职责划给中国银行保险监督管理委员会,标志着我国的租赁业逐步迈向统一监管。

(二)资本金规定

资本金是租赁公司的营运基础,也是承担风险的最终保障。各国对租赁公司一般都有最低资本金的要求,如意大利要求租赁公司要有10亿里拉的最低资本,比利时租赁公司的最低资本是500万法郎,秘鲁的租赁公司最低资本要求是100万美元。

根据我国2014年3月发布的《金融租赁公司管理办法》,设立金融租赁公司的最低资本限额为1亿元人民币或等值的可自由兑换货币,注册资本为一次性实缴货币资本且要求资本充足率达标,即金融租赁公司资本净额与风险加权资产的比例不得低于中国银行业监督管理委员会的最低监管要求。此外,融资租赁公司经营应遵守"风险资产一般不得超过净资产额的10倍"的规定。

按照商务部2005年3月5日起施行的《外商投资租赁业管理办法》的规定,外资融资租赁公司的注册资本金最低额由原来的2 000万美元降低为1 000万美元,外商投资租赁公司的最低注册资本由原来的500万美元调整为无特别限制(只需符合《中华人民共和国公司法》的有关规定),经营中应遵守"风险资产一般不得超过净资产总额的10倍"的规定。该办法已于2018年废止。

(三)其他要件

租赁公司的设立除了资本金与出资人的资格要求外,还需要满足其他一些条件。《金融租赁公司管理办法》第七条要求申请设立金融租赁公司还应具备下列条件:

(1)有符合《中华人民共和国公司法》和中国银行业监督管理委员会规定的公司章程。

(2)有符合规定条件的发起人。

(3)有符合任职资格条件的董事、高级管理人员,并且从业人员中具有金融或融资租赁工作经历3年以上的人员应当不低于总人数的50%。

(4)建立了有效的公司治理、内部控制和风险管理体系。

(5)建立了与业务经营和监管要求相适应的信息科技架构,具有支撑业务经营的必要、安全且合规的信息系统,具备保障业务持续运营的技术与措施。

(6)有与业务经营相适应的营业场所、安全防范措施和其他设施。

(7)中国银行业监督管理委员会规定的其他审慎性条件。

截至2018年底,全国融资租赁行业注册资金折合约32 763亿元人民币,排名前十家的融资租赁公司见表13-2。

表 13-2　　　　　　2018 年全国融资租赁企业注册资金排名前十家　　　　　　单位：亿元

排名	企业名称	注册时间	注册地	注册资金
1	天津渤海租赁有限公司	2008 年	天津	221.01
2	工银金融租赁有限公司	2007 年	天津	180
3	平安国际融资租赁有限公司	2012 年	上海	132.41
4	浦航租赁有限公司	2009 年	上海	126.83
5	国银金融租赁股份有限公司	1984 年	深圳	126.42
6	远东国际租赁有限公司	1991 年	上海	125.35
7	长江租赁有限公司	2004 年	天津	107.9
8	蕊鑫融资租赁有限责任公司	2015 年	上海	106.5
9	郎丰国际融资租赁（中国）有限公司	2016 年	珠海	103.5
9	上海易鑫融资租赁有限公司	2014 年	上海	103.5
10	中航国际租赁有限公司	1993 年	上海	99.78

资料来源：前瞻产业研究院。

据零壹租赁智库不完全统计，2018 年已有 14 家金融租赁公司完成增资，累计增资 391.10 亿元；有 12 家融资租赁公司完成增资，累计增资逾 160 亿元。

【案例 13-1】　　　金融租赁公司发起人的规定[①]

我国 2014 年 3 月发布的《金融租赁公司管理办法》规定：金融租赁公司的发起人包括在中国境内外注册的具有独立法人资格的商业银行，在中国境内注册的、主营业务为制造适合融资租赁交易产品的大型企业，在中国境外注册的融资租赁公司以及中国银行业监督管理委员会认可的其他发起人（包括除了上述之外的其他境内法人机构和境外金融机构）。

(1) 在中国境内外注册的具有独立法人资格的商业银行作为金融租赁公司发起人，应当具备以下条件：

① 满足所在国家或地区监管当局的审慎监管要求。

② 具有良好的公司治理结构、内部控制机制和健全的风险管理体系。

③ 最近 1 年年末总资产不低于 800 亿元人民币或等值的可自由兑换货币。

④ 财务状况良好，最近 2 个会计年度连续盈利。

⑤ 为拟设金融租赁公司确定了明确的发展战略和清晰的盈利模式。

① 陈莹莹：《银监会正式发布〈金融租赁公司管理办法〉》，《中国证券报》2014 年 3 月 17 日。

⑥遵守注册地法律法规,最近2年内未发生重大案件或重大违法违规行为。

⑦境外商业银行作为发起人的,其所在国家或地区金融监管当局已经与中国银行业监督管理委员会建立良好的监督管理合作机制。

⑧入股资金为自有资金,不得以委托资金、债务资金等非自有资金入股。

⑨承诺5年内不转让所持有的金融租赁公司股权、不将所持有的金融租赁公司股权进行质押或设立信托,并在拟设公司章程中载明。

⑩中国银行业监督管理委员会规定的其他审慎性条件。

(2)在中国境内注册的、主营业务为制造适合融资租赁交易产品的大型企业作为金融租赁公司发起人,应当具备以下条件:

①有良好的公司治理结构或有效的组织管理方式。

②最近1年的营业收入不低于50亿元人民币或等值的可自由兑换货币。

③财务状况良好,最近2个会计年度连续盈利。

④最近1年年末净资产不低于总资产的30%。

⑤最近1年主营业务销售收入占全部营业收入的80%以上。

⑥为拟设金融租赁公司确定了明确的发展战略和清晰的盈利模式。

⑦有良好的社会声誉、诚信记录和纳税记录。

⑧遵守国家法律法规,最近2年内未发生重大案件或重大违法违规行为。

⑨入股资金为自有资金,不得以委托资金、债务资金等非自有资金入股。

⑩承诺5年内不转让所持有的金融租赁公司股权、不将所持有的金融租赁公司股权进行质押或设立信托,并在拟设公司章程中载明。

⑪中国银行业监督管理委员会规定的其他审慎性条件。

(3)在中国境外注册的具有独立法人资格的融资租赁公司作为金融租赁公司发起人,应当具备以下条件:

①具有良好的公司治理结构、内部控制机制和健全的风险管理体系。

②最近1年年末总资产不低于100亿元人民币或等值的可自由兑换货币。

③财务状况良好,最近2个会计年度连续盈利。

④遵守注册地法律法规,最近2年内未发生重大案件或重大违法违规行为。

⑤所在国家或地区经济状况良好。

⑥入股资金为自有资金,不得以委托资金、债务资金等非自有资金入股。

⑦承诺5年内不转让所持有的金融租赁公司股权、不将所持有的金融租赁公司股权进行质押或设立信托,并在拟设公司章程中载明。

⑧中国银行业监督管理委员会规定的其他审慎性条件。

(4)其他境内法人机构作为金融租赁公司发起人,应当具备以下条件:

①有良好的公司治理结构或有效的组织管理方式。

②有良好的社会声誉、诚信记录和纳税记录。

③经营管理良好,最近2年内无重大违法违规经营记录。

④财务状况良好,且最近2个会计年度连续盈利。

⑤入股资金为自有资金,不得以委托资金、债务资金等非自有资金入股。

⑥承诺5年内不转让所持有的金融租赁公司股权,不将所持有的金融租赁公司股权进行质押或设立信托,并在公司章程中载明。

⑦中国银行业监督管理委员会规定的其他审慎性条件。

(a)其他境内法人机构为非金融机构的,最近1年年末净资产不得低于总资产的30%。

(b)其他境内法人机构为金融机构的,应当符合与该类金融机构有关的法律、法规、相关监管规定要求。

(5)其他境外金融机构作为金融租赁公司发起人,应当具备以下条件:

①满足所在国家或地区监管当局的审慎监管要求。

②具有良好的公司治理结构、内部控制机制和健全的风险管理体系。

③最近1年年末总资产原则上不低于10亿美元或等值的可自由兑换货币。

④财务状况良好,最近2个会计年度连续盈利。

⑤入股资金为自有资金,不得以委托资金、债务资金等非自有资金入股。

⑥承诺5年内不转让所持有的金融租赁公司股权、不将所持有的金融租赁公司股权进行质押或设立信托,并在公司章程中载明。

⑦所在国家或地区金融监管当局已经与银监会建立良好的监督管理合作机制。

⑧具有有效的反洗钱措施。

⑨所在国家或地区经济状况良好。

⑩中国银行业监督管理委员会规定的其他审慎性条件。

(6)按照规定,金融租赁公司至少应当有一名符合(1)—(3)规定的发起人,且其出资比例不低于拟设金融租赁公司全部股本的30%。有以下情形之一的企业不得作为金融租赁公司的发起人:

①公司治理结构与机制存在明显缺陷。

②关联企业众多、股权关系复杂且不透明、关联交易频繁且异常。
③核心主业不突出且其经营范围涉及行业过多。
④现金流量波动受经济景气影响较大。
⑤资产负债率、财务杠杆率高于行业平均水平。
⑥其他对金融租赁公司产生重大不利影响的情况。

[案例分析]

本次修订的《金融租赁公司管理办法》是中国银行业监督管理委员会在深入总结金融租赁公司近几年发展的实践经验，并广泛征求社会各界意见的基础上发布的，对于中国租赁业的发展具有重要意义。它将主要出资人制度调整为发起人制度，不再区分主要出资人和一般出资人，将金融租赁公司的发起人扩大为五类机构，取消了主要出资人出资占比50%以上的规定。同时，考虑到金融租赁公司业务开展、风险管控以及专业化发展的需要，规定发起人中应该至少包括一家符合条件的商业银行、制造企业或境外融资租赁公司，且其出资占比不低于30%。另外，也对金融租赁公司的发起人作了一些限制。

修订后的《金融租赁公司管理办法》立足当前我国金融租赁行业改革发展的需要，放宽了准入门槛，有利于引导各种所有制资本进入金融租赁行业，也有利于进一步推动商业银行设立金融租赁公司试点进程，促进行业健康发展。

二、租赁公司资金筹集的管理

股本金是租赁公司最初可以运用的资金，但租赁业务所涉及的设备价值一般都较大，除了自身的资本外，必须多方面筹集资金。经营进口设备租赁的租赁公司除了人民币资金之外还需要外汇资金。

（一）人民币资金的筹集

国内金融市场的发展为租赁公司筹集人民币资金提供了多样化的渠道，租赁公司的人民币资金来源主要包括以下几个方面：

1. 同业拆借

同业拆借是调剂金融机构短期资金余缺的市场，我国同业拆借市场的参与者包括商业银行、城乡信用社、政策性银行、金融租赁公司、汽车金融公司、保险公司、财务公司、证券公司、信托公司、保险资产管理公司等，2018年交易量达到139万亿元。[①] 同

---

① 数据来源于中国人民银行网站，http://www.pbc.gov.cn。

业拆借为租赁公司筹集流动资金提供了一个来源,可以解决临时资金头寸不足和暂时的资金周转困难。目前,金融租赁公司的最长拆入期限为 3 个月,同业拆入资金余额不得超过金融租赁公司资本净额的 100%。

2. 向金融机构借款

租赁公司作为一种金融机构,也可以向银行或其他金融机构借入资金,这是我国租赁公司主要的融资渠道。由于银行往往投资租赁公司,作为股东的银行会积极支持租赁公司的融资需要。但为了避免金融风险,有的学者建议国家应对给租赁公司提供资金的银行加强监管,因此这一融资渠道慢慢地将会萎缩。

3. 发行债券

债券是依法发行、约定在一定期限内还本付息的债权债务凭证。金融租赁公司发行的债券属于金融债券。一般来说,债券的期限较长,可以为租赁公司筹集长期资金提供一个有效的途径。但债券发行要经中国人民银行审核批准。2010 年工银租赁、交银租赁、华融租赁、江苏租赁等通过债券市场进行融资,共计发行数十亿元金融债券。

4. 发行股票

股票是股份公司发给投资者用以证明其对公司所有权的有价证券。股份制租赁公司在得到证监会批准的前提下可以通过发行股票的方式来筹集资本金。2011 年 3 月 30 日,远东宏信有限公司(远东宏信)成功在香港联合交易所主板上市;2011 年 10 月,渤海租赁(000415.SZ)成为第一家 A 股上市的租赁公司;江苏金融租赁(600901.SH)于 2018 年 3 月成功在上海证券交易所上市。2016 年以来,许多融资租赁公司纷纷赴港上市,截至 2018 年 7 月 31 日,在香港上市的融资租赁公司已有 12 家,还有 4 家正在上市处理中。随着股票市场的不断完善和国内租赁业的不断发展,发行股票将成为租赁公司的一种重要的融资方式。

5. 其他资金来源

《金融租赁公司管理办法》规定,金融租赁公司的资金来源还包括以下几项:

(1)转让和受让融资租赁资产。

(2)吸收非银行股东 3 个月(含)以上定期存款。

(3)接受承租人的租赁保证金。

(4)资产证券化。

(5)租赁物变卖及处理业务。

(二)外汇资金的筹集

租赁公司筹措外汇资金的方式主要有以下几种:

1. 吸收外汇存款

发达国家的租赁公司可以通过吸收外汇存款以筹集外汇资金,包括通过国外的分支机构从当地吸收居民和企业的存款作为母公司的资金来源及直接吸收本国居民和外商投资企业的外汇存款两种做法。但我国租赁公司目前还不允许吸收外汇存款。

2. 母公司的外汇贷款

对于有国外金融机构投资的合资租赁公司,可以由投资方提供低利率的外汇贷款支持合资租赁公司。

3. 外汇同业拆借

可以经营外汇业务的租赁公司在缺少外汇流动资金时,可以向国外的金融机构拆入外汇。

4. 商业银行的外汇贷款

租赁公司所需外汇资金可从经营外汇业务的国内金融机构或国外银行获得贷款,但要经过中国人民银行与国家外汇管理局的批准。

一般来说,出口国为扩大销售市场往往会提供出口信贷方式,包括卖方信贷和买方信贷。在大型机器设备与成套设备的出口中,为便于出口商以延期付款方式向外国进口商出卖设备,出口商所在地的银行对出口商提供卖方信贷;出口商所在地的银行提供给外国进口商或进口商的银行的贷款称为进口信贷。在进出口贸易中,租赁公司可以充分利用这一信贷方式获得资金支持。

5. 国际金融组织的贷款

6. 外国政府贷款

7. 国际金融市场融资

金融租赁公司一般可以从国际货币市场和资本市场融资。国际货币市场是指资金借贷期限在一年以内的外汇资金交易市场,包括票据贴现市场、短期证券市场等,主要解决租赁公司的短期资金需要。国际资本市场是筹集中长期(一年以上)外汇资金的场所,主要包括国际股票与债券市场,货币资金需要转换时就要通过外汇市场。从这个意义上讲,外汇市场充当了资金来源的角色。

8. 国际转租赁

转租赁是国际租赁业务中一种较为常用的融资方式。因为国内出租人向国外租入设备,分期支付的租金是不列入出租人的债务项下,通过转租给他们的用户,可获得外汇资金来源。

由于租赁公司的资金获取渠道较多,不同渠道的成本差异较大,因此,租赁公司应进行全面权衡,争取得到低利率、低费用、汇价有利的资金,并实现长期、短期资金的有效结合。

三、租赁公司租赁资金运用的管理

资金来源决定了租赁公司的资金成本,而资金运用管理则是关系到资金效益的一个重要因素。租赁公司在运用资金时必须注意以下几个方面的问题。

(一)注重资金的安全投放

融资租赁作为融通资金的一种方式,面临租金不能按时收回甚至不能收回的风险,因此,在租赁业务开始时就应做好资金投放管理,确保资金安全。这又包括对承租人的安全控制及租赁项目的安全控制两方面。

1. 对承租人的资信调查

对承租人的资信状况调查是租赁公司首先要做好的工作。资信状况是指承租企业的资产信誉好坏、实力是否雄厚、履约表现是否良好的记录。资信好的承租企业可以提高租赁公司业务的安全性,因为即使承租企业由于租赁项目本身失败而无力支付租金,它也会通过其他途径按合同支付租金,从而使租赁公司免受损失。因此,租赁公司要利用各种信息来源和咨询渠道,对承租人进行深入细致的信誉咨询和调查。

2. 项目筛选

租赁项目本身是将来租金偿还的直接保证。如果企业的租赁项目有良好的前景,租金一般也较容易收回,租赁公司面临的风险较小。因此,租赁公司必须组织项目评审小组的业务人员,根据企业提供的可行性报告对租赁项目的可行性进行定性和定量两个方面的论证,重点考虑项目的盈利能力和潜在的各种风险,并作出筛选。

(二)做好租赁项目的管理

租赁公司不但要做好租赁的前期工作,包括租赁合同的签订、订货、报关和监督验收等,同时,还要在租赁业务开展之后做好租赁的后期工作管理,包括资料管理、项目监测与总结评价三个环节。

1. 资料管理

租赁公司应及时收集与整理、存储项目资料,建立租赁项目档案。项目档案的主要内容包括:

(1)项目的立项资料,包括承租企业所提供的项目可行性报告、项目设计任务书、项目基本情况、项目概算及有关立项批件、租赁申请书、委托书、租赁担保函、租赁合同等有关的法律文件。

(2)租赁设备资料,包括设备的来源、动力情况、原材料供应、产品工艺保证、质量保证及产品销售市场情况。

(3)承租企业资料,包括承租企业的生产、管理、财务状况以及环保措施等。

2. 项目监测

虽然在开展租赁业务之初,租赁公司对承租企业的投资项目进行了审查,但由于各种原因(包括宏观经济环境或国家政策的改变、贸易条件的恶化以及租赁企业执行过程中的差错等),都可能导致项目的实际效果与其计划出现偏离。因此,租赁公司必须定期或不定期地对项目的实施情况进行监测,以便及时发现问题,采取有效对策来解决问题。

一般来说,租赁公司的项目监测主要包括以下内容:经济发展情况及对项目的影响;项目的投资资金是否全部到位;项目设备的到货、安装、调试、运转情况;项目的工程进度;项目投产后的经营管理状况;项目的产值、利润、税金的实现情况;承租人的财务状况;租金支付情况等。

项目监测的手段包括对承租企业的现场检查及相关媒体或监管部门的信息。一旦发现问题,应及时与承租人沟通,提出意见,并督促企业采取相应措施纠正偏差。

3. 总结评价

租赁公司要及时对租赁项目有关的资料进行统计并作动态分析,评价项目的效益,考察业务的成果,为以后的业务开展奠定基础。评价的内容主要包括租赁项目的投资构成、设备的运转情况、项目的预期经济效益、产品的市场占有率等。特别是经济效益考核是最为关键的,可以用租赁期间年均增长率、租赁期间项目投资年平均利润率等量化的指标来加以考核。

(三)保证租金及时收回

在租金快到期时,租赁公司应加强对租赁项目的关注,收到的租金应及时准确地入账。承租人逾期未付时,出租人应向承租人发送租金催收函,收回租金。

为防止承租人有意拖欠租金,租赁公司要通过建立指标体系来监督和掌握承租企业的交租情况并进行监控,使损失尽可能降到最小。主要指标有交付租金次数逾期率和交付租金金额逾期率。

$$交付租金次数逾期率 = \frac{累计交租逾期次数}{应交租金次数} \qquad (13-1)$$

$$交付租金金额逾期率 = \frac{累计逾期交租金额}{应交租金总额} \qquad (13-2)$$

这两项指标的数值越大,承租企业的经济效益越差,信用风险越大,越应引起租赁公司的重视。

第二节　租赁合同管理

租赁合同是租赁业务中的重要文件,也是明确出租人与承租人权利、义务关系的依据。对于当事人来说,能否利用租赁合同为自身的权益提供法律保障,是租赁业务的重要内容之一。

一、租赁合同概述

(一)租赁合同的概念

《中华人民共和国合同法》(以下简称《合同法》)第十三章对租赁合同进行了规定。

根据《合同法》,租赁合同是指由出租方融通资金为承租方提供所需设备,承租方取得设备使用权并按期支付租金的协议。租赁合同是经济合同的一种。

出租人和承租人是租赁合同的双方当事人。其中,提供物的一方是出租人,使用物的一方是承租人,双方约定交付承租人使用的物是租赁物,承租人使用租赁物的代价是要支付租金。

由于融资租赁业务的性质比较特殊,因此,《合同法》第十四章专门对其进行了规定:融资租赁合同是出租人根据承租人对出卖人、租赁物的选择,向出卖人购买租赁物,提供给承租人使用,承租人支付租金的合同。

(二)租赁合同的种类

租赁合同根据不同的标准,从不同的角度,可以作不同的分类,常见的主要有以下几种:

1. 动产租赁合同与不动产租赁合同

这是以租赁的标的物不同来划分的。

如果租赁标的物是不动产的,称为不动产租赁,主要包括房屋租赁与以土地使用权为标的的租赁。不动产租赁法律有特别的要求,例如要通过登记加以公示。

如果是以动产为标的的租赁称为动产租赁,这里的动产是指各种可以反复使用不改变形态和价值的物体。动产租赁一般无特别程序上的要求,但是对于一些适用不动产制度的动产租赁(如船舶、航空器等租赁)在法律上有特别的要求,应依法律的特别要求办理。

2. 一般租赁合同与特殊租赁合同

这是根据租赁合同在法律上有无特别规定划分的。

一般租赁是指法律没有特别规定的租赁,可适用《中华人民共和国民法通则》和

《合同法》等具有一般效力的法律。

特别租赁是指法律有特别规定的租赁，因而适用具有特殊效力的法律。例如，房屋租赁在《中华人民共和国城市房地产法》中有特别规定，船舶租赁在《中华人民共和国海商法》中有特别规定，航空器租赁在《中华人民共和国航空法》中有特别规定，融资租赁在《合同法》中有专章进行规定，等等。

3. 定期租赁合同与不定期租赁合同

这是根据租赁合同是否有期限来划分的。

定期租赁合同是指当事人双方约定有租期的租赁合同。在合同约定的租赁期限没有届满时，租赁合同的当事人不能随便终止合同，否则就构成违约。

不定期租赁合同有两种：一是当事人双方未约定租期的租赁；二是租赁期届满的不定期租赁，即指租赁期满后承租人继续使用租赁物，而出租人没有提出异议的，原租赁合同继续有效。不定期租赁合同的当事人任何一方可随时终止合同，但出租人终止合同时，应当给承租人一个做必要准备的宽限期。

（三）租赁合同的特征

1. 标的物的性质

当事人订立租赁合同的目的是为了使用和获得收益，租赁期满，必须返还标的物，这就决定了租赁合同的标的物必须是特定的、具有实物形态的非消耗物。如果没有固定形体的物体不能成为租赁合同的标的物，消耗物在承租人使用一段时间后，无法原样返还给出租人。当然，租赁物必须是合法的，以法律禁止的标的物出租的租赁合同无效。

2. 租赁合同是转移标的物使用权的合同

在租赁合同中出租人将租赁物交给承租人使用，转让的是租赁物的占有权、使用权和收益权。承租人在租赁期间只取得租赁物的使用收益权，但无权处分租赁物；出租人对租赁物享有所有权，这是租赁合同与买卖合同、赠与合同的重要区别。

3. 要式性

租赁合同的形式既可以是书面的，也可以是口头的，但原则上租赁合同应当采用书面形式，这有利于减少纠纷。我国《合同法》第二百一十五条规定："租赁合同的租赁期限为6个月以上的，应当采用书面形式。当事人未采用书面形式的，视为不定期租赁。"

对于特殊的租赁合同，不仅应采用书面形式，而且应当遵守法律规定，依法办理其他手续，例如，土地使用权租赁需要办理登记、房屋租赁合同应向房产管理部门登记备案。

由于融资租赁合同较为复杂，标的金额较大，租赁期限较长，涉及人数多，因此影响较大,各国的法律均对融资租赁合同的形式进行了规定。我国《合同法》第二百三十八条第二款就明文规定"融资租赁合同应当采用书面形式"。

4. 租赁合同是有偿合同

由于承租人在租赁期间只获得了使用权,所有权掌握在出租人手中,因此,承租人使用租赁物应当支付租金。租金是租赁合同的必要条款,如果无租金条款,则租赁合同不能成立。

5. 租赁合同是诺成合同

一旦租赁业务的双方当事人达成租赁协议后,合同即告成立,而不管租赁物是否已实际交付,即租赁物的交付并非租赁合同生效的要件,因此,租赁合同为诺成性合同。

6. 租赁合同是双务合同

租赁合同当事人双方既负有一定义务,也享有一定权利,出租人享有的权利就是承租人负有的义务,反之亦如此。双方通过履行融资租赁合同给予对方当事人一定的利益,对方当事人在取得该利益时则必须支付相应的代价。因此,租赁合同为双务合同。

7. 租赁合同具有期限性和连续性

标的物的使用价值总是有一定期限的,租赁期限是租赁合同的基本要素。一般来说,经营性租赁的租期不超过1年;融资租赁的租期是与设备的使用年限密切相关的,原则上与物件的使用寿命(折旧年限)相同。因此,我国《合同法》规定,租赁合同的最长期限不得超过20年,超过20年的,其超过部分无效。租赁期间届满,当事人可以续订租赁合同,但约定的租赁期限自续订之日起不得超过20年。

二、租赁合同中当事人的权利与义务

租赁合同自生效之日起就在当事人之间产生约束力,双方都拥有权利,并承担义务。

(一)出租人的权利与义务

1. 出租人的主要权利

(1)对租赁物的所有权。因为在融资租赁期间出租人确实是租赁物的所有权人,即使在融资租赁合同终止以后,出租人的身份丧失,作为原出租人的租赁公司也不会自然丧失对租赁物的所有权。

(2)收取租金的权利。按照合同的约定收取租金是出租人最主要的权利,也是出租人参与租赁关系收回成本和获取利润的唯一途径。

(3)解除合同的权利。承租人未经出租人同意转租的,或承租人无正当理由未支付或者迟延支付租金,出租人可以要求承租人在合同期限内支付。承租人逾期不支付的,出租人可以解除合同。

(4)收回租赁物的权利。在融资租赁合同期满后,对于租赁物,承租人可以选择留购、续租或退租三种方式。如果双方约定以一定价格留购的,在承租人支付了货价后出租人可以不收回租赁物。合同因解除而终止时,出租人也有权收回租赁物。

(5)免除责任的权利。国内外的立法上,一般都规定了融资租赁合同中出租人对租赁物责任的免除,即出租人不应对承租人承担设备的任何责任,除非承租人由于依赖出租人的技能和判断以及出租人干预选择供应商或设备规格而受到损失。

2. 出租人的主要义务

(1)购买并交付租赁物的义务。出租人应以自己的名义与供货商签订买卖合同而购买租赁物,这是出租人最基本的义务。同时,租赁合同是移转标的物的使用权的合同,因此,出租人必须将租赁物提供给承租人占有。当然,在融资租赁合同中出租人所负有的交付义务,并不是直接的交付,而是通过供货商来实现的,只要承租人自供货商手中受领了标的物,即视为出租人的交付义务业已履行。

(2)确保承租人对租赁物的占有和使用。承租人进行融资租赁交易的目的就在于获得租赁物的使用权,为确保承租人正常占有与使用租赁物,出租人要做到自己不妨碍、在第三人的行为妨碍了承租人对租赁物的占有使用时请求第三人排除妨碍。

一般认为,即使出租人将租赁物出让给第三人或在租赁物上为第三人设定担保物权,承租人也不因此丧失在租赁期间对租赁物占有使用的权利,因此给承租人造成的损失,出租人应当承担赔偿责任。

(3)返还押金或担保物的义务。租赁合同中如果约定承租人要提供一定的押金或担保,在合同终止时,出租人应当按时将押金或者担保物返还给承租人。

(4)维修、保养的义务。在经营租赁合同中,出租人负有对租赁物的维修、保养、投保等义务,以保证租赁物在合同期内正常使用,但当事人另有约定的除外。

(二)承租人的权利和义务

1. 承租人的权利

承租人拥有以下几项权利:

(1)收益权。为了维护融资租赁关系的稳定性,法律赋予承租人对租赁物享有独占的使用收益的权利。出租人基于其所有权可以在租赁物上设置抵押权,但必须通知承租人,而且这种抵押行为不得影响承租人对租赁物进行使用收益;出租人转让租赁物的,融资租赁合同继续有效,新的所有权人也不得解除合同,取回租赁物。

(2)优先购买权。在出租人转让租赁物时,在同等条件下,承租人享有优先购买的权利。特别是在融资租赁期届满时,承租人一般只需支付象征性的价款即可取得租赁物的所有权。

(3)改善和增设他物的权利。承租人为了保持对租赁物的使用和收益权,经出租人同意,可以对租赁物进行改善和增设他物。租赁合同解除后,承租人可以就租赁物现存的增加价值要求出租人部分偿还支出的费用。

(4)融资租赁合同中的其他特殊权利。融资租赁合同的承租人还拥有以下几项权利:

①选择供货商和租赁物的权利。融资租赁的标的一般具有特定的用途,租赁物的情况和出卖人的信誉以及其所提供的服务,关系到承租人的切身利益。承租人可以依靠自身的专业知识、技能和经验选择租赁物及供货商,以便更好地实现合同目的。

②享有与受领的标的物相关的权利。首先,承租人有权要求出卖人直接向其交付标的物,出卖人不得拒绝。由于融资租赁合同和相关的买卖合同具有同一的标的物,承租人是标的的真正使用者且对租赁物有着专业性的了解,可以对租赁物进行检验受领,因此,供货商应按照约定向承租人交付租赁物。其次,承租人享有向供货商索赔的权利。一般情况下,融资租赁的出租人并不对租赁物负担瑕疵担保责任,承租人就标的物有瑕疵所受的损失直接向供货商索赔,出租人仅负有协助的义务。

然而,由于承租人并不是相关买卖合同的正宗当事人,因而无权在不经出租人同意的情况下终止或撤销相关的买卖合同。

③对租赁期届满时选择租赁物归属的权利。承租人对租赁物在融资租赁期届满后的归属具有选择权,要么留购,要么续租,如果承租人放弃了留购和续租的权利,就意味着其选择了退租——在合同终止时将租赁物退还给出租人。

2. 承租人的义务

(1)对租赁物进行检验和受领的义务。承租人必须在约定的或供货商通知的时间和地点检验和受领标的物,无故不得迟延受领或拒收。同时,承租人应当将验收的结果及时通知出租人。

(2)妥善保管、使用租赁物的义务。承租人应妥善保管租赁物,负责租赁物的安全,防止租赁物毁损灭失。承租人未尽妥善保管义务,造成租赁物毁损、灭失的,应当承担损害责任。

承租人应当按照合同约定的方法或租赁说明书中规定的操作以合理的方式使用租赁物。对租赁物的使用方法没有约定或约定不明确的,依法律规定。法律规定仍不明确的,应当按照租赁物的性质使用。

承租人只有在出租人同意和不损害第三方权利时才可以转让其对租赁物的使用权或在租赁合同项下的任何其他权利。

在融资租赁中承租人还应当对租赁物负维修、保险与保养等责任,以避免因其品质的不适当降低而损害出租人的所有权。

(3) 支付租金的义务。按照约定的期限、金额、币种、支付方式支付租金是承租人所负的最主要的义务。租金是出租人补偿租赁物件所投入的成本和资金的来源,承租人不得以未对租赁物进行使用获取收益或不继续对租赁物进行使用为由免除该项义务。

(4) 承担租赁物毁损灭失的风险。当租赁物因不可归责于租赁合同双方当事人的事由毁损或灭失造成损失时,承租人不得减免或延迟支付租金。

(5) 返还租赁物的义务。在经营租赁中,租赁期届满,承租人应当返还符合约定性质的租赁物(法律另有规定的除外)。在融资租赁中,如果承租人放弃留购或续租的权利,那么就应当在租赁期届满时将租赁物按照合同终止时的完好状态返还给出租人。

(6) 通知的义务。承租人的通知义务主要包括:当租赁物有修理、防止危害的必要时,承租人应及时通知出租人;第三人主张权利的,承租人应及时通知出租人;租赁物因不可抗力损毁灭失或因第三人的侵害受损等,承租人也应及时通知出租人。

【案例 13-2】 融资租赁物发生事故致人损害的责任①

原告:朱某

被告:席某

被告:高安市汽贸公司

案由:道路交通事故人身损害赔偿

2000 年 6 月 3 日,原告朱某之父朱某某请被告个体司机席某为其拉货到浙江,途中发生车祸,汽车向左侧翻于路旁,朱某某被抛出车外,当场死亡。经交警部门认定,被告席某违反《道路交通管理条例》第七条的规定,应负事故全部责任。朱某向席某索赔未果,遂以该车所有权人为高安市汽贸公司为由,将两被告诉上法庭,要求两被告承担人身损害赔偿责任,并互负连带责任。

被告席某对事故责任无异议,但表示无力偿还。被告汽贸公司辩称,汽车营运不在其占有范围内,且其本身无任何过错,依法不应承担责任。

审理中查明,1999 年 7 月,被告席某与被告汽贸公司签订了一份合同,约定由汽贸公司出资向高安市鹏程东风汽车销售公司购买东风牌汽车一辆,将汽车出租给席某营运,租金为每月 5 000 元,期限自 1999 年 8 月 1 日起至 2002 年 7 月 3 日止。被告汽贸公司依约购买东风牌汽车一辆,办好手续后交由席某承租营运,席某已如期交纳租金共计 55 000 元。

---

① 南京法律网,http://www.law025.com/law05。

> 法院经审理认为,两被告所签合同为融资租赁合同,席某占有租赁物(即营运车辆)期间,出租人并不能支配汽车的运行,故不应对该车造成第三人的人身伤害承担责任,遂依法判决驳回原告朱某要求被告汽贸公司承担责任的请求,由被告席某赔偿其死亡补偿金等共计 41 726 元。

[案例分析]

本案两被告之间的关系符合《合同法》关于融资租赁合同规定的特征,这对本案责任人的确定有质的影响。一般来说,物的所有人对其所有的物有维护的义务,物的所有人或管理人应承担该物造成损害的民事责任。但在融资租赁的情形下,租赁物是由承租人选择决定的,承租人对租赁物负有管理、维修的义务,且在占有租赁物期间,已经通过租赁物的占有和使用达到实现收益的目的;而出租人的主要义务是出资购买租赁物提供给承租人使用收益,并不负责租赁物的管理维修,不能支配租赁物的运行,不享有其运行利益。如果在承租人占有租赁物后,由于承租人自己的原因使租赁物造成第三人的财产损害或人身伤害,再由出租人来承担责任显失公平。因此,《合同法》第二百四十六条规定:承租人占有租赁物期间,租赁物造成第三人的财产损害或人身伤害的,出租人不承担责任。也就是说,《道路交通事故处理办法》关于车主承担替代责任或转承责任的规定,不能适用于融资租赁合同中的作为车主的出租人。

三、租赁合同的内容

租赁合同的内容一般因租赁标的及租赁种类的不同而存在较大的差异。我国《合同法》第二百一十三条规定:"租赁合同的内容包括租赁物的名称、数量、用途、租赁期限、租金及其支付期限和方式、租赁物维修等条款。"第二百三十八条规定:"融资租赁合同的内容包括租赁物名称、数量、规格、技术性能、检验方法、租赁期限、租金构成及其支付期限和方式、币种、租赁期限届满租赁物的归属等条款。"

下面对租赁合同中常见的一些条款加以介绍。

(一)当事人条款

当事人是租赁合同的主体,应在合同中明确出租方与承租方,双方的名称、法定地址或家庭住址、法定代表人等都要写清楚。

(二)租赁物条款

这是租赁合同的首要条款,租赁合同必须要有租赁物。

1. 租赁物的名称

由于租赁物是双方利益实现的载体,如果名称规定得不详细、不具体,容易导致双方发生误解,因此,当事人在合同中必须详细、具体地规定租赁物,要注明名称、牌号、商标、品种、型号、规格、等级等。

2. 租赁物的数量与质量

租赁物的数量要精确,不能含糊不清,计量单位按照《中华人民共和国计量法》的规定执行。对租赁物的质量标准也必须规定清楚,这是确保承租人得以正常使用租赁物的关键。另外,租赁合同租期较长时,应规定合理的磨损或消耗标准,作为出租人交付或接受租赁物以及承租方接受和返还租赁物的标准和依据,同时也作为区分责任的依据。

3. 租赁物的用途

合同应明确规定租赁物的用途,这是为了使承租人能按照租赁物的性能正确、合理地加以使用,避免由于使用不当而使租赁物受到损失。

4. 租赁物到期时的处置方式

(三)租期和起租日条款

租赁期限是合同的主要条款之一。当事人可以明确约定期限,也可以不明确约定期限。对于明确约定期限的租赁合同,到期后合同自然终止,承租人返还原物。但双方当事人可以"续租",续租期限内双方当事人的权利义务不变。我国《合同法》规定,租赁期间届满之后,承租人继续使用租赁物,而出租人没有提出异议的,原租赁合同继续有效。对于未明确约定期限的租赁合同,视为不定期租赁,当事人可以随时解除合同。

起租日是租金开始计算的日期,各租赁公司的做法不同,有的以租赁物件的交付日为起租日,有的以信用证开证日作为起租日,也有选择提单日的,但必须在合同中加以明确。

(四)租金条款

租金是双方当事人经济利益的集中体现。租金由双方当事人协商约定,当事人在订立租金条款时,应注意以下几个问题:

1. 租金的构成

租金的构成一般来说应包括租赁物的成本、融资利息、维修费、折旧费、上缴利税、必要的管理费及保险费等。租金的确定还要考虑市场需求状况、出租方合理的盈利等。但出租方不得将收取租金作为获得高利的手段。

2. 租金的支付币种

在国际租赁业务中,租赁业务的当事人必须明确用何种货币支付租金。

3. 租金的支付及结算方式

租金一般以货币支付,但当事人也可以在合同中约定以其他物代替货币支付。以货币支付的,还应对租金的结算方式及结算银行、银行账号等作出规定。

4. 租金的支付时间

租金是定期支付还是不定期支付,是一次性支付还是分期分批支付,应在合同中明确规定,并且将总金额及每次分别支付的金额及期限都规定清楚,如果需要预付租金或押金,也应在合同中注明。

(五)所有权保护条款

由于在租赁期间,租赁物的所有权仍属于出租方,因而承租方无权对租赁物件进行转让、转租与销售或其他侵犯出租人所有权的行为。未经出租人同意,不得将租赁物移转使用地点(融资租赁合同的保留条款通常要规定租赁物使用的地区范围),不得改变租赁物的形状或装配其他附件。同时,承租方有义务保持租赁物的完好。

(六)租赁物的维修条款

维修责任具体由哪方承担,双方可以根据实际情况协商确定。

在经营租赁中,一般由出租方承担租赁物的维修和保养责任。但在某些特殊情况下,出租方进行维修和保养有困难,也可以约定由承租方在租赁期限内承担维修和保养的责任,但要事先约定费用支出。

在融资租赁中,一般由承租方负责租赁物的维修保养。

(七)保险条款

由于租赁物的价值较大,在租赁业务中应对租赁物投保。合同中应明确投保的范围、由谁负责、保险公司的选择、保费的承担、投保的时间与保险受益人等内容。

(八)纳税条款

合同应明确规定有关税收及其缴纳,如海关关税、工商统一税收及其他税收,约定各自承担的部分。

(九)出租方与承租方的变更条款

按照我国《合同法》的规定,双方当事人在合同中相互约定变更合同的情况和条件。

(十)担保条款

担保条款包括保证金条款与担保人条款。一般保证金的数量不能超过租金总额的20%,因而往往需要担保人。合同应明确担保的范围、期限、责任等。

(十一)违约责任

在违约条款中应明确双方承担的违约责任。

1. 承租方的违约责任

承租方的违约责任主要有:

(1)按合同规定负责日常维修保养的,由于使用、维修不当,造成租赁物损坏、灭失的,应负责修复或赔偿。

(2)因擅自拆改房屋、设备、机具等租赁物而造成损失的,必须负责赔偿。

(3)未经出租方同意擅自将租赁物转租或用租赁物进行非法活动的,出租方有权解除合同,出租方也可以要求承租方偿付一定数额的违约金。

(4)未按规定的时间、金额交纳租金,出租方有权追索欠租,并加罚利息,过期不还租赁物,除补交租金外,还应偿付违约金。

2. 出租方的违约责任

出租方的违约责任主要有:

(1)未按合同规定的时间和数量提供租赁物,应向承租方偿付违约金,承租方还有权要求在限期内继续履行合同或解除合同,并要求赔偿损失。

(2)未按合同规定的质量标准提供租赁物,影响承租方使用的,应赔偿因此而造成的损失,并负责调整或修理,以达到合同规定的质量标准。

(3)合同规定出租方应提供有关设备、附件等,如未提供致使承租方不能如期正常使用的,除按规定如数补齐外,还应偿付违约金。

(4)按合同规定派员就租赁物为承租方提供技术服务的,如因技术水平低,操作不当或有过错的,致使不能正常提供服务时,应偿付违约金。违约金不足以补偿由此造成的经济损失时,应负责赔偿。

违约责任条款应明确规定违约金额的计算方法,赔偿要公平、合理。

(十二)租赁合同与买卖合同的关系条款

在租赁业务中,租赁合同是买卖合同成立的前提,特别是融资租赁更是如此。因此,租赁合同是主合同而买卖合同是从合同。两者相互依存、相互制约,有关条款应相互响应,明确各方的权利与义务,特别是有关的赔偿责任。

(十三)违约或争议的解决条款

双方当事人还应约定争议的解决方式、其他约定事项及相关事宜,如是否允许解除合同等。

四、租赁合同的成立

租赁合同的成立是指承租人和出租人就租赁物的名称、数量、用途等合同的主要条款达成一致的法律行为。

(一)租赁合同签订的基本原则

签订租赁合同一般要遵循以下五项基本原则:

1. 当事人地位平等原则

当事人地位平等原则是指租赁业务中的有关当事人享有独立的法律人格,互不隶属,地位平等,各自能独立地表达自己的意志。

在我国,任何当事人签订租赁合同都享有平等的民事权利能力,适用同一法律,具有平等的法律地位。在产生、变更和消灭具体的租赁法律关系时必须平等协商,任何一方当事人都不得将自己的意志强加给另一方当事人。

2. 等价有偿原则

等价有偿原则是指当事人在从事租赁活动中,要按照价值规律的要求进行等价交换,实现各自的经济利益。租赁合同是一双务合同,当事人的权利和义务往往具有相对性,双方在享有权利的同时也承担相应的义务,任何一方通过租赁活动取得的利益与其履行的义务在价值上大致是相等的,一方不得无偿占有、剥夺或侵犯他方的利益。如果一方给另一方造成损害,应依据损益相当的原则,使加害人的赔偿数额与受害人的损失相符。

3. 自愿和公平原则

自愿原则是指租赁当事人签合同时能够表达自己的真实意志,根据自己的意愿来设立、变更和终止租赁法律关系。虚伪的意思表达或在受欺诈、胁迫的情况下表达的意思都是无效的。当事人签订合同时有权依法签订或不签订租赁合同,有权选择其行为的内容和相对人,通过协商一致达成合同条款,并自愿接受这些条款的约束。

公平原则要求当事人在签订租赁合同时要以公平、正义观念指导自己的行为,签订租赁合同,参与合同法律关系,协商确定有关租赁关系。

4. 诚实信用原则

诚实信用原则是指当事人在签订租赁合同时,应诚实无欺、恪守信用,以善意的方式履行其义务,不得隐瞒事实真相,以假乱真,不规避法律。

5. 合法性原则

合法性原则是指合同当事人必须严格遵守国家的法律和政策。不得签订与我国《宪法》、法律、法规和政策相抵触的合同,不能在合同中出现违反法律的条款。订立租赁合同的形式和程序要符合法律规定。凡是内容不符合法律和法规要求、不具备法律规定形式或不符合法定程序要求的合同均不具有法律效力。

涉外租赁合同的订立还要符合中国的社会公共利益,遵守我国参加的国际条约和我国承认的国际惯例。

(二)租赁合同订立的步骤

租赁合同的订立一般包括以下步骤:

1. 选择租赁物

由承租人根据自己的需要选择租赁物,从设备的规格、型号、性能、质量、价格等进行考察。在融资租赁中还要选择供货商,一般应注意出卖人的信誉、产品质量、售后服务等方面。

2. 选择出租人

承租人综合考虑出租人的资金实力、筹资能力、租金高低、支付方式、信誉、提供的服务等，择优选择，然后向选中的租赁公司提出租赁的申请。这一步骤在租赁合同的订立中起着举足轻重的作用，确定了整个交易的基本内容，成为后续的相关买卖合同和租赁合同签订的基础。

3. 项目受理

在租赁交易中，出租人要把租赁物提供给承租人使用。为了确保设备的安全，收回投入的本金、利息并获取相应的利润，出租人必须对租赁项目本身和承租人的资信情况进行全面的审查和评估。

4. 订立租赁合同

出租人和承租人之间进行谈判，主要包括确定租金和支付方式、租期、担保、租赁物在租赁期满后的归属等问题，达成一致后可订立相关的租赁合同。

在融资租赁业务中，与融资租赁合同相关的买卖合同是由出租人和供货商签订的，其订立的过程与一般买卖合同并无大的差异。但由于相关买卖合同不仅涉及了买卖双方及用户的直接权益，而且直接影响到融资租赁合同的订立，因此，在签订相关的买卖合同时，必须预先考虑到与租赁合同条款的一致。

(三)融资租赁合同的生效

合法成立的租赁合同才具有法律效力。

1. 租赁合同成立的实质要件

(1)主体必须具有进行租赁交易的资格。一般的租赁业务要求当事人应具有民事行为能力，不符合这一条件的应由法定代理人代理。

融资租赁合同的出租人只能由经批准的具有融资租赁经营范围的法人承担，在实践中一般由租赁公司、财务公司、信托投资公司担任；承租人通常也由法人或其他经济组织担任。

(2)标的物必须合法且必须满足融资租赁交易的需要。

(3)当事人意思表示真实。要求当事人的内心意思和外部的表示行为相一致，不存在欺诈、胁迫、乘人之危等情况。

(4)当事人之间的协议不得违反有关法律和行政法规，不损害社会公共利益。

2. 租赁合同成立的形式要件

签订租赁合同在原则上应当采用书面形式，因为这有利于减少纠纷。租赁期限为6个月以上的租赁合同及融资租赁合同必须采用书面形式。

对于特殊的租赁合同，不仅应采用书面形式，而且应当遵守法律规定依法办理其他手续,例如,土地使用权租赁需要办理登记,房屋租赁合同应向房产管理部门登记备案。

3. 租赁合同生效的时间

合同的成立需经过要约和承诺两个过程,承诺生效时合同成立,租赁合同也不例外。依法成立的合同,在成立时生效。但租赁合同的生效不以租赁物的交付为前提,融资租赁合同也不应当以买卖合同的成立为生效要件,也就是说,租赁合同的生效和履行不能混淆。当然,也允许当事人约定以买卖合同的成立为融资租赁合同的生效要件。

(四)租赁合同的无效

无效租赁合同是指当事人签订的租赁合同欠缺租赁合同成立的有效要件,因而不发生法律效力的租赁合同。无效的租赁合同从签订合同时起就没有法律约束力。但也有部分无效的情况,部分无效的租赁合同不影响其他部分效力的,即租赁合同的其他部分仍然有效。

无效租赁合同主要包括以下几类:

1. 当事人主体不合格

(1)不具备从事融资租赁业务主体资格的当事人签订的融资租赁合同。

(2)代理人超越代理权或无代理权所签订的、被代理人不予追认的租赁合同。

2. 合同内容不合格

(1)租赁合同违反法律和行政法规的强制性规定的。

(2)租赁合同的内容损害社会公共利益的。

(3)租赁合同的内容损害国家、集体或者第三人的合法利益的。

(4)以合法形式掩盖非法目的的租赁合同,如虚构的租赁合同和伪装的租赁合同等。

3. 当事人意思表示不真实

(1)因受欺诈而签订的租赁合同,即当事人一方故意告知对方虚假情况,或者故意隐瞒真实情况诱使对方受骗而签订的租赁合同。

(2)因受恐吓而签订的租赁合同。

(3)因受胁迫而签订的租赁合同,胁迫是指对对方或对方亲友的生命健康、名誉、财产等直接施加暴力和强制的行为。

(4)一方代理人与他方恶意通谋而签订的租赁合同。

(5)乘人之危而签订的租赁合同。

(五)可撤销租赁合同

可撤销的租赁合同是指当事人的意思表示没有表现其真实意志,违反自愿原则而签订的租赁合同。在撤销前,合同效力已发生,且未经撤销,其效力不消灭。可撤销租赁合同在被撤销前,其法律效果可以对抗除撤销权人以外的任何人。可撤销的租赁合同必须由一方提出请求,由法院、仲裁机关做出决定。在被撤销以后,当事人一般只返还财产,如果给对方造成损失的,还应负责赔偿。

可撤销租赁合同主要包括以下几类:

1. 由于重大误解而签订的租赁合同

如果当事人对租赁行为的性质,标的物的品种、质量、规格和数量以及租赁关系的主体的认识存在显著缺陷而签订了租赁合同,该行为的后果与当事人的意思相悖,并会造成较大的经济损失,可以申请撤销或者变更租赁合同。如果撤销或者变更租赁合同致使相对人或第三人受损失,应承担赔偿义务。

2. 显失公平的租赁合同

显失公平的租赁合同是指对一方当事人明显有利而对另一方当事人有重大不利的租赁合同。这种合同使当事人双方的权利义务明显不对等,违反公平和等价有偿原则。显失公平的租赁合同通常从以下三个方面进行认定:

(1)双方的权利义务是否对等。

(2)一方获得的利益或他方所受的损失是否违背法律、政策或者租赁惯例。

(3)造成显失公平的原因是否正当。

当然,法律不允许任何当事人借口自己无经验、无技能或者不了解市场行情而随意撤销其签订的租赁合同。

五、租赁合同的履行

租赁合同的履行是指当事人双方,按照所签订合同的标的、履行期限、租金和履行方式及地点等,全面完成各自承担的义务和责任。租赁合同的履行分为全面履行、部分履行和不履行之分。

(一)租赁合同履行的原则

履行租赁合同应遵循的原则主要有以下三项:

1. 实际履行原则

实际履行原则要求当事人按照租赁合同约定的标的履行,而不能任意地用其他标的(如违约金、赔偿金等)代替。这一原则可以强化合同对当事人双方的法律约束力。但如果确有不可抗力事件发生或者确实不可能或不必要实际履行时,经当事人协商后,允许解除租赁合同,但由过错方以某种适当的方式弥补对方因此而遭受的损失。

2. 正确履行原则

正确履行原则也称为适当履行原则,是指当事人除按合同规定的标的履行外,还要按合同标的的数量、质量、履行期限、履行地点、履行方式进行履行,保质、保量、及时地完成合同规定的条款。

3. 协作履行原则

这是指双方当事人应团结互助、相互协作,不仅应严格履行自己的义务,而且要尽量协助对方履行义务。当事人之间要及时互通情况、互相帮助,发现问题要迅速解决。如因客观原因导致确实不能履行义务时,应及时告知对方并积极采取补救措施以减少损失。

(二)租赁合同履行的内容

1. 履行主体

履行主体是指接受租赁合同义务并具体履行合同义务的人。履行合同的主体一般是签订合同的当事人,而不能是任何第三者,除非合同另有规定。下列两种情况可以由第三人履行合同:第一,合同中规定,一方的权利义务部分或全部地转移给了第三人,被转让的第三人(受让人)即成为履行部分或全部义务的第三人;第二,租赁合同中的担保人在承租人不按合同履行义务时有责任承担担保事项。

2. 履行标的

履行标的是指可供租赁的资产,包括动产和不动产,在合同中有明确的规定。当事人如不按合同规定的标的来履行合同,即构成违约。

3. 价款或租金

债务人必须按照租赁合同规定的数额、币种和方式及时支付给债权人。

4. 履行期限

履行期限是租赁合同的债务人向债权人履行义务、债权人接受这种履行的时间。履行期限明确的,当事人应当按照合同确定的期限履行;履行期限不明确的,按照中国法律规定和国际惯例,债务人可以随时向债权人履行义务,债权人可以随时要求债务人履行义务,但应当给予对方必要的准备时间。

5. 履行方式

当事人应当严格按照合同规定的方式方法来履行合同,当事人也有权拒绝不属于合同规定的方式。

6. 履行地点

履行地点是租赁合同的义务人履行义务和权利人接受履行的地点。一般可以分为交货地点、提货地点、付款地点等。当事人应当严格按照合同规定的地点去履行合同。如果履行地点规定得不明确,按惯例,一般以履行义务一方的所在地为履行地,涉及支付租金的,一般以接受给付一方的所在地为履行地。

六、租赁合同的变更和解除

(一)租赁合同的变更

租赁合同的变更是指在合同主体保持其同一性的情况下,基于一定事实而改变其内容标的的现象。

我国于2019年1月1日起施行的《企业会计准则第21号——租赁》规定:租赁变更是指原合同条款之外的租赁范围、租赁对价、租赁期限的变更,包括增加或终止一项或多项租赁资产的使用权,延长或缩短合同规定的租赁期等。

租赁发生变更且同时符合下列条件的,承租人或融资租赁的出租人应当将该租赁变更作为一项单独租赁进行会计处理:

(1)该租赁变更通过增加一项或多项租赁资产的使用权而扩大了租赁范围。

(2)增加的对价与租赁范围扩大部分的单独价格按该合同情况调整后的金额相当。

经营租赁发生变更的,出租人应当自变更生效日起将其作为一项新租赁进行会计处理,与变更前租赁有关的预收或应收租赁收款额应当视为新租赁的收款额。

(二)租赁合同的解除

租赁合同的解除是指租赁合同订立后,尚未全部履行以前,当事人提前终止合同,从而使因租赁合同所生的债权债务消灭的一种制度。

租赁合同依法成立之后就具有法律效力,当事人各方都必须严格履行,不得擅自变更和解除,但在一些特殊条件下也允许中途解约。这些条件包括:

(1)当事人双方经过协商一致同意解除。合同的当事人被认为是自身利益的最佳判断者,基于其真实的意思表示而做出的解除合同的合意一般能够满足其最大利益的。因此,根据自愿原则,如果租赁合同的当事人协商确定变更或解除租赁协议,又不损害国家利益、社会公共利益的,可以达成变更或解除。当然,如果租赁合同涉及第三人时,变更合同前应当征得第三人的同意。

(2)当事人一方在租赁期间关闭、清算、破产、停产、转产而确实无法履行租赁合同,另一方可以变更或解除租赁合同。

(3)承租人经催告后在合理期限内仍不支付租金的,出租人可以要求支付全部租金,也可以解除合同,收回租赁物。

(4)由于不可抗力或当事人过错以外的其他外因致使租赁合同无法履行时,法律允许当事人变更或解除租赁合同。

(5)当事人一方违约,使租赁合同履行成为不必要,即履行达不到非违约方所期望的目的,即不能达到合同目的。这种情况下,租赁合同已失去了继续存在的必要,应该变更或解除。

(6)约定解除,即在租赁合同订立时即列明的可以解除合同的情况出现时,享有解除权的当事人就可以解除合同。

在租赁合同发生变更或解除时,当事人应就变更或解除合同达成协议。该协议也是一个合同,应适用订立合同的一般规则,并经过一定程序才能变更或解除。

第三节 租赁风险管理

一、租赁风险的概念与特点

(一)租赁风险的含义

风险是指未来的预期发生偏离的概率或可能,在现实中,一般只考虑受损的可能。租赁公司以租赁为主要业务,而租赁具有投资大、周期较长的特点,面临的不可知因素较多,是一种风险较大的业务。

所谓租赁风险是指在租赁业务中由于各种因素导致租赁合同不能顺利执行、租赁行为中断、使当事人的利益不能实现或者受到损失的可能性。

租赁风险容易发生的主要原因有两个:

(1)租赁物的所有权与使用权处于分离状态,在租赁期间,租赁标的的所有权归出租人,而使用权则掌握在承租人手中。出租人预先支付巨额资金投资,将设备买下后,完全交给一个自己无法直接干预和控制的承租人去经营和管理,自己对设备只有所有权,没有使用权,二者彼此隔离。

(2)租赁当事人的利益存在差异。租赁业务主要涉及出租人与承租人,有时还有供货商,三者的利益是不一致的。就出租人而言,其融资购进设备的直接目的是希望通过租赁业务获取租金,收回投资并获利;而承租人则是出于便利或节省成本的目的;供货人则是希望销售产品,获得收入。租赁业务中的任何一方(尤其是出租人与承租人)出现问题,都可能导致风险的发生,妨碍他方利益实现。

(二)租赁业务风险的特点

租赁公司面临各种不同的风险,但它们都具有以下几个特点:

1. 危害性

风险本身代表了遭受损失的可能性,而任何损失都会给有关当事人带来不利影响。从小的方面来讲,它会影响租赁公司的资产质量、支付能力与收益水平,甚至导致其倒闭;从大的方面来讲,会引起整个国家的金融秩序混乱,阻碍经济的持续健康发展,甚至波及世界经济金融的稳定。

2. 客观性与主观性并存

租赁公司面临的风险中有的是租赁活动本身所具有的,是由客观因素造成的;有的则是由租赁业务的当事人本身的主观因素引起的,这类风险从理论上说是有可能随着管理体制和管理方法的完善而减少的。

3. 可测性与不可预知性并存

租赁公司面临的风险具有一定的规律性。随着认识的深入,人们可以对其表现形式、危害程度进行分析与测定,从定性及定量方面进行风险管理和风险控制;但由于租赁风险同时具有无序性特征,会随着经济、心理等因素的变化而发生诸多变化,也具有一定的不可预知特征。

4. 可控性与不可消除性并存

租赁公司通过加强管理、防范、规避措施,就有可能对信用风险进行一定成效的控制和转化。但这类风险所具有的客观性和不可预知性又使得人们不可能对风险进行完全的控制,更不可能消除。

5. 累积性

由于租赁业务中收益的支付往往具有分期分次的特点,一旦出现违约,便会导致以后的支付也违约,呈现出风险的累积性特征。例如,承租人不付某一期租金,则以后各期的租金一般也会出现违约。

二、租赁风险的种类

租赁风险的类型多种多样,主要包括信用风险、经营风险、产品市场风险、利率与汇率风险、政治风险、违规风险和不可抗力风险等几类。

(一)信用风险

租赁的信用风险是指在租赁业务中,由于当事人不能全部或仅部分按时履行所承担的对他方的责任而导致租赁行为中断、使当事人的利益不能实现或者受到损失的可能性。

租赁的信用风险有三种情况:

1. 承租人违约的风险

发生这种情况主要是由于承租人面临一些客观因素或承租人不讲信誉、恶意欺诈等主观因素引起的。它表现为延付租金甚至不付租金,或是所交租金数量、币种与合同不符,或是越权处置租赁设备(如未经出租人许可而转租、抵押租赁设备或在承租人尚未付清租金之前而破产时,将租赁设备当作承租人自有设备而拍卖)。

2. 出租人违约的风险

这主要是因为租赁公司本身资金不足或工作疏忽、失误而导致租赁物不能如期到达承租人处或按期向供货商支付货款，使承租人蒙受损失。

3. 供货商违约的风险

它主要表现为供货商未能按合同规定时间交货或未能达到合同约定的交货的质量、包装物、技术等要求，从而使承租人无法按期或根本就不能够使租赁设备产生效益导致出租人不能及时收到租金而蒙受损失。

（二）经营风险

租赁的经营风险是指租赁当事人由于经营管理方面的原因造成的对其他当事人的影响。

出租人的经营风险主要表现为：在租赁项目选择和资金筹措过程中，没有对市场的当前与未来供需情况进行详细的分析研究，对项目的可行性把握不准，导致利润率下降甚至出现亏损；在经营过程中决策失误或管理不善，造成收入下降，资金供应不足，不能按购买合同条款如期开出信用证。

对于承租方来说，经营风险主要表现为：企业对租入设备投产后的估计失误，不能利用设备产生预期的收入；企业的管理混乱，生产效益低下；措施不力，不注重技术改造；缺乏有效的营销手段，生产的产品无法正常销售等。

经营风险会在很大程度上影响当事人的经济效益。

（三）产品市场风险

租赁业务涉及具体的产品与设备，而这些都是有一定市场环境的。产品市场风险是指由于产品或设备的市场价格和市场需求变化以及科学技术的飞速发展而给租赁业务各方带来的风险。

在租赁业务中，出租人购买了设备之后，设备的销路、市场占有率和占有能力、所生产产品的发展趋势、消费结构以及消费者的心态和消费能力都会在很大程度上影响到出租人能否顺利将设备租出。而在科学技术日新月异的时代，租赁设备的无形损耗越来越大，经济使用寿命大大缩短，承租人预计的经济效益和残值收益可能就会因此而不能实现，必然影响租赁设备的实际盈利能力，从而影响租金的偿还。

（四）利率与汇率风险

租赁业务带有金融属性，利率与汇率等金融因素必然会对其产生重大的影响。

所谓租赁的利率风险，是指利率升降的变动给租赁双方造成的损失。租赁交易是基于某个明示或隐含利率签署的，利息是租金构成中除了租赁物件购置成本之外的最重要因素，而融资利率的高低对租金产生重要的影响。在金融市场上，利率会随市场资金供求关系的变化而升降，当市场利率发生波动后，租赁双方会有一方将承担亏损。

如果租赁公司向银行或其他金融机构所筹到的资金采用的是浮动利率,在租期内市场利率上升,必然导致租赁公司的融资成本相对增加,原定收益水平势必下降。而从承租人来看,如果签订的是固定利率的租赁合同,在利率下降时便不能享受利率下跌的好处。

汇率风险是指在国际经济交往中,各国货币之间汇率发生变化可能给交易人带来的经济损失。在租赁交易中,从购买合同的签订到租赁合同的完成期间结算货币汇率发生变动会影响到进出口商的利益,而国际租赁合同执行过程中租金的支付也会因汇率变动而使当事人受到影响,国际支付方式、支付日期、时间、汇款渠道和支付手段选择不当,都会加大风险。

(五)政治风险

租赁的政治风险是指影响租赁业务当事人正常活动的政治环境或政府采取的出乎人们意料的行动所产生的风险。政治风险一般有以下三种类型:

1. 转移风险

这是指政府在资本市场、产品市场、技术市场以及利润和人员转移等方面采取的限制措施可能会影响到设备的转移及租金的支付。

2. 所有权风险

这主要是由于政府实行了资本国有化、对外资股权的限制、取消特许专卖权、在投资部门和地区等方面的限制所带来的风险。

3. 企业运转风险

这是指由于政府对企业在生产、销售、筹资等方面进行干预而带来的风险。

政治风险一旦发生,影响巨大,因而在国际租赁业务中,当事人必须关注政治风险的发生。

(六)合规性风险

合规性风险是由于违反或不符合法律、条令、规章、规定的做法或道德标准而给收益或资本带来的风险。租赁业务中的合规性风险表现为诉讼、调解或裁决影响租赁,使得租赁机构面临罚款、损失赔偿和合同无效,影响到租赁机构的信誉,使得租赁机构的特许权价值减少,业务机会受到限制,扩张潜力减少以及合同难以执行。

(七)不可抗力风险

有些风险不是人为的,属于不可抗力。如自然灾害、战争和其他不可预测事件的发生,都会给租赁业务的当事人带来不可预料的风险。

【案例 13-3】融资租赁租赁物有缺陷对租赁双方的影响[①]

1986年12月4日,上海光镜厂与太平洋租赁公司签订融资租赁合同,租金总额为502 376美元,租期36个月,共分7期,自1987年5月30日起每半年为一期,最后一期租金到期日为1990年5月30日。合同还约定,每期偿还租金时,须按当期的半年期美元LIBOR+1%的利率调整租金,延迟交付租金,承租人按延付时间以一年期美元LIBOR+2%的利率加收延付金额的罚款利息。此后,上海仪电公司、上海光镜厂共赴中国香港考察,太平洋租赁公司也参加对租赁物的咨询、洽谈、签约和购买。

购进设备分4批进口,1987年5月9日,最后一批设备运抵上海。经开箱检验、调试,发现该套设备存在严重缺陷,经修理仍不能正常生产。太平洋租赁公司因此实付货款385 992美元,另10%的货款42 888美元按约未付。同年9月19日,上海光镜厂紧急函告上海仪电公司,要求按约对外交涉,在有效索赔期内,抓住时机,封存设备,准备商检,减少损失。同年12月19日,太平洋租赁公司函告上海仪电公司,上海光镜厂对设备只有使用权,所有权属本公司,上海光镜厂无权宣布封存设备或采取其他措施。该设备经上海进出口商品检验局检验,确认主要设备存在缺陷及缺乏应有配件,致使设备未能达到合同约定的生产能力,系制造因素所致。1988年5月19日,太平洋租赁公司再次声明,上海光镜厂不得擅自处理设备,否则一切后果自负。同年10月31日,上海仪电公司向中国国际经济贸易仲裁委员会申请仲裁。1991年5月10日,该仲裁委员会作出裁决:设备全部退还卖方,由卖方退还已收货款369 949美元(卖方已收货款为385 992美元,第一期1987年5月30日应付租金由卖方代理,故现只需退还货款369 949美元);卖方必须于1991年7月20日前将设备取回,逾期由上海仪电公司处理;逾期由上海仪电公司处理的,卖方需退出货款155 509美元及赔偿其他损失。裁决后,上海光镜厂多次致函太平洋租赁公司,请求按裁决对设备处理,太平洋租赁公司认为应由上海仪电公司负责,但又强调未经其书面同意,上海光镜厂不能对设备加拆及迁移。经上海光镜厂与有关单位联系,该套设备的最高处理价约为10万美元,太平洋租赁公司也没有找到高出此价的需方(根据中国国际经济贸易仲裁委员会的裁决,该租赁设备当时价值为230 483美元)。

由于上海光镜厂、上海仪电公司已付太平洋租赁公司租金113 008.61美元,余租金未付,为此,太平洋租赁公司向上海市中级人民法院起诉,请求上海光镜厂

[①] 资料来源于北京同达律师事务所金融部,转引自中国租赁网,2007年8月25日。

立即偿付所欠租金及利息(包括延付利息、罚息)和财产保险费,并由上海仪电公司承担担保责任。

被告上海光镜厂答辩称:按照与原告所签融资租赁合同,租赁设备所有权为原告所有,我厂只有使用权。由于原告出租设备质量问题,不能验收合格投入使用,仲裁裁决又不能履行,我厂不堪忍受损失,已处于无法承受的境地。

被告上海仪电公司答辩称:本案因为租赁物质量不合格,致使上海光镜厂无法租赁使用。由于租赁物实际买方为原告,且其也参加对租赁物的咨询、洽谈、签约及开箱检查,故作为出租方的原告对租赁物质量应承担责任和风险。再因原告出租物不能验收合格交付承租人上海光镜厂使用,致使原告与上海光镜厂的租赁关系未形成,原告要求我公司承担偿还租金的保证责任不能成立。

[案例分析]

通过对上述案件的分析,我们可以得出以下结论:

(1)租赁公司与上海光镜厂签订的融资租赁合同为有效合同。融资租赁合同的特征在于:承租人自行选定设备和供货人,自行验收和使用租赁物,出租人出资并拥有租赁物所有权,但不承担租赁物质量瑕疵风险,承租人亦不得以此抗辩出租人收取租金的权利,即租赁物的质量问题不影响出租人依合同约定收取租金。

上海光镜厂长期拖欠租金及应付利息,显然属于违约,应立即偿还所欠租金、利息、罚息及保险费。至于设备的质量问题,承租方承担租赁物的质量瑕疵风险是融资租赁合同的基本特征,上海仪电公司通过仲裁索赔,也说明租赁物的质量争议是与租赁公司无关的另一法律关系,故租赁设备有质量问题不得成为偿付租金之抗辩理由。

(2)租赁合同有效,租赁公司对设备质量不负有责任。但租赁公司在明知租赁物有质量缺陷,不适合承租人使用,长期滞留必然造成损失的情况下,负有积极处理租赁物的义务。租赁公司怠于履行此义务,承担贬值损失理所应当。设备自运抵后发现有质量问题至出售时止历时三年有余,此间设备贬值造成的损失应由其承担。既然租赁物的所有权属于租赁公司,则设备处理价款应归租赁公司,上海光镜厂和上海仪电公司应承担支付租赁合同总额及利息中扣除设备贬值及处理价值后剩余款项的义务。

因此,一审法院于1994年2月28日判决如下:被告上海光镜厂在本判决生效之日起10日内向原告太平洋租赁公司偿还租金和利息363 404.12美元以及延付利息、罚息、财产保险费(从1987年11月30日起计算至清偿之日止)。被告上海仪电公司对上述款项负连带清偿责任。

宣判后,上海光镜厂不服,向上海市高级人民法院提起上诉,称:被上诉人太平洋租赁公司在租赁合同签订前参与了同卖方金田企业公司的谈判,又委托美国邓白氏商业资料香港有限公司进行过资信调查,明知购进设备质量不合格,仍然出租,其负有一定过错。事后还以设备所有权人的名义,对我厂提出的处理设备的书面建议不考虑,致使我厂损失扩大,被上诉人太平洋租赁公司对此应承担相应的法律责任。为减少损失,要求对租赁设备作出处理,所得款项用于偿付租金。

上海市高级人民法院经审理:

虽然被上诉人太平洋租赁公司参与进口租赁设备咨询、洽谈,但由于该设备是上诉人上海光镜厂自行选定的,故太平洋租赁公司对设备质量不负有责任。但造成设备贬值主要是太平洋租赁公司不及时同意处理所致。根据中国国际经济贸易仲裁委员会的裁决,该租赁设备当时价值为 230 483 美元,现仅值 10 万美元,贬值 130 483 美元。按照我国法律规定的公平原则,太平洋租赁公司应承担租赁物贬值 70% 的责任,上海光镜厂承担 30% 的责任计 39 144.90 美元。

三、租赁风险的管理

租赁风险管理的基本程序包括风险识别、风险的预测与衡量以及租赁风险管理策略的采取等环节。

(一)风险识别

风险识别是租赁公司对风险管理的第一步,它是对所面临的风险以及潜在的风险加以判断、归类和性质鉴定的过程。

一般来说,风险识别通常可以从以下几方面着手:一是对业务对象的业务活动现状进行分析,如租赁业务中债务人的资产分布、人员构成、以前业务的信用记录等;二是对潜在的风险进行识别,分析业务对象可能面临的人员损失、财物损失、营业损失、费用损失、责任损失等,从而判断将来出现违约的可能性。

识别风险的方法很多,在实际操作中应根据具体情况而定,并应综合运用多种方法,以收到良好的效果。对风险的识别可以通过感性认识和经验进行判断,但更重要的则必须依靠对各种客观的会计、统计、经营资料和风险记录进行整理、分析和研究,从而发现风险产生的原因和条件,鉴别性质,为采取有效的风险处理措施提供基础。

风险的识别是风险管理过程中最基本的阶段,当然由于风险的变化性决定了风险识别过程也是一个连续、系统和动态的过程。租赁公司的风险管理者要持续不断地去识别风险,随时掌握原有风险的变化,并及时发现可能出现新的潜在风险。

(二)风险的预测与衡量

风险是客观存在的,但其在时间、空间及数量上又是不确定的,需要运用一定的理论和技术工具来预测风险发生的概率以及造成损失的程度。风险的预测与衡量便是在风险识别的基础上,运用概率论和数理统计的方法,对所收集的大量的详细资料进行分析、估计并预测风险发生的概率和损失程度。

租赁公司的风险预测主要体现在对租赁项目及业务对象的评估中。预测的方法主要有以下几种:

1. 经验法

经验法主要是根据过去的经验,采用仿真试验、主观衡量法、乐观悲观法、保守估计法等进行类比,推算出租赁业务的风险变化趋势。

2. 数学法

数学法主要采用概率分析、敏感性分析、盈亏平衡分析、决策树分析、蒙特卡罗分析、趋势外推法、回归分析等数学方法进行计算,从不同的角度验证经验法的预测。

3. 资产评估法

在立项时,租赁公司根据业务对象过去的经营情况进行风险评估,决定项目的取舍,也可对正在开展的业务经营状态进行评估,决定项目是继续进行还是需要立即采取补救措施。评估的内容包括销售分析、存货分析、成本分析、利润分析、负债分析、还债能力分析和股本利润率分析,以此预测租赁信用业务风险。

4. 财务分析法

财务分析法是租赁公司的风险管理人员利用业务对象的各项财务指标对预计经营状况进行分析。分析指标有:销售利润率、资产利润率、成本利润率、投资收益率、股本收益率、平均股本收益率、净现值、现值指数、现金流量、内部收益率、投资回收期、借款还款期、财务收益分配、项目清偿能力、收支平衡点和内部收益率,以此预测租赁项目未来的风险及违约的可能。

5. 模型法

利用目前国际金融界流行的风险管理的模型,如 CreditMetrics 模型、KMV 模型、CreditRisk+模型及 CreditPortfolioView 模型计算违约的概率。

风险的预测与衡量是一项极其复杂和困难的工作,风险的大小要结合违约频率的高低或损失程度的大小才能作出合理的判断。当然,由于风险预测的不确定因素太多,仅依靠计算出的数据是不行的,还应强调调查研究的科学性,调查的手段应有权威性和可靠性。为此,租赁公司应与专业咨询公司、工商管理部门及银行建立信息网络,组织经验丰富的专业人员建立专门的评估机构,使风险预测与衡量更科学、更接近实际。

风险预测与衡量是风险管理中不可缺少的一环,它不仅使风险管理建立在科学的基础上,而且使风险定量化,为选择有效的管理技术提供了可靠依据。

当然,风险预测与衡量是风险识别的深化,两者在时间上不能截然分开。事实上,有些数量分析活动是在风险识别的过程中进行的。

(三)租赁风险管理策略

租赁风险会严重妨碍租赁业务的正常开展,特别是对租赁公司来说,会使其蒙受巨大的损失。所以控制租赁业务的风险已成为租赁公司完善经营管理的首要环节。为了能有效地减少风险给租赁公司带来的损失,租赁公司必须多角度地采取管理对策与措施,具体讲可以从以下几方面入手:

1. 做好对承租人的资信状况调查,防范租赁风险

资信好的承租企业可以提高租赁公司业务的安全性。即使承租企业由于租赁项目本身失败而无力支付租金,资信好的承租企业也会通过其他途径按合同支付租金,从而使租赁公司免受损失。所以租赁公司要利用各种信息来源和咨询渠道,进行深入细致的信誉咨询和调查。

在对承租人进行资信调查时要注意以下几点:

(1)承租人过去的履约记录。如果一个企业过去经常拖欠别人的贷款或租金,则说明其主观上存在较大的违约可能,风险较大。

(2)承租企业的管理层素质。企业领导者的素质会关系到整个企业的前途和命运。要对企业主要管理人员的年龄、才干、胆识、眼光、成就、精力、责任心以及思维活跃程度、创新精神、公关意识、市场把握程度等进行分析,从而了解领导者的风险程度。

(3)承租企业的经营管理能力。经营管理能力是一个企业能否盈利的关键,它会直接关系到租赁设备、生产能力的发挥程度,影响租赁项目的盈利及租金的偿还。如果承租企业经营管理能力差,即使设备是世界一流的,也难以创造良好的业绩,将来还租的压力就较大,容易出现违约。

(4)承租企业的员工素质。员工是企业生产的主体。租赁公司需要对承租企业员工的整体素质、技术水平、生产经验、创新意识、对行业的把握程度、敬业精神等进行评估。

(5)承租企业的盈利能力。承租企业的盈利能力是企业实力的源头,也是租赁公司租赁获利的依据。承租企业盈利能力强,租赁公司承担的风险相对就低。审查企业的盈利能力,要从企业的多方面予以考察,比如资本结构、固定资产状况、企业的生产效率、销售毛利率、资产净利率、资产周转率、销售净利率等。

2. 做好项目筛选工作,减少租赁风险

租赁项目本身是将来租金偿还的直接保证。如果企业的租赁项目有良好的前景,租金一般也较容易收回,租赁公司面临的风险就比较小。故租赁公司必须组织项目评审小组业务人员,根据企业提供的可行性报告对租赁项目的可行性进行定性和定量两方面论证,并作出筛选。

在具体考察时要重点关注：

(1)项目产品是否有市场需求？其市场竞争力和应变能力如何？

(2)技术上是否可行？对企业的技术力量、生产布局、项目规模、项目成本、技术性能等进行评价。

(3)项目的经济效益。可利用现值分析法，在考虑项目整个经济技术寿命及货币时间价值之后，将租赁期内一切现金流入和现金流出折算为现值计算净现值与现值指数，对项目的效益进行评价。

3. 对供货情况进行监督，以防范供货商违约造成的风险

虽然在几乎所有的融资租赁合同中都含有"承租人不能以供货商延迟交货或所交货物存有瑕疵为由而延付或拒付租金"条款，但事实上一旦出现供货商违约的情况，承租人往往仍会以此为由而延付或拒付租金，甚至还会提出撤销合同。因此，租赁公司成了供货商违约风险的实际承担者。

为了防范这类风险，租赁公司应注意以下几点：

(1)通过各种渠道对供货商的信誉进行调查与确认。

(2)积极协助承租人与供货商洽谈。尽管国外融资租赁交易的惯例是出租人不参与供货合同的洽谈，而由承租人与供货商洽谈签约。然后出租人与承租人签订供货合同的转让合同，在转让租赁设备所有权的同时，确定出租人的义务。而我国的承租人，尤其是中小企业承租人的素质较低，出租人为避免出现不利影响还是应尽量参与和供货商的谈判。这是现阶段我国出租人为避免出现承租人以供货商延迟交货或所交货物有瑕疵为由而延付或拒付租金的一个重要手段。

(3)授予承租人直接索赔的权力。由于承租人是租赁设备的收货人和使用者，出租人在租赁合同和供货合同中可订明授权承租人在发现租赁设备有问题时可直接向供货商索赔损失的条款，以便于承租人在验收过程中发现问题时及早提出索赔。

(4)及时验货。租赁物件到货后，租赁公司应监督承租人在规定的时间内对租赁物件进行检验。如果租赁物件发生索赔要求时，出租人应尽量协助承租人完成索赔事项。

4. 加强对租赁物权的管理，控制风险

租赁业务中使用权和所有权是相分离的，租赁公司在租赁期间拥有租赁设备的所有权，即租赁物权。这是一项非常重要的权利。

过去由于经验不足，一些租赁公司在出租自己的租赁财产时未加标记，承租人便将租赁资产多次抵押，非法转租甚至变卖，一旦发生问题根本无法确认租赁资产，致使许多租赁资产无法追回。因此加强对租赁物件物权的管理是控制租赁风险的一个重要手段。

租赁物权的重要标志就是租赁物件标记,即在租赁物件上打上租赁产权者的标记,表示该物件的产权属性。

为了更有效地维护租赁物权,租赁物件标记记录以下内容:

(1)租赁公司的名称及物件产权。如"本设备属于××租赁公司所有",让人们知道设备所有权人,也让承租人保持租赁的概念,同时宣传租赁公司。

(2)物件编号。可按合同设备明细单的编号加以编号,方便按照合同查对租赁资产。

(3)租赁的开始日期和结束日期。提醒承租人时刻认识到何时支付租金,明确合同期限。

(4)警示标记。提醒承租人不经允许不得私自抵押、转租、变卖租赁资产。

一般情况下,在租赁物件安装调试验收合格后,就应该粘贴标记。另外,为了避免风险,在事先得到承租人同意的情况下,出租人应该要求供货厂商在出厂之前就将标记印制在租赁物件明显处。

5. 加强对承租人使用租赁财产的监督,控制风险

租赁财产转移使用权后,租赁公司还应关注承租人的使用及其经营状况变化,对风险进行监控,维护租赁财产的安全。

(1)检查承租人是否按合同使用租赁财产。承租人按合同使用租赁财产是对其提出的基本要求,也是保障租赁公司收到租金的前提条件。为此,租赁公司应从以下几方面进行检查:一是租赁项目投资资金的实际筹集情况;二是租赁项目的工程进度与组织管理情况;三是项目设备的到货、安装、调试、运转情况;四是项目的投产与管理情况;五是承租人的财务记录,看是否将租赁资产列入"使用权资产"和"租赁负债"项目中。

(2)了解承租企业的经营状况。为防止承租人在租入财产后经营出现恶化,无法支付租金,租赁公司应随时关注其经营活动的变化:一是分析承租企业的现金流量;二是分析承租企业的市场销售情况;三是查看项目效益、产值、利润、税金的实现情况;四是定期搜集承租人的财务报表,对其整体经营情况进行财务分析。

如果出现问题,要提出风险预警,必要时采取手段化解风险。

6. 建立有效的租金监督与催收机制,控制风险

承租企业无论经营状况如何,均应按租赁合同规定付租。为保证租金按期回流,租赁公司应采取必要的措施敦促承租人按时付租。

一般来说,每期租金到期前1个月左右,租赁公司向承租人发送还租提示函;到期前1个星期,向承租人发送租金支付通知;在规定的期限内,如果没有收到全部全额租金,应及时通知监督部门,进入风险监控和化解程序;应付租金逾期1个星期内,向承

租人发送租金催收函,追索租金和罚息;逾期2个星期,向承租人发送诉讼保全警告并追索租金和罚息;逾期超过1个月,对承租人实行诉讼保全,停止承租人的租赁物件使用权,追索租金和罚息;逾期超过3个月,将正式提起诉讼,经判决后终止租赁合同并强行收回租赁设备。

另外,为防止承租人有意拖欠租金,租赁公司要通过建立指标体系来监督和掌握承租企业的交租情况并进行监控,使损失尽可能降到最小。主要指标有交付租金次数逾期率和交付租金金额逾期率。

7. 通过业务创新控制租赁风险

在现代经济中,为了减少租赁的风险,租赁公司还可以采用多种创新形式的租赁业务来对风险进行管理。

(1)通过实际参与承租人的经营活动来承担风险,例如百分比租赁、风险租赁、结构式参与租赁、合成租赁等租赁方式。

(2)降低自己的出资比例以减少风险。例如联合租赁、杠杆租赁、共同委托租赁等形式。

8. 参加信用保险,转嫁租赁风险

保险是转嫁风险损失的最好方法,租赁信用保险主要是对租赁公司所遭遇的违约风险实行补偿,以保障其安全经营。

在国外,租赁业务的信用保险非常发达。例如,美国的官方机构"进出口银行"对租赁公司提供出口担保和政治风险、商业风险保险。日本1963年从美国引进租赁信用保险制度,1973年起建立政策性保险制度,其"租赁信用保险方案"规定:小商业信用保险公司(政府的一个专门机构)和租赁公司签订合约,合约承诺在承租人违约时,支付承租人未付租金的50%给租赁公司,同时规定中小企业租赁不需找担保人,目前有39种机械设备运用该方案,规定租赁公司租给风险投资公司的设备,保险赔付率可达到70%。

我国目前对租赁的信用保险还处于起步阶段。租赁公司为防范承租人不付租金的风险,也可向保险公司投保信用保险,当承租人违约时由保险公司偿付,将风险转嫁给保险公司。

9. 利用租金偿还担保,转嫁风险

租赁的另一种转嫁风险的方法是要求承租人提供租金偿还担保,以便在承租人无力偿付租金时由担保人承担连带责任。

几乎每个租赁合同都附有一个对出租人有利的担保函,这是租赁业务管理风险的基本保证。保证人在担保函中被规定为第一追索人,一般是大型企业或有担保资格和能力的银行。保证人应经过出租人认可。若承租企业违约欠租,则由保证人替代支付;若保证人不能履行支付义务,应依法追究承租企业以及担保人的经济责任。

10. 建立准备金制度,化解风险

由于风险的客观性,在租赁活动中不可能完全避免,为此应事先有所准备。租赁公司要按照国家的规定建立准备金制度,在准确分类的基础上及时足额计提资产减值损失准备,增强风险抵御能力,一旦发生损失、确实无法处理时,应该用准备金补偿损失。

四、对金融租赁公司的监管

由于金融租赁公司在中国租赁业中具有特殊地位,《金融租赁公司管理办法》的第五章专门规定了对金融租赁公司的监督管理。

(一)金融租赁公司要遵守的监管指标规定

1. 资本充足率

金融租赁公司资本净额与风险加权资产的比例不得低于中国银行业监督管理委员会的最低监管要求。

2. 单一客户融资集中度

金融租赁公司对单一承租人的全部融资租赁业务余额不得超过资本净额的30%。

3. 单一集团客户融资集中度

金融租赁公司对单一集团的全部融资租赁业务余额不得超过资本净额的50%。

经中国银行业监督管理委员会认可,特定行业的单一客户融资集中度和单一集团客户融资集中度要求可以适当调整。

4. 单一客户关联度

金融租赁公司对一个关联方的全部融资租赁业务余额不得超过资本净额的30%。

5. 全部关联度

金融租赁公司对全部关联方的全部融资租赁业务余额不得超过资本净额的50%。

6. 单一股东关联度

对单一股东及其全部关联方的融资余额不得超过该股东在金融租赁公司的出资额,且应同时满足本办法对单一客户关联度的规定。

7. 同业拆借比例

金融租赁公司同业拆入资金余额不得超过资本净额的100%,最长拆入期限为3个月。

8. 金融租赁公司所开展的固定收益类证券投资业务,不得超过资本净额的 20%。同时,中国银行业监督管理委员会根据监管需要可以对上述指标作出适当调整。

(二)金融租赁公司要建立的管理制度

1. 资本管理体系

金融租赁公司应当按照中国银行业监督管理委员会的相关规定构建合理评估资本充足状况,建立审慎、规范的资本补充、约束机制。

2. 资产质量分类制度与准备金制度

金融租赁公司应当加强对各项资产的质量控制,并提足准备金,以增强风险抵御能力。同时,金融租赁公司应当加强租赁物未担保余值的估值管理,定期评估未担保余值,并开展减值测试。当租赁物未担保余值出现减值迹象时,应当按照会计准则要求计提减值准备。

3. 内部审计制度

金融租赁公司应当建立健全内部审计,有效审查评价并改善经营活动、风险状况、内部控制和公司治理效果,促进合法经营和稳健发展。

4. 会计准则和制度

金融租赁公司应当执行国家统一的会计准则和制度,真实记录并全面反映财务状况和经营成果等信息,并按规定报送会计报表及银监会及其派出机构要求的其他报表,并对所报报表、资料的真实性、准确性和完整性负责。

5. 外部审计制度

金融租赁公司应当建立定期外部审计制度,并在每个会计年度结束后的 4 个月内,将经法定代表人签名确认的年度审计报告报送中国银行业监督管理委员会或其派出机构。

中国银行保险监督管理委员会对于已经或者可能发生信用危机、严重影响客户合法权益的金融租赁公司,可以依法对其实行托管或者督促其重组,问题严重的有权予以撤销。

第四节 租赁税收管理

税收激励一直被作为刺激租赁业发展的有效动力。西方国家从 20 世纪 50—60 年代开始制定租赁业的税收优惠政策,以促进该行业的发展。目前,对租赁业影响最大的税收制度是投资税收抵免政策和加速折旧政策,当然不同国家所实行的税收政策存在较大差异,这也从一个侧面体现了各国的租赁业的不同支持力度。

一、各国租赁业的税收优惠制度

(一)美国租赁业的税收优惠制度

美国租赁业的飞速发展,是与国家在税收政策上的支持密不可分的。投资抵税与加速折旧政策在美国租赁业都得到广泛的应用,尤其是投资抵税对美国租赁业的发展起到了巨大作用。美国为了促进租赁业的发展,曾有过两次重要的立法:一次颁布于肯尼迪政府时期的1962年;另一次颁布于里根政府时期的1981年。

1. 投资抵税

(1)1962年投资税收抵免政策。美国的投资税收抵免制度(investment tax credit,ITC)开始实施于20世纪60年代初期,当时美国经济衰退,肯尼迪政府为了鼓励投资,促进经济增长,于1962年实行了投资税收抵免政策,其基本内容是:凡符合美国税务法规定类型的资产,在购入资产的第一个纳税年,投资者可申报相当于资产购置成本的一定百分比,从当年应纳税额中扣除,以鼓励企业进行长期设备投资。这个百分比的大小是根据资产的法定耐用年限制定的:耐用年限7年以上的,享受10%的减税;5~7年的,可享受10%的2/3;3~5年的,可享受10%的1/3;3年以下的,无减税优惠。例如,A公司购置了一项使用年限8年、价值15万美元的计算机设备,便可从应纳税中扣除10%即1.5万美元,实际成本为13.5万美元,这对企业来说具有较大的吸引力。

当然,这项资产一般须符合下列条件:应是折旧资产;使用寿命为3年或3年以上;用于制造、生产或提炼的有形资产或其他有形资产(房屋和构件除外);财产是在享用减税的年份用于产生收益的,即财产被认为是在折旧开始的年份,或者在它可以使用的年份(两个年份中较早的一个)开始使用的。

但如果财产在其应折旧年限终了前就出售了,那么投资减税额应根据实际年限(非原来的估计年限)重新计算,多享用的减税额必须退回。

(2)1981年投资税收抵免政策。1981年世界经济处于全球性经济危机中,美国里根政府实施了新税制——《1981年经济复兴税法》。这一税法精简了租赁的规章制度,扩大了税收的优惠范围,简化了对租赁业的管理制度,创立了一种旨在充分利用减税利益的"安全港租赁"形式。

这一新税法的主要规定如下:只要出租人是法人,且出租人在整个租赁期内只需保持不低于10%的风险投资;租赁期限不超过租赁物使用寿命的90%,不短于法律规定的租赁物加速折旧年限。租赁标的物必须符合下列条件:第一,必须是在1981年以后投入使用的;第二,必须符合加速折旧的合格财产;第三,出租人有能力享受投资抵免优惠。

符合以上条件的租赁可约定由出租人拥有设备的法定所有权,享受投资税收抵免等优惠政策。折旧年限低于3年的设备减税2%;折旧年限3～5年的设备减税6%;折旧年限在5年以上的设备减税10%。根据这一新税法规定,如果租赁公司购买一台折旧年限为10年、价值为500万美元的租赁设备,当年即可减税10%,即50万美元,其实际付出成本只有450万美元。这样,承租人也可因出租人买价降低而减少租金的支付。

然而,享用这一税法必须符合一定条件,其中最主要的一条是出租人和承租人必须订有一份具有租赁特征的文字协议,以使国内税务局能将其确定为"真实的租赁"而非有条件的销售。

1981年法案使得经营亏损而无法利用税收优惠的企业可以利用安全港租赁方式与出租人交换取得的税收利益,从而在逆境中继续增加设备投资。

2. 加速折旧

20世纪50年代以来美国折旧制度的不断变革也推动了租赁业的发展。1954年的《税法》、1962年的《固定资产管理法》、1971—1981年10年内实施的《加速折旧法案》及1981年的《经济复兴税法》,均实行加速折旧制度,缩短折旧年限。

美国1962年修改后的税法规定机械设备的标准折旧年限为8～15年,金属加工设备为12年,使得相应固定资产耐用年限比1942年的规定缩短了30%～40%。1971年,美国财政部又一次公布新的折旧办法,规定在1962年的基础上对机械设备的折旧年限确定了20%的上下波动幅度。1981年新税法出台,又缩短了折旧年限,且新税法规定资产的折旧年限不是以购买价格的100%为基数,而是以货价减去投资减税额后的金额为基数。融资租赁的期限可以比法定折旧年限短10%～25%,且允许在租期内足额折旧。

美国允许承租人在计算联邦所得税时,可以把租金作为费用从应税额中扣除,从而为租赁业务的迅速发展提供了有利条件。

(二)英国租赁业的税收优惠制度

从1945年实行《所得税法》以来,英国对设备资本投资的补助和减税形式的税收规定已经变更了十几次。

英国为了明确政策界限,规定租赁公司只要符合下列三个条件,就能享受税收上的优惠:出租人必须承担用于机器或厂房设备付款的资本支出;租赁物品必须用来创造纳税的利润;租赁期届满时,出租人不得以名义价格转移物品的所有权。

1. 1972年投资抵税制度

英国在1972年3月实行了投资减税制度,并保持了相当长的时间。其主要内容如下:

(1)对供应机械设备或厂房的资本(仅限于开支付出的当年购进设备)第一年投资减税税率为100%。

(2)一律按25%逐年减值的减税适用于各种类型的厂房设备,但它只能在设备投入使用的那一年实行,并且适用于第一年减税者。

(3)减值减税一般不按单项设备进行计算,但是单项减免可用来代表纳税人当年开支备用金的一笔数目。租赁公司可以放弃它的全部或部分的第一年减税,但不可放弃它的减值减税。任何被放弃的数额以及任何无权取得第一年减税的资本支出,都应列入开支备用基金,而减值减税、在这期间清理设备所得的出售收入,以及因设备损坏或丢失而取得的保险金或赔偿金,则要从开支备用金中扣除。若资产高于原价出售,高出部分不从开支备用金中扣除,而作为资本收益处理。如果扣除的数目超过开支备用金的,就把超额部分作为差额费用,同时必须缴纳公司税。

2. 20世纪80年代的《金融法》

英国1980年的《金融法》曾寻求保证第一年税收减免对租赁生效,只要在向英国纳税期间以较短期限租出去或由最终交易使用。1982年的《金融法》采取了进一步的立法措施,对1982年3月9日之后租给不在英国纳税的非英国国民的设备支出,减值减税率降到每年10%。在确定为10年的需要期间的任何时候将设备租给了非英国居民,并且其设备不是为了在英国或英国大陆架上从事贸易,有效的减值减税率也仅为10%,除非这项租赁是短期的。

因多年的投资减税严重影响英国的财政收入,1984年的《金融法》废除了第一年100%减免制度,从1986年4月1日起将原规定的第一年100%资本投资减税削减到25%,同时规定设备的折旧年限应与实际耐用年限大致相同。这样一来,大大降低了设备投资原来享受的税收减免。

(三)德国租赁业的税收优惠制度

德国没有特别的关于租赁的税收条例。由德国联邦税收法庭初始裁决的案子和由德国联邦财政部颁布的其他详细规定都是基于受益权这一德国税法普遍适用的概念。

德国税制规定了符合节税租赁的两个条件:一是租赁合同规定的租期既不低于设备有效寿命的40%,又不超过90%;二是租赁合同如规定承租人有留购权,留购的价格或为公平市场价或不低于按直线折旧法计算设备账面剩余净值。也就是说,出租人不仅在法律上拥有这项设备的所有权,而且在经济上享有所有权利益,才能被税务当局认定为是节税租赁。节税租赁的出租人享受折旧、获得迟延付税的好处,承租人支付的租金可当作费用从成本中列支。否则将由承租人作为经济利益上的所有权人,享受折旧等投资方面的税务优惠,且承租人在会计处理上须把租赁设备资本化,即将租金总额的折现值当作资产列入资产负债表。

德国规定企业对1年期以上的长期负债所付利息应缴纳6%的利息税,这在客观上对融资租赁的发展起到了一定作用。因为承租人通过租赁获得设备不会形成银行长期负债,无须缴纳6%的长期负债利息税,相应减少了企业的融资成本,因此,租赁优于贷款融资。

对于不动产,出租人可获得贸易税减免。对租入德国境内的跨国租赁,法律规定对所有出租人在国外的业务来说,德国承租人交给出租人的租金有不超过50%的部分可不缴贸易税。

德国允许承租人通过租赁公司以租赁形式购买的设备同样享受有关关税的减免待遇。

(四)日本租赁业的税收优惠政策

1968年7月由日本国税厅公布《关于租赁交易的法人税和所得税的处理》。根据该条文规定,要是一项租赁当作一项买卖交易看待,承租人而不是出租人就享有税收减免的优惠;若是一项租赁交易作为融资租赁处理不受什么限制,那么出租人就享有税收减免。

1984年初日本修改税制,规定在第一年度可把所得收入的30%作为特别折旧费或部分租赁合同金额(一般为60%)的7%可从当年应税额中扣除。对承租人来说,由于自己不能对租赁资产实行折旧,所以可把租赁合同额中一定金额的7%作为扣除税款。

这一政策的主要目的是为了支持中小企业,促进设备投资,但是对减免对象在设备和企业规模上仍有一定的限制。

(五)中国租赁业的税收政策

中国对融资租赁业也规定了多项减免税优惠政策,为外商来中国从事租赁业务提供了有利条件。

1. 中外合资经营租赁公司的税收优惠

对于合营期在10年以上的中外合资经营租赁公司,可以依照税法规定,从开始获利的年度起,第二年免征所得税,第三至第五年减半征收所得税。对在经济特区的租赁企业,不论是合资、合作经营或者是外商独立经营,都可以得到如下税收优惠:第一,企业所得税可以减按15%的税率征收;第二,外商投资额超过500万美元、经营期在10年以上的,可以从开始获利的年度起第一年免征所得税,第二至第三年减半征收所得税;第三,外商投资者从合资企业分得的利润汇出时,免征按汇出额应缴纳的所得税。

2. 外国租赁公司的税收优惠

对在中国内地没有设立机构的外国租赁公司,用租赁贸易的方式,通过将设备租给中国内地用户使用而分期收取的租金,可以享受以下优惠待遇:

(1)外国租赁公司在 1990 年度以前,以租赁贸易的方式向我国企业、公司提供设备,对其取得的扣除设备价款后的租赁费在所签合同的有效期内,可以减按 10% 的税率征收所得税。

(2)外国租赁公司向我国公司、企业融资租赁设备,取得的扣除设备价款后的租赁费中所包括的贷款利息,如果能够提供贷款协议合同和支付利息的单据凭证,足以证明是由对方国家银行提供的出口信贷的利息,可以按扣除利息后的余额征收 10% 的所得税。租赁费中所包含的贷款利息,如果不是对方国家的出口信贷,但其利率低于或相当于对方国家出口信贷利率,并能提供贷款银行利率证明,经当地税务机关核实,也可以从租赁费中扣除利息后,按其余额征收 10% 的所得税。

(3)外国租赁公司用租赁方式向我国公司、企业提供设备,由我国公司、企业用产品返销或交付商品等供货方式偿还租金的,可免征所得税。

3. 通过租赁方式生产、制造新设备、新产品以及进口必需的机器设备与仪表的税收优惠

我国企业通过租赁方式生产、制造新设备、新产品以及进口(包括通过租赁贸易进口)必需的机器设备与仪表可以减半征收进口关税和产品税(或增值税)。

4. 租赁业务中购买国产设备的税收政策

2000 年国家有关部门颁布了购买国产设备,设备价款的 40% 可以在当年新增所得税中抵免。这一政策有利于鼓励企业和拉动社会资金对设备的投资,但对承租人在融资租赁业务和出租人在经营租赁业务中如何实施,税务部门没有作明确的规定。

5. 固定资产加速折旧优惠

1996 年 4 月 7 日发布的《关于促进企业技术进步有关财务税收问题的通知》(财工字〔96〕41 号)第四条第(3)款规定:"企业技术改造采取融资租赁方法租入机械设备,折旧年限可按租赁期限和国家规定折旧年限孰短的原则确定,但最短折旧年限不短于三年。"然而,该通知仅适用于国有、集体工业企业。

6. 某些特定租赁行业或业务的税收优惠

如租赁企业进口飞机的有关税收优惠政策,自 2014 年 1 月 1 日起,租赁企业一般贸易项下进口飞机并租给国内航空公司使用的,享受与国内航空公司进口飞机同等的税收优惠政策,即进口空载重量在 25 吨以上的飞机减按 5% 征收进口环节增值税。自 2014 年 1 月 1 日以来,对已按 17% 税率征收进口环节增值税的上述飞机,超出 5% 税率的已征税款,尚未申报增值税进项税额抵扣的,可以退还。

二、租赁公司的税收种类

目前,各国对租赁公司的直接税收主要是营业税(或增值税)和所得税。

(一)营业税(或增值税)

1. 营业税

营业税制度的计税方法的关键是税基即营业收入额的确定。营业税因经营租赁与融资租赁而有较大的差异。

在经营租赁中,出租人将所收全部租金直接记入营业收入,作为营业税的税基,关键是经营租赁的税率不能太高,以保证出租人具有合理的利润。

在融资租赁中,出租人的营业收入是财务收益,其金额为所收租金减去出租人的成本,租金是固定的,关键是如何确定出租人的成本。在实行营业税的国家,对融资租赁业务出租人成本的确定主要有两种方法:一种是允许包括出租人购置设备的融资成本,即出租人的借款利息支出;另一种则相反,即不允许包括出租人的借款利息支出。

2. 增值税

目前,国际上实行营业税制度的国家不多,多数发达国家实施增值税制度。在实行增值税制度的国家,对融资租赁业务征税认识较统一,由提供贷款的金融机构向出租人出具增值税发票,出租人能够扣除借款利息支出。同时,在增值税制度下,经营租赁和融资租赁的税收待遇是相同的,都能够抵扣租赁物的购置成本和出租人相应的借款利息支出。

(二)企业所得税

在多数国家,租赁公司作为企业法人,要与其他企业一样按照法律规定的税率缴纳所得税,没有特殊优惠政策。西方发达国家普遍从财务审慎原则出发,允许租赁公司根据应收租赁款的拖欠情况,在税前提取足额的坏账准备金,并及时核销坏账损失。

另外,租赁公司购买设备、进出口设备、买卖二手设备等贸易过程中的税收问题,与其他企业完全一样。

(三)我国租赁业务的税收

1. 流转税

我国在1994年新税法改革中明确强调:融资租赁业务,无论租赁物件的所有权是否转让给承租方,均不征收增值税。但对于主要从事经营性租赁业务的各类设备租赁企业,若开展涉及租赁物件所有权转移的租赁业务,应向当地税务部门申报并缴纳增值税,适用税率为17%。

《国家税务总局关于融资租赁业务征收流转税问题的通知》(〔2000〕514号)规定:对经中国人民银行批准经营融资租赁业务的单位所从事的融资租赁业务,无论租赁的货物的所有权是否转让给承租方,均按《中华人民共和国营业税暂行条例》的有关规定征收营业税,不征收增值税。其他单位从事的融资租赁业务,租赁的货物的所有权转让给承租方,征收增值税,不征收营业税;租赁的货物的所有权未转让给承租方,征收营业税,不征收增值税。

2003年7月财政部与国家税务总局发布《关于营业税若干政策问题的通知》(〔2003〕16号)规定:经中国人民银行、对外贸易经济合作部和国家经济贸易委员会批准经营融资租赁业务的单位从事融资租赁业务的,以其向承租者收取的全部价款和价外费用(包括残值)减除出租方承担的出租货物的实际成本后的余额为营业额。出租货物的实际成本,包括由出租方承担的货物的购入价、关税、增值税、消费税、运杂费、安装费、保险费和贷款的利息(包括外汇借款和人民币借款利息)。这个政策解决了开展融资租赁业务中重复纳税的问题,也解决了租赁公司所有制不同的税收政策统一问题。

对于厂商租赁则作为流通企业,租金全额征收5%的营业税。

2010年9月16日,国家税务总局发布2010年第13号公告,对存在的征管争议进行明确:根据现行增值税和营业税有关规定,融资性售后回租业务中承租方出售资产的行为,不属于增值税和营业税征收范围,不征收增值税和营业税。

2011年11月,财政部、国家税务总局联合发布《营业税改征增值税试点方案》(财税〔2011〕110号);2012年1月1日,上海市率先启动交通运输业和部分现代服务业"营改增"试点,租赁业务也被列入"营改增"范围。

《交通运输业和部分现代服务业营业税改征增值税试点实施办法》第十二条第一款规定:对试点纳税人提供的有形动产租赁服务适用17%基本税率的增值税。有形动产租赁包括有形动产融资租赁和有形动产经营性租赁。远洋运输的光租业务[①]和航空运输的干租业务[②],属于有形动产经营性租赁,适用税率为增值税基本税率17%。同时,文件规定,经营融资租赁业务的试点纳税人中的一般纳税人提供有形动产融资租赁服务,对其增值税实际税负超过3%的部分实行增值税即征即退政策,大大减轻了融资租赁企业税负。

2013年"营改增"试点进一步扩大,自8月1日起,交通运输业和部分现代服务业"营改增"试点在全国范围内推广。

财政部、国家税务总局于2013年12月13日发布《关于将铁路运输和邮政业纳入

[①] 光租业务是指远洋运输企业将船舶在约定的时间内出租给他人使用,不配备操作人员,不承担运输过程中发生的各项费用,只收取固定租赁费的业务活动。

[②] 干租业务是指航空运输企业将飞机在约定的时间内出租给他人使用,不配备机组人员,不承担运输过程中发生的各项费用,只收取固定租赁费的业务活动。

营业税改增值税试点的通知》(财税〔2013〕106号),改善了售后回租业务税负太高的问题,规定融资性售后回租服务中,以收取的全部价款和价外费用,扣除向承租方收取的有形动产价款本金,以及对外支付的借款利息(包括外汇借款和人民币借款利息)、发行债券利息后的余额为销售额。向承租方收取的有形动产价款本金,以承租方开具的发票为合法有效凭证。

2013年12月30日发布的《关于铁路运输和邮政业营业税改征增值税试点有关政策的补充通知》(财税〔2013〕121号)把"经商务部授权的省级商务主管部门和国家经济技术开发区批准从事融资租赁业务的试点纳税人"的差额纳税政策适用时间从106号文中的2013年12月31日调整为2014年3月31日。

2016年,我国颁布《财政部国家税务总局关于全面推开营业税改征增值税试点的通知》(财税〔2016〕36号文)。按照标的物的不同,融资租赁服务可分为有形动产融资租赁服务(适用17%的增值税税率)和不动产融资租赁服务(适用11%的增值税税率);融资性售后回租按照"贷款服务"缴纳增值税,税率6%。对于租赁业务的差额征税政策,可抵扣范围基本沿袭了财税〔2013〕106号文的规定,可抵扣的融资成本仍然限定为借款利息和发债利息。

根据2018年4月的《财政部税务总局关于调整增值税税率的通知》(财税〔2018〕32号文)规定,自2018年5月1日起,动产租赁的增值税税率由17%调整为16%,不动产租赁的增值税税率由11%调整为10%。

2. 所得税

所得税是以企业净利润为计税基数的。租赁机构所得税的应纳税所得额是租金收入总额减去成本、费用及损失后的余额,即租赁公司的净利润。自1991年7月1日起,外商投资租赁机构和外国独资租赁机构适用30%的比例税率缴纳企业所得税,另按应纳税的所得额附征税率为3%的地方所得税,两项合计的负担率为33%;从1994年开始,内资租赁机构的所得税率也调整至33%。自2008年起,内外资企业的所得税率统一为25%。

2018年我国发布新的《企业会计准则第21号——租赁》,对租赁各方的所得计算有影响。其中规定,承租人不再将租赁区分为经营租赁或融资租赁,而是采用统一的会计处理模型,对短期租赁和低价值资产租赁以外的其他所有租赁均确认使用权资产和租赁负债,并分别计提折旧和利息费用;经营租赁的出租人在租赁期内各个期间,应当采用直线法或其他系统合理的方法,将经营租赁的租赁收款额确认为租金收入,如果有其他系统合理的方法能够更好地反映因使用租赁资产所产生经济利益的消耗模式的,出租人应当采用该方法。

3. 其他税收

租赁机构除了缴纳所得税和流转税之外,还须缴纳城市建筑税、教育费附加、房地产税、印花税等,这些税或费的主要计税基础是租赁机构的营业税额。

【案例 13-4】 中国(上海)自由贸易试验区融资租赁优惠政策超预期[①]

融资租赁是中国(上海)自由贸易试验区(以下简称试验区)改革的亮点之一,对于融资租赁的优惠超出预期。

总体方案中明确政策优惠主要体现在对租赁公司的准入门槛、公司经营范围以及税收等方面。

允许和支持各类融资租赁公司在试验区内设立项目子公司并开展境内外租赁服务。融资租赁公司在试验区内设立的单机、单船子公司不设最低注册资本限制,这降低了SPV的准入要求,为内外资的融资租赁企业在区内设立SPV项目公司、开展业务经营提供了依据。

试行注册资本认缴制,充分体现市场准入"宽进"理念。凡是在试验区注册的融资租赁企业都能享受注册资本认缴制,工商部门的这一改革举措有效增强了资本的流动性,有利于降低公司准入门槛,激发企业活力,营造良好的投资环境和营商环境。

放宽经营范围限制,提升融资租赁服务能级。2014年1月1日开始,注册在试验区的融资租赁公司的经营范围可正式添加:兼营与主营业务有关的商业保理业务。这对融资租赁公司提高服务能级、拓展业务范围有很好的促进作用。

关于税收,允许将试验区内注册的融资租赁企业或金融租赁公司在试验区内设立的项目子公司纳入融资租赁出口退税试点范围。对试验区内注册的国内租赁公司或租赁公司设立的项目子公司,经国家有关部门批准从境外购买空载重量在25吨以上并租赁给国内航空公司使用的飞机,享受相关进口环节增值税优惠政策。

2014年2月28日,国家外汇管理局上海分局发布外汇支持试验区建设实施细则,该细则放宽了对外债权债务管理,取消了境外融资租赁债权审批,允许境内融资租赁业务收取外币租金,简化飞机、船舶等大型融资租赁项目预付货款手续。

[①] 网易财经:《上海自贸区融资租赁优惠政策超预期 公司迎机遇》,2013年12月2日,http://money.163.com/13/1202/16/9F3Q21LI00253368.html;杜放:《400余家融资租赁企业落户自贸区 初现融资租赁中心》,新华网6月12日;百度资料:《上海自贸区融资租赁公司设立条件》,http://www.sohu.com/a/79047738_241021。

试验区内的各种利好政策吸引着租赁公司争相进入。2013年9月,交银金融租赁公司成为首批唯一一家获准进驻试验区的金融租赁公司,10月又获准在试验区内设立航空航运专业子公司。之后,试验区内融资租赁企业不断增加,截至2017年11月底,试验区累计引进264家境内外融资租赁母体公司和314家项目子公司(即SPV项目公司),累计注册资本超过847.6亿元人民币。试验区挂牌后新引进的融资租赁母体公司达到190家,占累计总数的85%;项目子公司为164家,占累计总数的52%,总计新增注册资本621亿,共计运作68架民航客机、7架支航客机、38艘远洋船舶、2台飞机发动机、2套石油钻探设备、2套光伏设备、41套发电机组等,以及大型设备的租赁业务,租赁物价值总额超过96亿美元。

[案例分析]

交银租赁在试验区设立的租赁子公司主要从事飞机租赁业务,看中的正是试验区在飞机进口环节的增值税优惠。根据试验区的优惠政策,试验区租赁子公司进口25吨级以上的飞机,进口增值税由17%减征为5%,这对于拟从事飞机租赁业务的融资租赁公司是重大的利好。

试验区的税收等配套政策令设在试验区的专业子公司可以更好地经营进出口租赁业务,特别是在服务境外承租人方面,退税政策将令租赁子公司的国际竞争力得到加强,曾经需要绕道回来做的境外机船业务,今后可在试验区内进行。

此外,金融租赁公司在试验区可依托子公司进行融资,相当于境外融资,而境外资金成本一般远远高于国内资金成本。

本章小结

租赁公司的管理主要包括租赁资金管理、租赁合同管理、租赁风险管理与租赁税收管理四个方面。

租赁公司的设立必须满足一定条件,特别是最低注册资本要求。当然,除了自身的资本外,租赁公司必须多方面筹集资金,经营进出口租赁业务的租赁公司还需要外汇资金。租赁公司在运用资金时必须注重资金的安全投放、做好租赁项目的管理并保证租金及时收回。

租赁合同是租赁业务中的重要文件,也是明确出租人与承租人权利、义务关系的依据。租赁合同的特征表现在:标的物的性质、转移标的物使用权、要式性、有偿性、诺成性、双务性、具有期限性和连续性。租赁合同自生效之日起就在当事人之间产生约束力,双方都拥有权利,并承担义务。租赁合同常见的条款包括当事人、租赁物、租期和起租日、租金、所有权保护、租赁物的维修、保险、纳税、违约责任等条款。签订租赁合同一般要遵循地位平等、等价有偿、自愿和公平、诚实信用、合法性五项基本原则。履行租赁合同应遵循实际履行、正确履行与协作履行三项原则。在一些特殊条件下也允许中途解约。

所谓租赁风险是指在租赁业务中由于各种因素导致租赁合同不能顺利执行、租赁行为中断、使当事人的利益不能实现或者受到损失的可能性。租赁风险主要包括信用风险、经营风险、产品市场风险、利率与汇率风险、政治风险、合规性风险和不可抗力风险等几类。风险管理的基本程序包括风险识别、风险的预测与衡量和风险管理策略的选择等环节。

税收激励一直被作为刺激租赁业发展的有效动力。目前,对租赁业影响最大的税收制度是投资税收抵免政策和加速折旧政策。目前,各国对租赁公司的直接税收主要是营业税(或增值税)和所得税,还有城市建筑税、教育费附加、房地产税、印花税等。2012年起,我国推进"营改增",租赁业适用的增值税税率不断下降。

练习与思考

【名词解释】

租赁资金管理　同业拆借　贴现　交付租金次数逾期率　交付租金金额逾期率
租赁合同　实际履行原则　租赁合同的变更　租赁风险管理　租赁税收管理
投资税收抵免政策　加速折旧政策

【简答题】

1. 简要说明租赁公司的设立必须满足的基本条件。
2. 租赁公司可以通过哪些渠道筹集资金?
3. 租赁合同有哪些特征?
4. 简述签订租赁合同时要遵循的基本原则。
5. 融资租赁合同的生效需要具备哪些要件?
6. 对租赁业影响最大的税收制度是哪些政策?

【思考题】

1. 请结合实际说明租赁公司在运用资金时必须注意的问题。
2. 租赁风险的类型多种多样,主要包括哪些?租赁风险管理的基本程序包括哪几个环节?

参考文献

著作类：

1. [英]D. J. 海顿著,周翼、王昊译：《信托法》(第4版),法律出版社2004年版。
2. 蔡鸣龙：《金融信托与租赁》,中国金融出版社2006年版。
3. 曹建元：《信托投资学》(第二版),上海财经大学出版社2012年版。
4. 陈向聪：《信托法律制度研究》,中国检察出版社2007年版。
5. 陈雪萍：《信托在商事领域发展的制度空间——角色转换和制度创新》,中国法制出版社2006年版。
6. 陈湛匀、马照富：《金融租赁实务》,立信会计出版社1994年版。
7. [韩]崔永美、朴明根：《现代信托典当与租赁论》,东北财经大学出版社1996年版。
8. 戴建兵：《信托与租赁》,中国铁道出版社2004年版。
9. 丁贵英：《金融信托与租赁实务》,电子工业出版社2009年版。
10. 丁建臣：《信托公司、财务公司经营管理》,中国人民大学出版社2001年版。
11. 丁建臣、王伟东：《信托业务创新与规范》,经济贸易大学出版社2003年版。
12. 高岚：《日本投资信托及投资法人法律制度研究》,云南大学出版社2007年版。
13. 勾亦军：《信托漫话》,中国财政经济出版社2008年版。
14. 国际会计准则理事会：《国际财务报告准则第16号——租赁》,中国财经出版传媒集团2017年版。
15. 何宝玉：《信托法原理与判例》,中国法制出版社2013年版。
16. 霍津义：《中国信托业理论与实务研究》,天津人民出版社2003年版。
17. 贾林青：《中国信托市场运行规制研究》,中国人民公安大学出版社2010年版。
18. 蒋松丞：《家族办公室与财富管理——家族财富保护、管理与传承》,南方出版传媒、广东人民出版社2014年版。
19. 康锐：《信托业发展困境的法律对策研究：2001—2007》,厦门大学出版社2010年版。
20. [美]拉尔夫·布洛克著,张兴、张春子译：《房地产投资信托》,中信出版社2007年版。
21. 兰志等：《现代信托学》,东北财经大学出版社1998年版。
22. 李青云：《信托税收政策与制度研究》,中国税务出版社2006年版。
23. 李勇：《信托业监管法律问题研究》,中国财政经济出版社2008年版。
24. 李祝用等：《信托公司运作规程》,中央民族大学出版社1997年版。

25. 李旸主编:《中国信托业市场报告(2013—2014)》,用益信托工作室 2014 年 1 月。
26. 栗玉仕:《信托公司主营业务塑造及其风险控制》,经济管理出版社 2008 年版。
27. 楼建波等:《房地产投资信托域外法律法规汇编》,法律出版社 2007 年版。
28. 马丽娟:《信托与融资租赁》(第二版),首都经济贸易大学出版社 2013 年版。
29. 闵绥艳:《信托与租赁》(第三版),科学出版社 2012 年版。
30. [日]能见善久:《现代信托法》,中国法制出版社 2011 年版。
31. 漆丹:《股东表决权信托法律问题研究》,兵器工业出版社 2006 年版。
32. 裘企阳:《融资租赁理论探讨与实务操作》,中国财政经济出版社 2001 年版。
33. 施天涛、余文然:《信托法》,人民法院出版社 1999 年版。
34. 孙飞:《信托治理优化论》,中国经济出版社 2005 年版。
35. 王连洲、何宝玉、蔡概还:《〈中华人民共和国信托法〉释义》,中国金融出版社 2001 年版。
36. 王连洲、王巍主编:《金融信托与资产管理》,经济管理出版社 2013 年版。
37. 王淑敏、陆世敏:《金融信托与租赁》,中国金融出版社 2002 年版。
38. 王淑敏、齐佩金:《金融信托与租赁》,中国金融出版社 2011 年版。
39. 王松奇等:《中国创业投资发展报告》,经济管理出版社 2003 年版。
40. 王巍:《金融信托投融资实务与案例》,经济管理出版社 2013 年版。
41. 王小刚:《富一代老了怎么办?——财富规划与信托安排》,法律出版社 2012 年版。
42. 王豫川:《金融租赁导论》,北京大学出版社 1997 年版。
43. 文杰:《投资信托法律关系研究》,中国社会科学出版社 2006 年版。
44. 翁先定:《迎接财富管理时代:新华信托年度研究报告》,上海远东出版社 2012 年版。
45. 吴世亮、黄冬萍:《中国信托业与信托市场》,首都经济贸易大学出版社 2010 年版。
46. 邢成:《信托经理人培训教程》,中国经济出版社 2004 年版。
47. 邢成:《2005 年中国信托公司经营蓝皮书》,中国经济出版社 2006 年版。
48. 邢成:《2006 年中国信托公司经营蓝皮书》,中国经济出版社 2007 年版。
49. 邢建东:《衡平法的推定信托义务研究》,法律出版社 2007 年版。
50. 徐保满:《金融信托与租赁》,科学出版社 2007 年版。
51. 徐玉德、赵治纲:《信托业务会计核算办法》,经济科学出版社 2005 年版。
52. 许志超、韩俊才、赵吉华:《国际信托投资企业财务管理》,中信出版社 1998 年版。
53. 闫海、尹德勇:《融资租赁合同实务操作指南》,中国人民公安大学出版社 2000 年版。
54. 杨林枫、罗志华、张群革:《中国信托理论研究与制度构建》,西南财经大学出版社 2004 年版。
55. 杨扬、罗志宏:《中国信托投融资策划暨经典案例借鉴》,湖南人民出版社 2003 年版。
56. 余辉:《英国信托法起源、发展及其影响》,清华大学出版社 2007 年版。
57. 于研、郑英豪等:《信托投资》,上海译文出版社 2003 年版。
58. 张庆寿:《中国信托业务全书》,中国社会出版社 1997 年版。
59. 张同庆:《信托业务法律实务》,中国法制出版社 2012 年版。

60. 张兴：《房地产投资信托运营》，机械工业出版社 2009 年版。

61. 张志元、张志远：《金融租赁学》，中国对外经济贸易出版社 1990 年版。

62. 张中秀：《信托投资理论与实务》，企业管理出版社 1994 年版。

63. 赵奎、朱崇利：《金融信托理论与实务》，经济科学出版社 2003 年版。

64. 周树立：《中国信托业的选择》，中国金融出版社 1999 年版。

65. 周小明：《信托制度比较研究》，法律出版社 1996 年版。

66. 中诚信托投资有限责任公司：《中国信托业发展与产品创新》，中国金融出版社 2007 年版。

67. 中华人民共和国财政部：《信托业务会计核算办法》，中国金融出版社 2005 年版。

68. 中国人民大学信托与基金研究所：《2004 年中国信托公司经营蓝皮书》，中国经济出版社 2005 年版。

69. 中国人民大学信托与基金研究所：《中国信托业发展报告 2006》，中国经济出版社 2007 年版。

70. 中国人民大学信托与基金研究所：《2009 年中国信托公司经营蓝皮书》，中国经济出版社 2009 年版。

71. 中国信托业协会：《中国信托业年鉴 2006》，上海人民出版社 2007 年版。

72. 中国注册会计师协会：《2007 年度注册会计师全国统一考试辅导教材·会计》，中国财政经济出版社 2007 年版。

73. ［日］中野正俊著，张军建译：《信托法判例研究》，中国方正出版社 2006 年版。

74. 朱善利：《中国信托投资业的地位及其发展方向》，经济科学出版社 1998 年版。

75. 朱斯煌：《信托总论》，中华书局 1941 年版。

76. 庄俊鸿、李晓斌、何素英：《信托与租赁》，华南理工大学出版社 1997 年版。

77. 左毓秀、史建平：《信托与租赁》，中国经济出版社 2001 年版。

论文类：

1. Sophie：《它山之石，国外租赁市场怎么玩？》，《房地产导刊》2018 年第 4 期。

2. 曹芳：《英、美、日三国信托发展比较研究及启示》，《杨凌职业技术学院学报》2005 年第 4 期。

3. 陈赤、张建华：《信托创新：探索、实践与展望》，《西南金融》2009 年第 4 期。

4. 陈传飞：《信托兑付风险及其防范》，《时代金融》2013 年第 8 期。

5. 陈继：《人寿保险信托及其在我国推行的意义》，《时代金融》2014 年第 8 期。

6. 陈建超：《信托服务实体经济的特点及路径选择》，《西南金融》2013 年第 6 期。

7. 陈清：《发达国家信托业发展趋势及其对我国的启示》，《亚太经济》2004 年第 4 期。

8. 陈微：《对我国信托业监管的理性思考》，《内蒙古科技与经济》2006 年第 16 期。

9. 陈玉林：《日本信托业的发展及其对我国的启示》，《经济与社会发展》2003 年第 7 期。

10. 陈周琴：《中国式家族信托》，《新经济》2014 年第 3 期。

11. 戴卉：《我国房地产投资信托基金的风险管理》，《中国总会计师》2014 年第 1 期。

12. 邓辉：《信托财产课税问题探析》，《当代财经》2002 年第 3 期。

13. 丁建臣、李相南、杨立东：《试论房地产投资信托基金（REITs）的特征》，《生产力研究》2014

年第2期。

14. 董佳铭:《国际租赁会计准则的发展动态——兼论我国的适用性》,《新会计》2014年第3期。

15. 方丽:《我国现行融资租赁税收政策及其如何完善的建议分析》,《财经界(学术版)》,2017年第1期。

16. 冯曰欣:《论信托业的市场定位与机构归并》,《山东财政学院学报》2001年第1期。

17. 付元灏、仲伟冰:《IFRS第16号的应用研究——基于使用权模型》,《经济研究导刊》2018年第22期。

18. 高达、王鹏:《中国信托法的发展完善》,《学术探索》2014年第1期。

19. 盖永光:《现代信托的市场定位和发展策略》,《中国证券报》2002年6月7日。

20. 盖永光:《英美日信托业制度变迁比较及启示》,《科学与管理》2005年第1期。

21. 盖永光:《浅析运用信托模式解决资产证券化问题》,《济南金融》2005年第2期。

22. 关建英:《发展信托的必要性与可行性问题探究》,《现代商业》2013年第7期。

23. 郭红亮:《新法融资租赁合同规范初探》,《财经理论与实践》2000年第101期。

24. 郭玉明:《信托投资公司的竞争环境与发展战略分析》,《科技与经济》2002年第5期。

25. 浩森:《信托业的发展转型》,《银行家》2014年第1期。

26. 何敬:《国际会计租赁准则变化对我国融资租赁行业的影响》,《西南金融》2013年第1期。

27. 和晋予:《信托回顾2018:信托业进入内涵式发展的新阶段》,中诚信托网,2019年1月8日。

28. 胡萍:《资管新时代下的格局重塑》,《金融时报》2017年12月18日。

29. 胡萍:《信托公司发力财富管理成为重中之重》,《金融时报》2019年1月7日。

30. 胡卫萍、杨海林:《我国公益信托法律制度的完善》,《江西社会科学》2012年第7期。

31. 黄安冉、肖康元:《融资租赁财务决策研究——基于江西水泥售后回租案例分析》,《新会计》2015年第8期。

32. 蒋霞:《英美信托文化比较及对我国的启示》,《西南金融》2012年第5期。

33. 金立新:《信托行业的昨天今天和明天 也说新两规给信托公司带来了什么》,《金融时报》2010年11月20日。

34. 李峰立:《分业经营环境下个人理财业务的发展》,《上海证券报》2005年7月5日。

35. 李将军:《我国信托业是影子银行吗?——兼论我国信托业的经济逻辑和价值》,《中央财经大学学报》2012年第3期。

36. 李将军:《中国信托业的金融逻辑、功能和风险防范》,《财经理论与实践》2013年第3期。

37. 李静勉:《租赁会计准则研究综述》,《时代金融》2013年第6期下旬。

38. 李丽、黄霜萱:《融资租赁合同租赁物件的交付》,《政治与法律》1998年第2期。

39. 李茜:《信托业发展亟待突破瓶颈》,《上海金融报》2010年12月7日。

40. 李胜、王文博、高炜、罗庆朗:《信托业的发展机遇和挑战》,《中国证券期货》2013年第4期。

41. 李勇:《构建信托公司积极业务模式之探索》,《现代财经》2010年第3期。

42. 廖强:《制度错位与重建:对我国信托业问题的思考》,《金融研究》2009年第2期。

43. 林莉、薛菁、袁玲:《自贸区融资租赁业税收政策变化的影响与分析》,《成都大学学报(社会科学版)》2017年第10期。

44. 刘兵军、宋耀:《信托新政下中国信托公司功能重塑》,《经济导刊》2008年第1期。

45. 陆海焕、钱燕超:《租赁会计准则的国际比较及借鉴》,《金融经济》2017年第6期。

46. 吕小月、李梅香、宋丽丹:《国际租赁会计准则的发展动态及执行难点分析》,《金融会计》2012年第10期。

47. 马思萍:《试论融资租赁合同》,《当代法学》1999年第6期。

48. 马亚明:《发达国家信托业发展及其对我国的借鉴和启示》,信托网,2002年8月8日。

49. 米燕:《房地产投资信托基金模式研究》,《财经界》2010年第1期。

50. 彭艳、李晋阳:《租赁会计准则的新发展》,《财会通讯》2011年第25期。

51. 平燕:《关于我国信托业发展的几点思考——从英国信托制度论起》,《产权导刊》2014年第1期。

52. 神作裕之、杨林凯:《日本信托法及信托相关法律的最新发展与课题》,《中国政法大学学报》2012年第5期。

53. 盛令飞:《经济增长对融资租赁影响大 经济复苏租赁市场回升》,前瞻网,2014年5月9日。

54. 宋俊杰、熊彪:《浅谈我国信托业的可持续发展》,《对外经贸》2012年第3期。

55. 孙飞:《"入世"五周年中国信托业发展回顾及未来展望》,《金融管理与研究》2007年第2期。

56. 孙磊:《国际租赁会计准则改革内容以及影响》,《金融会计》2011年第9期。

57. 孙群:《我国企业年金制度推进的难点分析》,《安徽大学学报》(哲学社会科学版)2008年第4期。

58. 石劲磊、王继松:《日本信托业的发展及对我国的启示》,《山西财经大学学报》2002年第2期。

59. 谭峻、金玲玲:《不动产信托登记制度研究》,《经济问题探索》2005年第6期。

60. 谭颖晓、李明月:《我国发展房地产投资信托基金的模式选择》,《金融经济》2008年第18期。

61. 唐真龙:《"净资本管理办法生威",信托公司急谋转型》,《上海证券报》2011年1月11日。

62. 田小伟:《转租赁业务在融资租赁中的应用分析》,《对外经贸》2018年第8期。

63. 汪戎、熊俊:《中国信托业发展30年评述》,《云南财经大学学报》2010年第1期。

64. 王爱东、许释文:《租赁会计改革及影响——基于IASB/FASB征求意见稿分析》,《商业会计》2012年第11期。

65. 王俊丹:《消费信托盈利模式之探》,《21世纪经济报道》2015年5月29日。

66. 王礼平:《世界各发达国家信托制度比较研究》,《财经问题研究》2004年第1期。

67. 王丽娟:《中国信托业的自律与发展》,《中国金融》2010年第11期。

68. 王新红:《论现代企业经营者的信托责任——中国经验、反思与建议》,《福建师范大学学报(哲学社会科学版)》2012年第1期。

69. 危钊强:《全面营改增后融资租赁业增值税税收法律问题分析——以财税[2016]36号文为研究对象》,《发展改革理论与实践》2018年第5期。

70. 卫璞:《我国信托业发展存在的问题与对策》,《时代金融》2009年第9期。

71. 吴涛:《不动产融资租赁售后回租税收负担研究》,《产业创新研究》2018年第10期。

72. 吴昕琦:《信托受益权的资产配置功能及其当前法律问题》,《东北财经大学学报》2014年第1期。

73. 邢成:《后危机时代中国信托业的政策环境与发展趋势》,《中国金融》2010年第6期。

74. 熊宇翔:《资管新规下的信托公司转型:挑战、机遇与经营展望》,《西南金融》2018年8期。

75. 徐兵:《我国信托业发展现状及未来发展方向》,《经济师》2012年第4期。

76. 徐江平:《我国信托行业的发展现状和风险规避机制研究》,《时代金融》2012年第32期。

77. 徐经长、刘畅:《租赁准则的修订及其影响透析》,《财会月刊》2019年3期。

78. 许婷婷:《"两租合一"可行性及其会计处理探析》,《湖北经济学院学报(人文社会科学版)》2012年第9期。

79. 杨静:《我国信托业风险问题探究》,《今日科苑》2010年第2期。

80. 杨汀、史燕平:《中外租赁业外延政策比较及启示——基于政策扶持及规避政策套利的视角》,《现代管理科学》2016年第9期。

81. 杨小琴:《我国企业年金信托管理模式下的风险链分析》,《山西财经大学学报》(高等教育版),2010年第4期。

82. 杨大楷:《国外信托业发展研究》,《当代财经》2000年第4期。

83. 杨筱燕:《信托投资公司的信托产品体系探讨》,《上海金融》2004年第5期。

84. 杨海田:《2013年中国融资租赁业发展报告》,2014年1月31日。

85. 袁江天、黄图毅:《透过历史、现实与国际经验看中国信托公司的功能定位》,《广西大学学报(哲学社会科学版)》2006年第2期。

86. 翟立宏:《对中国信托业市场定位的理论反思》,《经济问题》2007年第2期。

87. 张竞舟:《消费信托:基础研究与业务开展》,《金融与经济》2016年第10期。

88. 张丽雯:《营改增对融资租赁行业税收的影响分析》,《现代商业》2016年第11期。

89. 张曼:《信托财产登记步履维艰》,《财经》2009年1月5日。

90. 张伟霖:《信托公司净资本管理办法发布》,《证券时报》2010年9月8日。

91. 赵海、廖琦:《我国信托业发展研究》,《商场现代化》2009年第4期。

92. 赵梦远:《美国信托制度浅析》,《现代商业》2013年第14期。

93. 曾庆芬:《发达国家(或地区)信托业发展趋势及启示》,《西南民族学院学报·哲学社会科学版》2003年第4期。

94. 郑金宇:《金融租赁:脱虚向实下的新机遇——脱虚向实下金融租赁发展的政策逻辑》,《银行家》2017年第3期。

95. 郑丽:《抓住机遇加快信托业务的创新》,《西安金融》2003年第4期。

96. 郑贤龙:《国际租赁会计准则2013征求意见稿与2010征求意见稿的比较及启示》,《财会学习》2013 年第 12 期。

97. 郑小平、徐文全:《信托模式在不良资产证券化中的应用》,《山东理工大学学报(社会科学版)》2005 年第 1 期。

98. 中国信托业协会:《中国信托业发展报告(2013—2014)》,2014 年 7 月 9 日。

99. 中国信托业协会:《2015 信托业专题研究报告》,2015 年 12 月。

100. 中国信托业协会:《风险视角下的信托业务监管分类研究》,《2017 信托业专题研究报告》,2018 年 3 月。

101. 中国信托业协会:《发展报告:业务篇之消费金融信托(二)》,中国信托业协会微信公众号 2018 年 12 月 11 日发布。

102. 钟源:《信托公司信托业务监管分类指引将落地》,《经济参考报》2018 年 2 月 28 日;

103. 周泯:《非房地产投资信托(REIT)的特征与实践意义》,《浙江金融》2003 年第 3 期。

104. 竹丽婧:《国际租赁会计准则的最新动态及启示》,《商业会计》2014 年第 1 期。

105. 邹广明、丁满节:《对规范融资租赁业监管的思考》,《中国金融家》2017 年 10 期。

106. 邹纪元:《IASB/FASB 租赁会计准则的变化动向》,《财会月刊》2013 年第 5 期。